FIN DE LA TABLE.

25 centimes la livraison.

MÉLANGES

D'ÉCONOMIE SOCIALE,

De Littérature et de Morale,

PAR

Laponneraye.

TOME 2ème

1ʷ LIVRAISON.

Paris,

AU DÉPOT CENTRAL,

10, FAUBOURG SAINT-DENIS.

1835.

DICTIONNAIRE HISTORIQUE

DES

PEUPLES ANCIENS ET MODERNES,

Par Laponneraye.

Un beau volume grand in-8 sur deux colonnes, contenant la matière de 5 volumes in-8 ordinaires. Prix: 5 francs.

ŒUVRES DE MAXIMILIEN ROBESPIERRE,

AVEC UNE NOTICE HISTORIQUE ET DES NOTES,

Par LAPONNERAYE.

Six volumes in-8. Les deux premiers sont en vente. Prix du volume : 4 f.

COURS

D'HISTOIRE DE FRANCE, DEPUIS 1789 JUSQU'EN 1830,

PAR LAPONNERAYE.

4 volumes in-8. Les trois premiers sont en vente.

Prix du volume : 4 francs.

EN VENTE :

MEMOIRES DE CHARLOTTE ROBESPIERRE

Sur ses deux Frères,

AVEC UNE INTRODUCTION PAR LAPONNERAYE.

Un vol. in-8. 4 f. 25.

Imprimerie de L.-E. HERHAN, 380, rue Saint-Denis.

MÉLANGES

DE

LITTÉRATURE, DE MORALE

ET

D'ÉCONOMIE POLITIQUE.

SUR

L'ALLOCUTION DE L'EMPEREUR NICOLAS

A LA MUNICIPALITÉ DE VARSOVIE.

Que vient-il faire à Varsovie, cet égorgeur de peuples, ce monstre couronné? Après avoir cuvé le sang de la malheureuse Pologne qu'il a répandu à grands flots, il vient se repaître de la vue de ses infortunes et de sa désolation; il vient jouir de l'état d'abaissement auquel il l'a réduite, et constater par ses propres yeux que ses ordres impitoyables ont été ponctuellement exécutés; il vient enfin, l'outrage et la menace à la bouche, annoncer aux habitans de Varsovie qu'il règne sur eux par droit de conquête, qu'ils sont sa propriété, et qu'il les fera tous exterminer si jamais ils osaient manifester le moindre mécontentement de vivre sous ses bienfaisantes lois.

Autrefois, les potentats étaient extrêmement sobres de paroles en public ; on aurait dit que c'était déroger à leur dignité
que d'ouvrir la bouche devant un grand concours de monde ;
aussi ne parlaient-ils que dans les occasions les plus solennelles,
et c'est à peine si un monarque faisait entendre sa voix plus de
trois ou quatre fois pendant tout son règne, hors du cercle ha-
bituel de ses courtisans. Aujourd'hui, les monarques sont devenus très loquaces, très verbeux ; ils parlent longuement et à
tout propos ; ils parlent sur tous les sujets possibles, soit qu'ils
improvisent eux-mêmes leurs discours, ce qui est fort rare, car
on peut bien être roi par droit de naissance, mais on ne peut
pas avoir de l'esprit et de la facilité à s'exprimer par la même
prérogative, soit qu'on leur souffle ce qu'ils ont à dire, alors
ce ne sont plus que d'insipides perroquets qui vous débitent un
discours comme un enfant vous récite une fable, sans savoir le
plus souvent ce qu'ils disent, sans connaître seulement la valeur des mots qu'on leur met dans la bouche. Malheur à ceux
qui, par état ou par position, sont obligés d'essuyer les bordées
de l'éloquence royale ! Malheur à ceux sur qui tombe le feu
roulant des périodes officielles et des phrases délibérées en conseil des ministres ! Si la nature ne les a pas doués d'une constitution à toute épreuve, ils ne résisteront pas long-temps à ce
rude métier, l'ennui les prendra à la gorge et les étouffera.

Cette démangeaison de paroles n'est pas seulement le propre
des monarques d'occident ; la contagion s'est répandue en orient
et a gagné l'empereur Nicolas lui-même. Le puissant autocrate,
vaincu probablement par l'exemple de ses confrères, a fait, lui
aussi, une harangue adressée à ses sujets de Varsovie, et, par
cette œuvre oratoire, a rendu indirectement hommage au progrès des idées. Car enfin, d'après les principes du plus pur despotisme, un monarque ne doit à ses sujets aucune explication
sur les actes de son gouvernement ; les peuples doivent obéir
passivement à sa volonté ; le moindre mot, le moindre geste du

souverain doit les faire rentrer dans la poussière. L'empereur Nicolas, en adressant une allocution à la municipalité de Varsovie, a donc essentiellement dérogé à ces principes de gouvernement absolu dont il a la prétention d'être la plus ferme colonne et le défenseur le plus intrépide. Dans son allocution, toute sauvage, tout atroce qu'elle est, il explique sa conduite et il fait une profession de foi.

A travers les plus horribles menaces, il rend compte de ce qu'il a fait et de ce qu'il veut faire; c'est une importante innovation dans les *us* et *coutumes* de la monarchie moscovite. Bien que cette innovation soit involontaire, et que le czar ne se soit pas aperçu de l'espèce de concession qu'il faisait aux idées révolutionnaires, il n'en est pas moins vrai que le superbe autocrate, par le langage qu'il a tenu aux représentans de la population de Varsovie, a, pour ainsi dire, fléchi le genou devant elles. C'est un lion qui rugit, mais qui, tout en rugissant, courbe la tête devant un pouvoir plus puissant que le sien.

Si ces lignes parvenaient jusqu'à l'empereur Nicolas, il serait probablement frappé de la justesse de notre observation. Accoutumé à ne parler à ses peuples qu'à coups de canon, il se reprocherait d'avoir employé à leur égard un autre langage, et se frapperait la poitrine avec désespoir, en se disant : Eh quoi ! moi aussi je cède au torrent qui entraîne tous les trônes vers l'abîme ! Moi, qui me suis tant moqué des monarques harangueurs et bavards, je deviens bavard et harangueur comme eux ! Je parle au lieu d'agir ! Je fais des discours au lieu de lancer la foudre ! Ah ! réprimons cette fièvre d'éloquence qui ne convient qu'aux roitelets d'occident et qui tournera tôt ou tard à leur ruine; laissons-les se noyer dans un flux de paroles et faire les beaux esprits tant qu'ils voudront; quant à moi, qui suis chargé des destins de la Russie et qui ai pour mission particulière de conserver intact l'ordre social, la seule éloquence dont je doive faire usage, c'est l'épouvante et la terreur.

Au surplus, nous devons dire que l'allocution de l'empereur Nicolas a un très grand mérite à nos yeux, celui de la franchise. Nicolas n'est pas le seul monarque qui nourrisse contre ses sujets des projets de vengeance et d'extermination, mais c'est le seul qui les avoue; il y a d'autres monarques en Europe qui, comme lui, ne respirent que massacres et égorgemens, et qui se gardent bien de laisser apercevoir leurs intentions sanguinaires, ils s'appliquent au contraire à les déguiser sous l'apparence de la douceur et de la modération, et protestent sans cesse de leur ardent amour pour les peuples que la providence les a appelés à gouverner. Tant qu'ils ne croient pas que le moment soit venu de mettre à exécution leurs effroyables projets, ils affectent des manières populaires et règnent *libéralement*, pour me servir de l'expression consacrée; mais dès que ce moment est arrivé, alors les boulets, les obus, la mitraille pleuvent sur les cités en flammes, le sang ruisselle par torrens, les cadavres s'amoncellent sous l'impitoyable main du soldat forcené, et le fer des bourreaux décime un à un les malheureux que les feux de peloton ont épargnés.

Le czar, du moins, ne prend pas ses sujets en traître; d'avance, il les avertit de ses féroces intentions; il leur dit formellement et de vive voix qu'ils n'ont que deux choses à attendre de lui : l'esclavage ou la mort.

Dans son discours à la députation de Varsovie, il commence donc par déclarer qu'il n'ajoute nullement foi aux sentimens que les membres de cette députation étaient chargés de lui exprimer au nom de toute la population : « Et comment y pourrais-je ajouter foi, dit-il, quand vous m'avez tenu ce même langage la veille de la révolution ? N'est-ce pas vous-mêmes qui me parliez, il y a cinq ans, il y a huit ans, de fidélité, d'attachement, et qui me faisiez les plus belles protestations de dévouement ? Quelques jours après vous avez violé vos sermens, vous avez commis des actions horribles. »

Qu'il est simple et candide ce bon empereur Nicolas! Quoi! il s'étonne de ce que les habitans de Varsovie lui aient fait de *belles protestations de dévouement* la veille de la révolution de novembre 1850? Il s'étonne qu'après lui avoir juré fidélité, ils aient pris les armes contre lui, et qu'au moment même où ils le saluaient de leurs vives et unanimes acclamations ils nourrissaient au fond de leurs cœurs le projet de se révolter? Il ne sait donc pas que c'est toujours ainsi qu'en agissent les peuples opprimés, et qu'il ne peut en être autrement? il ne sait donc pas que tout peuple qui ne jouit pas de sa liberté est obligé d'user d'hypocrisie avec ceux qui lui imposent des entraves, et d'opposer la ruse à l'oppression? Le métier des tyrans c'est de travailler incessamment à river les fers des peuples et à prolonger leur servitude, et il nous semble que le czar ne s'acquitte pas mal de cette tâche; le métier des peuples c'est de travailler par tous les moyens possibles à briser leurs fers et à reconquérir leur liberté; pourquoi donc ne voudrait-on pas que les peuples appelassent à leur secours la ruse et l'hypocrisie? Pourquoi ne voudrait-on pas qu'ils se servissent contre leurs oppresseurs des mêmes armes dont leurs oppresseurs font usage contre eux, surtout lorsque ces armes sont les seules dont ils aient la faculté de se servir, et lorsque leurs oppresseurs, outre la ruse et l'hypocrisie, ont à leur disposition d'innombrables baïonnettes dont ils font contre les peuples un si terrible usage?

Eh bien! oui, la population de Varsovie, lorsqu'elle se pressait en foule sur le passage de l'empereur Nicolas en criant *vivat*, était secrètement résolue à secouer le joug moscovite dès que l'occasion s'en présenterait. Où est son crime? si elle avait agi autrement, si elle avait averti le czar de ses projets hostiles, c'eût été de sa part un acte de folie. Elle n'était nullement préparée alors à lever l'étendard de la révolte; ce qu'elle avait donc de mieux à faire, c'était de dissimuler. Louis XI n'a-t-il pas dit : Il faut savoir dissimuler pour savoir régner? Or, ce

qui est vrai quand il s'agit de régner est encore plus vrai peut-
être quand il s'agit pour un peuple de se soustraire à une domination insupportable. La dissimulation, qui est criminelle dans
le premier cas, est essentiellement permise dans le second.
Un peuple qui ne saura pas dissimuler ses ressentimens, pour
endormir la vigilance de ses tyrans, sera éternellement esclave. La nation polonaise a mérité par sa conduite de servir
d'exemple à toutes les autres nations qui se trouveront dans
le même cas qu'elle; elle a su dérober au czar ses véritables
sentimens, et lorsqu'elle l'a vu plongé dans une sécurité profonde, elle a sonné le tocsin de l'insurrection.

Nicolas ajoute : « L'empereur Alexandre, qui avait fait pour
» vous plus qu'un empereur de Russie n'aurait dû faire, qui
» vous a comblés de bienfaits, qui vous a favorisés plus que ses
» propres sujets, et vous a rendu la nation la plus florissante et
» la plus heureuse, l'empereur Alexandre a été payé de la plus
» noire ingratitude. »

Je ne veux pas examiner jusqu'à quel point il est vrai que le
prédécesseur de Nicolas ait rendu la Pologne florissante et heureuse, et qu'il l'ait comblée de bienfaits. Peut-être pourrait-on
révoquer en doute cette assertion de l'empereur Nicolas, et
prouver que la Pologne, lorsqu'elle était indépendante, jouissait d'une prospérité matérielle plus grande que celle dont elle
jouit sous le joug des czars. Mais quand il serait vrai que les
Polonais fussent plus heureux matériellement aujourd'hui qu'a-
vant le démembrement de leur infortunée patrie; quand il serait vrai que depuis qu'ils ont perdu leur nationalité, leur prospérité commerciale et industrielle ait doublé ou triplé, qu'est-ce
que cela prouve? est-ce à dire que parce que des chaînes sont
d'or elles ne sont pas des chaînes? Est-ce à dire que quelque
chose au monde puisse compenser la perte de l'indépendance?
Vous aurez beau combler une nation de vos prétendus bienfaits,
vous aurez beau la gorger de prospérité matérielle, si vous la

blessez dans sa dignité et dans sa liberté, si vous l'empêchez d'exercer ses droits, elle méprisera vos bienfaits, comme elle vous méprisera vous-même, et elle n'aspirera qu'au moment où elle pourra ressaisir son indépendance.

C'est se tromper grossièrement que de croire qu'une nation puisse se passer de liberté et de droits politiques, pourvu que les impôts qui pèsent sur elle ne soient pas trop lourds, pourvu qu'elle jouisse d'une certaine aisance; c'est la ravaler indignement, c'est lui supposer les sentimens les plus vils et les plus bas. Ce qui convient à une nation, c'est un ordre de choses où elle soit matériellement et moralement heureuse, moralement surtout. Or, comment sera-t-elle moralement heureuse, si elle est parquée comme un troupeau, si elle n'est régie que par des lois arbitraires et iniques, si elle sert de pâture à une poignée de vautours dévorans? Comment sera-t-elle moralement heureuse, si un despote étranger lui impose ses tyranniques volontés et la gouverne par le knout, s'il l'abreuve journellement de dégoûts et d'humiliations? Gardez, gardez votre prospérité matérielle, seraient en droit de dire les Polonais à ceux qui les dominent, reprenez vos bienfaits, puisque vous les appelez ainsi, et rendez-nous notre nationalité détruite, rendez-nous cette indépendance précieuse et chère que vous nous avez extorquée par la plus abominable spoliation.

« Messieurs, il faut des actions et non pas des paroles, conti-
» nue Nicolas; il faut que le repentir vienne du cœur; je vous
» parle sans m'échauffer, vous voyez que je suis calme; je n'ai
» pas de rancune et je vous ferai du bien malgré vous. » Oui,
c'est bien malgré eux que les Polonais reçoivent le *bien* que Nicolas leur fait. Mais en quoi consiste ce bien? Est-ce dans la citadelle qu'il a fait bâtir à Varsovie, ou bien dans les persécutions sans nombre qu'il a fait subir aux malheureux enfans de
la Pologne? car enfin, il est bon de s'entendre et de savoir à
quoi s'en tenir.

Je n'ai pas de rancune, dit-il; Eh bon dieu! s'il en avait que ferait-il donc? Si quoiqu'il n'ait pas de rancune, comme il le dit, il a promené le fer et la flamme d'un bout de la Pologne à l'autre, s'il a envoyé par milliers les Polonais dans les mines de la Sibérie, s'il n'a épargné ni femmes, ni enfans, ni vieillards, à quels excès se serait-il donc porté s'il avait eu de la rancune?

Je vous parle sans m'échauffer; vous voyez que je suis calme. Le tigre aussi est calme quand il boit le sang de sa victime; il n'est furieux que quand il la déchire, dès qu'elle est morte, sa fureur cesse.

Il faut que le repentir vienne du cœur. De quoi les Polonais auraient-ils à se repentir? En se soulevant pour délivrer leur patrie du joug exécrable de l'étranger, ils n'ont fait que ce qu'ils devaient faire, ils ont rempli un imprescriptible devoir. Ce n'est pas à eux qu'il appartient de se repentir, mais à leurs bourreaux.

« Si vous vous obstinez, poursuit le czar, à conserver vos » rêves de nationalité distincte, de Pologne indépendante et de » toutes ces chimères, vous ne pouvez qu'attirer sur vous de » grands malheurs. » Eh quoi! le traité de Vienne, qui assure à la Pologne une nationalité distincte, est donc rompu? Ce traité, qui depuis vingt ans sert de base au droit public de l'Europe, ce traité par lequel nous sommes restreints aux limites que nous possédions avant 1792, et que le gouvernement issu de la révolution de juillet a tacitement reconnu, ce traité, qui impose des obligations à chacune des puissances contractantes, n'existe donc plus du tout pour la Russie? Cette puissance s'est donc affranchie des obligations que pour sa part elle était tenue de remplir?

Mais, de deux choses l'une, ou le traité de Vienne existe encore pour tous, ou il n'existe plus pour personne. S'il existe pour tous, le czar doit s'y conformer religieusement et ne doit point porter atteinte au lambeau de nationalité que le congrès de Vienne a accordé comme une grace à la Pologne; si, au contraire, il n'existe pour personne, et s'il est permis à l'empereur Nicolas de traiter les Polonais en peuple conquis, s'il peut s'arroger le droit de les décimer comme ses propres sujets, nous pouvons à l'instant même ressaisir la Belgique, la Savoie et les autres portions de territoire dont le traité de Vienne nous a privés, nous pouvons reprendre les frontières que nous avions avant la guerre qui a précipité Napoléon du trône. Un contrat est rompu par cela seul que l'une des parties contractantes a violé ses engagemens.

« J'ai fait élever ici la citadelle; et je vous déclare qu'à la » moindre émeute, je ferai foudroyer la ville, je détruirai Var- » sovie, et certes ce n'est pas moi qui la rebâtirai. »

Cette partie du discours de l'empereur Nicolas était inutile; c'est un pléonasme. Nous savions parfaitement de quoi il est capable, et ses nombreux ukases nous avaient déjà appris surabondamment ce qu'il prend la peine de nous répéter. Nous n'avions pas besoin de sa nouvelle déclaration pour savoir qu'il est sans entrailles et sans pitié, et que la destruction des villes et l'extermination des populations ne lui coûtent que la peine de les ordonner.

Enfin le czar voulant joindre la dérision aux menaces, dit en terminant : « Croyez-moi, messieurs, c'est un vrai bonheur » d'appartenir à ce pays (la Russie) et de jouir de sa protec- » tion. » Ces paroles dans la bouche de l'assassin de la Pologne seraient extrêmement plaisantes si elles n'étaient pas cruelles. Elles ne paraîtraient pas plus étranges si elles avaient été prononcées par Polyphême au moment où il dévorait deux par deux les compagnons d'Ulysse. En effet, le cyclope ne pouvait probablement pas imaginer un ordre de choses meilleur que celui qu'il avait établi dans son charnier, comme l'autocrate moscovite ne peut pas se figurer qu'il puisse exister un gouvernement plus parfait que le sien. Polyphême s'étonnait fort de ce que les Grecs ne fussent pas enchantés de lui servir de pâture ; Nicolas, de son côté, ne comprend pas comment les Polonais sont assez aveuglés sur leurs intérêts pour ne pas rendre grace au ciel d'avoir un souverain tel que lui ; Polyphême, malgré la terrible surveillance qu'il exerçait sur ses prisonniers, ne put prévenir leur évasion ; ils lui échappèrent après l'avoir mortellement frappé ; ne doutons pas qu'à leur exemple les Polonais sauront tôt ou tard s'affranchir de la tyrannie moscovite et reconquérir leur indépendance, après avoir frappé au cœur l'infâme despote qui leur tient en ce moment le pied sur la gorge.

UNE ÉMEUTE SOUS MAZARIN

ou

LES BARRICADES DE 1648.

Le ministère de Mazarin est le chaînon qui unit l'un à l'autre le règne de l'inflexible Richelieu et celui du superbe Louis XIV. Sans avoir les puissantes facultés et la volonté indomptable du premier, Mazarin continua, autant qu'il était en lui, l'œuvre qu'il avait commencée, et transmit au fils d'Anne d'Autriche un pouvoir haï, mais redouté des grands.

Reprenons les choses de plus haut. Après une lutte fameuse de plusieurs siècles entre la féodalité et la royauté, cette dernière, grace au génie puissant de Richelieu, avait fini par l'emporter sur sa rivale. Deux grandes et profondes pensées avaient animé Richelieu ; à l'extérieur, l'abaissement de la maison d'Autriche ; à l'intérieur, la soumission des grands vassaux et la destruction des protestans. Ce double but fut atteint par lui ; des victoires éclatantes humilièrent les ennemis de la France au dehors, des proscriptions sans nombre frappèrent mortellement l'hydre féodale au dedans, et le pouvoir absolu fut fondé.

Ce fut un grand bien pour le peuple que l'anéantissement de cette féodalité qui depuis six cents ans l'opprimait et l'écrasait. Mais ce ne fut pas en vue de faire cesser la misère du peuple que la royauté la détruisit. Quand les rois font le bien, on ne doit pas leur en savoir gré ; car s'ils le font, c'est qu'ils y trouvent leur intérêt. La destruction de la féodalité en est un exemple frappant. Les rois, ambitieux d'une autorité sans limites, ne pouvaient supporter les entraves que leur imposait sans cesse cette multitude de seigneurs remuans, indociles, impatiens du joug, dont tous les efforts tendaient à ravaler la royauté pour s'élever sur ses débris. La royauté, seule, désarmée, au milieu de cette foule innombrable d'ennemis, comprit que le seul moyen de leur tenir tête était de s'appuyer sur le peuple, qui, de son côté, avait besoin d'un protecteur contre les mille tyrans dont il était la proie, et qui se fit avec joie l'allié, l'auxiliaire de la royauté, afin de se soustraire au joug de la féodalité. Alors les rois accordèrent au peuple des franchises et des libertés, pour miner la puissance féodale; chaque règne fut marqué par des améliorations nouvelles dans la condition des masses, et par de nouvelles victoires de la royauté sur les grands vassaux. Le cardinal Richelieu parut enfin, et il fit peser une si rude et si terrible domination sur les seigneurs, qu'il acheva de détruire leur influence.

Il laissa, en s'éteignant, à Louis XIII moribond, le fardeau d'une guerre étrangère et le sceptre que la main débile de ce triste monarque n'avait pu porter quand il était plein de vie. Louis XIII le suivit de près dans la tombe; avant de mourir il institua par son testament un conseil de régence, et éloigna Anne d'Autriche des affaires. L'ambitieuse étrangère fit casser le testament du feu roi, s'empara de la régence, et nomma premier ministre Mazarin, son amant. Cette femme avait mené du vivant de son époux la vie la plus impudique et la plus scandaleuse. Louis XIII, honteux de ses débordemens, mais trop faible pour les réprimer, lui avait marqué son mépris en cessant pendant long-temps toute cohabitation avec elle. Il fut contraint cependant de s'en rapprocher pour avoir un héritier. Elle le rendit père de deux fils, Louis XIV et Philippe d'Orléans, chef de la branche actuellement régnante. Le premier n'avait que cinq ans lorsqu'il parvint au trône, en 1643.

Maître absolu de l'état comme l'avait été Richelieu, Mazarin, tout en se proposant le même but, ne suivit pas la même marche que lui. Richelieu était fier, impétueux, dur; Mazarin était souple et hypocrite. Là où le premier planait comme un aigle, le second rampait comme un reptile. Le ministre de Louis XIII était du bois dont on fait les grands hommes, et pouvait, à quelques égards, entrer en parallèle avec César et Cromwel; mais le mignon d'Anne d'Autriche, à qui le comparer? Nulle grandeur dans l'esprit, nulle élévation dans l'ame; revêtant mille formes, selon les circonstances; bas et vil, artificieux et rusé : tel était Mazarin. Par son habileté diplomatique, il avait attiré les yeux de Richelieu sur lui, et était devenu sa créature; il lui devait son chapeau de cardinal et son élévation au ministère.

Les longues hostilités de Richelieu contre la noblesse et la guerre très dispendieuse qu'il avait entreprise contre la maison d'Autriche avaient mis à sec les coffres de l'état. Mazarin, pour subvenir aux dépenses publiques et aux folles prodigalités d'Anne d'Autriche, surchargea le peuple d'impôts. Le surintendant des finances, Émery, Italien comme Mazarin, et sa créature, organisa un vaste système d'exactions et de rapines. Il créa de nouvelles charges qu'il vendit à un prix très élevé. Au nombre de ces charges étaient celles de *contrôleurs de fagots*, de *jurés vendeurs de foin*, de *conseillers du roi vendeurs de vins*, etc. Ces ridicules créations excitaient les quolibets et les rires d'une nation qui conserve sa gaieté même dans les choses les plus graves. Nos malheureuses provinces étaient la proie des intendans, espèce de vampires avides et insatiables, qui suçaient la substance du peuple. Émery s'empara des rentes, retint les gages des magistrats, fit des emprunts en quelque sorte forcés, et enfin imposa par un tarif toutes les denrées qui entraient dans Paris.

Une réprobation générale accueillit ces mesures, et particu-

lièrement le tarif, qui s'attaquait directement aux intérêts matériels des différentes classes de la société. Le peuple et la bourgeoisie, qui avaient prêté assistance à la royauté contre la noblesse, et qui avaient puissamment contribué à sa victoire, s'a-
perçurent qu'ils n'avaient renversé l'édifice féodal que pour
tomber sous un joug non moins dur et non moins humiliant, celui du pouvoir absolu. Le mécontentement devint général. Il se
manifesta d'abord par des murmures, des chansons, des sati-
res; mais à mesure que le despotisme de Mazarin devint plus
insupportable, il prit un caractère plus sérieux, et une terrible
émeute éclata.

La noblesse, ne sentant plus la main de fer de Richelieu peser
sur elle, releva la tête et crut le moment arrivé de faire valoir
de nouveau ses prétentions, assoupies par la crainte de l'échafaud. Elle voyait avec joie les masses devenir hostiles au pouvoir absolu, et elle se promettait de jeter son épée dans la balance lorsque l'occasion s'en présenterait. Elle avait exploité à
son profit l'enthousiasme religieux des calvinistes sous les règnes de Charles IX et de Henri III et sous celui de Louis XIII,
maintenant elle était résolue à exploiter de même le mécontentement de la bourgeoisie et du peuple, accablés d'impôts, et à
se mettre à leur tête contre la cour. Elle attendit donc les événemens.

La magistrature, qui se recrutait presque entièrement dans
les rangs de la bourgeoisie, avait un double intérêt à se révolter
contre l'arbitraire de Mazarin : d'abord parce que Mazarin avait
maintes fois porté atteinte à ses priviléges et avait même suspendu le paiement de ses gages, ensuite parce que son origine
bourgeoise la rendait naturellement ennemie de la cour et lui
faisait prendre fait et cause pour une classe que la cour abreu-
vait d'affronts et pressurait impitoyablement.

Au mois de janvier 1648, le surintendant Émery sollicita du
parlement de Paris l'enregistrement du tarif et de plusieurs au-

tres édits bursaux. Cette haute cour s'y refusa, et fit des remontrances énergiques sur des mesures fiscales qui compro-
mettaient aussi gravement les intérêts du peuple. C'est ainsi
que commença la guerre entre le parlement et la cour. La régente et Mazarin, peu accoutumés à rencontrer de semblables
résistances, contestèrent à la cour suprême le droit qu'elle s'ar-
rogeait, et songèrent à sévir contre elle. Le parlement, qui s'y
attendait, se mit en mesure de résister à la tyrannie ministé-
rielle, et travailla à cimenter une alliance entre tous les parlemens de France. Il rendit deux arrêts, en date du 13 et du
15 juin, qu'on appela *arrêts d'union*, par lesquels il engageait
toutes les cours souveraines à se réunir à lui pour empêcher les
empiétemens du pouvoir absolu. A Paris, le grand conseil, la
chambre des comptes et la cour des aides firent leur jonction
avec le parlement, aux applaudissemens de la bourgeoisie et du
peuple.

Le cardinal Mazarin s'effraya de cette jonction, et mit tout
en œuvre pour l'empêcher sans pouvoir y réussir. Il crut conjurer l'orage qui s'amoncelait sur sa tête en disgraciant le surintendant Émery, et en l'exilant dans ses terres; mais le parlement ne s'en montra que plus audacieux et plus intraitable. Il
prononça la destitution des intendans, et fit informer contre
eux comme exacteurs. Cet acte, encore plus significatif que le
refus d'enregistrer les édits bursaux, dut avertir la cour qu'elle
avait tout à craindre de l'audace révolutionnaire de la magistrature.

Trois partis se dessinaient dans le parlement. Le premier,
qui était le seul redoutable et qui formait la grande majorité,
était celui qui avait déclaré à la cour une guerre à toute ou-
trance : c'était le parti des *frondeurs*. Le second, faible, chétif,
presque nul, était dévoué à la cour, et en particulier au premier
ministre, c'était le parti des *mazarins*. Le troisième enfin tenait
le milieu entre les deux autres : blâmant la servilité des *maza-*

...mal et l'exagération des *frondeurs*, il n'adoptait pour le moment aucune bannière, se réservant de prendre parti plus tard, pour Mazarin si Mazarin écrasait la fronde, pour la fronde si la fronde écrasait Mazarin.

Les choses en étaient là, lorsque la cour forma la résolution d'en finir avec le parlement par un coup d'état. C'est assez ordinairement ainsi que procède le despotisme. Lorsque la corruption et la ruse sont sans effet, alors il a recours aux moyens violens. La cour donc, pour frapper d'épouvante le parlement *rebelle*, c'est ainsi qu'elle le qualifiait, se décida à faire arrêter trois de ses membres les plus énergiques et les plus populaires, Novion Blancménil, Charton et Broussel. Charton s'évada; les deux autres furent enlevés en plein jour pendant qu'on chantait le *Te Deum* à Notre Dame pour la victoire de Lens.

Le peuple, témoin de l'enlèvement de Broussel, qu'il adorait, s'émeute aussitôt, entoure et brise le carrosse dans lequel on l'emmène. C'est en vain que l'escorte veut repousser la multitude en fureur; l'escorte est dispersée et Broussel est libre. Mais alors survient un fort détachement de gardes-françaises, qui charge le peuple, et qui lui enlève Broussel.

La nouvelle de cette arrestation arbitraire est bientôt répandue dans Paris. Une population immense remplit en quelques momens les rues et les places publiques aux cris mille fois répétés de *Broussel! Broussel!* La consternation est sur tous les visages. Des groupes menaçans se forment de toutes parts; on parle, on discute, on crie, l'air retentit d'imprécations contre Mazarin et contre Anne d'Autriche; on n'a pas assez d'expressions injurieuses pour flétrir ce couple abhorré, cette étrangère et cet étranger qui imposent insolemment leur joug à une nation dont ils ignorent les mœurs, les coutumes, le génie, et dont ils savent à peine parler la langue (1).

(1) Mazarin prononçait si mal la langue française qu'il appelait les célèbres arrêts d'union rendus par le parlement de Paris, *arrêts d'oignon*.

C'est le 26 août que l'arrestation des deux conseillers au parlement eut lieu. Ce jour là l'émeute se borna à des vociférations et à des menaces ; mais le lendemain le peuple prit une attitude plus hostile et descendit en armes dans la rue.

Le 26, Anne d'Autriche et Mazarin furent sollicités avec les plus vives instances de rendre la liberté à Broussel et à Novion Blancménil, et s'y refusèrent opiniâtrement ; le 27, ils prononcèrent l'élargissement des deux conseillers. C'est qu'à des instances et à des supplications on n'oppose qu'une *pensée immuable*, tandis qu'on obéit humblement à un peuple qui s'insurge et qui ordonne.

Le coadjuteur de Paris, si fameux sous le nom de cardinal de Retz, ne pouvait laisser échapper une si belle occasion de jouer un rôle. On a tracé beaucoup de portraits du coadjuteur, mais peu doivent être ressemblans ; car les hommes comme lui se composent de telle manière aux yeux du public, qu'ils ne sont que ce qu'ils veulent bien être, et ne montrent qu'un côté de la médaille. Le coadjuteur avait peut-être plus de vanité et plus d'orgueil que de véritable ambition ; il éprouvait le besoin de faire du bruit, de se rendre important, de remplir le monde de sa renommée. Je crois que ses projets avaient moins de profondeur et moins de suite qu'on ne le pense, et qu'il se faisait tribun plutôt par tempérament que par conviction. Chez lui, une activité inquiète, une fougue d'imagination qui ne connaissait pas de bornes, une certaine habileté à saisir l'à-propos et à faire tourner à son avantage les choses qui lui étaient le plus contraires, tenaient lieu d'un mérite solide et réel. Des vertus, il n'en avait point ; mais en revanche il avait un très grand nombre de vices, et, à cet égard, n'était pas noble et prêtre pour rien. Il regardait le peuple comme un instrument et l'état comme une proie, caressait l'un et convoitait l'autre, sans qu'il eût d'autre objet, en ambitionnant le pouvoir, que de s'en faire honneur une fois qu'il y serait parvenu, comme ces jeunes fats qui sont moins sensibles au bonheur de posséder une femme qu'à la gloriole d'avoir vaincu sa résistance. Le coadjuteur était aimé du peuple et haï de la cour; mais la cour le ménageait, parce qu'elle connaissait son ascendant sur les masses. Les courtisans lançaient en secret mille sarcasmes contre lui, et il le savait. Il savait aussi que Mazarin se vantait de le jouer et de le manier à sa volonté. Le caractère dont il était revêtu lui avait permis jusqu'alors d'être bien avec la fronde sans se brouiller avec la cour, et d'avoir un pied dans un camp et l'autre dans le camp opposé. Cette position intermédiaire entre deux partis prêts à en venir aux mains lui permit de prendre le rôle de médiateur, moins avec l'intention d'arranger les choses qu'avec celle de les embrouiller.

Il se rendit donc en toute hâte au Palais-Royal, où habitait la cour, se fit introduire auprès de la régente, et la supplia de revenir sur une mesure qui exposait l'état aux plus graves désordres. Anne d'Autriche fut inflexible. Dans le même moment, le maréchal de Meilleraye vint lui demander la permission de se mettre à la tête des gardes et des officiers de la maison du roi, pour faire main-basse sur le peuple, et terrasser cette canaille, selon ses propres expressions.

Ce parti extrême n'était pas de l'avis de tous les courtisans. Un de ceux qui conseillaient la modération proposa de rendre Broussel mort ou vif. Le coadjuteur dit alors : « Le premier ne serait ni de la pitié, ni de la prudence de la reine; le second pourrait faire cesser le tumulte. » Ces paroles firent monter le rouge de la colère au visage d'Anne d'Autriche; elle s'écria : « Je vous entends, monsieur le coadjuteur, vous voudriez que je donnasse la liberté à Broussel; je l'étranglerais plutôt avec les deux mains. » — « En achevant cette dernière syllabe, dit le cardinal de Retz dans ses mémoires, elle me les porta presqu'au visage, en ajoutant : « Et ceux qui.... » Le cardinal, qui ne douta point qu'elle ne m'allât dire tout ce que la rage peut inspirer, s'avança et lui parla à l'oreille. Elle se composa à un point que, si je ne l'eusse connue, elle m'eût paru bien radoucie. »

Le lieutenant civil étant venu dire que l'émeute devenait de plus en plus grave, la cour eut peur, et Mazarin promit que Broussel serait rendu à la liberté si le peuple s'apaisait. Le favori d'Anne d'Autriche espérait calmer l'effervescence populaire par cette promesse qu'il n'avait nulle envie de tenir. Une fois l'ordre *public* rétabli, il aurait donné un libre cours à ses vengeances contre les frondeurs. Il s'agissait de faire savoir à la multitude, qui remplissait les environs du Palais-Royal, la condition que la cour mettait à l'élargissement de Broussel et de Blancménil. Mazarin, qui savait que le peuple n'ajouterait pas foi à sa promesse, si quelqu'un en qui il eût confiance ne s'en rendait garant, et qui voulait compromettre le coadjuteur vis-à-vis de la population insurgée, le chargea d'annoncer aux Parisiens que le lendemain les deux conseillers seraient libres. Le coadjuteur comprit tout de suite, comme il le dit dans ses mémoires, ce que Mazarin avait en vue ; mais il était dans une position à ne pouvoir refuser ; il sortit donc avec le maréchal de la Meilleraye, parla au peuple, et lui donna l'assurance au nom d'Anne d'Autriche et de Mazarin, que le jour suivant ses vœux seraient exaucés. Ce pauvre peuple, dont la crédulité est à toute épreuve, comme chacun sait, crut tout ce que le coadjuteur lui dit, et s'écoula peu à peu. Bientôt les rues furent désertes, la nuit succéda au jour et un profond silence régna sur Paris.

Mazarin était au comble de la joie ; il voyait l'émeute dissipée et le coadjuteur gravement compromis ; il s'applaudissait d'avoir obtenu un si grand résultat au moyen de quelques paroles seulement, et, jugeant qu'il était en trop beau chemin pour s'arrêter, il résolut de compléter son coup d'état, en frappant d'interdit le parlement et en l'exilant à Montargis, en faisant trans-

férer les deux conseillers prisonniers au Hâvre, et en reléguant
le coadjuteur à Quimper-Corentin. Le coadjuteur, qui avait des
espions à la cour, fut bientôt averti des desseins de Mazarin.
Il voit que non seulement sa popularité était en danger, mais
encore sa personne, et qu'il ne lui reste qu'à prendre les mesures
les plus énergiques et les plus promptes pour regagner la confiance du peuple et détourner le coup qui va le frapper. Il
employa donc toute la nuit du 26 au 27 à préparer une formidable résistance aux projets de la cour.

Il appela auprès de lui, à l'archevêché, Miron, colonel du
quartier Saint-Germain-l'Auxerrois, qui lui était dévoué et qui
était ardent frondeur. Ils se concertèrent ensemble sur les préparatifs d'insurrection. Un bruit étant parvenu jusqu'à eux que
la cour voulait faire occuper militairement le Pont-Neuf et plusieurs autres positions importantes, Miron se hâta de poster
dans les mêmes endroits des bourgeois armés, avec ordre de
faire feu sur les troupes royales. Deux autres frondeurs, l'Épi-
nay et d'Argenteuil, s'embusquèrent, chacun avec une troupe
choisie, de manière à s'emparer, au moindre signal, le premier
de la barrière des sergens, le second de la porte de Nesle.

Dans la matinée du 27, le chancelier Séguier, après avoir
reçu les ordres de la régente, se dirigea vers le Palais de Justice, pour les signifier au parlement. Il est reconnu et assailli
par le peuple en fureur. Le chancelier prend la fuite et se réfu-
gie dans l'hôtel d'O, situé près du pont Saint-Michel, sur le quai
des Augustins ; d'autres disent dans l'hôtel de Luynes, sur
l'emplacement duquel a été bâtie depuis la Monnaie. Le peuple
enfonce les portes et fait irruption dans l'hôtel, où il se livre à
de minutieuses mais inutiles recherches pour trouver le chancelier, qui, pendant ce temps, caché dans un cabinet dont la
porte est secrète, se confesse à son frère l'évêque de Meaux. Le
peuple, qui sait que Séguier n'a pu s'échapper, se dispose à in-
cendier l'hôtel ; mais le maréchal de la Meilleraye survient avec

plusieurs compagnies des gardes, qui font feu sur le peuple, et délivrent le chancelier.

Pendant que le sang coule sur ce point, la mousqueterie se fait entendre à la porte de Nesle. D'Argenteuil, qui s'est emparé de cette position, est attaqué par deux compagnies de Suisses; il les repousse et leur tue une trentaine d'hommes. L'exaspération du peuple est portée à son comble. Chacun s'arme de ce qu'il trouve sous sa main : les uns brandissent de vieilles épées rouillées; les autres portent sur leurs épaules de lourdes haches, de pesans marteaux et jusqu'à des barres de fer; enfin, le plus petit nombre est armé d'arquebuses et de mousquets. Les boutiques se ferment, les chaînes sont tendues au bout des principales rues, et plus de douze cents barricades sont improvisées en moins de deux heures. Jamais Paris n'avait présenté un spectacle si extraordinaire. Qu'on se figure un volcan en éruption qui vomit des torrens de lave et qui promène de tout côté ses feux dévorateurs, comme pour envahir la nature tout entière. D'un bout de Paris à l'autre règnent la même effervescence, la même exaltation; depuis le faible enfant qui sort à peine de ses langes, jusqu'au vieillard penché vers la tombe, tout le monde est animé du même sentiment; la fièvre révolutionnaire s'est emparée de toutes les âmes.

Une foule immense assiège le Palais-de-Justice, où le parlement et les autres compagnies sont assemblés depuis la pointe du jour et délibèrent sur la gravité des circonstances. Du milieu de cette foule palpitante, incandescente, s'élèvent les cris de *Vive Broussel! Mort au Mazarin!* Et puis un autre cri se fait entendre : *Vive la république!* C'est un fait très grave dans l'histoire du dix-septième siècle, et en particulier dans celle de la fronde, que ce cri de *vive la république* proféré par l'insurrection en armes. On voit qu'il a tenu à bien peu de chose qu'une révolution n'éclatât en France comme elle éclatait à la même époque en Angleterre. Pourquoi donc en Angleterre la révolution fut-elle poussée jusqu'à ses dernières conséquences, et le roi Charles Iᵉʳ fut-il décapité en expiation de ses forfaitures et de ses crimes, tandis qu'en France la révolution avorta à son début, et que l'indignation nationale s'exhala en vaudevilles, en quolibets et en jeux de mots ? C'est qu'en Angleterre l'élément révolutionnaire ne subit aucun alliage, aucun mélange, et conserva jusqu'au bout toute sa pureté, tandis qu'en France, après la fameuse journée des barricades, la noblesse se jeta à corps perdu dans la fronde et la souilla de son contact impur, pour l'exploiter, pour en faire l'instrument de son ambition. En Angleterre, la révolution se personnifia dans le prolétaire Cromwel, et ce terrible dictateur s'appliqua, avec une constance et un zèle démocratiques qui n'ont pas été assez appréciés par l'histoire, à lui faire prendre racine dans le sol britannique et à la garantir de toute atteinte profanatrice. En France, au contraire, la révolution, restée à l'état d'embryon, fut dévorée par cette meute de seigneurs affamés de pouvoir et d'honneurs, qui voulaient mettre à profit les hostilités du peuple et de la royauté pour reconquérir leur ancienne puissance. Ce qui manquait en France, c'était un homme ou une association d'hommes qui se fît centre d'action, et qui donnât une impulsion et une direction aux idées, comme Cromwell et les puritains dans la révolution d'Angleterre, comme Robespierre et les jacobins en 93. Le parti de la fronde était composé des élémens les plus hétérogènes. Qu'on se figure un mélange de duchesses galantes et de prêtres libertins, d'ouvriers épuisés par la faim et de hauts et puissans seigneurs énervés de débauches, de magistrats aigris par les hauteurs insultantes de la cour et de bourgeois poussés à bout par les révoltantes exactions et les impôts de toute espèce qui pesaient sur eux. Voilà quelle était la fronde. Je reviens à mon récit.

Le chancelier Séguier, quand il eut été délivré par le maréchal de la Meilleraye, monta dans un carrosse et s'enfuit préci-

pitamment sous bonne escorte. Le peuple poursuivit la voiture
malgré la rapidité des chevaux et les coups de feu de l'escorte,
il l'atteignit sur le Pont-Neuf et la cribla de balles. La duchesse
de Sully, fille du chancelier, qui se trouvait avec lui dans la voiture, fut blessée au bras; deux autres personnes qui s'y trouvaient également reçurent aussi des blessures. Le maréchal arrive une seconde fois au secours du chancelier et s'efforce de
disperser la foule; il tue d'un coup de pistolet une pauvre femme qui passait sur le pont chargée d'une hotte. Ce meurtre
d'une personne inoffensive excite l'indignation des plus froids et
des plus indifférens et achève de soulever la population.

Cependant, que faisait le parlement? le parlement avait décidé
qu'il serait décrété contre Comminges, lieutenant des gardes
de la reine, pour s'être rendu coupable d'attentat à la liberté
individuelle en arrêtant les deux conseillers; il avait décidé en
outre qu'il se transporterait en corps au Palais-Royal, pour
demander à la régente la liberté de Broussel et de Blancménil.

Il sortit donc du palais et se mit en marche vers la résidence
royale. Il ne comptait pas moins de cent soixante conseillers.
Pendant que le parlement cheminait avec quelques difficultés à
travers les rues dépavées, des coups de feu se faisaient entendre de toute part; les troupes royales essayaient, mais inutilement, d'emporter les barricades; elles étaient vigoureusement défendues par ceux qui les avaient élevées. Les compagnies furent saluées à leur passage par les acclamations et les
applaudissemens du peuple. Arrivées au Palais-Royal, le premier président porta la parole en leur nom, et parla à la régente avec une fermeté franche et hardie. Il mit sous ses yeux
le tableau de Paris insurgé et livré à toutes les horreurs de la
guerre civile; il lui rappela toutes les promesses qu'elle avait
faites et éludées, et la supplia de céder devant l'énergique ma-
nifestation de quatre cent mille Parisiens qui tenaient suspen-
due sur sa tête l'épée de Damoclès. La fière Anne d'Autriche

s'indigne d'un pareil discours; elle s'emporte, elle entre en fureur et s'écrie : « Je sais bien qu'il y a du bruit dans la ville; mais vous m'en répondrez, messieurs du parlement, vous, vos femmes et vos enfans. » ....

Désespérés de cette réponse, messieurs du parlement, dont l'énergie révolutionnaire n'allait pas jusqu'à exiger une chose que la cour était dans l'impossibilité de leur refuser, et qui ne savaient que s'incliner et supplier très humblement, reprennent tristement le chemin du Palais-de-Justice. Le peuple, en les voyant revenir sans avoir rien obtenu, change de contenance. Ce n'est plus avec des bravos qu'il les accueille; les compagnies franchissent la première barricade, située à la barrière des Sergens, et la seconde, un peu plus loin, en essuyant des murmures. Parvenus à la troisième, il leur fut impossible de passer outre. Un garçon rôtisseur appuya la pointe d'une hallebarde sur la poitrine du premier président, et lui dit : « Retourne, traître, et si tu ne veux être massacré toi-même, ramène-nous Broussel, ou de Mazarin ou le chancelier en ôtage. » En entendant ces paroles peu parlementaires, quelques conseillers prennent la fuite; les autres, terrifiés, reviennent sur leurs pas. Les reproches et les imprécations du peuple les reconduisent jusqu'au Palais-Royal. ....

Le parlement était placé entre la cour et le peuple, comme entre l'enclume et le marteau; rudoyé par l'un et par l'autre, il avait tout à la fois à craindre les emportemens de la régente et la colère populaire. Il se présenta pour la seconde fois devant Anne d'Autriche, qu'il trouva d'abord aussi inflexible que dans la première audience qu'elle *avait daigné* lui accorder. La cour entière et Mazarin lui-même la pressaient d'élargir les deux conseillers; on alla jusqu'à lui demander à genoux *la grâce des coupables.* Messieurs du parlement joignirent leurs prières à celles de tant de seigneurs et de tant de grandes dames, et la régente, comme si la pitié eût gagné son cœur,

lorsque la peur seule la maîtrisait, accorda enfin la liberté à
Broussel et de Blancménil.

Aussitôt le parlement, oubliant sa dignité et le rôle que la
confiance du peuple lui imposait, tint une séance extraordinaire dans une des galeries du Palais-Royal, et rendit un arrêt
par lequel Anne d'Autriche fut remerciée de la liberté qu'elle
voulait bien rendre aux deux magistrats incarcérés. Il y avait
loin de la bassesse du parlement à la sublime audace de cette
formidable assemblée qui, cent cinquante ans plus tard, tra-
duisit une tête couronnée à sa barre, et après lui avoir fait l'é-
numération de ses crimes, l'envoya à l'échafaud.

La cour avait trop intérêt à calmer l'effervescence populaire,
pour ne pas répandre promptement la nouvelle de la décision
que venait de prendre la régente. Le peuple, tant de fois
trompé, crut que c'était encore une mazarinade, comme il
appelait les promesses de Mazarin. Il resta en armes à la
garde des barricades, jusqu'au moment où Broussel lui fut
rendu. Il le porta en triomphe, et il lui était d'autant plus doux
de le posséder, que si le vieux conseiller était libre, c'était à sa
victoire seule qu'il en était redevable. Les barricades dispa-
rurent, les voitures recommencèrent à circuler, les boutiques et
les ateliers se rouvrirent, enfin Paris rentra dans son assiette
accoutumée, et redevint la capitale de l'industrie, des arts et
des plaisirs, après avoir offert pendant vingt-quatre heures
l'aspect d'un camp ou d'une ville prise d'assaut. L'hydre de
l'insurrection s'assoupit de nouveau, pour ne plus se réveiller
que le 14 juillet 1789, aux cris de : *Bastille! Bastille!*

La tâche du peuple avait cessé, celle des intrigans allait commencer. Tant que le peuple fut en scène, le spectacle fut sublime. Dès qu'il eut fait place à cette foule de roués politiques
qui s'étaient tenus cachés derrière le rideau pendant que la terrible voix de l'insurrection mugissait dans les rues de Paris, le
spectacle fut triste et dégoûtant à voir. Au début si brillant, l

si beau de la fronde succédèrent de sales machinations, d'ignobles tripotages, d'infâmes saturnales. Le boudoir d'une Mont-
bazon, d'une Marion-Delorme, d'une Longueville, devint le
forum où des tribuns titrés, gantés, parfumés, se réunissaient
pour débiter de jolies riens, de charmantes plaisanteries contre
la cour et Mazarin.

Quand on examine avec attention les événemens des 26 et
27 août 1648, deux pensées se présentent naturellement à l'esprit : la première, c'est que le peuple n'était pas mûr pour
une révolution ; la seconde, c'est que le parlement resta au-
dessous du rôle révolutionnaire qu'il était appelé à jouer. Voyez
cette masse qui se soulève, qui rugit, qui hérisse Paris de
barricades ; quel motif la fait agir ? est-ce pour reconquérir ses
droits et sa liberté qu'elle descend l'arme au poing sur la place
publique ? est-ce pour écraser un pouvoir oppresseur ? non :
c'est pour ravoir Broussel ; dès qu'il lui est rendu, elle s'apaise.
Sans doute dans les rangs des insurgés il se trouvait des hommes
plus avancés que la masse, qui comprenaient la question sociale, et qui voyaient les choses de haut ; mais ils étaient en
petit nombre et sans influence ; la masse, esclave des haines
propres, se passionnait pour les hommes, et foulait sous ses
pieds les principes. D'un autre côté, le parlement, en possession de la confiance publique, aurait pu exercer une véritable
dictature, humilier la cour, et briser comme un verre fragile le
sceptre sanglant du pouvoir absolu ; il aurait pu régénérer
l'état. Mais il se laissa molester et fustiger comme un écolier par
l'insolente Anne d'Autriche ; et, après avoir fait preuve de quelque vigueur en rendant ses arrêts d'union et en refusant d'enregistrer les édits bursaux, il tomba à plat, et se montra lâche
et timide pendant que bouillonnait le peuple insurgé.

La population parisienne avait donc repris ses occupations ;
mais le parlement restait toujours face à face avec la cour. Il
continua à lutter contre elle comme avant l'insurrection du

27 août. Un grand nombre de seigneurs firent alliance avec lui, tels que le prince de Conti, le duc de Beaufort, le duc de Bouillon, le duc de Longueville, le duc d'Elbeuf et ses trois fils, le duc de Brissac, le vicomte de Turenne, le marquis de la Boulaye, le maréchal de la Mothe Houdencourt, etc. J'oubliais de nommer le plus remuant et le plus entreprenant de tous, le coadjuteur, que l'on avait vu pendant l'insurrection moitié évêque et moitié soldat, avec des bottes éperonnées sous sa robe violette, un baudrier sur son rochet de dentelle, et un chapeau à panache sur sa tête tonsurée.

D'abord le parlement fit une guerre très peu active à la cour. Il consuma son temps en discussions oiseuses, et s'amusa à régler le paiement des rentes de l'hôtel-de-ville et à faire des remontrances pour obtenir la diminution des tailles. Mais ensuite il se montra plus ouvertement hostile, et son opposition devint alarmante pour Mazarin, qui décida, avec sa royale maîtresse Anne d'Autriche, que la cour irait s'établir à Saint-Germain. Le 6 janvier 1649, au milieu de la nuit, la cour quitta le Palais-Royal dans le plus grand secret. Ce départ était une véritable fuite. Le petit Louis XIV était porté par Guitant, capitaine des gardes, et son frère, le duc d'Orléans, par Villequier, revêtu de la même dignité; la régente et Mazarin cheminaient bras dessus bras dessous. La cour se rendit à pied à la porte de la conférence, où des voitures l'attendaient; le château de Saint-Germain n'était pas disposé pour la recevoir, en sorte qu'elle coucha, faute de lits, sur de la paille fraîche.

La fuite de la cour était une nouvelle victoire des frondeurs, et un aveu de son impuissance à les réprimer. Dans la détresse où elle se trouvait, la régente ne balança pas à implorer le secours de Condé pour réduire les Parisiens. Condé, qui était ambitieux, et qui aurait pris parti pour la Fronde si la cour ne s'était jetée dans ses bras, s'empressa de mettre son épée au service d'Anne d'Autriche. Il ne pouvait disposer pour le moment que de huit ou dix mille hommes; c'est avec de si faibles moyens qu'il assiégea Paris.

Le parlement fit des préparatifs de défense; mais le peuple se prêta mollement à ses vues, car son enthousiasme révolutionnaire était presque éteint, et il était retombé dans son indifférence accoutumée. Une armée de douze mille hommes fut cependant levée à Paris par arrêt du parlement; chaque porte cochère fournit un cavalier tout équipé; c'est ce qu'on appela la chevalerie des portes cochères. L'argent ne manqua pas pour soutenir la guerre; une somme de douze cent mille livres fut prélevée sur les partisans de la cour, et les compagnies s'imposèrent pour plus de dix millions.

L'armée parisienne avait besoin d'un chef; le duc d'Elbeuf et le prince de Conti ambitionnaient tous les deux l'honneur de la commander. Le second obtint la préférence. Il était frère de Condé; ainsi deux frères allaient se mesurer et s'entre-déchirer sans se haïr, mais uniquement parce que l'ambition les avait placés l'un et l'autre dans des rangs opposés. Au reste, jamais guerre ne fut plus ridicule et moins meurtrière. On se battait encore plus avec la plume et la langue qu'avec l'épée; c'était de part et d'autre un feu roulant de pamphlets et de sarcasmes. Cette guerre n'était prise au sérieux par personne; Condé l'appelait la guerre des pots de chambre.

Ce prince occupa d'abord avec son armée Saint-Cloud, Saint-Denis, Charenton, Lagny, Corbeil, et coupa les vivres aux Parisiens, ce qui était le plus grave. Ensuite il abandonna Charenton, pour ne pas trop disséminer ses forces. Le prince de Conti s'en empara. Mais le prince de Condé reprit ce poste, et remporta sur l'armée parisienne plusieurs avantages qui assurèrent à la sienne une incontestable supériorité. Si les frondeurs étaient malheureux les armes à la main, la sympathie de presque toute la France, qui applaudissait à leur levée de boucliers, était pour eux une flèche de consolation.

Perdant l'espoir de triompher par leurs seules forces, les frondeurs tournèrent leurs regards vers l'étranger. Ils proposèrent à l'archiduc qui commandait en Flandre une alliance offensive et défensive pour forcer la cour à signer la paix. L'archiduc accepta avec joie leurs offres, et s'engagea à faire invasion en France.

La cour, qui n'était pas éloignée d'un accommodement, se montra, quand elle apprit cette nouvelle, plus que jamais disposée à traiter. Les frondeurs, de leur côté, étaient las d'une guerre sans résultat ; leurs ressources étaient épuisées, la famine commençait à se faire sentir dans Paris. Mazarin fit des propositions secrètes aux principaux chefs de la fronde. A l'un il promit un commandement militaire, à l'autre un chapeau de cardinal, à un troisième une somme considérable. Tous furent gagnés ou corrompus par ses promesses. Une fois ces premières difficultés aplanies, la paix devint facile. Il ne restait plus qu'à en discuter les clauses. Des conférences s'ouvrirent à ce sujet à Ruel. Le Tellier et le chancelier furent les plénipotentiaires de la cour ; Viole et le président le Coigneux, ceux du parlement.

La paix fut conclue et signée le 11 mars 1649. Aucun changement ne fut apporté à ce qui existait auparavant. Mazarin resta premier ministre, il y eut amnistie et annulation de tous les arrêts rendus par le parlement depuis le 8 janvier. Les troubles de la fronde cessèrent à la paix de Ruel, si toutefois on peut donner le nom de paix à une espèce de trêve nécessitée par l'épuisement des partis. La guerre civile ne tarda pas à se rallumer plus ardente que jamais ; le parti opposé à la cour eut un chef différent, sans pour cela changer de caractère. Le vainqueur de Fribourg et de Lens, celui-là même qui avait prêté à Mazarin le secours de sa formidable épée contre la fronde, et qui avait réduit les Parisiens aux dernières extrémités, mécontent de la cour, qui payait ses services d'ingratitude, se tourna contre elle, et aspira à gouverner la France. Mazarin, qui redoutait avec raison un concurrent tel que lui, le fit arrêter, lui, le prince de Conti et le duc de Longueville. Les trois princes furent incarcérés au donjon de Vincennes, puis au Hâvre. Un an après, la liberté leur fut rendue, et le premier usage que Condé fit de la sienne fut de soulever contre la cour la Guienne, le Poitou et l'Anjou, et d'appeler les Espagnols à son aide pour mieux déchirer l'état.

ESSAI SUR LE VOYAGE DE L'EMBOUCHURE DE L'INDUS

A LAHOR, CABOUL, BALKH, ET BOUKHARA,

Et retour par la Perse,

PENDANT LES ANNÉES 1831, 1832 ET 1833,

Par M. Alexandre Burnes,

Deuxième article.

Nous avons laissé M. Burnes au moment où il quittait Lahor pour entreprendre sa grande exploration de l'Afghanistan et de Bourkharie. Son premier soin, avant de sortir des états de Rendjit-Sing, fut de réduire son bagage et de se débarrasser de son uniforme anglais pour revêtir le costume asiatique; son nouveau compagnon, le docteur Gérard, en fit autant. M. Leckie était retourné à Bombay. Lorsque M. Burnes eut pris toutes ses dispositions, il s'achemina rapidement vers l'Indus. Il visita, en passant, le champ de bataille où Porus fut vaincu par Alexandre, et où s'élève aujourd'hui une ville appelée *Djelalpour*. Notre voyageur traversa l'Indus au confluent de ce fleuve et de la rivière de Caboul, et entra dans l'Afghanistan. Cette contrée faisait autrefois partie de la Perse; les Afghans

en firent la conquête en 1722, et depuis cette époque elle en
est séparée. Elle forma long-temps un seul état, gouverné par
la dynastie des Douranis, qui eut pour chef Ahmed, schah
Dourani, fondateur de la monarchie afghane. La guerre civile
éclata dans l'Afghanistan, il y a vingt-cinq ans environ, et
épuisa à tel point les forces de ce malheureux pays que lorsque
le maharadjah de Lahor l'attaqua, il ne rencontra presque
aucune résistance; Rendjit-Sing s'empara donc de toutes les
provinces de la rive gauche de l'Indus qui appartenaient aux
Afghans, telles que le Moultan, le Cachemire, le Léïa, le territoire de Déra-Ghazi-Kanh; en 1822, il franchit ce fleuve et
porta la guerre au cœur de leur pays. Les Afghans essayèrent
vainement d'arrêter ses progrès; Rendjit-Sing gagna sur eux
la célèbre bataille de Nouchéro, s'empara de Peichaver et en
brûla le palais; depuis lors, cette ville lui paie un tribut annuel. Le roi des Afghans, Azim-Kan, étant mort de douleur
d'avoir été battu à Nouchéro, trois de ses frères démembrèrent
la monarchie afghane, et s'en adjugèrent chacun une part :
Chir-Dil-Kan se déclara chef indépendant de Candahar, la capitale de l'empire; Dost-Moharamed s'empara de Caboul, et Mo-
hammed-Kan, de Peichaver. Chir-Dil-Kan est mort depuis;
son fils, Cohan-Dil-Kan, lui a succédé.

Les deux chefs de Candahar et de Peichaver vivent dans une
continuelle inimitié avec celui de Caboul, qui nourrit de son
côté le projet de déposséder les deux autres, et de rétablir à
son profit l'unité de la monarchie afghane. Le moins puissant
des trois est le chef de Peichaver, dont l'autorité ne s'étend pas
au-delà de la plaine où cette ville est bâtie; ses troupes réglées
ne montent qu'à 5,000 hommes, dont les deux tiers de cavalerie; mais il pourrait, en cas de besoin, rallier autour de lui
une armée considérable de troupes irrégulières appelées ou-
lousis. Son artillerie ne se compose que de six pièces de canon.
Son frère, le chef de Caboul, règne sur une étendue de pays

beaucoup plus grande, et commande à une force militaire bien plus nombreuse. Quant au chef de Candahar, son armée peut monter à huit ou dix mille hommes de cavalerie; ses états sont plus étendus que ceux du chef de Caboul, mais ils ne sont pas stratégiquement aussi importans: le royaume de Caboul, adossé aux formidables montagnes de l'Hindou-Kouch, qui le bornent au nord et à l'ouest, et défendu au sud par la chaîne des monts Khaïbar, est pour ainsi dire en position de dicter des lois au reste de l'Afghanistan. Voilà les trois principales divisions politiques de cette contrée. On en compte encore une quatrième, la province de Hérat, dont le chef, Kâmron, s'est placé, dans ces derniers temps, sous la protection immédiate de la Perse. Les différens états de l'Afghanistan n'ont encore fait alliance avec aucune puissance étrangère; ce qu'il y a de certain, c'est que, dans le cas d'une invasion, soit de la part des Persans, soit de la part des Seïks ou de tout autre peuple, les dissensions et les haines qui règnent actuellement entre les trois principaux chefs afghans disparaîtraient, et qu'il y aurait accord et unanimité pour repousser l'ennemi du dehors. A ce sujet, M. Burnes raconte que pendant son séjour à Caboul, le chef de cette ville reçut de celui de Candahar l'avis qu'un ambassadeur persan l'avait menacé. Le chef de Caboul lui fit la réponse suivante : « Quand les Persans s'avanceront, mande-le-moi; et de même que je suis maintenant ton ennemi, je serai ton ami. » Il nous semble que cette disposition des chefs afghans à oublier leurs querelles intestines, et à réunir leurs forces pour combattre l'invasion étrangère, rend vraisemblable l'échec que les troupes de Rendjit-Sing auraient essuyé dernièrement. Ne sait-on pas à quels actes d'héroïsme et de désespoir peut se porter une nation jalouse de son indépendance, surtout lorsque cette nation est, comme celle des Afghans, ardente, fanatique, implacable? Les Afghans nourrissent la plus profonde haine contre les Seïks, d'abord, parce qu'ils les regardent comme infidèles, et

puis parce qu'ils conservent le souvenir des défaites que l'armée de Rendjit-Sing leur a fait essuyer. Dès l'année 1852,
M. Burnes pensait que cette haine invétérée éclaterait tôt ou
tard par une guerre terrible dans laquelle l'un des deux peuples
exterminerait l'autre.

Après quelques journées de marche, M. Burnes arriva à Peichaver, où il fit un assez long séjour. Mohammed-Khan lui fit la
plus brillante réception, et lui donna plusieurs fêtes magnifiques. Cet accueil était dû à la recommandation de Rendjit-Sing.
Notre voyageur dit peu de chose de Peichaver. Pendant qu'il
était dans cette ville, il fut témoin de la manière expéditive dont
se rend la justice chez les Afghans. Étant un jour en promenade
avec Mohammed-Khan, il aperçut, dans un faubourg, les corps
mutilés d'un homme et d'une femme étendus sur un tas de fu-
mier. Une grande foule était rassemblée à l'entour; du milieu
de cette foule, un homme s'avança et exposa, dans une attitude
tremblante, à Mohammed, qu'il avait surpris sa femme en fla-
grant délit d'adultère, et qu'il l'avait à l'instant tuée, ainsi que
son complice. « Il tenait à la main le sabre encore sanglant, dit
» M. Burnes, et raconta comment il avait commis le meurtre.
» Sa femme était enceinte et déjà mère de trois enfans. Mo-
» hammed-Khan lui adressa quelques questions, qui ne lui pri-
» rent pas trois minutes, puis il dit à haute voix : Tu t'es con-
» duit comme un bon Musulman, et as commis une action ex-
» cusable. Ensuite il continua sa marche, et la foule s'écria :
» Afin! (bravo!) »

Le 19 avril, M. Burnes et son compagnon, le docteur Gérard,
prirent congé de Mohammed-Khan et se mirent en route pour
Caboul. Cinq routes conduisent de Peichaver à cette ville. Nos
voyageurs suivirent celle qui longe la rivière de Caboul, comme
étant la plus sûre; les autres passent par des montagnes et des
défilés habités par des tribus perverses, notamment la route qui
passe par le col de Khéber. Lorsque Nadir-Schah fit son expé-

dition dans l'Inde; il fut obligé de payer une somme d'argent aux Khébéris pour traverser leurs montagnes où se trouve un défilé qui a dix-huit milles de long, et qu'il serait impossible de forcer si les Khébéris en fermaient le passage. M. Burnes traversa la rivière de Caboul à Matchni sur un radeau soutenu par des peaux gonflées, genre d'embarcation frêle et peu sûr. Dans cet endroit, la rivière peut avoir 750 pieds de large; elle est tellement rapide, que le radeau qui portait M. Burnes fut emporté à plus d'un mille avant de pouvoir gagner la rive opposée. On navigue ordinairement en bateau sur cette rivière; néanmoins, les marchandises ne sont jamais expédiées par cette voie. En passant à travers le pays des Momands, tribu de brigands, la petite caravane de M. Burnes fut obligée de leur payer tribut à raison d'une roupie par chaque Musulman et de deux par chaque Indou. Les pays que notre voyageur eut à parcourir pour se rendre à Caboul sont très montagneux et d'un accès fort difficile. Il traversa un grand désert pierreux situé entre Hazarno et Djelalabad où règne pendant la saison chaude le Sémoum ou vent pestilentiel : « Les habitans, dit-il, parlent » du Sémoum comme étant généralement fatal. Les voyageurs » qui ont échappé à son atteinte disent qu'il les attaque, ainsi » que ferait un vent froid, et leur ôte le sentiment. L'eau introduite violemment dans la bouche sauve quelquefois, et du feu » allumé près du patient produit un bon effet. On emploie aussi » avec succès les pruneaux de Boukara et le sucre. Les chevaux » et les autres animaux souffrent, ainsi que l'homme, des effets du Sémoum; on dit que la chair de ceux qui en meurent » victimes devient si molle et si putride, que les membres se » séparent les uns des autres et qu'on peut arracher les cheveux » sans employer la moindre force. » M. Burnes s'arrêta deux jours à Djelalabad, petite ville sale et incommode qui n'a que deux mille habitans. Djelalabad est gouvernée par un chef indépendant dont le revenu annuel s'élève à sept lacks de roupics; dans les environs de cette ville, on remarque sept tours rondes d'une construction fort ancienne, et dans le voisinage desquelles on a trouvé des médailles d'une très grande dimension. M. Burnes arriva le 50 à Caboul, après avoir eu à franchir des montagnes fort élevées où il ne rencontra aucune habitation, ce qui le força à coucher plus d'une fois à la belle étoile par un froid assez vif.

Dost-Mohammed-Khan, chef de Caboul, reçut fort bien M. Burnes, mais moins cordialement que son frère le chef de Peichaver. Caboul est une ville très bruyante; M. Burnes dit qu'il y règne un tel vacarme que souvent, dans les rues, on ne peut se faire entendre d'une autre personne. Le grand bazar, un des plus riches de l'orient, est appelé *Tchaoutchal;* c'est un bâtiment élégant, soutenu par des arcades, qui a 600 pieds de long sur 50 de large; il est abondamment pourvu de soieries, de toiles et de marchandises de toute espèce. S'il faut en croire les habitans de Caboul, cette ville n'a pas moins de six mille ans d'existence. Ses maisons sont construites en briques séchées au soleil, et n'ont, pour la plupart, qu'un seul étage. Sa population est d'environ 60 mille âmes. Caboul est environnée de jardins magnifiques et de vergers plantés de toutes sortes d'arbres fruitiers, et où les raisins surtout mûrissent en si grande abondance que, pendant plusieurs mois, on en donne à manger au bétail. « Le plus beau jardin des environs de Ca-
» boul, dit M. Burnes, est celui qu'on nomme le jardin du roi;
» il a été planté par Timour-Chah, et est au nord de la ville ;
» sa surface est, à peu près, d'un mille carré; la route qui y
» mène, longue de trois milles, formait le terrain royal des
» courses. Au centre du jardin s'élève un grand pavillon octo-
» gone; des allées, partant de chacun de ses côtés, sont ombra-
» gées d'arbres fruitiers, ce qui produit un très riant effet. Un
» siége en marbre devant la façade montre l'endroit où les rois
» de Caboul s'asseyaient au temps de leur prospérité. Les ha-

« bitans aiment passionnément à venir se promener dans ces
» jardins; tous les soirs on les voit y aller en troupes nom-
» breuses. » Caboul n'a point de fortifications. Au sud et à
l'ouest elle est commandée par de hauts coteaux rocailleux, sur
lesquels sont construits, l'un au dessus de l'autre, deux forts,
appelés *Balla-Kissar*; les murailles de ces forts sont en si mauvais état, qu'elles ne pourraient empêcher une escalade. Le
fort supérieur est le plus petit; l'inférieur, qui pourrait contenir une garnison de cinq mille hommes, renferme le palais du
roi de Caboul.

Dans une entrevue que M. Burnes eut avec Dost-Mohammed,
celui-ci lui parla longuement de tout ce qui le concernait, et dé-
plora amèrement les différends qui existaient entre lui et les
chefs de Peichaver et de Candahar. Il confia au voyageur anglais le désir et l'espoir qu'il avait de rétablir la monarchie afghane sur ses anciennes bases; mais surtout, il lui manifesta
une violente animosité contre les chefs de la nation des Séïks,
et lui demanda si le gouvernement britannique voudrait accepter ses services comme auxiliaire pour renverser Rendjit-Sing.
M. Burnes répondit que ce prince était l'ami de la nation anglaise. Alors, le chef de Caboul proposa à M. Burnes le commandement de son armée et le pressa de rester auprès de lui :
« Douze mille hommes de cavalerie, lui dit-il, et vingt pièces de
» canon sont à ta disposition. » M. Burnes ayant refusé ces offres brillantes, son interlocuteur lui fit promettre qu'il lui en-
verrait, du moins, un de ses amis, pour être son généralissime.

M. Burnes partit de Caboul le 18 mai. Ne pouvant voyager
seuls, son compagnon et lui, dans des pays où les Européens
n'ont aucune espèce de relations, et où même ils sont très mal
vus, ils prirent à leur service un *kafila bachi*, ou conducteur de
caravanes, qui devait les suivre jusqu'à Boukhara. « Nous nous
» confiâmes à lui, dit notre voyageur, comme un ballot de mar-

« chandises, et nous fit d'ailleurs de marcher comme il le croirait
» le plus convenable. Je lui remis mes livres et mes instrumens,
» qui étaient en petit nombre; il les fit passer pour être la pro-
» priété des familles juives qui avaient quitté Caboul l'année pré-
» cédente. » Le *kafila bachi* leur fut d'une si grande utilité, que
probablement, sans lui, ils n'auraient pu accomplir leur voyage
jusqu'au bout. M. Burnes entra bientôt dans les montagnes de
l'Hindou-Kouch, qui séparent l'Afghanistan du Turkestan. Ces
montagnes, éternellement couvertes de neige, sont presque partout inaccessibles; une armée aurait la plus grande peine à les
franchir, et y laisserait infailliblement son matériel, et peut-être
même une partie de sa cavalerie; on a bâti çà et là quelques
forts pour défendre les passages les plus praticables. La hauteur de l'Hindou-Kouch est prodigieuse. M. Burnes traversa des
cols qui n'ont pas moins de douze à quatorze mille pieds d'élévation au-dessus du niveau de la mer, et où la température est
si froide, qu'en plein midi, à la fin de mai, le thermomètre des-
cendait à plusieurs degrés au-dessous du point de congélation.
Cette chaîne de montagnes est habitée par les Hézarès, qui, pendant six mois de l'année, sont confinés dans leurs misérables
demeures par les frimats; leur seule nourriture est l'orge, qui
est aussi la seule production du pays. On le sème en juin, et on
le récolte en septembre. En hiver la neige est si abondante et
si profonde, qu'il est impossible de traverser l'Hindou-Kouch;
en été, elle a moins d'épaisseur, mais elle est amollie par les
rayons du soleil, en sorte que les hommes et les chevaux enfon-
cent de plusieurs pieds, et quelquefois s'abîment dans des pré-
cipices. Les endroits où la neige est fondue présentent un autre
inconvénient : la terre n'est plus qu'un bourbier d'où l'on ne se
tire que très difficilement.

Au sortir de ces montagnes, M. Burnes arriva à Bamian, lieu
célèbre par les idoles gigantesques qui s'y trouvent et qui sont
taillées en haut relief dans le rocher. Elles sont au nombre de

deux ; la plus grande représente un homme et n'a pas moins de
120 pieds de hauteur ; la seconde offre l'image d'une femme, elle
est mieux faite que la première et a des dimensions plus petites.
Après avoir quitté Bamian, notre voyageur traversa le Kohi-
Baba, autre chaîne de montagnes moins élevées que l'Hindou-
Kouch et qui en sont le prolongement. Il parvint à Sighan, première ville du Turkestan. Sighan est la résidence de Mohammed-
Ali-Beg, chef Ousbek qui est alternativement sujet du chef de
Caboul et du chef de Khoudouz, selon que l'un ou l'autre est le
plus puissant. A mesure que M. Burnes s'avançait vers le nord,
il remarquait que les montagnes allaient en s'abaissant ; quelquefois il avait encore à passer par de longs et profonds défilés,
mais en général le pays était plus ouvert, plus fertile, et la température était moins froide. A Kouloum, les montagnes cessent
brusquement et les vastes plaines du Turkestan commencent. Le
voyageur anglais avait laissé Khoudouz sur sa droite pour arriver directement à Balkh ; mais le commandant de Khouloum
l'ayant empêché de passer outre, il se rendit lui-même à Kou-
douz pour solliciter du chef la permission de continuer son
voyage. Dès que cette permission lui eut été accordée, il se hâta
de gagner Balkh, qui fait partie du royaume de Boukhara.
Balkh offre l'aspect d'un immense amas de ruines qui a vingt
milles de circuit. Ces ruines se composent de mosquées écrou-
lées et de tombeaux délabrés construits en briques séchées au
soleil. Balkh a beau se vanter d'une très haute antiquité, aucun
de ses monumens n'est antérieur au temps de Mahomet. Elle
fut bâtie, s'il faut en croire les Orientaux, par Kaïamour, fondateur de la monarchie persane. Après la mort d'Alexandre,
elle devint, sous le nom de Bactra, la capitale d'un état gouverné par une dynastie de rois grecs ; elle retomba plus tard
sous le joug persan et passa ensuite sous la domination des kalifes. Gengis-Kan s'en empara et en fit massacrer la population
presque tout entière. Sous les descendans de Tamerlan, elle ap-

partint à l'empire mogol. Le grand Nadir en fit la conquête, et
après lui, les Afghans s'en rendirent maîtres; ils la conservè-
vèrent jusqu'à ces derniers temps, où elle est tombée au pouvoir du roi de Boukhara. Aujourd'hui, elle ne compte plus que
2,000 habitans presque tous Afghans. Au nord de la ville est
l'ark ou la citadelle, qui est assez solidement construite. Balkh
est dans une grande plaine, à six milles des montagnes. Son
climat est insalubre, ce qui est attribué à la mauvaise qualité de
l'eau.

Le 12 juin, M. Burnes repartit de Balkh et fit route avec la
caravane de Khouloum à Boukhara. Il eut encore une fois occasion de remarquer avec quelle exactitude Quinte-Curce a décrit
la Bactriane. Cet historien n'a commis qu'une seule erreur, en
disant que *Bactra* était situé sur le mont Paropamise (liv. VII,
ch. 4). Notre voyageur marcha deux jours dans les fertiles plaines de l'ancienne Bactriane, puis il entra dans un désert de sable, au milieu duquel coule l'Oxus, et parvint bientôt sur les
bords de ce fleuve. L'Oxus, dans cet endroit, avait environ
2,400 pieds de largeur et 20 pieds de profondeur; ses eaux
bourbeuses couraient avec une rapidité de trois milles et demi
à l'heure. Les Orientaux l'appellent Djihoun ou Amou. L'Oxus
prend sa source sur le plateau de Pamir, et va se jeter dans le
lac Aral, après un cours presque aussi long que celui de l'Indus. Les principales contrées qu'il arrose sont : le désert des
Turcomans, la Boukharie et la Khivie. Il est navigable pendant
un espace de trois ou quatre cents lieues; son canal est droit
et est exempt de rochers, de rapides et de tourbillons. Avant de
recevoir les eaux de l'Akseraï, près de Kondouz, l'Oxus est
guéable pendant six mois de l'année, même pour l'artillerie; il
est sujet à une crue périodique; son débordement commence
en mai et finit en octobre. En hiver il gèle souvent, et alors les
hommes et même les bêtes à cornes peuvent le traverser sur la
glace : « La manière dont nous traversâmes l'Oxus était singu-

» lière, dit M. Burnes; un cheval fut attaché à chaque extré-
» mité du bateau par une corde fixée à la crinière; ensuite on
» mit la bride à l'animal, comme si on allait le monter; le ba-
» teau est poussé dans le courant, et, sans autre aide que les
» chevaux, il traverse en droiture le canal le plus rapide. »

Une fois l'Oxus franchi, notre voyageur continua sa marche
vers Boukhara, où il arriva le 27 juin 1832. Il fut présenté, aussitôt après son arrivée, au premier ministre, qui le questionna
beaucoup sur le motif de son voyage, et qui lui défendit ex-
pressément, pendant son séjour à Boukhara, de prendre aucune note sur cette ville, défense dont il ne tint nullement
compte. Boukhara est habitée par des Persans, des Turcs,
des Russes, des Chinois, des Indiens, des Afghans, des Turcomans, des Kalmoucks, des Kirguises, des Ousbecks, etc. Ces
étrangers se réunissent, à certaines heures du jour, sur le *Re-
ghistan*, vaste place où sont exposées en vente toutes marchandises de l'Asie et de l'Europe, et où ils viennent causer et se
communiquer les nouvelles. M. Burnes, pour voir le roi de
Boukharie, se rendit un vendredi à la grande mosquée, édifice
construit par Tamerlan. « J'aperçus le monarque, dit-il, et tout
» son monde sortant de la prière; il me parut âgé de moins de
» trente ans, et n'avoir pas une physionomie avantageuse; ses
» yeux sont petits, son visage est maigre et pâle; il était sim-
» plement vêtu d'une robe de soie et coiffé d'un turban blanc.
» Un Coran était porté devant lui, et il était précédé et suivi de
» deux huissiers avec des masses d'or, lesquels criaient en turc :
» Priez Dieu que le commandant des fidèles se conduise équi-
» tablement ! »

La tradition attribue la fondation de Boukhara au vainqueur
de Darius. La circonférence de cette ville est de huit milles anglais environ; sa forme est triangulaire; elle est entourée d'un
mur en terre haut de vingt pieds et percé de douze portes. Boukhara renferme un grand nombre de bazars, qui tous sont bâ-

ils en briques et voûtés, des édifices vastes et solides, des collèges, des mosquées surmontées de hauts minarets, et plus de vingt caravansérais. Ses maisons n'ont, en général, qu'une chétive apparence. Les Boukhars observent avec une scrupuleuse fidélité les préceptes du Coran, mais ils ne sont pas exempts de superstitions, et croient fermement à la magie. Le royaume de Boukharie est peu étendu; il est isolé au milieu de vastes déserts, et tire toute son importance de sa position entre l'Europe et les plus riches contrées de l'Asie; il est borné au nord par le lac Aral et le Sir-Déria (le *Jaxartes* des anciens), à l'est par le plateau de Pamir, à l'ouest par le désert de Kharism, et au sud par celui des Turcomans. Ce royaume est très fertile, et les productions en sont très variées; toutes les différentes espèces de céréales y croissent, ainsi que tous les fruits et toutes les plantes potagères de l'Europe. Le climat de la Boukharie est sain et agréable; en hiver il y fait très froid. Tous les cours d'eau, dans cette contrée, sont bordés de mûriers, et on y élève une grande quantité de vers à soie; les habitans nomades des bords de l'Oxus s'occupent spécialement de l'éducation de ce précieux insecte. M. Burnes évalue la population de la Boukharie à un million d'âmes environ, dont la moitié se compose de tribus errantes. Sur ce nombre, la ville de Boukhara figure pour cent cinquante mille âmes. La Boukharie fut ravagée par Gengis-Khan en 1222. Un des descendans de ce conquérant par les femmes, le fameux Tamerlan, la gouverna en qualité d'émir, avant de porter le fer et la flamme dans les trois quarts de l'Asie. Au seizième siècle, les Tartares Ousbecks ayant fait invasion en Boukharie, les successeurs de Tamerlan furent obligés de s'en exiler, et ils allèrent dans l'Inde fonder, sous l'empereur Báber, l'empire mogol.

Depuis lors, les Ousbecks sont paisibles possesseurs de cette contrée, dont le roi actuel se nomme Nessir-Oullah; on l'appelle aussi Bahadour Khan. Nessir-Oullah n'est parvenu au pou-

voir suprême qu'en détrônant un de ses frères, et en faisant
égorger les trois autres, il a cherché à faire oublier ces excès
atroces, en gouvernant avec une équité exemplaire : de cruel
et impitoyable qu'il était, il est devenu doux et humain, depuis
qu'il n'a plus de rivaux à redouter. Le gouvernement de Boukharie est despotique, comme tous ceux de l'Asie; néanmoins,
les actes du roi sont tous soumis au contrôle des mollahs ou
prêtres. Il n'y a en Boukharie aucune trace d'aristocratie ; les
emplois publics sont remplis par les esclaves du monarque. Les
forces militaires de Nessir-Oullah se composent de 20,000 hommes d'infanterie, de 4,000 de cavalerie et de 41 pièces de canon. Indépendamment de ces troupes, qui n'ont aucune discipline, il y a une espèce de milice, appelée *iljâri*, qui s'élève à
50,000 hommes de cavalerie. Cette armée se grossirait, en temps
de guerre, de levées faites chez les Turcomans. Le roi de Boukharie entretient des relations amicales avec la Chine, le Caboul,
la Turquie et la Khivie. Son ennemi le plus puissant est le chef
de Khondouz. Depuis Pierre Ier, il existe une amitié assez
étroite entre la Russie et la Boukharie. En 1820, une ambassade
russe fut envoyée à Boukhara; de son côté, le roi de Boukharie en envoya une à Saint-Pétersbourg. Voici ce que M. Burnes
pense des projets de la Russie sur la Boukharie : « En faisant
» abstraction des obstacles physiques qui s'opposent à ce que
» les Russes fassent la conquête de la Boukharie, les habitans
» de ce pays ont de l'inimitié contre eux. Il est même probable
» que ce royaume, malgré toutes ses démonstrations d'amitié,
» secourrait la Khivie, dans le cas où la Russie l'attaquerait. Si
» ces contrées étaient un jour subjuguées par cet empire, il
» éprouverait de grandes difficultés à les conserver ou à exer-
» cer son autorité sur les tribus nomades qui les environnent.
» Toutefois, on ne doit pas oublier que la cour de Saint-Pé-
» tersbourg nourrit depuis long-temps des desseins sur cette
» portion de l'Asie. »

Après un mois de séjour à Boukhara, M. Burnes en repartit, pour gagner les bords de la mer Caspienne et exécuter son retour dans l'Inde par la Perse. Il s'enfonça une seconde fois dans le désert des Turcomans et repassa l'Oxus. Ce désert est impraticable pour une armée, à cause de l'excessive rareté de l'eau; dans quelques endroits, les puits sont éloignés de trente-six milles les uns des autres, et l'eau en est détestable et peu abondante. Celle que transportent les caravanes n'est pas moins désagréable, parce qu'on est obligé de la renfermer dans des outres frottées d'huile. Notre voyageur se trouva bientôt sur le territoire persan; il s'arrêta quelques jours à Méched, et se rendit ensuite à Koutchan, dont le prince Abbas-Mirza venait de s'emparer, après un long siége. La guerre régnait alors entre les Persans et les Khiviens. De cette ville, M. Burnes marcha droit vers la mer Caspienne. Lorsqu'il arriva sur ses bords, la peste y exerçait de grands ravages : il s'en éloigna le plus promptement possible, et se mit en route pour Téhéran, résidence du roi de Perse. Le roi l'accueillit avec bonté et conversa long-temps avec lui, sur les affaires de l'Europe et sur tout ce qu'il avait vu pendant son long voyage. M. Burnes quitta Téhéran le premier novembre, et traversa rapidement la Perse, en passant par Ispahan et Chiraz. Il s'embarqua à Bender-Bouchir, sur le golfe Persique, et fit voile pour Bombay, où il jeta l'ancre le 18 janvier 1833.

ESSAI HISTORIQUE

SUR

LES VAUDOIS ET SUR LES ALBIGEOIS.

Il ne faut pas croire que la réformation religieuse qui s'opéra au seizième siècle, et qui porta un coup si terrible au catholicisme, fut un événement isolé et sans antécédent dans l'histoire; il ne faut pas croire que l'œuvre à laquelle Luther et Calvin attachèrent leur nom n'avait pas été ébauchée avant eux. Le protestantisme au contraire eut pour avant-courière l'hérésie albigeoise, qui éclata vers le milieu du douzième siècle; il s'y rattache sous une infinité de rapports, il en découle nécessairement, il en est l'invincible conséquence. Si donc, la révolution française est fille de la réformation religieuse, comme on l'a dit avec juste raison, elle est petite-fille de l'hérésie albigeoise, si je puis m'exprimer ainsi. Ces trois grands événemens sont comme les trois actes essentiels d'un même drame; à eux trois, ils forment une espèce de trilogie révolutionnaire dont les diverses parties se lient étroitement entr'elles, s'engrènent les unes dans les autres et composent enfin un tout homogène et complet.

Je sais très bien que si l'on veut forcer ce raisonnement, on arrivera à dire que, puisque les dogmes des albigeois découlaient eux-mêmes d'une source antérieure, le manichéisme, il s'ensuit que la réformation religieuse et la révolution française découlent également de la religion de Manès, ce qui serait assi-

gner à deux événemens prodigieux une cause bien futile et
bien secondaire ; ce qui serait les amoindrir, les rapetisser ex-
traordinairement, et n'en plus faire que deux accidens sans importance.

Oui, il existe une incontestable filiation entre l'hérésie albigeoise et le manichéisme, entre la réformation religieuse et
l'hérésie albigeoise, entre la révolution française et la réformation religieuse ; mais il faut reconnaître aussi qu'il y avait autant de différence entre les dogmes des albigeois et ceux de
Manès, qu'il y en avait entre le douzième siècle, où les idées
commençaient déjà à fermenter si prodigieusement, et le troisième, où l'humanité se débattait encore sous le joug du paga-
nisme et des antiques erreurs qui formaient son cortège ; il faut
reconnaître qu'il y avait une distance aussi grande entre la réformation religieuse et l'hérésie albigeoise, qu'il y en avait entre le seizième siècle, où l'esprit humain avait pris un si merveilleux essor, et le douzième, où, malgré la fermentation des
idées, la couche des préjugés était encore si épaisse ; enfin il
faut reconnaître qu'il y avait entre la révolution française et la
religion réformée la même séparation qu'entre le dix-huitième
siècle, où la philosophie et les lumières avaient fait de si remarquables conquêtes sur le privilège, la tyrannie et l'obscurantisme, et le seizième, où, malgré le grand travail qui s'opérait
dans les intelligences, l'exploitation de l'homme par l'homme
existait encore dans toute sa force, sous le nom de servage.

Depuis l'époque où le manichéisme prit naissance, jusqu'à
celle où la révolution française éclata, l'esprit humain ne cessa
pas un seul instant de progresser. Chaque génération, chaque
siècle fut marqué par des améliorations nouvelles dans la condition humaine ; mais il ne faut pas en induire que la grande
rénovation politique et sociale qui s'opéra à la fin du siècle dernier découle immédiatement de la religion de Manès, comme
l'ont insinué des esprits qui ont intérêt à dénaturer la révolu-

tion dans ses causes et dans ses effets. Plus de trois cents ruisseaux ou rivières concourent à former le grand fleuve des Amazones ; qui pourra dire lequel de ces trois cents affluens lui donne plus particulièrement naissance que les autres? Il en est de même de la révolution française par rapport au manichéisme et à cette multitude de sectes religieuses et philosophiques qui la précédèrent. Il n'appartient pas plus au manichéisme qu'à aucune des autres sectes issues du christianisme de s'attribuer l'honneur d'avoir enfanté à elle seule la révolution française. Toutes les idées de liberté, d'égalité, d'émancipation qui fermentèrent dans les siècles précédens, et qui revêtirent soit une forme soit une autre, se coalisèrent pour ainsi dire, se réunirent en faisceau pour faire explosion en 1789. Cette révolution sublime et sainte fut donc la conséquence des progrès de l'esprit humain en général et non celle d'aucun événement particulier.

Quand on a dit qu'elle était fille de la réformation religieuse, on a eu raison dans ce sens que la réformation religieuse elle-même était la conséquence des progrès que les idées avaient faits jusqu'au seizième siècle, et qu'elle joua à cette époque un rôle à peu près semblable à celui que joua à la fin du dix-huitième siècle la révolution française ; comme cette dernière, elle fut la plus haute expression des besoins et des intérêts des masses. Les croyances catholiques avaient, pendant un si grand nombre d'années, servi de bases à l'édifice social, que pour arriver à la démolition de cet édifice et à l'émancipation intellectuelle et matérielle de l'homme, il fallait commencer par travailler à l'affranchir sous le rapport religieux et battre en brèche l'édifice par sa base. Une pareille tâche était réservée à la méthode du libre examen en matière de conscience. Cette méthode fut donc le dogme fondamental du protestantisme, comme il l'avait été trois siècles auparavant de l'hérésie albigeoise et comme il devait l'être plus tard de la révolution française ;

car les principes de 89 ne sont autre chose que la méthode du
libre examen appliquée à la politique; la révolution française
fut à l'aristocratie et à la monarchie ce que la réformation religieuse avait été au catholicisme et au papisme.

Les albigeois ne furent pas les seuls hérétiques qui au douzième siècle secouèrent le joug du catholicisme, et se consti-
tuèrent en état d'hostilités avec la puissance papale; à la même
époque, et quelques années seulement avant les albigeois, les
vaudois se séparèrent avec éclat de l'église romaine. On les appelait vaudois du nom de Pierre Valdo ou de Vaud qui le premier prêcha contre le papisme. Pierre de Vaud était un riche
marchand de Lyon. Il distribua tous ses biens aux pauvres et
prêcha la fraternité entre les hommes et le mépris des richesses.
Il fit un grand nombre de sectateurs, qui tous s'attribuèrent le
droit de prêcher bien qu'ils fussent laïcs. Les vaudois, dans
leurs prédications, soutenaient que l'église catholique n'était
plus la véritable église de Jésus-Christ, et que la plupart de ses
opinions et de ses pratiques étaient condamnables; ils atta-
quaient, entr'autres choses, le culte des saints et de leurs re-
liques, les sacremens, les cérémonies, le purgatoire, les indulgences, etc. Les vaudois étaient aussi appelés *pauvres de Lyon*,
parce que le plus grand nombre d'entr'eux appartenaient aux
classes souffrantes et nécessiteuses; ils avaient déserté la religion dans laquelle ils étaient nés, pour embrasser une doctrine qui était basée sur l'égalité et la fraternité.

Les vaudois furent expulsés de la ville de Lyon à l'instigation du clergé catholique. Les uns gagnèrent l'Allemagne, les
autres se répandirent en Provence, en Dauphiné et en Savoie;
enfin il y en eut qui se réfugièrent dans le diocèse d'Albi, où
leurs principes religieux furent accueillis avec enthousiasme, et
firent un nombre considérable de prosélites. Ceux qui s'étaient
retirés en Provence et dans les pays limitrophes, y continuèrent
leurs prédications et y subsistèrent jusqu'au seizième siècle où

ils firent fusion avec les sacrementaires. C'est à cette époque qu'ils devinrent victimes des fureurs de l'abominable d'Oppède. Ce monstre était premier président au parlement d'Aix en Provence ; un arrêt avait été rendu, en date du 18 novembre 1540, contre les vaudois ; le prédécesseur du baron d'Oppède, Barthélemy Chassanée, en avait empêché l'exécution tant qu'il avait vécu. Dès que d'Oppède l'eut remplacé, il fit exécuter l'arrêt de 1540 avec la plus épouvantable rigueur. Il se mit lui-même à la tête d'un corps de troupes et parcourut les villes et les villages habités par des vaudois. Ces malheureux prirent la fuite. Les femmes, les enfans, les vieillards et les infirmes croyant n'avoir rien à craindre, étaient restés dans leurs demeures : ils furent impitoyablement passés au fil de l'épée, et leurs maisons furent pillées et incendiées. Le nombre des victimes est incalculable. Les écrivains catholiques l'évaluent à trois mille ; mais je crois que l'on peut hardiment le porter à quinze ou vingt mille. La ville de Cabrières fut rasée, celle de Mérindol brûlée, et plus de cinquante villages furent entièrement détruits. Les vaudois qui s'étaient sauvés dans les bois périrent de faim et de misère ; plusieurs milliers de ceux qui ne furent point massacrés sur place furent envoyés aux galères, où ils passèrent le reste de leurs jours.

Une religion qui a fait commettre de telles horreurs peut-elle trouver encore des sectateurs dans un siècle éclairé ?

Je reviens aux vaudois qui avaient cherché un refuge dans le diocèse d'Albi. Leur présence et leurs discours dans ce diocèse y firent surgir une hérésie nouvelle. Les albigeois avaient à peu près les mêmes dogmes que les vaudois ; comme eux, ils s'élevaient avec énergie contre les simonies de l'église, contre les richesses et l'immoralité du clergé catholique ; la seule différence qu'il y eût entr'eux, c'est que les croyances des albigeois étaient plus radicales que celles des vaudois, et qu'ils faisaient une guerre encore plus acharnée que ces derniers aux dogmes catholiques et au despotisme papal.

L'hérésie albigeoise fit en très peu de temps des progrès tellement rapides que la cour de Rome, épouvantée, se hâta d'assembler plusieurs conciles pour aviser au moyen de comprimer ce schisme qui débordait déjà de toutes parts. Voici comment s'exprimait le concile de Tours en 1163, au sujet des albigeois : « Il y a quelque temps qu'une hérésie détestable, qui a pris son origine dans Toulouse, gagne les villes voisines et infeste un grand nombre de fidèles. Nous ordonnons aux évêques et aux prêtres qui sont dans ces provinces d'y veiller comme ils doivent, et nous défendons, sous peine d'excommunication, de donner retraite ni secours à ceux qu'on saura soutenir cette hérésie, afin que la privation des avantages de la société civile les force à quitter l'erreur. Si quelqu'un ose contrevenir à ces ordres, qu'on l'excommunie. Que les princes catholiques fassent emprisonner les hérétiques et confisquent leurs biens. Qu'on fasse une recherche exacte des lieux où ils tiennent leurs assemblées et qu'on les empêche de s'y réunir. »

Plusieurs autres conciles, au nombre desquels était celui de Latran, parlèrent dans le même sens, et manifestèrent à l'égard de l'hérésie albigeoise les mêmes dispositions hostiles. Néanmoins, toutes ces menaces restèrent sans effet jusqu'à l'élévation d'Innocent III au trône pontifical, en 1198. Depuis quarante ans que l'hérésie albigeoise existait, elle avait pris une consistance extraordinaire; le Languedoc presque tout entier avait abjuré le catholicisme. La cour de Rome était dans la consternation; on ne savait où s'arrêterait ce torrent qui menaçait de tout renverser, de tout engloutir. Si, du moins, les idées nouvelles, en fixant le siége de leur empire dans le midi de la France, n'avaient point fait sentir leur influence au-delà des limites du Languedoc, le danger aurait été moins imminent pour le papisme; mais toute la catholicité était en émoi :

une fermentation sourde avait lieu dans toute l'Europe, et surtout en Allemagne, la terre classique de la philosophie et du
raisonnement. Innocent III comprit qu'il fallait, au plus tôt,
frapper la nouvelle religion pour conjurer la ruine de l'église
romaine, et que les moindres retards pourraient rendre le mal
incurable.

Son premier soin fut d'envoyer Pierre de Castelnau et Raoul,
moines de Citeaux, en qualité de missionnaires et de légats,
dans les pays infestés d'hérésie, pour faire le procès aux albigeois. Il investit ces deux agens d'un pouvoir sans bornes, et
leur donna même le droit de suspendre les évêques. Le bref
par lequel il leur accordait une si redoutable puissance était
ainsi conçu : «Nous mandons aux princes, aux comtes et à tous
les seigneurs de votre province de les assister puissamment
contre les hérétiques, par la punition des méchans; en sorte
qu'après que frère Raoul aura prononcé l'excommunication
contre eux, les seigneurs confisquent leurs biens, les bannissent
de leurs terres et les punissent plus sévèrement s'ils osent y résister. Or, nous avons donné pouvoir à frère Raoul d'y con-
traindre les seigneurs par excommunication et par interdit sur
leurs biens. » On voit poindre l'inquisition dans ce bref d'Innocent III; on la verra plus tard grandir et arriver en peu de
temps à l'apogée de sa gloire; on la verra promener son char
ensanglanté à travers des débris fumans et des cadavres amon-
celés.

L'inquisition ! c'est au moyen de cette institution terrible
que le catholicisme s'est soutenu si long-temps, et c'est depuis
que l'inquisition est abolie qu'il est frappé de mort. Le catholicisme est jugé par ce seul fait. Une religion qui a besoin, pour
régner, de bûchers, de potences et d'échafauds, est-elle, comme le prétendent des auteurs modernes, la religion par excel-
lence ? N'est-ce pas insulter grossièrement à la divinité que de
lui offrir pour encens l'odeur des charniers et de faire couler

à grands flots le sang sur ses autels? Revenons à notre récit.

Pierre de Castelnau et Raoul se rendirent en Languedoc en-
vironnés d'un luxe oriental qui révolta les populations. On se
demandait s'ils étaient les vrais ministres d'un Dieu qui était
né dans une crèche et qui avait vécu dans la pauvreté et l'humilité. Au lieu de faire rentrer les hérétiques dans le giron de
l'église catholique, ils les en éloignèrent davantage. Le pape
voyant avec quel peu de succès ils s'acquittaient de leur mission, leur adjoignit Arnaud, abbé de Citeaux, qui déploya un
plus grand luxe encore que les deux premiers légats. Le peuple indigné leur criait de s'amender eux-mêmes avant de chercher à amender les autres, et de se dépouiller de leurs richesses
ou bien de ne plus prêcher. Sur le conseil d'un prélat espagnol,
l'évêque d'Osma, qui exhorta l'abbé et les deux moines de Citeaux à vivre austèrement et à mieux imiter l'exemple que leur
avaient laissé les apôtres, quand ce ne serait que pour ne plus
donner prise aux reproches des hérétiques, les envoyés du
pape introduisirent quelques réformes dans leurs vêtemens et
dans leur manière de vivre, et essayèrent de lutter de simplicité
avec les albigeois.

Cependant, le comte de Foix, le comte de Toulouse,
Raymond VI et la plupart des autres princes et seigneurs du
Languedoc, que la cour de Rome avait très vivement mécontentés, embrassèrent les dogmes des albigeois, encore plus peut-
être par politique que par une véritable conviction. Pierre de
Castelnau excommunia le comte de Toulouse parce qu'il était
continuellement en guerre avec ses voisins, qui avaient imploré
la protection du saint-siége. Raymond, effrayé, fit à plusieurs
reprises des soumissions aux légats, avec serment de ne plus
prendre les armes; mais, chaque fois, il trahissait son serment.
Pierre de Castelnau, que le plus ardent fanatisme animait, osa
lui reprocher en face ses parjures. Ce légat du pape prenait
tant à cœur les intérêts du catholicisme, qu'il disait souvent :

« L'affaire de Jésus-Christ ne réussira jamais en ce pays jusqu'à ce que quelqu'un de nous autres missionnaires verse son sang pour la foi : Dieu veuille que je sois la première victime ! » Son vœu fut exaucé. S'étant rendu avec ses collègues à l'invitation du comte de Toulouse qui les avait appelés à Saint-Gilles pour leur donner satisfaction sur les différens chefs d'accusation qu'ils faisaient peser sur lui, il eut, ainsi que les deux autres légats, une très vive altercation avec Raymond, qui les menaça alors de les faire tuer.

La chronique de Pierre de Vaux Cernay, à laquelle nous empruntons ces détails, ajoute que les consuls de Saint-Gilles firent conduire les légats jusqu'au bord du Rhône, sous bonne escorte, pour les soustraire aux violences du comte. Il est juste de dire que l'auteur de cette chronique était un des plus ardens ennemis de l'hérésie albigeoise, et que probablement, en écrivant l'histoire des événemens auxquels cette hérésie donna lieu, il n'a pu se défendre d'une certaine partialité en faveur des catholiques ; je dois même ajouter que cette partialité se montre à chaque page du livre de Pierre de Vaux Cernay, et qu'elle lui fait condamner indistinctement tous les actes des albigeois, comme elle lui fait approuver de même, sans distinction, tous ceux des catholiques.

Les légats passèrent la nuit au bord du fleuve, ayant avec eux deux inconnus qui, selon la chronique dont je viens de parler, n'étaient autre que des affidés de Raymond. Le lendemain matin, l'un de ces inconnus, au moment où les légats allaient franchir le Rhône, frappa Pierre de Castelnau d'un coup de lance au bas des côtes : « Dieu veuille vous le pardonner comme je vous le pardonne ! dit Pierre, sans en être autrement ému. » Il répéta ces paroles plusieurs fois, et il expira ensuite. Son corps fut rapporté à Saint-Gilles, où il fut enterré dans le cloître du monastère.

Telle était alors la puissance du catholicisme, que la mort de

Pierre de Castelnau, simple légat, détermina un des plus vastes incendies dont l'Europe ait été le théâtre. Toutes les nations chrétiennes s'en émurent comme si un événement extraordinaire était arrivé; et, en effet, c'en était un, par les immenses résultats qu'il eut dans la suite. Avant l'assassinat du légat, on s'était borné à des excommunications d'une part, et à des récriminations de l'autre; mais après que Pierre de Castelnau eut succombé sous la main d'un meurtrier, on songea sérieusement à prendre les armes : une croisade fut résolue contre le comte de Toulouse et contre les albigeois. C'était, de la part de la cour de Rome, exploiter très habilement et très perfidement un crime, auquel Raymond était selon toute apparence étranger. Car, dans quel but aurait-il fait périr Pierre de Castelnau? et quel avantage aurait-il retiré de cette mort? Si, au moment de la dispute qu'il eut avec le légat, et lorsqu'il était vivement irrité par ses paroles, il l'avait fait frapper, on pourrait attribuer cette action à un premier mouvement de colère; mais il n'en fut point ainsi, et puisque le légat ne fut assassiné que le lendemain, Raymond avait eu le temps de se calmer et de réfléchir que la mort du légat lui serait plus nuisible qu'avantageuse, et compliquerait sa position bien plus qu'elle ne l'était déjà. On ne peut donc raisonnablement faire peser sur le comte de Toulouse la responsabilité de la mort de Castelnau.

Quoi qu'il en soit, Innocent III, qui avait déjà vainement exhorté Philippe-Auguste et les principaux seigneurs de France à lui déclarer la guerre, profita du meurtre de son légat pour les enrôler dans une croisade contre celui qu'il accusait très injustement d'être l'auteur de ce meurtre. Chose étrange! tous ceux qui jusqu'alors étaient restés froids à ses exhortations, se croisèrent avec enthousiasme, lorsqu'il les appela à venger la mort du moine assassiné. L'ordre de Citeaux et celui des bernardins, qui, à eux seuls, ne comptaient pas moins de huit cents couvens dans la chrétienté, prêchèrent la croisade en tous lieux.

Le pape rendit une bulle qui déliait les sujets de Raymond du serment de fidélité qu'ils lui avaient prêté, ce qui avait cela de bon, pour le dire en passant, que les peuples s'accoutumaient à ne plus voir dans l'inviolabilité royale qu'une fiction ridicule. Le comte de Toulouse, atterré par la bulle d'Innocent III, qui le mettait pour ainsi dire hors la loi vis-à-vis des populations du Languedoc, se dépouilla de toute sa fierté et ne sut plus qu'obéir aux insolentes injonctions de la papauté. Un des légats du pape lui ordonna de se rendre à Valence pour comparaître à son tribunal; il lui enjoignit en outre de lui livrer sept châteaux, de prendre les armes contre ses propres sujets, les albigeois, enfin, de faire amende honorable. Raymond reçut la discipline autour du maître-autel de Saint-Gilles, la corde au cou et les épaules nues, et fit tout ce qu'on exigea de lui, soit qu'il redoutât réellement les foudres de l'église, soit, ce qui est plus probable, qu'il fût découragé par l'isolement où il se trouvait vis-à-vis de la formidable coalition formée contre lui. En effet, hors du Languedoc, l'opinion publique était loin de pencher en faveur du comte et des albigeois, bien que leurs idées eussent fait impression sur les masses; partout le catholicisme avait poussé des racines si profondes que l'hérésie albigeoise soulevait une réprobation universelle, grâce surtout aux prédications furibondes et aux calomnies atroces des moines et des prêtres catholiques contre les dogmes nouveaux et contre ceux qui les avaient embrassés.

Il faut bien dire aussi que cette hérésie, ou du moins ce qu'on appelait l'hérésie albigeoise, ne se composait pas que d'une seule secte, et que par conséquent il n'y avait point parmi les schismatiques unité de dogmes et de croyances. On comprenait sous le nom un peu générique d'hérésie albigeoise une foule de sectes distinctes et même contradictoires, qui n'avaient

de commun entr'elles que leur haine contre le papisme; en
sorte que la plus horrible anarchie régnait dans les rangs albigeois. Les moines de Cîteaux et les autres prédicateurs de la
croisade tirèrent parti de cette circonstance pour rejeter sur
la religion albigeoise proprement dite, qui n'avait rien que de
fort raisonnable en elle-même, tout ce qu'il y avait d'absurde
et de scandaleux dans les différentes sectes, que les orthodoxes
confondaient à dessein avec elle pour la perdre. Rien n'était
plus perfide que cette assimilation de choses si contraires et qui
s'excluaient entr'elles, et rien ne fit plus de mal aux albigeois.
Tant il est vrai que, dans les guerres civiles et surtout dans les
guerres religieuses, le parti qui a tort et qui n'ose se l'avouer
se croit autorisé à faire usage de tous les moyens, même de
ceux que réprouve la saine morale, comme si l'on pouvait compenser l'injustice d'une mauvaise cause par l'injustice des
moyens que l'on emploie pour la faire triompher; tant il est
vrai encore que les masses, lorsqu'elles sont en proie à l'ignorance et aux préjugés, accueillent avidement l'erreur qu'on se
plaît à leur insinuer, et ajoutent crédulement foi à tous les men-
songes, à toutes les calomnies qu'on leur débite.

Nous ajouterons qu'il y avait une antipathie profonde entre
les populations du nord et celles du midi de la France, antipathie qui était due à une foule de causes qu'il serait trop long
d'énumérer ici, et dont une des principales était la différence
extrême des mœurs; mais celle surtout qui influait le plus puissamment sur les relations des deux moitiés de la France entr'elles, étaient les institutions municipales dont jouissaient les
habitans du Languedoc, et qui faisaient de chaque commune,
pour ainsi dire, une espèce de république. Tout concourait
donc à établir une séparation profonde entre les pays où domi-
nait l'hérésie albigeoise, et ceux où régnait le catholicisme; et
cette séparation profonde entre les mœurs, les coutumes, les
idées, les institutions des peuples qui habitaient, les uns le

nord, les autres le midi de la France, explique jusqu'à un certain point la facilité avec laquelle les peuples méridionaux embrassèrent les nouvelles idées, et l'horreur que les peuples sep-
tentrionaux manifestèrent pour elles.

Nous voici arrivés à une des crises les plus sanglantes de nos
annales. Lecteurs et historien doivent recueillir leurs forces
d'avance, pour être plus en état, les premiers, d'écouter, le second, de tracer cet effroyable récit.

Une armée de plus de soixante mille croisés se mit en marche contre les albigeois; elle se composait de Français, d'Allemands et d'Anglais. A la suite de cette armée s'avançait une
multitude innombrable et indisciplinée, qui n'avait pour toutes
armes que des pieux et des faux. A la tête des croisés étaient
Eudes III, duc de Bourgogne, les comtes de Nevers, de Saint-
Paul, de Genève, de Forez, d'Auxerre, etc. Mais il était un
chef qui se faisait remarquer entre tous par son ardente ambition et par son fanatisme implacable, c'était le trop fameux
comte de Monfort, qui joua un si terrible rôle dans ce drame
épouvantable. Le pape était représenté à la croisade par Arnaud Amalric, abbé de Citeaux; qui n'aurait dû avoir sur les
croisés qu'une influence toute spirituelle, mais qui prit une
part très active à la direction temporelle de la campagne, pour
le malheur des populations languedociennes.

L'armée des croisés commença ses opérations par le siège de
Béziers. Après une résistance de quelques jours, cette ville fut
emportée. Les habitans s'étant réfugiés dans les églises, y furent tous massacrés. Avant de les passer au fil de l'épée, les
soldats catholiques demandèrent au légat à quel signe ils devaient reconnaître les hérétiques; l'infâme Arnaud leur répondit : « Tuez-les tous, le seigneur reconnaîtra bien ceux qui sont
à lui. » Le nombre des habitans de Béziers qui périrent dans
cette occasion s'élève, selon les uns, à quinze mille, selon les
autres, à soixante mille. La ville fut réduite en cendres.

Après ces exécrables exploits, les catholiques investirent Carcassonne, qui tint plus long-temps que Béziers. Les habitans de Carcassonne, épouvantés du sort qui leur était réservé s'ils imitaient l'exemple de ceux de Béziers, qui avaient refusé de faire leur soumission, implorèrent la pitié des assiégeans. Malgré l'intercession du roi d'Aragon, les croisés refusèrent toute espèce de capitulation aux habitans de Carcassonne. Ceux-ci essayèrent de s'évader par un souterrain; tous ne purent se sauver par ce moyen; il en tomba un certain nombre entre les mains des catholiques, qui en pendirent cinquante, et qui en firent périr quatre cents dans les flammes.

Simon de Montfort, que son zèle fanatique avait fait surnommer le *Machabée* et le *défenseur de l'église*, promena par tout le Languedoc la torche et le glaive, et s'empara de presque tous les pays habités par les hérétiques. Pour le récompenser de ses services, les terres de Raymond-Roger, vicomte de Béziers et neveu du comte de Toulouse, lui furent données; quelque temps après, le vicomte Roger étant mort dans un cachot où l'avait fait jeter Simon de Montfort, sa mort fut généralement attribuée à ce dernier, qui avait un puissant intérêt à se débarrasser de celui qu'il regardait comme un obstacle à la tranquille possession des biens qu'il avait reçus.

Jusque-là, les états du comte de Toulouse n'avaient point été sérieusement entamés. La campagne n'avait duré que quarante jours: au bout de ce temps, le plus grand nombre des croisés, ayant accompli leur service féodal, s'étaient retirés, en sorte que la croisade fut un moment interrompue. Mais bientôt l'abbé de Vaux Cernay amena de nombreux renforts; l'armée catholique se trouvant plus formidable que jamais, on résolut d'attaquer le comte de Toulouse lui-même. Il fut préalablement excommunié par les légats du pape; cette mesure le démoralisa à tel point, qu'il se hâta de prendre la fuite et qu'il se réfugia chez son beau-frère Pierre II, roi d'Aragon, qui avait presque autant de griefs que lui contre les chefs de la croisade.

Une circonstance fort importante pour le comte de Toulouse et pour les albigeois, c'est que Simon de Montfort, ayant mécontenté les croisés par son arrogance insupportable et par ses ambitieuses prétentions, ils ne voulurent plus marcher sous ses ordres et se révoltèrent même contre lui. Il fut donc réduit à combattre pour défendre ses jours contre ceux de sa religion. Mais sa femme, Alix de Montmorency, vint le rejoindre, en lui amenant un corps de troupes considérable. Avec ce renfort, il recommença les hostilités et se rendit maître d'un grand nombre de châteaux, entr'autres de ceux de Brom, d'Alairac, de Minerve, de Termes, de Constance, de Puy-vert, etc. En s'emparant du château de Minerve, les croisés promirent la vie sauve à ceux des habitans qui se convertiraient à la foi catholique. Quelqu'un s'étant plaint de cet excès de modération de la part des défenseurs de l'église, Arnaud s'écria : « N'ayez pas de crainte, car je crois qu'il y en aura bien peu qui se convertiront. » En effet, aucun des habitans ne voulut abjurer sa religion pour se sauver de la mort; tous, au nombre de cent quarante, se précipitèrent dans les flammes avec un courage intrépide. Ainsi, connaissant l'attachement des malheureux albigeois aux dogmes qu'ils professaient, et sachant jusqu'où ils poussaient le zèle religieux, le sanguinaire Arnaud se donnait le mérite de la clémence, en promettant la vie sauve à des conditions qu'il savait bien que l'on n'accepterait pas.

Cependant, l'armée des croisés, qui était sans cesse décimée par les combats et par les maladies, se recrutait sans cesse, tant était grand le nombre de ceux qui voulaient conquérir des indulgences en prenant part à l'extermination des hérétiques. Entraînés par les sollicitations de Fouquet, évêque de Toulouse, une multitude de prélats et de seigneurs français, qui jusqu'alors étaient restés spectateurs impassibles de la guerre que l'on faisait aux albigeois, se croisèrent à la fin. Parmi eux étaient

l'évêque de Paris, Robert de Courtenay, comte d'Auxerre, En-
guerrand de Coucy, etc. Bientôt une armée allemande, conduite par Léopold, duc d'Autriche, vint s'associer aux efforts
des catholiques de France pour dompter l'hérésie.

Après avoir reçu ces nouveaux renforts, les croisés poussèrent leurs conquêtes avec ardeur, et se rendirent encore maîtres de beaucoup de villes et de châteaux. A la prise de Cas-
saro, ils brûlèrent soixante hérétiques ; à celle de Lavaur,
ils massacrèrent quatre-vingts chevaliers, et jetèrent dans un
puits la sœur d'Aimery de Montréal, seigneur de Lavaur, qui
fut égorgé lui-même un des premiers.

Enfin, les croisés vinrent mettre le siège devant Toulouse ;
ceux des habitans de cette ville qui tenaient pour le dogme catholique avaient formé une société, sous le nom de *compagnie
blanche*, dont le but était d'exterminer tous les hérétiques ;
ceux-ci de leur côté en avaient créé une sur le même modèle,
à laquelle ils avaient donné le nom de *compagnie noire*, et dont
le but était de résister aux attaques des catholiques. Plus d'une
fois ces deux sociétés en vinrent aux mains et ensanglantèrent les
rues de Toulouse. Malgré ces dissentions intestines, malgré la
puissante diversion que la *compagnie blanche* faisait dans l'intérieur de la place en faveur des assiégeans, ceux-ci ne purent
parvenir à se rendre maîtres de Toulouse. Le siège tira en longueur, et après avoir perdu un temps considérable, les croisés
se retirèrent honteusement. Pour se dédommager de cet échec,
ils ravagèrent avec une fureur inouïe le Quercy et le comté de
Foix.

Le pape ne s'était pas contenté de donner à Simon de Montfort les terres du vicomte Roger, comme nous l'avons dit plus
haut, il lui avait fait présent encore des états du comte de Toulouse. C'était une véritable spoliation, un affreux brigandage.
Le roi d'Aragon, Pierre II, résolut de défendre, les armes à la
main, les droits de son malheureux beau-frère Raymond. Il

passa donc les Pyrénées à la tête d'une armée que les historiens catholiques, qui avaient intérêt à en grossir le nombre pour augmenter la gloire des croisés, font monter à cent mille hommes, mais qui probablement était dix fois moins nombreuse. Pierre II mit le siège devant Muret. Simon de Montfort, à la nouvelle de l'invasion du roi d'Aragon, rassemble ses soldats et marche droit à lui. Les deux armées en vinrent aux mains sous les murs de la place assiégée. S'il faut en croire les mêmes auteurs, les croisés n'étaient qu'au nombre de dix-huit cents, ce qui n'est pas croyable, surtout si l'on en juge par l'issue de la bataille. Les Aragonais furent taillés en pièces. Leur roi fit des prodiges de valeur. Deux croisés, Florent de Ville et Alain de Coucy, avaient fait serment de le tuer dans la mêlée ; ils le cherchèrent long-temps et attaquèrent un chevalier qu'ils prirent pour lui, parce qu'il était vêtu de même. L'un des deux croisés s'étant écrié : « Ce n'est pas le roi, il est meilleur chevalier ; » le roi d'Aragon, qui combattait à quelques pas, répondit aussitôt : « Vraiment non, ce n'est pas lui, mais le voici. » Il fut aussitôt assailli par une multitude d'ennemis, et il succomba sous le nombre après s'être long-temps défendu.

Lorsque les croisés eurent remporté cette victoire signalée qui achevait d'ôter tout espoir aux infortunés albigeois, et qui les réduisait aux dernières extrémités, ils ne songèrent plus qu'à se partager les dépouilles des vaincus. La plupart d'entr'eux n'avaient pris les armes que dans un but de pillage ; ce but fut complétement atteint. Simon de Montfort fut confirmé dans la possession du comté de Toulouse par le quatrième concile de Latran, en 1215 ; le même concile lui conféra en outre la souveraineté de tous les pays qu'il avait conquis. Le comte de Toulouse, malgré toutes ses soumissions au pape, ne conserva de ses anciens états que le comtat Venaissin et le marquisat de Provence. On lui accorda par grace une pension de quatre cents marcs d'argent. Les fortifications de Toulouse, de Montpellier, de

Carcassonne, de Béziers, etc., furent démolies. La plupart des évêques du Languedoc furent dépossédés de leurs siéges; les prélats et autres ecclésiastiques de la croisade se les firent adjuger. C'est ainsi que Gui de Vaux Cernay, qui a écrit l'histoire de la croisade avec la plume passionnée et envenimée d'un prêtre, reçut l'évêché de Carcassonne, et que l'abominable Arnaud Amalric fut investi de l'archevêché de Narbonne, pour prix des révoltantes atrocités qu'il avait ordonnées et commises.

L'hérésie n'avait pas entièrement disparu. Le peu d'hérétiques qui avaient survécu n'était pas assez nombreux pour donner des craintes aux catholiques, il est vrai, mais il en restait encore assez pour fournir à ces derniers le prétexte de continuer la croisade, et par conséquent de prolonger l'immense curée à laquelle chacun venait à son tour se repaître.

Simon de Montfort ne fut pas tranquille possesseur du Toulousain et des autres pays qui lui étaient échus en partage : des révoltes multipliées eurent lieu contre lui. Il perdit ainsi la plus grande partie de ses conquêtes. La ville de Toulouse elle-même secoua le joug. Le fils du vieux comte de Toulouse, Raymond VII, profita habilement de cette réaction pour ressaisir les états de son père. Montfort vint l'assiéger dans Toulouse. Mais la fortune, cette fois, fut contraire au *nouveau Machabée*, comme on l'appelait, il fut tué d'un coup de pierre.

Ce personnage, si atrocement célèbre, laissa un fils nommé Amaury, qui, ne se sentant ni le courage, ni l'énergie nécessaires pour se maintenir dans la position élevée où son père s'était placé à force d'intrigues, de travaux et de crimes, fit donation au roi de France de toutes les conquêtes de Montfort. Louis VIII venait de succéder à Philippe-Auguste son père. Il accepta la donation d'Amaury, et marcha à la tête d'une puissante armée contre Raymond VII, pour s'emparer du comté de Toulouse. Bien que cette guerre porte dans l'histoire le nom de

croisade, elle fut plutôt politique que religieuse, et eut plutôt
pour but l'agrandissement du royaume de France, que la destruction de l'hérésie. Et ce qui le prouve, c'est que Louis VIII
n'eut pas seulement à combattre les hérétiques, mais encore les
Languedociens catholiques, qui voyaient moins en lui le *bras
droit* de l'église qu'un audacieux envahisseur qui venait les soumettre à son joug.

Néanmoins, le roi de France s'empara de vive force de tous
les pays qui lui avaient été cédés par Amaury de Montfort. La
mort l'ayant surpris au milieu de ses conquêtes, la noblesse
languedocienne se souleva pour expulser de son territoire l'armée française. Mais la régente de France, Blanche de Castille,
fit contre le comte de Toulouse une nouvelle croisade politique,
dont elle confia la direction à Hubert de Beaujeu.

En 1229, un traité fut signé à Paris, qui mit fin à la guerre.
Aux termes de ce traité, le comte de Toulouse abandonna au
roi Louis IX tout ce qu'il possédait dans le royaume de France
proprement dit, qui était moitié moins grand qu'il ne l'est aujourd'hui, et au pape le comtat Venaissin. Raymond VII s'engagea en outre à payer en quatre ans 20,000 marcs d'argent,
à raser les fortifications de Toulouse, qui avaient été relevées,
ainsi que celles de trente autres places fortes, et à recevoir garnison dans neuf autres. Il fut stipulé enfin qu'une partie du
Toulousin, du Querey, de l'Albigeois, avec les diocèses de l'A-
genois et du Rouergue, seraient constitués en fief et donnés
pour dot à la fille de Raymond, âgée de neuf ans, laquelle fut
fiancée à Alphonse, troisième fils de Blanche, et il fut convenu
qu'à la mort de cette princesse, ce fief serait réuni à la couronne de France.

En effet, à la mort de la fille du comte de Toulouse, en 1271,
le comté de Toulouse fut annexé au royaume de France, et depuis lors il en fait partie.

L'inquisition ayant été établie en Languedoc, elle y commit

d'effroyables excès. Non contens d'exercer leurs cruautés sur les vivans, les inquisiteurs faisaient déterrer les cadavres des hérétiques pour les faire brûler en grande pompe, après les avoir fait traîner sur la claie. Les populations, indignées de tant d'horreurs, se soulevèrent contre les inquisiteurs, et les chassèrent de leurs contrées. Elles furent soumises de nouveau par le glaive. Le pape Grégoire IX, désespérant de dompter les hérétiques par les moyens violens, suspendit l'inquisition pendant un certain temps. Elle fut rétablie plus tard, et se replongea dans le sang avec une fureur nouvelle. Le nombre des hérétiques albigeois diminua considérablement, mais ils ne furent pas entièrement anéantis. Leurs dogmes, loin de disparaître, se répandirent en Europe et trouvèrent d'ardens apôtres dans Jean Hus, Wiclef, Jérôme de Prague, Luther. Ce dernier, plus heureux que ses devanciers, parvint à implanter la réforme au cœur de l'Europe, et à arracher à la puissance papale une étendue de pays au moins égale à celle qui lui reste encore, et sur laquelle elle n'exerce plus qu'une autorité purement nominale.

Avant de terminer cet ESSAI, nous nous demanderons si, comme le soutiennent des écrivains contemporains, les massacres, les auto-da-fé dont les albigeois furent victimes pendant une si longue suite d'années, étaient commandés par le besoin de maintenir l'unité catholique, et si cette unité était indispensable à l'époque où, pour la faire triompher, on livrait au glaive des bourreaux des populations tout entières? Nous pensons que l'unité catholique a rendu les plus éminens services à la cause du progrès, et qu'elle a peut-être sauvé l'Europe du joug de la barbarie, alors que des nuées de Huns, de Vandales, de Goths, se précipitaient sur l'Europe occidentale et méridionale, alors surtout que ces innombrables bataillons de Sarrasins envahirent l'Espagne et la moitié de la France, menaçant de promener leurs ravages dans le reste de la chrétienté. Alors l'unité catholique fut indispensable pour lutter corps à corps avec la conquête qui s'avançait formidable au nord et au midi ; l'unité catholique fut indispensable pour constituer à l'état de nations les diverses agglomérations d'hommes qui se formèrent en Europe des débris de la grande unité romaine pendant les premiers siècles de l'ère chrétienne ; enfin , l'unité catholique , entr'autres avantages quelle procura à l'Europe , mit en mouvement ces grandes masses de croisés qui allèrent puiser aux sources de la civilisation en orient des lumières dont ils dotèrent l'occident à leur retour.

Mais là se bornent les services que l'unité catholique a rendus ; depuis les croisades, c'est-à-dire depuis que le catholicisme se rue avec fureur contre tout ce qui est réforme et amélioration , il est plus préjudiciable qu'utile. Que l'on ne vienne donc pas dire que le sang qui a été versé pour le conserver intact et pur l'a été justement ; c'est un horrible blasphème ! du jour où le catholicisme s'est fait la colonne du despotisme et l'implacable ennemi du progrès et de la liberté, sa mission civilisatrice a cessé ; il n'a plus été qu'un brandon de discorde et de démoralisation sociale, qu'un glaive flamboyant incessamment levé pour comprimer l'émancipation des peuples.

Ce qui a lieu de surprendre , c'est que des hommes à qui l'on ne peut refuser les meilleures intentions et qui sont doués d'une haute intelligence et d'une science bien étendue , se déclarent aujourd'hui les apôtres du catholicisme , et proclament le catholicisme la loi souveraine devant laquelle tout mortel doit tomber à genoux. Mais ce qui étonne bien davantage encore , c'est que ces mêmes hommes veulent que la religion catholique redevienne la clé de la voûte sociale, comme elle l'a été au moyen-âge, et c'est qu'ils aillent partout répétant que les intérêts de l'humanité sont identiquement liés à ceux du catholicisme, et que si le catholicisme venait à disparaître, ce serait fait de l'humanité. Non ; nous avons une trop haute idée des

destinées et de l'avenir de l'humanité pour croire que son bien-
être matériel et sa dignité morale soient attachés à une religion
qui a pour base l'inégalité, le fanatisme et l'erreur, non, nous
ne croirons jamais que la ruine du catholicisme doive jeter les
races humaines dans la perturbation et le chaos. Le catholicisme périra, ou plutôt il est déjà mort, et l'humanité lui survivra: elle lui survivra pour marcher d'un pas ferme et rapide
vers le but auquel elle tend de toute éternité, vers l'égale répartition des charges et des avantages sociaux.

VOYAGES.

MÉMOIRES DE JOHN TANNER

ou

TRENTE ANNÉES PASSÉES DANS LES DÉSERTS DE L'AMÉRIQUE DU NORD.

Traduits sur l'édition originale publiée à New-York,

Par Ernest de Blosseville.

La population indigène de l'Amérique du nord n'est plus aujourd'hui ce qu'elle était au moment où le Nouveau-Monde fut découvert. Alors, elle occupait une immense étendue de territoire, sur laquelle régnaient sans conteste les mille tribus dont elle se composait. Mais à mesure que les Européens ont formé des établissemens sur les côtes orientales de l'Amérique, la population indigène a reculé vers l'ouest ; à mesure que la civilisation a fait des progrès dans cette partie du globe, elle a refoulé devant elle les peuplades sauvages, qui se sont vues bientôt réduites à un espace très restreint, espace qui diminue tous les jours davantage et qui finira, dans un laps de temps assez court, par disparaître entièrement. Les forêts vierges qui servent de refuge aux malheureux débris des anciennes tribus tombent chaque jour sous la hache du colon américain ; les vastes prairies où paissent l'élan et le bison se transforment en champs cultivés ; le tumulte de la vie civilisée succède partout au silence du désert, et là où, naguère encore, le sauvage bâtissait sa hutte, là où l'ours creusait sa tannière, s'élèvent au-

jourd'hui de florissantes cités. Tous ces fleuves sans nom, dont
les eaux coulaient à travers des solitudes inconnues, portent
une multitude de bateaux à vapeur, et baignent avec étonne-
ment des rivages couverts de riches cultures et de riantes habitations. Des chemins de fer et des canaux traversent maintenant des contrées où aucun Européen, il y a vingt-cinq ans,
n'avait encore mis le pied. Bientôt ces tribus indigènes, qui
mènent une si misérable vie, n'existeront plus : elles se seront
fondues devant la civilisation, comme la neige sous les rayons
du soleil, ainsi que le disent eux-mêmes les sauvages. Toutefois,
leur destruction ne sera pas seulement due aux empiétemens de
la civilisation ; elle sera due encore aux maladies que leur ont
communiquées les Européens, et surtout à l'action désastreuse
des liqueurs fortes. L'eau de feu, comme ils appellent l'eau-
de-vie, a fait plus de ravages parmi eux que la fièvre jaune n'en
a exercé parmi les Européens qui, depuis trois siècles, abandonnent leur climat tempéré pour aller habiter sous les feux des
tropiques.

M. Ernest de Blosseville, traducteur des *Mémoires de Tanner*, prend énergiquement la défense des tribus indigènes contre les envahissemens des Anglo-Américains, et demande jusqu'à
quel point une nation, parce qu'elle est naturellement la plus
forte, a le droit d'opprimer de pauvres peuplades sauvages, et
de les déposséder du sol qu'elles occupent de temps immémorial. Nous ne pouvons qu'applaudir au zèle philantropique de
M. de Blosseville ; mais ce que nous n'approuvons pas, c'est
qu'il rende le principe même du gouvernement américain res-
ponsable des usurpations de territoire dont la population indigène est victime ; rien n'est plus injuste, car enfin ce système
d'envahissement et de spoliations était en vigueur bien avant
que les colonies anglaises de l'Amérique du nord eussent pro-
clamé leur indépendance et se fussent constituées en républiques. L'impulsion étant donnée, les cultivateurs américains ont

continué, jusqu'à ce jour, d'empiéter sur les terrains en friche.

Les mœurs des tribus indigènes ont subi très peu d'altérations depuis les premiers établissements des Européens. Il suffit, pour s'en convaincre, de comparer les relations de Lescarbot, Charlevoix, Lafitau, La Hontan, Béverley, etc., avec les *Mémoires de Tanner*. Malgré le grand nombre de voyageurs qui ont visité les peuplades américaines, nous n'avions que des données incomplètes sur leur compte, soit que ces voyageurs eussent passé trop peu de temps au milieu d'elles, soit que l'ignorance où ils étaient de leur langue les eût empêchés de les mieux étudier. Mais les *Mémoires de Tanner* jettent un nouveau jour sur ces peuplades en nous donnant une description détaillée de leurs mœurs, de leurs coutumes, de leur vie intime. Personne n'était plus à même que lui de nous initier à tout ce qui concerne la population indigène de l'Amérique du nord; enlevé à l'âge de huit ou neuf ans par un parti de sauvages, il vécut parmi eux et comme un des leurs pendant trente ans. Revenu à la vie civilisée, il raconte avec la simplicité de la nature tout ce qu'il a vu, tout ce qui lui est arrivé. Son récit, naïf et sans art, plaît et attache; on le suit avec un vif intérêt dans toutes les vicissitudes de son aventureuse existence; on aime surtout à l'entendre parler de ses chasses, de ses expéditions, de ses courses sans fin..

John Tanner commence par donner quelques détails sur sa famille, et expose comment il tomba au pouvoir des sauvages Schawneeses, qui le conduisirent sur les bords du lac Huron où ils habitaient. Il fut adopté par eux. La cérémonie de l'adoption se fit sur le tombeau d'un jeune enfant mort depuis peu; c'était pour le remplacer auprès de sa mère que Tanner avait été enlevé; car, telle est la coutume chez ces peuplades : lorsqu'une mère a perdu son enfant elle en adopte un autre pour tromper sa douleur. On donna à Tanner le nom de Shaw-chaw-wa-ne-basse, qui signifie *le faucon*. Le nom de sa mère adop-

tive était aussi celui d'un animal, elle s'appelait Ne-kcek-wos-
ke-oheem-e-kwa (*la loutre*). L'enlèvement de John eut lieu au
printemps : « Je me rappelle, dit-il, que les feuilles étaient petites encore, et que les Indiens semaient leurs grains. Moitié
par signes, moitié par le peu de mots anglais que savait Manito-
o-geezhik (son père adoptif), il me fut enjoint de les aider
dans leurs travaux ; les semailles terminées, tous les Indiens
quittèrent le village pour aller chasser et boucaner la venai-
son. » Un jour que le pauvre enfant avait beaucoup travaillé et
qu'il était accablé de fatigue, il s'endormit. Son père adoptif le
frappa à la tête d'un coup de Tomahawk, et, le croyant mort,
le jeta dans un buisson ; puis, il alla dire à sa femme : « Vieille
femme, l'enfant que je vous ai amené n'est bon à rien ; je l'ai
tué ; vous le trouverez à tel endroit. » L'Indienne accourut vers
Tanner, lui prodigua des secours et parvint à le rappeler à la
vie. Cette disposition de cruauté des sauvages envers leurs prisonniers avait déjà été remarquée par M. de Châteaubriand,
qui s'exprime ainsi, dans la relation de son voyage en Amérique : « Les prisonniers adoptés ne jouissent pas d'une sûreté
» complète ; s'il arrive que la tribu où ils servent fasse quelque
» perte, on les massacre ; telle femme qui aurait pris soin d'un
» enfant, le coupe en deux d'un coup de hache. »

Tanner, pendant les premiers temps de son séjour au milieu
des sauvages, eut beaucoup à souffrir de leurs mauvais traitemens ; bien qu'il fût extrêmement jeune, les plus rudes travaux
lui étaient réservés, et c'est à peine s'il recevait assez à manger
pour ne pas périr d'inanition : « Quand nous revînmes de la
chasse, dit-il, on me fit porter sur le dos, pendant toute la route
jusqu'au village, une lourde charge de viande boucanée : je
mourais de faim, je n'osais pourtant pas en prendre un seul
morceau... Après notre retour au village, les jeunes hommes,
quand le temps était beau, allaient harponner des poissons et
m'emmenaient avec eux pour conduire le canot ; comme je m'ac-

quittais assez mal de ce service, souvent ils tombaient sur moi et me frappaient à coups de manche de harpon : j'étais battu par l'un ou par l'autre à peu près tous les jours. » Deux ans après que Tanner eut été ravi à sa famille, les sauvages qui l'avaient adopté le vendirent, moyennant quelques barils de liqueurs fortes, à une femme nommée Net-no-Kva, qui, malgré son sexe, avait la principale autorité sur la tribu des Ottawwaws. Le sort de John changea complétement : il ne fut plus frappé; sa nouvelle mère le traita avec douceur et bonté. Lorsqu'il fut en âge de chasser, on lui donna un fusil, une poudrière et du plomb, et il en fit bientôt un aussi bon usage que les autres chasseurs. Sans être précisément nomades, les sauvages de l'Amérique du nord sont errans une grande partie de l'année, et entreprennent d'immenses voyages sans autre motif déterminant que celui de trouver du gibier. Malgré ce goût pour le changement et pour la vie errante, ils affectionnent certaines contrées et y bâtissent leurs villages; mais ils n'y restent guère que le temps nécessaire pour ensemencer les terres et n'y reviennent que pour faire la récolte. Dans les courses nombreuses que Tanner fit avec les Ottawwaws, il aurait pu mille fois s'enfuir et gagner les Etats-Unis; mais il dit lui-même que, croyant son père massacré et sachant que la misère l'attendait chez les blancs, il préféra vivre avec les sauvages.

Un des plus curieux voyages de Tanner est celui qu'il fit avec sa famille d'adoption pour aller chasser au castor sur les bords de la rivière Rouge, qui se jette dans le lac Winnipeg, que les sauvages appellent lac d'eau bourbeuse. Le mari et un des fils de Net-no-Kwa périrent en route; la vieille Indienne et Tanner n'arrivèrent à leur destination qu'après des fatigues inouïes et une marche de plusieurs centaines de lieues. S'étant embarqués sur le lac Winnipeg, où ils furent assaillis par une tempête furieuse, ils parvinrent à l'embouchure de la rivière Rouge et la remontèrent ainsi que l'Assinneboin, un de ses af-

fluens. « Cette rivière est large, basse et sinueuse, dit Tanner
en parlant de l'Assinneboin ; son eau est trouble comme celle
de la rivière Rouge ; mais le fond de la première est sablonneux,
et celui de la seconde ordinairement bourbeux. Les deux rives
sont couvertes de peupliers, de chênes blancs et de quelques
autres arbres qui atteignent une hauteur remarquable. Les
prairies cependant sont peu éloignées, et quelquefois s'étendent
jusqu'au bord de l'eau. » Tanner se livra, de concert avec les
sauvages qui habitent les bords de cette rivière, à la chasse des
castors. On prend ces animaux au moyen d'un piège appelé
trappe, dont M. de Châteaubriand a donné la description suivante : « Les trappes employées contre ces animaux, dit-il, sont
des planches plus ou moins épaisses, plus ou moins larges ; on
fait un trou dans la neige ; une des extrémités des planches est
posée à terre, l'autre extrémité est élevée sur trois morceaux
de bois agencés, dans la forme du chiffre 4 ; l'amorce s'attache
à l'un des jambages de ce chiffre ; l'animal qui la veut saisir
s'introduit sous la planche, tire à lui l'appât, abat la planche,
est écrasé. » Après avoir fait une ample provision de pelleteries,
nos chasseurs allèrent les vendre à Monk-River, où les deux
compagnies de la baie d'Hudson et du nord-ouest ont des comptoirs ; ils reçurent en échange du rhum, avec lequel ils s'eni-
vrèrent. Chasser et s'enivrer, voilà les deux principales occupations de la vie de ces malheureux sauvages, qui boivent en
quelques jours le produit de huit ou dix mois de chasse ; les
femmes elles-mêmes ne sont pas exemptes de cette funeste passion pour les liqueurs alcooliques, et Net-no-Kwa restait quelquefois plusieurs jours de suite plongée dans un tel état d'i-
vresse que ses enfans étaient obligés de la porter ; selon l'expression de Tanner, comme un ballot.

« La chasse à l'élan est une des moins périlleuses ; mais la
chasse à l'ours et au bison présente de véritables dangers :
l'ours gris, dès qu'il aperçoit le chasseur, marche droit à lui,

et quand celui-ci le manque, il est presque toujours perdu.
C'est dans la saison du rut que le bison est le plus redoutable,
parce qu'alors il ne quitte point les femelles, et les défend avec
une telle fureur contre les coups des chasseurs, que ces derniers sont souvent exposés à périr. La chasse du moose n'offre
aucun péril, mais elle est plus difficile que celle de l'élan, de
l'ours et du bison. Le moose est plus vigilant et a les sens plus
fins que presque tous les autres animaux ; il surpasse l'élan en
agilité, et l'antilope en ruse et en prudence. Dans les forêts qui
lui servent d'asile, pendant que le tonnerre gronde, pendant
que la tempête mugit, si le pied ou la main de l'homme brise la
moindre branche sèche, le moose l'entend ; il ne fuit pas toujours, mais il cesse de manger et il épie tous les sons ; pendant
des heures entières sa vigilance active ne s'interrompt pas.

Voici comment Tanner raconte une de ses chasses à l'élan :
« Un jour, dit-il, que je suivais avec Waw-be-be-nais-sa les
bords de l'Assinneboin, nous découvrîmes une bande de bien
près de deux cents élans dans une petite prairie presque entièrement entourée par la rivière ; nous nous plaçâmes tous les
deux au point de jonction avec la terre ferme ; c'était un espace
d'environ deux cents toises de large. Les élans effrayés, ne voulant pas s'aventurer sur la glace unie, se mirent à tourner autour de la prairie ; dans notre empressement de les approcher,
nous nous avançâmes trop près du centre de la prairie, et le
troupeau se divisa en deux bandes ; l'une voulut passer sur la
glace, et l'autre s'échappa vers les hautes terres, Waw-be-be-
nais-sa poursuivit la dernière, et moi je m'élançai sur la glace.

« Les élans très effrayés, et glissant sur cette surface unie,
se serrèrent tellement les uns contre les autres, que leur poids
l'enfonça ; et comme ils essayaient tous ensemble de sortir de
l'eau dans la direction du bord opposé, ils se frayèrent un passage à travers la glace rompue. Je marchai rapidement à côté du
troupeau ; l'eau n'étant pas assez profonde pour noyer les élans

je croyais pouvoir prendre tous ceux que je tuerais. J'épuisai toutes mes balles, j'en tuai deux encore à coups de couteau; mais en peu de minutes, les élans frappés dans l'eau furent entraînés sous la glace; je n'en conservai qu'un seul, atteint au moment où il gravissait le bord; de ce troupeau de près do deux cents têtes, quatre seulement étaient restées en notre pouvoir. »

Maintenant, voyons comment il raconte une chasse au bison : « A la fin du second jour de marche, dit-il, il ne nous restait plus aucune provision, et déjà la faim se faisait sentir. En nous couchant la nuit dans notre camp, les oreilles contre terre, nous entendions un bruit qui nous parut devoir être celui d'une troupe de bisons; debout, nous n'entendions plus rien; et dans la matinée suivante, nous ne découvrîmes aucun bison, quoique notre camp dominât une très vaste étendue de prairie. Mais, les oreilles contre terre, nous entendîmes encore le bruit à la même distance que la veille. Un détachement de huit hommes, dont je faisais partie, fut expédié dans la direction indiquée, et l'on désigna un lieu de rendez-vous pour passer la nuit et apporter les bisons que nous devions tuer. Nous partîmes de grand matin; plusieurs heures se passèrent sans rien découvrir. Enfin, nous aperçûmes une sorte de ligne noire qui se dessinait à l'horizon comme un rivage bas vu d'un côté à l'autre d'un lac. C'était une bande de bisons découverte à une distance de dix milles.

» La saison du rut avait commencé, et le troupeau tout entier s'agitait en tumulte au milieu des violens combats des mâles. Au bruit causé par le froissement des deux parties de leur sabot, quand ils levaient les pieds de terre, se joignait le mugissement furieux et répété des bisons engagés tous dans leurs terribles et effrayans conflits. Nous savions que notre approche n'exciterait point parmi eux l'alarme qu'elle aurait produite en toute autre saison, et nous marchâmes droit au troupeau. En approchant nous tuâmes un bison blessé, qui ne fit presque aucun effort pour nous échapper. Il avait dans les flancs des blessures où j'aurais pu plonger la main tout entière.

» Comme nous savions que la chair des mâles n'était pas bonne à manger dans cette saison, nous ne voulions pas en tuer, quoiqu'il nous eût été facile d'en tuer un grand nombre. Nous descendîmes de cheval ; quelques-uns restèrent pour garder nos montures, et les autres se glissèrent au milieu du troupeau, pour tâcher d'atteindre des femelles. Je m'étais séparé de mes compagnons, et, m'avançant trop, je restai engagé au milieu des bisons. Aucune femelle ne s'était offerte à portée de fusil, lorsque des mâles se mirent à se battre très près de moi. Dans leur fureur, ils ne s'apercevaient pas de ma présence , et ils se ruèrent de mon côté avec une violence telle, qu'alarmé pour ma sûreté, je cherchai asile dans un de ces creux qui sont si communs dans les lieux où ces animaux abondent, et qu'ils vont eux-mêmes pour s'y vautrer; mais ils se ruaient encore droit sur moi, et il me fallait faire feu pour les disperser. Je n'y réussis qu'après en avoir tué quatre. Cette fusillade effraya excessivement les femelles, et je vis bientôt que je n'en tuerais aucune dans ce quartier. Je regagnai mon cheval et j'allai rejoindre , à une assez grande distance, les Indiens qui avaient réussi à tuer une femelle grosse. Mais, comme il arrive d'ordinaire dans de semblables chasses, tout le troupeau s'était enfui, à l'exception d'un mâle, qui tenait encore les guerriers à distance quand j'arrivai.

» Vous êtes des guerriers, leur dis-je, vous allez loin de votre pays chercher un ennemi, et vous ne pouvez pas enlever la femme de ce vieux bison qui n'a rien dans les mains ! A ces mots, je marchai droit au bison, qui veillait sur sa femelle morte. Il ne me vit pas plus tôt approcher qu'il s'élança contre moi avec une impétuosité telle que, me voyant en danger avec mon cheval, je rebroussai chemin en toute hâte. Les Indiens

rirent de bon cœur de ma déconvenue, mais ne renoncèrent
pas à s'emparer de leur proie. En partageant l'attention du
bison et en se glissant vers lui de différens côtés, ils parvinrent
à le tuer. »

A la suite d'une maladie cruelle que fit Tanner, et qui altéra
toutes ses facultés, il lui prit un tel dégoût de la vie qu'il résolut de se détruire. Ses amis s'étant aperçus de ce dessein, l'em-
pêchèrent de le mettre à exécution. John fait observer à ce sujet, que le suicide est très commun chez les tribus indigènes de
l'Amérique du nord. Les sauvages ont recours à plusieurs
moyens pour se tuer : ils se tuent à coups de fusil, se pendent,
se noient ou s'empoisonnent. Les causes qui les poussent à cet
acte de désespoir sont très variées : un jeune Ottawwaw se tua
un jour, parce que, s'étant enivré, il avait commis de tels excès
qu'on avait été obligé de l'attacher ; quand il revint à lui, on le
délia, et le premier usage qu'il fit de sa liberté fut de mettre fin
à ses jours : « Il paraît, dit Tanner, que, se trouvant lié à son
» réveil, il crut avoir commis dans son ivresse quelque acte dés-
» honorant et ne pouvoir s'en laver que par une mort violente.»
Tanner, qui ne veut laisser ignorer à ses lecteurs aucune des
circonstances remarquables de sa vie, raconte ses amours avec
une jeune sauvage nommée Mis-Kwa-Bun-o-Kwa (l'aurore). Sa
passion l'absorbait tellement que, semblable au fils de Thésée,
il oubliait la chasse pour ne penser qu'à la belle Mis-Kwa-Bun-
o-Kwa. La vieille Net-no-Kwa le gourmandait de sa conduite ;
étant venue un matin auprès de son lit, elle lui parla en ces termes : « Debout, jeune homme qui allez prendre femme, mettez-
» vous donc à poursuivre le gibier ; vous monterez plus haut
» dans l'estime de la femme de votre choix, si elle vous voit rap-
» porter de bonne heure le produit d'une chasse heureuse, que
» si elle vous rencontre faisant le beau dans le village, quand les
» chasseurs sont tous partis. » Peu après, Mis-Kwa-Bun-o-Kwa
devint la femme de Tanner. Contre l'usage des nations civili-

sées, où la femme apporte une dot au mari, chez les sauvages
de l'Amérique du nord, c'est le mari qui, pour ainsi dire, achète
la femme à ses parens par des présens dont la valeur diminue en
proportion du nombre de maris qu'elle a déjà eus. Cette coutume existait chez les Germains, s'il faut en croire Tacite, qui
nous dit : *Dotem non uxor marito, sed uxori maritus offert.*

Les tribus indigènes se font entre elles une guerre d'extermination; pendant presque tout le temps que Tanner vécut au
milieu d'elles, les Ottawwaws, les Ojibbeways, les Crees, les
Muskegoes et d'autres peuplades encore, furent en état d'hostilité avec la redoutable tribu des Sioux. Tanner prit part à plusieurs expéditions contre cette dernière; il commença par subir
l'initiation des guerriers, qui consiste dans diverses cérémonies
bizarres. Le jeune guerrier doit toujours se teindre la figure en
noir; il doit marcher sur les traces de guerriers plus anciens
et ne jamais les devancer. Lorsqu'il s'agit de camper en présence de l'ennemi, on observe un certain ordre dont on ne s'é-
carte jamais; le camp, auquel on donne une forme carrée ou
oblongue, est entouré de branchages plantés en terre; il n'a
qu'une seule entrée qui fait face à l'ennemi; le chef principal se
tient avec les plus vieux guerriers auprès de cette entrée; viennent ensuite, par rang d'âge et de réputation, les autres combattans, et enfin dans le fond du camp et derrière tous les autres sont ceux qui font leurs premières armes.

Parmi les nombreuses anecdotes que Tanner raconte touchant les mœurs des sauvages, il en est une qui mérite par sa
bizarrerie d'être rapportée. Un des fils de Net-no-Kwa intervint
un jour avec des intentions conciliatrices entre plusieurs Ottawwaws qui se querellaient et se battaient : l'un d'eux, se mépre-
nant sans doute sur la nature de son intervention, et croyant
qu'il prenait fait et cause contre lui, le saisit par la tête et lui
coupa le nez avec les dents. Le fils de Net-no-Kwa devint furieux, et, ayant saisi au hasard la tête la plus voisine, lui

emporta le nez d'un coup de dent. Ces sortes d'aventures sont très fréquentes. Charlevoix raconte qu'ayant été rendre visite au chef des Miamis, il ne lui vit point de nez ; il apprit qu'il l'avait perdu à la suite d'une querelle. La Hontan parle dans le même sens : « Ces sauvages, dit-il, après avoir fait leurs emplettes, boivent excessivement, se querellent, se battent, se mangent le nez. » Tanner donne les détails suivans sur les funérailles d'un jeune homme nommé Ke-Zha-Zhoons que le fils de Net-no-Kwa avait tué parce qu'il s'était moqué de son nez coupé : « Wa-Me-Gon-A-Biew vint, dit-il, et creusa lui-même une fosse assez large pour deux hommes. Les amis de Ke-Zha-Zhoons y descendirent son corps. Alors Wa-Me-Gon-A-Biew se dépouilla de tous ses vêtemens, à l'exception du dernier ; puis, se tenant dans cet état au bord de la fosse, il prit son couteau, et, le présentant par le manche au plus proche parent du mort : « Mon ami, lui dit-il, j'ai tué votre frère ; vous voyez que j'ai » creusé une fosse assez grande pour deux hommes ; je suis » tout disposé à y dormir avec lui. » Le premier, le second et enfin tous les amis du jeune homme mort refusèrent, l'un après l'autre, le couteau que Wa-Me-Gon-A-Biew leur offrit tour à tour. Les parens de mon frère étaient puissans, et la crainte qu'ils inspiraient lui sauva la vie. Voyant qu'aucun des parens mâles de ce jeune homme ne voulait entreprendre publiquement de venger sa mort, Wa-Me-Gon-A-Biew leur dit : « Ne » me fatiguez plus maintenant, ou à l'avenir, de cette affaire ; » je ferai encore ce que j'ai fait, si quelqu'un de vous m'adresse » de semblables provocations. »

Il y a parmi les sauvages des révélateurs et des imposteurs comme chez les peuples civilisés. Tanner raconte l'anecdote suivante : « Pendant notre séjour près de la rivière du Grand-Bois, dit-il, nous entendîmes parler d'un homme fameux, de la nation des Shawneeses, qui venait d'être honoré d'une révélation de la volonté du Grand Esprit. Chassant dans la prairie,

fort loin de ma cabane, je vis venir à moi un étranger : je crai-
gnis d'abord que ce ne fût un ennemi; mais, comme il s'ap-
prochait, je reconnus, à ses vêtemens, un Ojibbeway. Il y avait
cependant quelque chose d'étrange et d'original dans toute sa
tenue; il m'enjoignit de retourner chez moi, sans m'en donner
aucun motif, sans porter les yeux sur moi, sans vouloir entrer
dans aucune conversation. Je le crus fort, et cependant je l'ac-
compagnai à ma cabane; quand nous eûmes fumé, il resta long-
temps silencieux et m'apprit enfin qu'il venait me voir de la
part du prophète des Shawneeses.

« Désormais, me dit-il, le feu ne doit jamais s'éteindre dans
» votre cabane. L'été et l'hiver, la nuit et le jour, dans la tem-
» pête comme dans le calme, vous vous souviendrez que la vie
» dans votre corps et le feu dans votre foyer sont une même
» chose et de la même date. Si vous laissez éteindre votre feu,
» votre vie s'éteindra au même instant. Vous ne nourrirez plus
» de chien, vous ne battrez jamais ni homme, ni femme, ni en-
» fant, ni chien. Le prophète lui-même va venir vous donner
» une poignée de main : je l'ai précédé pour vous apprendre
» que c'est la volonté du Grand Esprit qu'il nous communique
» et pour vous prévenir que la conservation de votre vie dé-
» pend d'une obéissance de tous les momens. A l'avenir, nous
» ne devons plus jamais nous enivrer, ni voler, ni mentir, ni
» marcher contre nos ennemis. Tant que nous obéirons sans
» réserve à ces commandemens du Grand Esprit, les Sioux
» mêmes, s'ils viennent dans notre pays, ne pourront pas nous
» apercevoir. Nous serons protégés et heureux. »

» J'écoutai avidement tout ce qu'il avait à me dire, et je lui
répondis que je ne croyais pas que nous dussions tous mourir,
si notre feu venait à s'éteindre; que dans bien des cas, il était
impossible de ne pas corriger nos enfans, et qu'enfin nos chiens
nous étant fort utiles pour la chasse, je ne croyais pas que le
Grand Esprit eût aucune volonté de nous en priver. Il continua

à nous parler jusqu'à une heure fort avancée de la nuit, et alla ensuite dormir dans une hutte. Je me réveillai le premier, et voyant que le feu était éteint, je l'appelai pour venir voir combien de nous étaient vivans et combien étaient morts. Mais il était préparé aux doutes que je voulais jeter sur sa doctrine, et il me répondit que je n'avais pas reçu la poignée de main du prophète. Sa visite, ajouta-t-il, n'avait d'autre objet que de me préparer à cet important événement, et de me faire connaître d'avance les obligations que je contracterais en recevant dans ma main celle du prophète. Je n'étais pas tout-à-fait à mon aise dans mon incrédulité. Les Indiens, en général, reçurent la doctrine de cet homme avec beaucoup d'humilité et de crainte. Le chagrin et l'anxiété étaient visibles dans toutes les contenances. La plupart tuèrent leurs chiens et tâchèrent de se conformer à tous les commandemens de ce nouveau prêcheur, qui restait parmi nous. »

Il serait trop long de dire par quel concours de circonstances Tanner, après un séjour de trente années au milieu des sauvages, retourna à la vie civilisée et devint interprète au saut Sainte-Marie. Il profita des loisirs de cette vie sédentaire pour dicter ses Mémoires, qui furent publiés à New-York en 1830. Ce livre auquel on aurait dû joindre une carte pour l'intelligence des contrées que Tanner décrit, offre d'autant plus d'intérêt qu'il nous montre l'agonie d'un peuple que la providence, pour me servir des expressions du traducteur, semble avoir condamné à disparaître du sol de ses aïeux.

EXAMEN CRITIQUE

DE

L'HISTOIRE DE L'EMPIRE OTTOMAN.

Par J. de Hammer.

Dans l'espace de quelques siècles, on a vu l'empire ottoman, d'abord faible et imperceptible, grandir peu à peu et s'incorporer les plus belles provinces de l'Asie-Mineure; puis débordant de toutes parts, s'établir en Europe sur les débris de l'empire grec, et en Asie sur ceux de l'empire des Seldjoukides et de l'empire des Kalifes; après avoir étendu ses limites de la mer Caspienne à l'Atlas, et des ruines de Memphis au Danube, on l'a vu enfin décroître encore plus rapidement qu'il ne s'était élevé, et arriver, de vicissitudes en vicissitudes, à cet état de décrépitude et d'agonie où nous le voyons aujourd'hui. C'est cet immense tableau que M. J. de Hammer a entrepris de dérouler à nos regards. Fruit de trente années de recherches et de travaux, son livre est destiné à combler une lacune historique qui ne l'avait pas encore été jusqu'à ce jour. Les sources qu'il a consultées sont au nombre de cinquante-six, seulement pour son premier volume; sur ces cinquante-six sources, dont la plupart étaient inconnues aux Européens, il n'y en a que cinq auxquelles les historiens qui ont traité le même sujet avant lui aient puisé. Les autres sont des ouvrages turcs, qui n'ont jamais été traduits, et que M. de Hammer s'est procurés en allant explorer, non seulement les bibliothèques de Constantinople, d'Alep, du Caire, etc., mais celles de toutes les principales villes de l'Europe. Au nombre de ces ouvrages sont : le *Schamaïl-oul-osmanyé*, (Encadremens ottomans) par Lokman, poète de la cour de Mourad III ; c'est la biographie des douze premiers sultans ottomans, accompagnée de leurs portraits ; le *Tarikhi ali Osman* (Histoire des Ottomans), par Solokzadé ; le *Goulderteï Riyasi Irfan* (le Bouquet de roses des jardins de l'intelligence), par Seïd-Ismaïl de Brousa, contenant la biographie de cinq cent cinquante personnages célèbres de l'histoire turque ; les *Mounschiati-Selatin* (Mémoires des Sultans), par le reis-effendi Feridoun ; ce livre renferme des extraits de dix-huit cents originaux qui se trouvent dans les archives ottomanes ; et le *Nokhbetet-Tewarikh* (Merveille des histoires), par Mohammed-Effendi. Nous pourrions citer beaucoup d'autres ouvrages que M. de Hammer a recueillis dans ses voyages, et qui lui ont été d'une grande utilité pour la composition de son histoire ; mais nous avons hâte d'arriver à l'analyse des deux premiers volumes de ce beau travail.

La race actuelle des Ottomans descend de la nation turque, dont l'origine se perd en quelque sorte dans la nuit des temps, et qui eut, dit-on, pour premier chef, *Turc*, qui lui donna son nom. Selon toute apparence, *Turc* est le *Targitaos* dont parle Hérodote au quatrième livre de son histoire, et le *Togharma* de la Genèse. (Chap. X) Les Turcs, à une époque fort ancienne, quittèrent l'Altaï, qu'ils habitaient primitivement, pour venir s'établir dans les vastes steppes qui sont situées entre la Chine et le lac Aral ; c'est le pays que les anciens Persans appelaient *Touran*, et que l'on appelle aujourd'hui *Turkestan*. Les Turcs de l'est sont les ancêtres des Ouzbeks actuels, lesquels, comme on le voit, sont frères d'origine avec les Ottomans. D'après les premières traditions turques, Oghouse-Khan fut le fondateur de la puissance et de la civilisation des Turcs.

Il créa un empire dont il fixa le siége à Yassy, une des plus célèbres villes du Turkestan. Oghouse eut six fils et vingt-quatre
petits-fils; ces derniers furent les pères des vingt-quatre principales tribus turques. Douze de ces tribus envahirent les pays
à l'ouest, et ce sont elles qui donnèrent naissance aux Oghouzes, aux Seldjoukides et aux Ottomans.

Les Oghouses habitaient la partie du Turkestan qui est comprise entre le Jaxartès et l'Oxus. Ils prirent le nom de Turcomans après avoir embrassé l'islamisme, et pour se distinguer
des Turcs encore païens. M. de Hammer nous dit fort peu de
choses des Oghouzes, et se contente de nous apprendre les
noms des chefs qui les gouvernèrent jusqu'à l'époque où ils firent fusion avec les Seldjoukides. Il s'étend plus longuement
sur ce dernier peuple, qui habitait au dixième siècle de l'ère
chrétienne non loin de Boukhara, et qui fit dans la suite la conquête de toutes les contrées situées entre la mer Caspienne et
la Méditerranée, où il fonda un puissant empire qui subsista
trois siècles. L'empire des Seldjoukides fut un moment ébranlé
par l'irruption des croisés en orient; mais il se raffermit promptement pour succomber plus tard sous les coups des Mogols
persans. Après la mort d'Alaeddin III, le dernier souverain
des Seldjoukides, cet empire se démembra et forma dix états
indépendans, qui, au bout d'un certain laps d'années, furent
successivement réunis à l'empire ottoman. Le précis historique
que M. de Hammer nous donne sur les Seldjoukides sert naturellement d'introduction à l'histoire des Ottomans, cette autre
fraction de la grande famille turque.

C'est au commencement du treizième siècle que furent jetées
les premières bases de l'empire ottoman. Disons quelques mots
des ancêtres d'Osman, son fondateur. Lorsque le royaume de
Khowaresm, qui jusqu'alors avait servi de digue aux débordemens des Tartares mogols, eut été détruit par Djenghis-Khan,
la terreur se répandit parmi les Oghouzes; une de leurs tribus,

forte de cinquante mille hommes, s'expatria, et, sous la conduite de Souléïman-Schan, vint s'établir en Arménie, près
d'Erzendjan et d'Akblathe. Le conquérant tartare étant mort,
cette même tribu reprit le chemin du Turkestan, mais en route,
Souléïman périt, et les familles qu'il avait réunies sous son
commandement se dispersèrent. Les unes continuèrent leur
marche vers le Turkestan, les autres se dirigèrent vers l'Asie-
Mineure, où leurs descendans habitent encore aujourd'hui, et
mènent une vie nomade. Dundar et Ertoghrul, fils de Souléïman,
rallièrent à eux quatre cents familles et prirent la direction de
l'ouest, cherchant quelque endroit pour s'y établir. Chemin faisant, ils rencontrèrent deux armées aux prises : « Encore éloigné du champ de bataille, dit M. de Hammer, et avant de pouvoir distinguer laquelle des deux armées était la plus nombreuse, Ertoghrul (*l'homme au cœur droit*) prit la résolution
chevaleresque de secourir la plus faible. Son intervention décida de la victoire. Les vaincus étaient des Tartares mogols, et
le vainqueur, Alaeddin, souverain des Seldjoukides. Ertoghrul
lui baisa la main comme au protecteur qu'il avait choisi. Le
sultan reconnaissant lui donna un habit d'honneur et lui assi-
gna, pour séjour d'été, les montagnes de Toumanidj et d'Er-
méni, et pour séjour d'hiver, la plaine située aux environs de
Sœgüd (*pays de pâturages*). » Quelque temps après, Ertoghrul remporta plusieurs avantages signalés sur les Grecs et
sur les Tartares mogols, en qualité de lieutenant d'Alaeddin;
celui-ci, pour le récompenser, changea le nom du district d'Eskischehr en celui de Sultan-Œni, et le donna en fief à Ertoghrul et à ses enfans. Le district de Sultan-Œni, qui fut le berceau de la puissance ottomane, est cette partie de l'Asie-Mineure qui était autrefois appelée Phrygia Epictetos. Au nombre
des villes qu'elle renferme est Eskischehr, qui, au temps des
croisades portait le nom de *Dorylæum*; elle est célèbre par ses
caravanserais, ses bains chauds, ses jardins et ses vignes. Les

autres villes du district de Sultan-Œni sont : Seïd-o-Ghasi Sœ-gud, Karadjahissar, Biledjik, etc. A Ertoghrul succéda Osman, l'aîné de ses fils. Du vivant de son père, Osman avait déjà conquis plusieurs places importantes sur les Grecs et sur les Tartares mogols. Dès qu'il fut investi du souverain pouvoir il travailla par de nouvelles conquêtes à augmenter le naissant empire des Ottomans. C'est pendant le règne d'Osman que mourut Alaeddin III et que s'opéra le démembrement de la monarchie seldjoukide ; la prière publique, qui, avant cet événement, se faisait au nom d'Alaeddin dans les états d'Osman, se fit désormais au nom de ce dernier, qui exerça même, à partir de cette époque, le second droit souverain de l'islamisme, celui de battre monnaie. Les historiens turcs attachent une haute importance à la coïncidence qui existe entre ces derniers faits et plusieurs grands événemens qui éclatèrent vers le même temps en Europe et en Asie, à savoir : l'invasion des Mogols en Syrie, où ils portèrent le ravage et la destruction, les violens tremblemens de terre qui se firent sentir en Allemagne, la célébration du premier jubilé en Europe, l'introduction en Asie de l'ère ilkhane, etc.

Il est à remarquer que les commencemens de l'empire ottoman ont une certaine analogie avec ceux de la puissance romaine. Cette observation est de M. de Hammer, qui, pour l'appuyer, met en parallèle le meurtre de Rémus par son frère Romulus, et celui de Dundar par son neveu Osman. Celui-ci étant sur le point de marcher contre le seigneur de Kœprihissar dont il avait à se plaindre, crut devoir consulter ses compagnons d'armes sur cette expédition. « Dans le conseil qu'il réunit à cet effet, dit M. de Hammer, se trouvait son oncle Dundar, vieillard vénérable qui, soixante-dix ans auparavant, avait passé d'Aklath dans le pays de Roum, avec Ertoghrul, et devait avoir alors au moins quatre-vingt-dix ans. Il fit des objections à Osman ; il lui représenta qu'il exciterait, par son entreprise, ses voisins jaloux et malveillans, tels que le seigneur de Kermian ,

et les commandans grecs, à se liguer contre lui. Mais l'ardeur
impétueuse d'Osman ne put se rendre à la froide prudence du
vieillard. Pour toute réponse, il prit son arc et le tua. » Ce fait
est rapporté par un grand nombre d'auteurs, et entr'autres par
Idris, qui passe pour le meilleur historien des Ottomans. En
commençant son livre, Idris déclare qu'il taira les actions blâ-
mables de la dynastie d'Osman, pour ne parler que de celles
qui tournent à sa gloire; or, puisque ce même écrivain raconte
le meurtre de Dundar, il faut se demander ce que l'on doit penser des faits que les panégyristes ottomans n'osent divulguer,
si l'assassinat du vénérable frère d'Ertoghrul est rangé parmi
les actions louables? Les Turcs, sous Osman, poussèrent leurs
conquêtes jusqu'aux portes de Nicée. Ne pouvant se rendre
maîtres de cette ville, à cause de l'épaisseur et de l'élévation
de ses murailles, ils construisirent sur le penchant d'une montagne qui la domine un château destiné à la bloquer et à la tenir
constamment en échec. Malgré leurs défaites réitérées, les
Grecs faisaient toujours de nouveaux efforts pour arrêter les
progrès d'Osman, et ne purent l'empêcher de lancer sur la Méditerranée une flotte de trente navires qui alla dévaster l'île de
Khios. C'est pour la première fois que les Turcs se confièrent à
la mer; depuis lors, ils ne cessèrent de la sillonner dans tous
les sens et de l'infester de leurs pirates. Le dernier exploit d'Osman, celui qui couronnait tous les autres, fut la prise de Brousa,
qui, suivant Pline, fut fondée par Annibal pendant son séjour
en Bithynie, et qui était une des plus belles et des plus importantes villes de l'Asie-Mineure. Brousa devint la capitale de
l'empire ottoman. « S'il fallait formuler un jugement sur Osman, dit M. de Hammer, nous dirions qu'à un courage indomptable il joignit de grandes vues et un esprit entreprenant, qui
est le caractère particulier des fondateurs de grands empires;
nous ajouterions que, malgré le meurtre de son oncle, on ne
saurait lui refuser les qualités morales qui constituent la vertu,

et nous invoquerions à l'appui de notre opinion le respect dont les Ottomans entourent la mémoire du fils d'Ertoghrul, respect si général et si profond, que, toutes les fois qu'un nouveau souverain monte sur le trône, le peuple lui souhaite la bonté d'Osman. »

Ourkhan, fils aîné d'Osman, monta sur le trône après lui, en 1526. Contrairement à l'usage qui s'établit plus tard dans la dynastie d'Osman, où chaque souverain, en parvenant au rang suprême, faisait mettre ses frères à mort, le nouveau sultan offrit à son frère Alaeddin de partager le pouvoir avec lui. Alaeddin, respectant les dernières volontés d'Osman qui avait désigné Ourkhan pour son seul héritier, refusa, non seulement la moitié du pouvoir, mais ne voulut point accepter la moitié des troupeaux que son frère lui offrait également, et ne demanda pour tout bien qu'un village. Alors Ourkhan lui dit : « Puisque tu ne veux pas prendre les chevaux, les vaches et » les brebis que je t'offre, sois le pasteur de mes peuples, c'est-» à-dire vizir. » On sait que par vizir on entend premier ministre. Le mot vizir ou vésir, en langue ottomane, signifie portefaix, et cette qualification est en analogie avec les fonctions de premier ministre, qui supporte tout le poids des affaires. Ourkhan et Alaeddin vécurent constamment dans la plus étroite intelligence, ce qui s'explique peut-être par la différence de leurs goûts et de leurs occupations, car Ourkhan avait toujours les armes à la main et était incessamment occupé à étendre les limites de ses états, tandis qu'Alaeddin, au contraire, n'avait aucun goût pour la guerre, et travaillait à l'organisation intérieure de l'empire. Ourkhan signala son avènement au trône par la prise de Nicée et de Nicomédie, deux villes fameuses dans l'histoire, la première, par le concile œcuménique qui s'y tint en 525, où les bases de la discipline ecclésiastique furent établies, et où la doctrine d'Arius fut condamnée, et par son héroïque défense contre les croisés; la seconde, par le séjour de Dioclétien dans ses murs. Mais pendant que le fils d'Osman portait les plus terribles coups à l'empire croulant de Byzance, et lui arrachait une à une ses possessions asiatiques, le sage Alaeddin ne se signalait pas moins par les lois et les institutions dont il dotait l'empire ottoman. Les monnaies, le costume et l'armée furent les trois objets qui fixèrent principalement son attention. Une armée permanente et soldée fut créée par ses soins. C'est donc à tort que l'on attribue à Charles VII, roi de France, la création des troupes permanentes, puisque c'est un siècle avant lui que fut instituée la redoutable milice des janissaires. Osman n'avait fait la guerre qu'avec des cavaliers turcomans qu'il convoquait quelque temps à l'avance. Sous le règne d'Ourkhan, on organisa un corps d'infanterie soldée et constamment disponible, qui se divisait en corps de dix, de cent et de mille hommes, commandés par des décurions, des centurions et des colonels. Mais cette troupe ayant voulu faire la loi au sultan, celui-ci tint conseil avec son frère Alaeddin et son parent Tschenderell, sur le parti à prendre pour réprimer ses prétentions et la faire rentrer dans le devoir. Ce dernier proposa de former une armée entièrement composée d'enfans chrétiens que l'on forcerait à embrasser l'islamisme, et qui deviendraient dans la main des sultans un instrument passif et formidable au moyen duquel, non seulement ils comprimeraient les révoltes à l'intérieur, mais ils vaincraient les ennemis du dehors. Cette milice reçut, dès son origine, le nom de *Yeni-Tscheri* (nouvelle troupe), que les historiens occidentaux ont changé en celui de janissaires. Elle fut soumise à la plus inflexible discipline. Accoutumés de bonne heure à obéir et à supporter toutes les fatigues et toutes les privations, les janissaires devinrent bientôt la terreur de l'Europe et de l'Asie. L'organisation d'un corps de cavaliers permanens, auxquels on donna le nom de *sipahis*, suivit de près celle des janissaires. Ces deux créations donnèrent à Ourkhan une incontestable supériorité sur l'empire grec et sur les états qui, comme le sien, s'étaient formés des débris de l'empire des Seldjoukides; il résolut alors d'attaquer ces états pour s'agrandir à leurs dépens. Ses successeurs imitèrent son exemple, et reculèrent en peu de temps leurs frontières jusqu'au Taurus. Avant Ourkhan, les Turcs avaient fait un grand nombre de descentes en Europe, sans pouvoir s'y établir; en 1356, Souléïman, son fils aîné, franchit l'Hellespont et s'empara de Tzympe et de Gallipoli, où il mit garnison. La conquête de ces deux villes ouvrit les portes de l'Europe aux Ottomans, qui continuèrent à s'avancer au cœur de l'empire grec; mais leur course triomphante fut subitement interrompue par la mort de Souléïman. Ourkhan le suivit de près au tombeau; il mourut à soixante-quinze ans, après en avoir régné trente-cinq. M. de Hammer, qui fait un pompeux éloge de son caractère et de ses vertus, l'appelle le *Numa des Ottomans*; s'il donne à Ourkhan cette qualification parce qu'il fut le second souverain des Ottomans, comme Numa fut le second roi de Rome, la comparaison est juste; mais elle ne l'est point, s'il veut voir quelque analogie entre le règne de Numa, pendant lequel la paix ne fut pas un seul instant troublée à Rome, et celui d'Ourkhan, qui fut rempli de guerres continuelles.

Ourkhan eut pour successeur Mourad, qui, en sa qualité de fils cadet, avait été constamment tenu' éloigné des affaires, et avait vécu dans une continuelle appréhension de la mort. Mourad, pendant les premiers momens de son règne, eut à apaiser des troubles excités dans l'intérieur de son empire par le prince de Karamanie. Après quoi, il tourna toute son attention vers l'Europe, où il sentait que les Ottomans étaient appelés à de hautes destinées. Il commença par s'emparer de Nebotos, de Tschorli, de Mezelli et d'une foule d'autres villes et forteresses, et se rendit maître enfin d'Andrinople, où il établit le siége de sa puissance. Il fut dès-lors facile de prévoir que, dans un terme plus ou moins éloigné, Constantinople aurait le même sort. Les Grecs étaient dans la consternation ; cependant, au lieu de résister courageusement au redoutable ennemi qui les serrait de si près, ils épuisaient le peu d'énergie qui leur restait dans des disputes sans fin, dans mille querelles intestines. Les Ottomans de leur côté ne laissaient échapper aucune occasion d'étendre le cercle de leur domination, et savaient mettre à profit, avec une habileté remarquable, toutes les fautes de leurs adversaires. Leurs progrès en Europe ayant effrayé la cour de Rome, le pape Urbain V appela les princes de la chrétienté à une croisade contre eux. Le roi de Hongrie, le prince de Valachie et les voïvodes de Bosnie et de Servie, qui voyaient d'un œil inquiet les conquêtes de Mourad, s'empressèrent d'obéir au pape et formèrent une ligue dont le but était de refouler les Ottomans en Asie. Mais ces derniers, pendant tout le temps que dura la guerre, furent presque constamment vainqueurs. La paix ayant été rétablie, Mourad eut un nouvel ennemi à combattre, son propre fils, Saoudji, qui avait levé l'étendard de la révolte contre lui. Le sultan marche contre son fils rebelle, l'assiége dans la ville de Didymotichon, s'empare de sa personne, et, sourd au cri de la nature, lui fait crever les yeux et le fait ensuite décapiter. Quant aux compagnons de sa révolte, il les fait tous précipiter du haut des murailles de Marizza. « Pour couronner son œuvre de cruauté, ajoute M. de Hammer après avoir raconté cette effroyable exécution, le sultan ordonna à tous les pères dont les fils avaient conspiré avec le sien, de les égorger de leur propre main. Tous exécutèrent cet ordre barbare, à l'exception de deux, qui payèrent de la vie leur désobéissance. » Mais bientôt les Serviens, les Valaques, les Bosniens, les Hongrois se coalisèrent de nouveau contre Mourad, qui se hâta d'entrer en campagne, et après quelques avantages partiels, livra bataille aux confédérés dans les plaines de Kossova. Son armée, bien qu'inférieure en nombre à l'armée chrétienne, remporta sur elle une victoire complète. Pendant la bataille, un noble servien, nommé Milosch Kobilovitsch, s'ouvre un chemin à travers les combattans jusqu'à l'endroit où se trouvait Mourad entouré de ses gardes; il s'écrie qu'il a un secret important à lui révéler; le sultan ordonne qu'on le laisse avancer; Milosch s'approche de Mourad, se prosterne comme pour lui baiser les pieds, et lui plonge un poignard dans la poitrine. Le sultan eut encore la force de dicter la sentence de mort du chef de l'armée ennemie que l'on amena prisonnier devant lui; il expira ensuite, en 1389.

Bayezid, surnommé l'Yildirim (le foudre), fils aîné de Mourad, lui succéda. Son premier acte de souveraineté fut d'ordonner l'exécution de son frère unique, Yakoub, qui, par sa valeur, avait contribué autant que lui au succès de Kossova. Ayant conclu la paix avec les Serviens, Bayezid tourna toutes ses forces contre l'empire grec, et vint mettre le siége devant Constantinople, siége qui se convertit en blocus et qui dura sept ans. Pendant ce long laps de temps, le fils de Mourad ne resta pas inactif; il recommença la guerre contre les Hongrois, et remporta sur eux la fameuse victoire de Nicopolis. M. de Hammer nous dit que c'est du règne de Bayezid que date le commencement de la corruption chez les Ottomans; livré à d'infâmes voluptés, il donna le signal de la démoralisation chez un peuple qui avait conservé jusqu'à lui une grande pureté de mœurs. Constantinople, aux abois, était sur le point de se rendre; rien ne semblait pouvoir conjurer sa ruine, lorsque du fond de l'Asie le terrible Tamerlan, à la tête de huit cent mille Tartares, vint faire une puissante diversion en sa faveur, et fit invasion dans l'empire turc. Bayezid lève aussitôt le siége de Constantinople, qui ne dut son salut qu'au conquérant tartare, rassemble toutes ses forces et vole à la rencontre de Tamerlan, auquel il livra bataille près d'Ancyre (Angora.) Les historiens ne sont point d'accord sur la force numérique de l'armée ottomane ; les uns la font monter à cent vingt mille hommes, les autres, à quatre cent mille. Quoi qu'il en soit, celle de Tamerlan était infiniment plus nombreuse. La victoire se déclara pour ce dernier : Bayezid fut fait prisonnier, et son armée mise en déroute. Ce cruel événement menaça l'empire d'une ruine imminente. Bayezid étant mort dans sa captivité, ses fils se disputèrent le trône les armes à la main ; Mohammed, après une guerre civile qui dura plusieurs années, triompha de ses frères et fut reconnu sultan.

M. de Hammer trace le portrait le plus flatteur de Mohammed Ier : « Sous le rapport des qualités morales, dit-il, on peut dire, à la louange de Mohammed, qu'il était cité comme un prince équitable et bienveillant, non seulement par les historiens ottomans, mais encore par les Byzantins. » Chez le fils de Bayezid, les sentimens généreux étaient le fruit d'une éducation distinguée et d'un esprit élevé. Il travailla avec une ardente sollicitude à policer les Turcs et à leur inspirer le goût des arts et des lettres. Ses constans efforts pour raffermir l'empire ébranlé par la malheureuse journée d'Ancyre, lui valurent, de la part des historiens turcs, le surnom de *Noé*, parce qu'il avait sauvé l'arche de l'état du déluge des Tartares. Son fils, Mourad II, lui succéda. Pendant tout le règne de Mohammed Ier, la paix avait subsisté entre l'empire de Byzance et les Ottomans. Ceux-ci, sous Mourad II, reprirent le siége de Constantinople, interrompu déjà plusieurs fois. En Asie, ils obtinrent les plus beaux succès sur les Turcomans et sur le prince de Karamanie, tandis qu'en Europe ils soutinrent, avec des chances diverses, la lutte contre les Hongrois, commandés par le fameux Hunyade. Mourad II, par ennui du rang suprême et par amour pour la retraite, abdiqua deux fois en faveur de son fils Mohammed, et deux fois fut obligé de reprendre le pouvoir, à cause de l'extrême jeunesse de son fils, qui n'avait ni la capacité ni l'expérience nécessaires pour supporter le fardeau de l'empire.

Le règne de Mourad II fut une suite presque continuelle de victoires. Il mourut en 1451, et Mohammed II remonta, à l'âge de vingt-un ans, sur un trône où déjà il avait fait deux courtes apparitions. Son premier soin fut de faire mettre à mort son frère Ahmed, encore à la mamelle. Après quoi, il n'eut plus qu'un seul désir, une seule ambition, celle de s'emparer de Constantinople. Il commença par faire construire sur le Bosphore un château fort qui ferma entièrement le détroit. « A cette nouvelle, dit M. de Hammer, un pressentiment sinistre s'empara de l'empereur grec et des habitans de Constantinople. » C'était Constantin Paléologue qui régnait alors, et qui devait clore la longue liste des empereurs de Byzance. Il irrita d'abord Mohammed par d'imprudentes menaces; puis, voyant le peu d'effet qu'elles produisaient, il descendit, sans plus de succès, aux plus humbles supplications. Le jeune sultan, insensible aux menaces comme aux prières, poussa avec la plus grande activité les préparatifs du siége. Dans les premiers jours d'avril 1453, il investit Constantinople avec une armée de deux cent cinquante mille hommes et une artillerie formidable; parmi les pièces de canon qui devaient foudroyer cette ville infortunée, il en était une qui lançait des boulets de douze cents livres. Il est curieux de savoir à quoi s'occupaient les Grecs pendant qu'on réunissait contre eux de si terribles moyens de destruction. Voici comment s'exprime M. de Hammer à ce sujet : « Les habitans se livraient à des querelles insensées pour établir ou empêcher la réunion des églises grecque et latine. Il y avait eu, le 12 décembre de l'année précédente, dans l'église de Sainte-Sophie, un simulacre de réconciliation entre les deux partis; mais cette réconciliation n'était due qu'à l'espoir d'intéresser à leur sort les grandes puissances de l'Europe, et d'obtenir, par ce moyen, quelques secours. Le feu du schisme n'était pas éteint, et chaque jour voyait se renouveler des luttes scandaleuses. L'animosité des dissidens était à son comble : le clergé

de la cour, les chapelains et les diacres assistaient avec l'empereur au service catholique, célébré par le cardinal Isidore ;
tandis que les abbés, les archimandrites et les moines s'en éloi-
gnaient avec horreur, et ne quittaient pas le cloître de Panto-
crator, où le patriarche Gennadius avait été confiné. » L'historien allemand ajoute que ce dernier nourrissait une si profonde haine contre l'église romaine, qu'il alla jusqu'à dire qu'il
aimerait mieux voir, dans Constantinople, le turban des Turcs
que le chapeau d'un cardinal. « Au lieu de s'unir pour la défense commune, continue-t-il, les Grecs et les Latins se fuyaient,
les églises étaient vides ; les prêtres refusaient les sacremens
aux moribonds qui n'étaient pas de leur parti ; les moines et
les nonnes ne voulaient pas de confesseurs qui reconnussent
l'hénoticon (on appelait ainsi le décret qui ordonnait la réunion des deux églises) ; un esprit de vertige possédait tous les
couvens ; une religieuse, au grand scandale de tous les fidèles,
avait adopté la religion et jusqu'au costume des musulmans,
mangeait de la viande, adorait le prophète. »

Le siége de Constantinople dura près de deux mois. Le
nombre de ses défenseurs ne s'élevait guère qu'à six ou sept
mille ; cette poignée de combattans opposa la plus héroïque
résistance aux Turcs et leur tua beaucoup de monde. Lorsque
d'énormes brèches eurent été faites aux murailles, Mohammed
ordonna l'assaut ; il eut lieu le 29 mai. Après une lutte des
plus sanglantes, les Ottomans furent maîtres de Byzance et
l'empire de Constantin n'exista plus. Constantinople fut livré
au pillage et inondé de sang. Dans les premiers momens de
leur victoire, les Turcs s'abandonnèrent aux excès les plus horribles ; des scènes de carnage et de dévastation suivirent la
prise d'une ville qui était encore, au moment de sa chute, le
centre de la civilisation et des lumières en Europe. Lorsque
l'ivresse du succès se fut un peu apaisée, Mohammed songea à
relever les monumens que la fureur aveugle de ses farouches

soldats avait en partie détruits, et à repeupler une ville que le glaive avait presque rendue déserte.

La destruction de l'empire grec a eu d'immenses conséquences. D'abord, elle a consolidé et rendu inébranlable pour plusieurs siècles en Europe la puissance ottomane; ensuite, elle a fait refluer vers l'Italie les restes de cette antique civilisation qui s'était conservée comme en serre chaude à Byzance, pendant le débordement des barbares et les ténèbres du moyen-âge. L'Italie et les autres contrées occidentales de l'Europe se ressentirent bientôt des effets de ce grand événement; les arts, les lettres, les sciences prirent chez elles un essor extraordinaire, et l'esprit humain s'éleva dès lors à une hauteur à laquelle il n'avait pu atteindre dans les siècles antérieurs. Il est vrai que la prise de Constantinople ne contribua pas seule à ces résultats prodigieux, et qu'ils sont dus également à plusieurs découvertes qui eurent lieu vers la même époque, entr'autres, à celle de l'imprimerie; mais il est certain que les savans en tous genres, qui furent chassés de la ville de Constantin par les hordes de Mahomet II, et qui se réfugièrent dans l'Europe occidentale, aidèrent puissamment à la renaissance des lumières.

Ce qui ajoute un nouvel intérêt à l'ouvrage de M. de Hammer, c'est la position critique et désespérée dans laquelle se trouve aujourd'hui l'empire ottoman sur le point d'être subjugué par la puissance moscovite. Cet empire se trouve précisément dans le même cas où se trouvait, il y a quatre siècles, l'empire grec; alors, les Turcs menaçaient Byzance, aujourd'hui les Russes menacent Constantinople; alors, les Grecs étaient obligés, par la force des circonstances, de se mettre sous la protection des Ottomans; aujourd'hui, les Turcs vivent sous le haut patronage de l'autocrate de toutes les Russies; enfin, pour compléter le parallèle, les Turcs, au quinzième siècle, firent la conquête de Byzance, parce que les puissances chrétiennes eurent la lâcheté de ne point porter secours à cette ville malheureuse; aujourd'hui, les Russes s'empareront de Constantinople, parce que les gouvernemens de l'occident sont trop pusillanimes.

L'ouvrage de M. de Hammer est l'œuvre d'un historien consciencieux et qui a profondément étudié la matière qu'il traite; il n'oublie aucun des faits qui peuvent nous éclairer sur le génie, les mœurs et le caractère de la nation dont il écrit l'histoire. Sa narration est claire et simple, et l'élégante traduction de M. Hellert ne fait qu'ajouter au mérite de *l'Histoire de l'empire ottoman.* Autant que l'on en peut juger par les deux premiers volumes, son livre est le plus remarquable qui ait été composé sur ce sujet; espérons que les volumes suivans ne feront que confirmer le jugement que nous en portons.

LE BUT

QUE TOUT ÉCRIVAIN DOIT SE PROPOSER, C'EST D'ÉCLAIRER ET DE MORALISER LES MASSES.

Combien ils sont coupables les hommes qui ont reçu de la nature le talent d'écrire, et qui n'en font usage que pour produire des œuvres au-dessus de la portée intellectuelle du peuple! Et combien plus coupables encore sont ceux qui n'emploient leur plume qu'à corrompre le cœur et le goût de leurs semblables! Les premiers sont inutiles, les seconds sont nuisibles; tout homme inutile dans la société est criminel envers elle; mais tout homme nuisible est un monstre qu'il faut extirper de son sein comme une lèpre dangereuse.

La plupart des écrivains se sont fait un style qui est inintelligible pour le plus grand nombre, et qui n'est compris que par bien peu de personnes. Ils ont beau se servir de mots français, la manière dont ils les arrangent, le ton guindé et prétentieux de leur style, leurs tournures de phrases bizarres et souvent ridicules, leurs néologismes, tout contribue à rendre leurs ouvrages incompréhensibles pour l'immense majorité, en sorte que les dix-neuf vingtièmes au moins des gens qui savent lire ne peuvent lire leurs ouvrages, ou, ce qui revient au même, les lisent sans les comprendre.

Mais que leur importe à ces écrivains, pourvu qu'ils soient lus et compris dans les salons et dans les boudoirs; pourvu que les dandys et les petites maîtresses applaudissent à leurs productions; ils n'en demandent pas davantage, leur ambition ne va pas plus loin. Pourquoi en effet brigueraient-ils les suffrages du

peuple? ils le méprisent, ils se croiraient presque déshonorés
s'ils écrivaient pour lui; bien loin de chercher à se faire comprendre du peuple, ils se font gloire d'écrire des livres auxquels
son intelligence ne peut atteindre, et qui sont pour lui comme
s'ils étaient en hébreu.

Et, tout bien considéré, il est souvent fort heureux que ces
écrivains ne soient pas compris du peuple, car leurs ouvrages
sont tellement immoraux, que le peuple, en les lisant, aurait
plus à perdre qu'à gagner. Remercions-les donc de n'être pas
intelligibles pour le peuple, et de ne se faire comprendre que
des gens que l'on est convaincu d'appeler *comme il faut*; du
moins, ils ne corrompront point ces gens-là, car ils sont tout
corrompus d'avance.

N'est-il pas affligeant de voir les plus grands écrivains de la
langue française n'écrire que pour les hautes classes de la société et ne songer nullement à instruire les masses? Passons en
revue nos écrivains les plus célèbres, et nous verrons que pas
un seul n'a songé à se rendre utile à l'humanité en mettant ses
écrits à la portée des classes inférieures. C'est que tous ou presque tous n'ont eu pour but que de faire admirer leurs talens.
L'auteur du *Cid* et l'auteur d'*Athalie* n'ont pas eu autre chose
en vue; la foule des écrivains dramatiques qui marchent sur
leurs traces ne sont pas mus par un motif plus louable. Tous
se sont dit : faisons nos efforts pour exciter la terreur, pour
arracher des larmes, pour émouvoir profondément les spectateurs; mais aucun ne s'est dit : faisons détester le vice et chérir les bonnes mœurs. Molière, ce grand peintre qui excelle à
faire ressortir les travers des nobles et des bourgeois de son
temps, a-t-il une seule fois pris en main la défense du peuple
contre ses oppresseurs? A-t-il une seule fois tonné contre les
turpitudes de son siècle, contre les vices des grands? Les Bossuet, les La Bruyère, et tant d'autres qu'il serait trop long de
nommer, ont-ils fait des ouvrages pour le peuple? Et quand

même leurs ouvrages seraient à sa portée, je le demande, quel fruit pourrait-il en retirer ? Un seul écrivain du siècle de Louis XIV, La Fontaine, à la réputation d'être intelligible pour tout le monde, même pour les enfans, à qui on fait apprendre ses fables par cœur; mais il faut s'en référer à son égard à l'admirable critique que Rousseau a faite de la fable du *Renard et du Corbeau*; Rousseau prouve clair comme le jour que, non seulement les enfans sont dans l'impossibilité de comprendre cette fable, mais encore bien des grandes personnes, et qu'il faut une intelligence assez développée pour en saisir parfaitement le sens. Ce que Rousseau dit de la fable *du Renard et du Corbeau*, s'applique à toutes les autres fables de La Fontaine. Quant à nous, nous croyons que le peuple les lirait avec aussi peu de fruit que les enfans, et que sous une apparente simplicité, l'hôte de la Sablière cache une profondeur d'aperçus, une élévation de vues qui n'est nullement à la portée du peuple.

Parmi les écrivains du dix-huitième siècle il en est deux qui sortent de la foule, et qui se font remarquer, l'un par une grande clarté, par une extrême lucidité de style, c'est Voltaire, l'autre par une pureté de principes vraiment rare, c'est J.-J. Rousseau. Par une étrange singularité, celui des deux qui aurait pu le mieux se faire comprendre du peuple avait des idées aristocratiques et n'écrivait que pour les hautes classes et pour la bourgeoisie; et celui au contraire qui avait toute les vertus de la démocratie et dont le cœur brûlait de l'amour de l'humanité, avait un style qui, tout sublime qu'il était, n'était pas toujours compréhensible pour des intelligences non cultivées.

Que dirai-je des autres écrivains du siècle dernier et des écrivains actuels? que la plupart d'entr'eux ont suivi les traces de Voltaire et n'ont écrit que pour les classes opulentes, que c'est le goût seul de la haute société qu'ils ont consulté en composant leurs ouvrages, et qu'ils ne se sont appliqués qu'à flatter les passions, les idées, les préjugés des riches.

Il en résulte que les chefs-d'œuvre dont nous sommes si fiers, ne sont compris et admirés que par une fraction infiniment minime de la nation; que la bourgeoisie seule a des livres et des auteurs à elle, une littérature à elle, et que le peuple n'a pour lui que l'almanach liégeois et les complaintes chantées dans les rues par les virtuoses brevetés de la police.

Un immense besoin se fait donc sentir, c'est de doter le peuple de livres qu'il puisse comprendre, c'est de lui donner une littérature qui l'éclaire et le rende meilleur. Les écrivains qui se consacreront à l'accomplissement de cette tâche auront bien mérité de l'humanité et auront droit à toute sa reconnaissance.

On ne cesse de répéter chaque jour qu'il n'y a plus rien à faire en littérature, que depuis trois ou quatre mille ans que l'on écrit, tout a été dit. A cela nous répondons que peut-être il n'y a plus rien de neuf à dire dans la littérature bourgeoise; que la bourgeoisie étant blasée sur tout, les écrivains ne peuvent plus satisfaire ses goûts dépravés, et se battent inutilement les flancs pour la distraire et l'amuser. Mais s'ensuit-il que les écrivains doivent pour cela briser leur plume et renoncer à la culture des lettres? non, certainement non.

Que les écrivains sachent enfin, puisqu'ils semblent l'ignorer, qu'ils sachent que le peuple est là qui attend; qu'il sachent que ce peuple est avide de s'instruire et qu'il accueillera avec enthousiasme les productions du génie. S'il ne les récompense pas avec des monceaux d'or, il les récompensera du moins avec son estime, ce qui est infiniment plus précieux.

Écrivains, à l'œuvre donc! une carrière toute nouvelle s'ouvre devant vous; si la littérature bourgeoise s'éteint comme une lampe privée d'huile, la littérature du peuple ne demande qu'à éclore. Écrivains, sachez-le bien, un de vos premiers devoirs c'est d'être compris par ceux pour lesquels vous écrivez; travaillez donc à vous faire un style simple et lucide, qui soit à la portée de tous. Que votre seul but soit de dépouiller le peuple de l'ignorance dans laquelle ses maîtres, jusqu'à ce jour, l'ont retenu plongé pour mieux l'exploiter; que votre seul but soit de l'éclairer sur ses droits, sur sa position présente, sur son avenir. Attachez-vous à lui faire aimer la vertu, à détruire chez lui les effets d'une éducation vicieuse et d'une mauvaise organisation sociale; travaillez enfin à le rendre tel que la nature l'a fait, c'est-à-dire bon, humain, généreux, tempérant; travaillez à le rendre digne de la liberté. Alors seulement le règne de la justice et de l'équité commencera; alors, les hommes cesseront d'être exploités les uns par les autres, et l'humanité pourra accomplir ses grandes destinées.

COUP D'ŒIL SUR LES PEUPLES DU CAUCASE.

Plus de vingt peuples différens habitent la région caucasienne, c'est-à-dire l'isthme qui sépare la mer Caspienne de la mer Noire, et qui est traversé, dans toute sa longueur, par l'énorme chaîne du Caucase. Cette contrée, dont les Russes avaient depuis long-temps déjà subjugué la partie septentrionale, a été, dans ces derniers temps, entièrement conquise par eux, et forme un des gouvernemens de leur vaste empire; mais ils sont loin d'exercer paisiblement leur autorité sur des peuples indomptables qui abhorrent toute espèce de joug et qui ont en exécration la nation moscovite. La plupart de ces peuples, malgré les cent mille baïonnettes que la cour de Pétersbourg entretient dans leur pays, vivent dans un état complet d'indépendance; de ce nombre sont les Tcherkesses ou Circassiens, les Abases, les Tchetchenses, les Lesghis, les Ossètes, qui, par leur position au milieu de montagnes inaccessibles, peuvent braver impunément les Russes, à qui ils font une guerre d'extermination; les autres peuples caucasiens, tels que les Géorgiens, les Lazes, les Souanes, etc., à l'ouest du Caucase; les Nogaïs, les Kalmouks, les Turcomans, à l'est, reconnaissent les lois de l'autocrate et servent dans ses armées comme ses propres sujets.

Les Géorgiens ont joué autrefois un rôle assez important. Le pays qu'ils habitent comprenait l'Ibérie, l'Albanie et la fameuse Colchide. Les Géorgiens actuels, dont le nombre ne s'élève guère au-delà de quatre cent mille, sont ignorans, bien que leurs ancêtres aient cultivé quelquefois les sciences et les lettres avec succès. Leur principale occupation est l'agriculture; ils parlent un idiome qui ressemble beaucoup à l'arménien et au persan. De tous les peuples du Caucase, les Géorgiens sont les moins belliqueux ; ils sont hospitaliers, doux et laborieux ; le servage existe en Géorgie : les paysans travaillent uniquement pour le compte des seigneurs, qui ont droit de vie et de mort sur eux. La beauté des Géorgiennes est célèbre ; ce sont elles qui, avec les Tcherkesses et les Mingréliennes alimentaient autrefois les harêms de Constantinople et de l'Egypte. Les Géorgiens professent la religion chrétienne et appartiennent à l'église grecque orthodoxe; le christianisme fut implanté parmi eux du temps de Dioclétien. Trois siècles avant Jésus-Christ, la Géorgie formait déjà un royaume qui était gouverné par un roi, appelé Pharnabace. Son histoire est très incertaine jusqu'à l'époque où elle fut conquise par les Kalifes. La domination arabe pesa sur elle pendant plusieurs siècles ; elle passa successivement ensuite sous le joug des Seldjoukides, des Tartares mogols, des Ottomans et des Persans. Las d'être continuellement opprimés, les Géorgiens recherchèrent l'alliance des Moscovites : le czar Pierre 1er marcha à leur secours en 1722 et s'empara de quelques provinces caucasiennes. En 1783, le roi de Géorgie, Héraclius, signa, avec Catherine II, le traité de Ghéorgiewsk, par lequel il se reconnut vassal de la Russie. Dès-lors, la Géorgie cessa d'exister comme nation; toutefois ce ne fut qu'en 1800 qu'elle devint définitivement province russe, par suite de la cession que la cour de Pétersbourg exigea de David, dernier roi de Géorgie. Si les Géorgiens sont devenus sujets russes, ce n'est donc point de leur consentement ; ils furent cédés par force à la Russie qui, depuis ce temps, les retient sous son obéissance par la terreur du glaive, et qui, pour mieux les assujétir, a fondé chez eux de nombreuses colonies militaires, et garde comme ôtages à Pétersbourg leurs princes et leurs nobles.

A côté des Géorgiens sont les Lazes, qui ont donné leur nom à toute l'étendue de côtes qui est comprise entre la Mingrélie et

Trébizonde. Les Lazes sont des pirates audacieux qui mettent à contribution les navires que leur mauvaise étoile a conduits sur leurs côtes inhospitalières. Viennent ensuite les Souanes, qui habitent de temps immémorial les montagnes de la Colchide ; c'est le peuple le plus pauvre de la région caucasienne ; les Souanes sont braves et robustes, mais leur malpropreté est passée en proverbe. Nous ne dirons rien des Mingréliens et des Yméréliens, qui ont, à peu de chose près, les mêmes mœurs que les Géorgiens.

Les Nogaïs, à l'est du Caucase, sont issus du mélange des Tartares mogols et des Turcs ; ils mènent une vie nomade, et voyagent sur des chariots traînés par des bœufs. Les Turcomans, voisins des Nogaïs, errent comme eux avec leurs troupeaux dans l'immense steppe qui s'étend du Caucase à la mer Caspienne. Les Turcomans sont d'origine turque ; ils se nourrissent de mouton, de lait aigri et de farine de gruau. Ce peuple ne paie aucune imposition à la Russie ; il n'est tenu qu'au service militaire et à une contribution de chevaux de chasse. Les Kalmouks, que nous rangeons parmi les peuples du Caucase, habitent depuis le Kouban jusqu'au Wolga ; ils se donnent à eux-mêmes le nom d'*Eleuths* ou d'*Olets*. Les Kalmouks descendent des Mogols ; toute leur richesse consiste en troupeaux de bœufs, de moutons, de chevaux et de chameaux ; ils se nourrissent principalement de chair de cheval.

Les Tcherkesses et les Abases, dans la région des montagnes, sont les deux peuples les plus saillans, les plus remarquables du Caucase. Ils sont dans un état perpétuel d'hostilité, non seulement avec les Russes, mais encore avec les peuples qui les avoisinent. Les Abases ont passé successivement sous le joug des Romains, des Géorgiens, des Tartares et des Persans. Il serait difficile de dire quelle religion ils professent ; ayant tour à tour été soumis aux chrétiens et aux mahométans, ils ne sont pas plus attachés au Koran qu'à l'Évangile. Les Abases comme les Tcherkesses, méprisent l'agriculture et s'adonnent exclusivement à la chasse et à la pêche. Les uns et les autres ont conservé l'horrible coutume de vendre leurs proches parens. Chez eux, le père a droit de vendre ses enfans, et le fils aîné, ses frères et sœurs. Voici quel est le tarif de ce commerce infâme : un enfant se vend quatre écus, une femme douze écus, et une jeune fille de quinze ans, vingt écus. Les Tcherkesses ont, avec les Abases, une origine commune; ils descendent des Achæens, des Kertètes, des Zykhes, etc. Au seizième siècle, les Tcherkesses secouèrent le joug des Géorgiens pour reconnaître l'autorité du Khan de Crimée; plus tard, ils passèrent sous celle des czars, qui n'a jamais été que nominale, puisque les Tcherkesses sont restés indépendans de fait. Cette nation se divise en trois classes : les princes ou *pcheh*, les nobles et les paysans ou vassaux. Ces derniers vivent dans la dépendance la plus absolue des princes et des nobles, qui exercent sur eux un despotisme intolérable. Le gouvernement intérieur des Tcherkesses est une république aristocratique qui a quelque analogie avec celle de Pologne. Les Tcherkesses sont partagés en tribus; chez eux, les délits sont jugés par un tribunal composé des plus anciens de chaque tribu. Ce tribunal ne condamne jamais à la peine de mort; les seuls châtimens réservés aux coupables sont l'exil, l'amende et l'esclavage. La religion des Tcherkesses est un mélange de pratiques superstitieuses et bizarres; quelques-uns d'entr'eux sont mahométans, d'autres sont chrétiens, le plus grand nombre adore des idoles. Il existe chez les Tcherkesses, ainsi que chez la plupart des peuples du Caucase, une coutume admirable : lorsqu'un étanger est sans asile et sans ressources, il lui suffit de se mettre sous la protection d'un individu quelconque, pour qu'il soit aussitôt à l'abri du besoin. Son protecteur est tenu, sous peine d'infamie, de lui donner l'hospitalité, de le nourrir, de le traiter comme son propre enfant. Quelques tribus Tcherkesses se livrent à l'éducation des chevaux, dont plus de vingt mille sont vendus annuellement à Tiflis. D'après les renseignemens les plus certains, on peut évaluer le nombre des familles Tcherkesses à soixante mille; or, en supposant six ou sept individus par famille, les Tcherkesses ne seraient pas moins nombreux que les Géorgiens.

La population totale des provinces caucasiennes peut monter à quatre millions d'âmes environ.

Nous terminerons ici cet aperçu rapide des peuples du Caucase. Placés à une des extrémités du formidable empire de Russie, et sur le chemin par lequel les armées moscovites déboucheront tôt ou tard dans l'Asie méridionale et menaceront à la fois l'Inde anglaise et l'Egypte; ces peuples ont une très grande importance à nos yeux, en ce qu'ils peuvent, par leur opiniâtre résistance, arrêter pour quelque temps, de ce côté, les empiétemens de la Russie, qui craindrait, en s'avançant au cœur de l'Asie, de laisser derrière elle des populations insurgées. Mais pour que cette résistance ne fût pas vaine, il faudrait que la France et l'Angleterre jetassent leur épée dans la balance et ne laissassent pas la Russie écraser les peuples hostiles du Caucase, comme naguère elles l'ont laissée exterminer l'infortunée Pologne.

PRÉCIS HISTORIQUE SUR L'ALLEMAGNE

DEPUIS LES TEMPS LES PLUS RECULÉS JUSQU'AU DÉMEMBREMENT DE L'EMPIRE DE CHARLEMAGNE.

L'Allemagne occupe sans contredit un rang très éminent dans l'histoire de l'Europe. Lorsqu'au temps de la plus grande puissance des Romains, toutes les nations du monde connu alors étaient courbées sous leur joug, l'Allemagne seule conservait sa fière indépendance, et bravait, du fond de ses forêts, ces redoutables légions qui promenaient leurs aigles triomphantes depuis les rochers glacés de la Calédonie jusqu'aux rives brûlantes de l'Euphrate. Lorsque plus tard, l'empire romain, affaibli, désorganisé par ses dissentions intestines et tout gangrené de corruption, craquait sur ses fondémens ébranlés, c'est elle qui se rua sur cet immense cadavre pour le dépecer. Lorsque dans la suite, Charlemagne ressuscitant à son profit l'empire des Césars, voulut soumettre l'Europe à ses lois, l'Allemagne arrêta ses progrès, et mit plus d'une fois ses armées en déroute; mais, moins heureuse cette fois que lorsqu'elle défendait sa liberté contre les Romains, elle fut subjuguée après trente années de la plus opiniâtre résistance. Enfin, pendant les siècles qui suivirent la création de l'empire germanique, c'est l'Allemagne qui enfanta ces immortelles découvertes qui font la gloire de l'esprit humain, et c'est elle qui donna naissance à cette réformation religieuse que l'on peut considérer comme l'événement précurseur de la révolution française.

Les Allemands se donnent à eux-mêmes le nom de Teutsches, et à la contrée qu'ils habitent celui de Teutschland. Leur

origine, comme celle de tous les autres peuples, se perd dans
la nuit des temps. La Teutschland resta long-temps ignorée des
Grecs et des Romains; son nom ne commença à leur être
connu que trois siècles avant l'ère chrétienne; mais alors elle
était pour eux ce que sont pour nous aujourd'hui les contrées
intérieures de l'Afrique, où aucun voyageur européen n'a pu
encore pénétrer. Les anciens furent redevables des premières
notions qu'ils eurent sur la Teutschland à des voyages entrepris dans un but commercial. Ce fut, dit-on, l'ambre jaune, dont
il se faisait un grand commerce dans l'antiquité, qui attira les
marchands de la Grèce sur les bords de la mer Baltique, où il
se trouve en abondance. Ils suivaient par terre deux routes
pour se rendre à cette destination : la première partait du Pont-
Euxin, et la seconde de Marseille. De cette ville partaient aussi
des expéditions maritimes qui, après avoir franchi les colonnes
d'Hercule, et avoir longé les côtes de la péninsule hispanique
et celles de la Gaule, arrivaient dans la mer d'Allemagne, puis
dans la Baltique.

Long-temps avant la conquête de la Gaule par Jules-César,
la Teutschland, que les Romains appelaient Germanie, nous apparaît couverte d'immenses forêts et peuplée d'innombrables
tribus, entre lesquelles n'existait encore aucune unité, aucun
lien national. Chaque tribu vivait isolée de celles qui l'avoisinaient, et avait ses mœurs particulières. A cette époque reculée,
un grand nombre de peuplades germaines émigrèrent dans la
Gaule et dans l'Italie, soit qu'elles cherchassent un climat plus
doux, soit que la Teutschland fut trop peuplée, ou peut-être
pour ces deux motifs à la fois. Parmi ces peuplades aventu-
rières étaient les Némètes, les Vangions, les Tribokes, les
Eburons, qui s'établirent le long du Rhin, les Médiomatrikes,
les Nerviens, les Trévires, les Pœmanes, qui se fixèrent plus
avant dans la Gaule.

A ces premières migrations en succédèrent bientôt une foule

d'autres, parmi lesquelles il faut comprendre celles des Teutons et des Cimbres, qui mirent Rome dans un si grand danger. L'an 115 avant Jésus-Christ, les Cimbres firent invasion en Italie, après avoir ravagé la Grèce et l'Illyrie. Le consul Carbon marcha à leur rencontre et les attaqua à l'improviste; les Cimbres, d'abord étonnés, se remirent promptement et détruisirent presque entièrement l'armée romaine. C'en était fait de Rome, si les vainqueurs eussent marché contre elle, comme autrefois les Gaulois Senones, et en eussent formé le siége. Mais au lieu de continuer à s'avancer en Italie, ils prirent leur route vers la Gaule, en traversant l'Helvétie.

Les Teutons, autre nation germaine qui avait émigré comme les Cimbres, se rencontrèrent avec ces derniers et marchèrent réunis vers la Provence. Le consul Sillanus s'avança contre eux à la tête d'une nombreuse armée; quand il ne fut plus qu'à peu de distance, les Cimbres et les Teutons lui envoyèrent des ambassadeurs pour lui dire que si les Romains consentaient à leur céder une partie du pays, ils feraient alliance avec eux, et les serviraient à la guerre. Leur demande fut rejetée; alors ils en vinrent aux mains avec les Romains et remportèrent sur eux une victoire complète, laquelle fut suivie, dans l'espace de quelques années, de plusieurs autres non moins décisives, qui répandirent la plus grande terreur à Rome. Mais ces barbares ne surent pas profiter de leurs succès; bien loin d'envahir l'Italie, qui s'offrait à eux sans défense, ils s'en éloignèrent : les Cimbres franchirent les Pyrénées et entrèrent en Espagne, où ils rencontrèrent une population nombreuse et intrépide qui les força à battre en retraite et à retourner dans la Gaule.

C'est alors que les Cimbres et les Teutons songèrent à pénétrer en Italie pour aller s'emparer de Rome. Les premiers prirent leur route une seconde fois par le Norique, et les seconds, réunis aux Ambrons, résolurent de s'ouvrir un chemin à travers les Alpes maritimes. Mais Marius avait eu le temps de créer une formidable armée avec laquelle il se proposait de disputer le passage aux Teutons et aux Ambrons. Les Romains occupaient un camp retranché sur le Rhône; les barbares l'investirent de tous côtés, en poussant d'horribles clameurs. Marius, voulant accoutumer ses soldats à l'aspect effrayant des enfans de la Teutschland, et voulant en même temps aiguillonner leur courage, les retint derrière les retranchemens. Après que les Teutons et les Ambrons eurent fait d'inutiles efforts pour déterminer Marius à combattre, ils défilèrent devant son camp et se dirigèrent vers les Alpes. Le général romain décampa et les suivit. Bientôt, saisissant une occasion favorable, il leur livre bataille et les met en déroute. Deux cent mille Teutons et Ambrons périrent dans le combat, et plus de quatre-vingts mille furent faits prisonniers, ainsi que leur chef, Teutoboch. Le reste se dispersa.

De leur côté, les Cimbres ayant passé les Alpes noriques, parvinrent sur les bords de l'Adda, où les attendait une autre armée romaine, commandée par Catulus, collègue de Marius. Les barbares forcèrent Catulus à reculer devant eux. Mais Marius étant venu à son secours, les Romains engagèrent le combat avec les Cimbres et leur firent éprouver le même sort qu'aux Teutons.

Un laps de temps assez long s'écoula sans qu'aucune migration nouvelle n'eût lieu. Quelques années seulement avant l'invasion des Romains dans la Gaule, une armée de Marcomans, sous les ordres d'Arioviste, pénétra dans cette contrée pour en faire la conquête; les Marcomans étaient un des peuples les plus belliqueux de la Teutschland. Ils subjuguèrent plusieurs peuples gaulois; ceux-ci appelèrent à leur secours César, qui venait de recevoir le proconsulat de la Gaule pour cinq ans. César marcha contre Arioviste, et, avant de l'attaquer, entra en négociations avec lui pour l'engager à repasser le Rhin. Le fier Germain, ayant repoussé avec hauteur les propositions de César,

celui-ci l'attaqua aussitôt et lui fit essuyer une déroute complète.
Les Germains déplorèrent d'autant plus le malheur d'Arioviste
qu'ils pressentaient que César ne se bornerait pas à conquérir
la Gaule, mais qu'il tournerait ses armes contre la Germanie.
« Cette bataille, dit l'historien Pfister, décida du sort de la
Teutschland pour cinq siècles. Car si Arioviste était resté vainqueur, les Marcomans se seraient établis dans le midi de la Belgique, comme les premiers Germains en avaient occupé le nord.
Aussi les Gaulois appelaient-ils Germains les habitans de la Belgique septentrionale. Dès cette époque, les Suèves auraient fait
au centre des Gaules ce que les Francs n'accomplirent que vers
la fin du cinquième siècle, du côté du Bas-Rhin. Dans tous les
cas, les Gaules n'auraient pas fait partie de l'empire romain.
Du reste, la malheureuse issue de cette expédition n'opéra pas
d'autres changemens dans la position réciproque des tribus ger-
maniques. Les Tribokes, les Némètes et les Vangions restèrent
dans leurs anciens établissemens, sur la rive gauche du Rhin,
sans y être inquiétés par César. »

Les Gaulois, ne se sentant pas assez forts pour résister aux
Romains, demandèrent des secours aux peuples germains établis en Belgique. Ces peuples, au nombre desquels se trouvaient
les Nerviens, les Atrébates, les Bellovaques, les Ambiens, les
Suessiones, les Morins, les Ménapes, les Aduatiques, les Eburons, etc., comprirent qu'ils étaient menacés des mêmes dangers que les Gaulois, et s'engagèrent à mettre sur pied une armée de cent mille hommes pour les secourir. Le commandement de cette armée fut confié à Galba, roi des Suessiones.
César, informé secrètement de cette formidable coalition, marcha en toute diligence avec huit légions contre les Germains de
la Belgique. Ceux-ci se dispersèrent à son approche. Les Nerviens seuls réunis aux Véromanduens et aux Atrébates, osèrent
affronter l'armée romaine. La victoire pendant quelques momens couronna leur audace; ils attaquèrent avec la plus grande

furie les légions romaines et les firent reculer en désordre. Mais les Nerviens s'étant mis à piller le camp romain, César profita de cette faute pour rallier ses troupes et les ramener au combat. Les Germains furent enfoncés et presque tous exterminés ; de soixante mille qu'ils étaient, il n'en resta que cinq cents.

Après cette victoire, César alla investir la forteresse des Aduatiques ; ceux-ci se défendirent long-temps, mais succombèrent à la fin et furent tous ou massacrés ou vendus comme esclaves par l'impitoyable vainqueur, lequel, non content de ces sanglans succès, attaqua l'un après l'autre presque tous les peuples qui avaient pris part à la coalition formée contre lui et les battit séparément. Après quoi, il résolut de franchir le Rhin et d'aller porter la guerre au cœur de la Germanie pour empêcher les peuples de cette contrée de faire de nouvelles irruptions dans la Gaule. Il jeta donc un pont sur le Rhin et s'avança contre les Sicambres. « La frayeur les saisit à son approche, dit encore Pfister, et des envoyés des tribus les plus avancées vinrent demander la paix ; mais il apprit bientôt qu'ils s'étaient, d'après le conseil des Usipètes et des Teutchtères, retirés dans leurs forêts et leurs déserts. Il parcourut leurs campagnes, fit brûler leurs villes, enlever leurs moissons, et se porta ensuite chez les Ubiens. Ceux-ci l'informèrent qu'aussitôt que les Suèves avaient entendu parler du pont qu'il avait construit sur le Rhin, ils s'étaient empressés de rassembler leurs tribus, d'envoyer dans les forêts leurs femmes, leurs enfans avec tout ce qu'ils possédaient, et d'assigner aux hommes capables de porter les armes un rendez-vous général au milieu du pays, où ils voulaient attendre les Romains. César, content alors d'avoir effrayé ces peuples, repassa le Rhin et ordonna de faire briser le pont qu'il avait construit. »

De retour dans la Gaule, César eut à combattre de nouvelles coalitions formées dans le but d'affranchir cette contrée du joug romain. La plus redoutable de ces coalitions est celle qui eut

Ambiorix pour chef, et qui remporta des succès partiels sur les troupes de César. Ce dernier, voyant que les peuples de la Germanie envoyaient sans cesse de nouveaux secours à Ambiorix, repassa une seconde fois le Rhin pour les châtier.

A l'approche de César, les Suèves et les autres peuples de la Germanie se retirèrent, comme la première fois, au fond de leurs déserts. Le général romain n'osant pas s'aventurer à travers des forêts impénétrables, repassa le Rhin, mais laissa subsister une partie du pont sur la rive gauche, et y fit construire une tour dans laquelle il mit garnison, pour tenir continuellement en échec les populations de la rive droite. Il acheva ensuite de subjuguer les peuples germains établis en Belgique; Ambiorix, désespérant alors de pouvoir jamais rétablir ses affaires et lutter avec quelques chances de succès contre la fortune de César, se réfugia en Germanie.

Le conquérant de la Gaule est le premier qui engagea à son service des mercenaires germains. Ces mercenaires lui furent d'un grand secours dans ses démêlés avec Pompée, et ils contribuèrent presque autant que ses vétérans à la victoire de Pharsale. Dans la suite, les Romains eurent constamment dans leurs rangs des mercenaires germains.

Sous Auguste, les peuples des bords du [Rhin, tels que les Usipètes, les Teuchtères, les Sicambres firent plusieurs fois invasion dans la Gaule et furent toujours repoussés avec de grandes pertes. Mais une des guerres les plus sanglantes du règne d'Auguste est celle qui fut entreprise pour soumettre les populations des Alpes. La région alpine, qui comprenait la Vindélicie, la Rhétie et le Norique, était habitée par quarante-quatre tribus différentes qui, jusqu'à cette époque, avaient conservé leur indépendance. Non contens de jouir de leur liberté lorsque tant de nations étaient soumises au joug romain, les habitans des Alpes faisaient souvent irruption dans la Haute-Italie, attirés par l'appât du butin. Au moment où Auguste fai-

TOM. II. 8

sait des préparatifs pour les réduire sous son obéissance, ils renouvelèrent leurs incursions. Vaincus et poursuivis d'abord par Publius Selius, qui les massacra par milliers, ils revinrent à la charge; mais une armée romaine, commandée par Drusus, gendre d'Auguste, les attendait au débouché de leurs montagnes et les refoula devant elle. Une seconde armée romaine, aux ordres de Tibère, autre gendre d'Auguste, les prit à dos par la Gaule. Les deux armées s'avancèrent l'une au-devant de l'autre en massacrant tout sur leur passage. En peu de temps, les populeuses vallées des Alpes furent changées en d'affreuses solitudes. Tibère et Drusus emmenèrent en esclavage le petit nombre d'hommes valides qui avaient survécu au carnage. Les femmes, les enfans et les vieillards furent employés à la culture des terres; la région des Alpes devint une province de l'empire romain, dont les frontières dès lors furent reculées jusqu'au Danube.

Si les peuples de la Rhétie et de la Vindélicie n'opposèrent que d'impuissans efforts aux armes conquérantes des Romains, il n'en fut pas de même des habitans de la Basse-Germanie, dont les continuelles attaques appelaient une répression terrible. Drusus, chargé de défendre de ce côté les frontières de l'empire, résolut de porter la guerre au cœur de leur pays. Il commença par faire alliance avec les Bataves et les Frisons; puis, il fit construire une flotte sur le Rhin et fit creuser un canal pour réunir ce fleuve à l'Yssel. Après avoir ravagé le territoire des Usipètes et des Teuchtères, il s'embarqua sur sa flotte, traversa le Zuyderzée, entra dans la mer du nord et pénétra dans l'Ems, où il en vint aux mains avec les Brucktères, qu'il vainquit dans un combat naval.

Jusqu'alors les peuples germains étaient restés isolés les uns des autres, comme je l'ai déjà dit; mais l'audacieuse invasion de Drusus leur fit comprendre que s'ils ne formaient pas tous ensemble une coalition pour résister aux Romains, ils seraient inévitablement subjugués les uns après les autres. Une formidable ligue se forma donc entre les Usipètes, les Tenchtères, les Brucktères, les Sicambres, les Khérusques, les Khaukes et les Khattes.

Dans sa seconde campagne, Drusus attaqua les peuples que nous venons de nommer, lesquels le laissèrent approcher jusqu'au Weser, puis fondirent sur lui de toutes parts et l'obligèrent à battre en retraite. Continuellement harcelés par ces adversaires implacables, les Romains ne regagnèrent la Belgique qu'avec les plus grandes difficultés. Dans les campagnes suivantes, Drusus tourna ses armes contre les Khattes, et quand il les eut vaincus, il s'avança jusqu'aux frontières des Suèves. Ensuite, il attaqua les Khérusques, les battit, passa le Weser et pénétra jusqu'à l'Elbe, qui fut le terme de sa marche. Après la mort de Drusus, Tibère prit le commandement de l'armée et continua la guerre contre les Germains. Ayant pénétré dans la Teutschland avec des forces considérables, il détermina les peuples de cette contrée, notamment les Khérusques, autant par persuasion que par force, à faire alliance avec les Romains. Les Khérusques laissèrent même les Romains prendre leurs quartiers d'hiver dans leur pays.

S'il faut en croire Velleius Paterculus, la Germanie tout entière fut soumise par Tibère. Une pareille assertion prouve que cet historien songeait plus à faire sa cour au successeur d'Auguste, qu'à écrire véridiquement. Ce qu'il y a de certain c'est que les Romains ne s'avancèrent pas au-delà de l'Elbe, et que, bien qu'ils considérassent comme une de leurs provinces tout le pays situé entre ce dernier fleuve et le Rhin, ils l'occupaient bien plus en qualité d'alliés qu'en qualité de maîtres. Si les peuples de cette partie de la Germanie n'étaient pas tout-à-fait indépendans, ils étaient loin du moins d'être entièrement soumis.

Pendant que ces choses se passaient dans la Germanie occidentale, il s'opérait sur les bords du Danube, parmi les Suèves, un mouvement de concentration. Marbod, qui appartenait à l'ancienne race des princes marcomans, était parvenu à réunir en une grande association un certain nombre de peuplades jusqu'alors éparses et sans liens entre elles. C'était moins le patriotisme que l'ambition qui le faisait agir : il avait en vue de se créer, au sein de la Germanie, un empire sur lequel il aurait régné despotiquement. Les principaux peuples qui consentirent à vivre sous les lois de Marbod, outre les Langobards, les Hermondures, les Sénons et les Marcomans, qui formaient le noyau de la race Suève, furent les Burgundes, les Lémoves, les Gutons, les Rutons, les Luciens, etc. Marbod profita des guerres de la Basse-Germanie, qui fixèrent presque exclusivement l'attention des Romains, pour augmenter sa puissance et pour étendre les limites de son empire, qu'il recula jusqu'en Pannonie.

Lorsque les Romains ne furent plus occupés sur les bords du Rhin, ils songèrent à mettre un terme aux envahissemens de Marbod et à renverser son naissant empire, qui leur portait ombrage. Ils l'attaquèrent de deux côtés à la fois. Mais au plus fort de la guerre, et lorsque la victoire était encore incertaine, les peuples de la Pannonie et de la Dalmatie, auxquels se joignirent bientôt les Gètes, prirent les armes en faveur de Marbod. Le danger était pressant pour les Romains. Auguste offrit la paix à Marbod ; celui-ci, comprenant mal son intérêt, l'accepta ; si au lieu de transiger avec un ennemi qui n'offrait la paix que parce que l'issue de la guerre pouvait lui être fatale, il avait continué à combattre, peut-être aurait-il mis Rome à deux doigts de sa perte, comme autrefois Annibal. Les Pannoniens, les Dalmates et les Gètes, livrés à eux-mêmes, furent soumis, après la lutte la plus sanglante.

C'est vers la même époque que Varus fut envoyé dans la Basse-Germanie avec une nombreuse armée. La bonne intelligence qui jusqu'alors avait régné entre les Romains et les Germains s'altéra sous Varus. Ce chef irrita les populations par

des mesures vexatoires ; il imposa des tributs ; mais ce qui mé-
contenta le plus les Germains, ce fut d'être soumis à la législation romaine. La jeunesse germaine, surtout, était transportée
d'indignation et brûlait de secouer le joug étranger. Hermann,
que les historiens latins appellent Arminius, se faisait remarquer parmi cette ardente jeunesse par les qualités les plus brillantes et par la plus profonde haine contre les oppresseurs de la
Teutschland. Il était fils de Sigmar, un des princes des Khérusques. Hermann forma l'audacieux projet de délivrer son pays
de la domination romaine. « Il vit dans l'aveugle sécurité de
Varus, dit un historien allemand, un moyen d'atteindre son
but ; car celui-ci regardait les Germains comme des êtres qui
n'avaient de l'homme que l'extérieur, et contre lesquels on pouvait tout se permettre impunément. Le peuple était resté en
possession de ses armes ; on l'avait considéré comme un renfort pour les légions. Attaquer une armée de cinquante mille
hommes des meilleures troupes dans des camps fortifiés, c'eût
été une véritable folie. Varus le savait et c'est ce qui faisait sa
confiance. Mais Hermann avait calculé qu'une fois que les légions sortiraient du camp et se mettraient en marche avec les
troupes auxiliaires, il serait facile à celles-ci de profiter des
circonstances favorables, de se révolter en masse et de se jeter
sur les Romains au moment où ils s'y attendraient le moins.
Varus n'avait pas prévu cela. »

Ce général imprévoyant ayant reçu avis que les Ansibares,
sur l'Ems, avaient levé l'étendard de la révolte contre les Romains, se mit aussitôt en marche contre eux avec trois légions
pour les faire rentrer dans l'obéissance, et ordonna aux Khérusques de l'accompagner dans cette expédition. C'est ce
qu'Hermann attendait. On a même dit que c'était lui qui avait
secrètement engagé les Ansibares à se soulever. Il s'empressa
d'obtempérer aux ordres de Varus et le suivit avec un contingent considérable. Il s'entendit en même temps avec les chefs

des Brucktères, des Khattes et des Marses pour tomber sur les Romains au moment où ceux-ci seraient engagés dans la forêt de Teutoburg, par laquelle ils devaient passer. Lorsque l'armée romaine se trouva au plus épais de cette forêt, Hermann fit charger son arrière-garde. Varus, qui, malgré de secrets avertissemens, était resté plongé, jusqu'au dernier moment, dans la plus funeste sécurité, s'aveugla encore au point de croire que c'était une attaque de quelques hordes de brigands, et ne daigna même pas s'arrêter. Mais bientôt les Germains le tirèrent de son erreur en l'attaquant de toutes parts; ce n'est qu'alors qu'il vit toute l'horreur de sa position. Pendant deux jours entiers, les Khérusques et leurs alliés le harcelèrent impitoyablement et ne lui laissèrent ni trêve ni repos. Le troisième jour, la bataille devint générale; mais le moyen de résister à des ennemis dix fois plus nombreux, qui connaissaient parfaitement les localités, et qui n'étaient que légèrement armés, tandis que les soldats romains portaient, outre leurs armes offensives et défensives, un lourd bagage. La pluie qui tombait par torrens et qui rendait les chemins impraticables, aggravait encore l'affreuse position des Romains, à qui toute retraite était fermée. Ils combattirent avec une intrépidité d'autant plus grande, qu'ils avaient à défendre leur vie. Les Germains, de leur côté, qui combattaient pour leur liberté, firent des prodiges de valeur. Les légions furent rompues après un long et terrible combat, et la victoire resta aux enfans de la Teutschland, qui se vengèrent de leurs précédentes défaites et de la sujétion dans laquelle ils vivaient depuis vingt ans, en faisant un carnage effroyable des Romains. Les trois légions furent entièrement exterminées. Varus se perça de son épée. Quelques fuyards seulement parvinrent à se soustraire au glaive implacable des Germains, et allèrent porter aux légions du Rhin la nouvelle de ce désastre inouï.

A Rome, quand on apprit la destruction des légions de Varus, la consternation fut inexprimable. Auguste, au désespoir, se frappait la tête contre les murs de son palais, en s'écriant : « Varus, rends-moi mes légions ! » Ce déplorable événement eut lieu l'an 10 avant Jésus-Christ. Les Germains célébrèrent leur victoire par des fêtes et des sacrifices; mais comme ils se doutaient bien que les Romains voudraient prendre leur revanche, ils se préparèrent à soutenir la lutte contre eux ; et d'abord, ils s'emparèrent de toutes leurs places fortes sur la rive droite du Rhin et les démolirent ; après quoi, ils formèrent, sous l'inspiration du grand Hermann, une redoutable ligue dans laquelle entrèrent presque tous les peuples des bords de l'Elbe et du Rhin. Hermann, qui était animé du patriotisme le plus pur, créa cette ligue uniquement dans le but de défendre contre d'iniques envahisseurs l'indépendance de son pays ; et en cela, il n'eut rien de commun avec Marbod, qui fut dirigé par un tout autre motif, comme on le sait, et dont l'ambition fait un si pénible contraste avec les vertus et le désintéressement du libérateur de la Germanie occidentale.

Les Romains firent d'immenses préparatifs pour venger la défaite de Varus. Huit légions furent rassemblées sur la rive gauche du Rhin; Germanicus, fils de Drusus, en prit le commandement et pénétra en Germanie à leur tête. Le premier peuple qui s'offrit à ses coups furent les Marses, qui, n'ayant point été avertis de son approche, étaient occupés à célébrer une fête lorsqu'il parvint sur leur territoire. Les Usipètes, les Bructères et les Tubantes accoururent au secours des Marses, et voulurent envelopper Germanicus, qui les battit et regagna ensuite les bords du Rhin. L'année suivante, il surprit les Khattes, brûla leur ville capitale, Mattium, et ravagea leur territoire. Après quoi, il tourna ses armes contre les Khérusques, et ayant traversé, pour aller à eux, la forêt de Teutoburg, il fit inhumer avec pompe les ossemens des légions de Varus, qui depuis cinq années étaient privés de sépulture.

Hermann l'attendait avec des forces considérables dans une plaine entourée de marais et de forêts. C'est là que la bataille s'engagea entre les vainqueurs de Varus et les Romains. Il s'en fallut de bien peu que ces derniers n'éprouvassent le même sort que ceux qu'ils voulaient venger. Une habile manœuvre d'Hermann compromit gravement l'armée romaine; Germanicus ne sortit de ce danger qu'en engageant aussitôt toutes ses légions, ce qui rétablit le combat; mais la victoire resta indécise. Toutefois, les Romains, en battant en retraite, s'avouèrent en quelque sorte vaincus.

Germanicus redoubla d'efforts dans la troisième campagne. Il leva une armée dans la Gaule, et engagea sous ses drapeaux une foule d'auxiliaires pris en grande partie parmi les Germains de la rive gauche du Rhin. Ayant reconnu que le plan qu'il avait suivi jusqu'alors était défectueux en ce qu'il était obligé de s'enfoncer dans d'immenses forêts pour arriver au cœur de la Germanie, il résolut de pénétrer dans cette contrée par les fleuves, à l'exemple de son père. En conséquence, il s'embarqua sur une flotte de mille voiles, qui le transporta à l'embouchure de l'Ems, avec son armée, forte de cent mille hommes. Pendant qu'il voguait sur la mer du nord, un corps de troupes attaquait, par son ordre, les peuples de la rive droite du Rhin, pour détourner l'attention des Germains.

A l'approche de Germanicus, les Khérusques se retirèrent derrière le Weser. Les Romains franchirent ce fleuve et leur livrèrent bataille. Cette fois les Germains furent complétement battus. Hermann, couvert de sang et de blessures, essaya vainement de rallier ses soldats en déroute, lui-même se vit forcé de fuir pour ne pas tomber entre les mains des Romains. Après cette défaite, il semble qu'il ne restait plus aux Germains qu'à courber la tête sous le joug du vainqueur; mais les enfans de la Teutschland, bien loin de se laisser abattre par ce revers, se soulevèrent en masse et se mirent à poursuivre l'armée ro-

maine qui opérait sa retraite. Celle-ci fit volte-face et leur livra
une seconde fois bataille, où ils furent encore une fois vaincus.
De retour dans la Gaule, Germanicus se disposait à faire une
quatrième campagne pour achever de dompter les Germains
occidentaux, lorsque Tibère, qui avait succédé à Auguste, jaloux sans doute de ses victoires, lui ordonna de conclure la
paix.

Malgré les grands succès de Germanicus, la confédération
des Khérusques et des autres peuples de l'Elbe n'en était pas
moins puissante et redoutable; et pendant que le général romain célébrait un grand triomphe à Rome, les Germains, qui
passaient pour vaincus, jouissaient de la plus complète indépendance.

Tant que cette indépendance fut menacée par les Romains,
l'union régna parmi les peuples de la Germanie; mais dès que
la guerre eut cessé, des dissentions éclatèrent entr'eux. Ainsi,
la confédération fondée par Marbod, et celle qui l'avait été par
Hermann, en vinrent bientôt aux mains. La première fut vaincue et dissoute; il ne resta plus d'autre ressource à Marbod
que de chercher un refuge chez les Romains. Hermann, qui, de
l'aveu de Tacite, porta le premier coup mortel à l'empire romain, à une époque où cet empire était encore dans toute sa
force, Hermann devint l'objet des soupçons de ses concitoyens,
qui l'accusèrent de viser comme Marbod au souverain pouvoir.
Il est difficile de savoir si ces graves soupçons étaient fondés;
quoi qu'il en soit, Hermann fut assassiné par ceux-mêmes qu'il
avait sauvés du joug étranger. Avec lui finit la confédération
des Khérusques, comme avec Marbod avait fini l'empire des
Marcomans. Après que ces deux grandes ligues eurent cessé
d'exister, les Romains auraient pu attaquer les peuples de la
Teutschland avec la chance presque certaine de les vaincre,
mais ils observèrent scrupuleusement la paix, et se contentèrent
de fomenter sourdement des discordes dans le sein de la Teut-

schland, et de pousser les tribus germaines à s'entre-détruire les unes les autres.

Un demi-siècle s'écoula depuis la mort d'Hermann jusqu'à la révolte des Bataves sous Civilis et Velléda. Civilis profitant des déchiremens intérieurs de l'empire, a joué, parmi les Bataves, le même rôle qu'Hermann chez les Khérusques; seulement, après avoir commencé en héros, comme lui, il a fini en traître, comme Marbod. Les Bataves, depuis long-temps, étaient soumis aux Romains; Civilis les exhorta à reconquérir leur liberté. A sa voix, se soulevèrent, non seulement les Bataves, mais les Frisons, les Caninéfates et les autres peuples de l'embouchure du Rhin. Une armée romaine marcha contre eux; elle fut mise en déroute et presque entièrement détruite. « Ce premier succès, dit l'historien que j'ai déjà cité, fut très avantageux aux rebelles; il leur donna des armes, des vaisseaux, et ce qui plus est, il leur gagna l'opinion publique. Dans les Gaules et dans la Germanie, Civilis et ses guerriers furent célébrés comme les vengeurs de la liberté. Les Germains transrhénans s'offrirent sur-le-champ à envoyer des secours. Aussi Civilis avait-il dès le commencement compté sur eux et les avait-il fait travailler par ses agens. Il mit également tout en œuvre pour gagner les Gaulois et les entraîner dans son entreprise. »

Une nouvelle armée romaine marcha contre Civilis et fut défaite comme la première. Deux légions s'étant réfugiées après la bataille dans un camp fortifié y furent assiégées par les Bataves et furent forcées de se rendre. Ayant reçu de toutes parts des renforts, Civilis eut bientôt sous ses ordres des forces considérables. Une jeune fille, nommé Velléda, qui appartenait à la nation des Bruektères, parmi laquelle elle jouissait d'une grande considération comme prophétesse, fut gagnée par Civilis et s'entendit avec lui pour stimuler les peuples germains. Velléda ayant prédit solennellement à Civilis le triomphe de sa cause, il n'en fallut pas davantage pour que plusieurs peuples de la rive droite du Rhin , qui jusqu'alors étaient restés froids spectateurs du soulèvement des Bataves, prissent les armes et marchassent à leur secours.

Lorsque Vespasien eut triomphé de Vitellius, son compétiteur à l'empire, dans la fameuse journée de Crémone, il chargea Cérialis de comprimer l'insurrection batave et lui confia le commandement d'une nombreuse armée, avec laquelle Cérialis livra bataille aux insurgés et remporta une grande victoire sur eux. Civilis ne perdit point courage, et fit de si prodigieux efforts, qu'en peu de temps il rassembla une nouvelle armée , composée de Germains de la rive droite. Cérialis marcha aussitôt contre lui avec six légions et lui livra une seconde bataille, dont l'issue aurait peut-être été funeste aux Romains, si un transfuge n'eût indiqué à ceux-ci un chemin détourné par lequel ils enveloppèrent les Germains ; ces derniers furent battus. Civilis alors se réfugia, avec le reste de son armée, dans l'île des Bataves , où il fut poursuivi par les Romains. Une troisième bataille eut lieu, qui acheva d'écraser Civilis; ne pouvant plus lutter sur terre contre les Romains , il construisit une flotte avec laquelle il alla chercher celle de Cérialis et l'attaqua à l'embouchure de la Meuse et du Wahal. La victoire ne pencha pas plus d'un côté que de l'autre; c'était un grand résultat pour les Bataves, qui venaient d'essuyer trois défaites consécutives. Le débordement des fleuves ayant suspendu pour quelque temps les opérations militaires, Cérialis en profita pour semer des divisions parmi les peuples coalisés; il parvint à détacher les Germains de la rive droite du Rhin. Les Bataves, se voyant réduits à leurs seules forces, entrèrent en négociation ; Civilis lui-même oubliant sa gloire passée, traita avec les Romains ; et la paix fut rétablie.

Avant de poursuivre ce récit, nous allons jeter un rapide coup-d'œil sur les différens peuples qui habitaient la Germanie au commencement de l'ère chrétienne, et nous dirons quelques mots de leurs mœurs, de leurs coutumes et de leur religion.

Pline range en cinq grandes tribus tous les peuples de la Teutschland, savoir : 1° les Vindiles, parmi lesquels il place les Warins, les Burgundes, les Guttons, etc. ; 2° les Ingœvons, dans lesquels il comprend les Khaukes, les Cimbres et les Teutons ; 3° les Istœvons, qui habitaient sur le Rhin ; 4° les Hermiones, qui occupaient le centre de la Teutschland, et auxquels appartenaient les Suèves, les Khattes, etc. ; 5° enfin, les Peucins et les Bastarnes, qui habitaient la Germanie orientale.

Tacite ne compte que trois tribus principales : les Hermiones ou Suèves, au centre ; les Ingœvons, au nord ; et les Istœvons, sur les deux rives du Rhin. Parmi les Istœvons ou peuples de l'ouest, Tacite comprend les Khattes ou Chasses, qui sont, dit-on, les ancêtres des Hessois. Les Khattes habitaient sur la lisière de la forêt Hercynienne ; ils avaient l'esprit vif, le visage menaçant, une constitution robuste. Les peuplades les plus importantes de cette nation étaient les Mattes ou Mattiakes, les Chassuares, qui vinrent s'établir sur les bords du Diemel et du Weser, les Battes, les Caninéfates, dont nous avons parlé plus haut ; cette dernière tribu émigra à une époque assez reculée et alla se fixer dans l'île des Bataves. A côté des Khattes habitaient les Teutchtères et les Usipètes, qui furent chassés par les Khattes du pays qu'ils habitaient primitivement. Les Teuchtères excellaient à monter à cheval ; l'équitation était la principale occupation de leur vie. Au sud des Teuchtères étaient les Sicambres, dont Tacite n'a point parlé parce qu'ils furent presque entièrement détruits du temps d'Auguste. Les autres peuples de la Germanie occidentale étaient les Khamaves, les Angrivares, les Frisons, que l'on divisait en grands et en petits Frisons. Ce dernier peuple était actif et fort industrieux, il s'adonnait avec un égal succès à la navigation et à la culture des terres.

Sous le nom générique d'Ingœvons, Tacite comprend les

peuples qui habitaient les bords de la mer Baltique. Le plus puissant de tous, étaient les Khaukes, qui occupaient l'espace compris entre l'Ems et l'Elbe. Les Khaukes avaient toujours sur pied une nombreuse armée, et entretenaient constamment une flotte prête à prendre la mer. Ils n'avaient pas de bétail et se nourrissaient de poissons qu'ils prenaient avec des filets de jong, et qu'ils faisaient cuire à un feu de tourbe. Pline, qui nous a donné une description des Khaukes plus détaillée que celle de Tacite, s'étonne naïvement qu'un peuple si misérable ait préféré son indépendance à la domination romaine, sous laquelle il aurait joui d'une foule d'avantages que lui refusait son climat inhospitalier, comme si quelque chose au monde pouvait compenser la liberté; comme s'il ne valait pas mille fois mieux exercer librement tous ses droits et habiter une hutte grossière, que de ramper en esclave sous des lambris dorés. Au sud des Khaukes, entre l'Elbe et le Weser, étaient ces terribles Khérusques qui se couvrirent d'une gloire immortelle dans les guerres qu'ils soutinrent contre les Romains. Un siècle ou deux après cette brillante époque de leur histoire, les Khérusques devinrent lâches et pusillanimes, d'intrépides qu'ils avaient été autrefois. Enfin, dans la presqu'île appelée aujourd'hui Jutland, et qui portait anciennement le nom de Chersonèse cimbrique, habitaient les Cimbres, dont nous avons rapporté avec détail la grande migration, qui eut lieu en même temps que celle des Teutons.

Au centre de la Teutschland étaient les Hermiones, que Tacite appelle Suèves. Selon César, le pays des Suèves était divisé en cent cantons, habités par autant de tribus dont la principale était celle des Sénons. Il existait chez les Suèves plusieurs fédérations qui se composaient chacune d'un certain nombre de tribus. Une des plus redoutables était celle qui habitait sur la rive droite de l'Elbe, non loin des Langobards et des Sénons; elle se composait des peuplades suivantes : les

Aviones, les Reudignes, les Angles, les Varins, les Swarthones, les Eudoses et les Nuithones. Les Hermondures appartenaient aussi à la grande nation des Suèves et étaient établis sur les bords du Danube. Auprès d'eux étaient les Narisques, les Marcomans et les Quades. Plus au nord se trouvaient les Gothins, les Marsignes, les Oses, les Buriens, etc. Plus loin encore étaient les Hygiens, les Elysiens, les Naharvales, etc. Presque tous les peuples que nous venons de nommer dans la région du Danube faisaient partie de la grande fédération des Marcomans sous Marbod. A l'est, habitaient les Peucins, les Hérules et les Gépides. Tacite ne fait point mention de ces deux derniers peuples; ils ne furent connus de l'Europe méridionale que long-temps après lui. Mais il parle des Vénèdes, des Fennes, des Bastarnes, etc.

Ce grand historien nous dit que les traits caractéristiques des Germains étaient des cheveux blonds, des yeux bleus et vifs, une haute stature et une peau très blanche. La Germanie était extrêmement peuplée; on peut en juger par ces innombrables migrations qui se firent presque sans interruption pendant l'espace de dix siècles. César et Tacite ne sont point d'accord sur la religion des anciens Teutsches : selon le premier, ils adoraient les astres et les élémens; selon le second, ils adoraient Mercure; les Suèves avaient en grande vénération la déesse Hertha. Le peuple assemblé discutait les affaires importantes; celles qui l'étaient moins étaient discutées par les chefs. Les assemblées du peuple avaient lieu régulièrement à la nouvelle et à la pleine lune. Les Germains étaient armés d'une lance, qu'ils appelaient *framée*, et dont ils se servaient de près et de loin; ils portaient un bouclier, mais rarement ils faisaient usage du casque, de la cuirasse et de l'épée. Ils allaient presque nus et n'étaient couverts que d'une simple saie. Les seules richesses des Germains consistaient en troupeaux; ils n'avaient ni or ni argent, et, à défaut de monnaie, ils faisaient le commerce d'échange. Leurs rois, qu'ils choisissaient dans la classe des nobles, n'avaient qu'un pouvoir fort limité; ils choisissaient leurs chefs parmi les plus braves. Les Germains étaient extrêmement jaloux de leur liberté; ils aimaient tendrement leurs femmes; malgré l'ascendant que celles-ci exerçaient sur leur esprit, et qui aurait dû adoucir leurs mœurs, ils étaient parfois cruels et sanguinaires; ils immolaient des victimes humaines à Mercure, à Isis et à d'autres dieux, et massacraient souvent les prisonniers qu'ils faisaient à la guerre. Les prêtres seuls avaient le droit de punir. Les Germains n'avaient pas de villes; ils habitaient des villages qui avaient une fort grande étendue parce que les maisons étaient bâties à une certaine distance les unes des autres. La fidélité conjugale était très sévèrement observée chez eux; un châtiment terrible était réservé à l'adultère; la femme qui s'était rendue coupable de ce crime, était noyée avec son complice dans un bourbier. Les biens se transmettaient de père en fils. Les Germains pratiquaient religieusement les devoirs de l'hospitalité. La terre appartenait à tous; le même terrain n'était pas cultivé deux années de suite par le même individu; chacun choisissait la portion de terrain qui lui était nécessaire pour faire croître le blé dont il avait besoin, rien de plus. Chez ces heureux peuples, l'ambition des richesses était ignorée; on ne connaissait pas le luxe. L'égalité sociale, c'est-à-dire celle qui a pour base l'égale répartition des propriétés, régnait en Germanie, à cela près que l'esclavage y était en vigueur, comme dans presque toutes les autres contrées du monde à cette époque. Mais il faut dire que chez nul autre peuple les esclaves n'étaient traités avec autant d'humanité que chez les Germains : chaque esclave avait son domicile et son ménage; sa servitude se réduisait à payer au maître à qui il appartenait une redevance en bétail, en blé et en étoffes.

Après une lutte de trois siècles entre les enfans de la T···t-schland et les Romains, la paix avait donc été conclue co·· ne

nous l'avons dit. Mais cette paix n'était qu'une simple trêve qui
devait être rompue à la première occasion. En effet, vers le milieu du deuxième siècle, pendant que les Romains étaient engagés en Asie dans une guerre contre les Parthes, tous les peuples du Danube se soulevèrent. Marc-Aurèle, qui régnait alors,
ne put les soumettre qu'après neuf campagnes ; encore il employa autant les négociations que les armes, pour accomplir
cette tâche difficile.

Trois grandes confédérations, celle des Allemands, celle des
Francs et celle des Saxons se formèrent presque simultanément
dans la Germanie. Les tribus dont se composait la confédéra-
ration des Allemands habitaient entre le Rhin et le Danube.
La confédération des Francs était composée des peuples du
Bas-Rhin ; celle des Saxons comprenait une partie des peuples
situés sur les bords de la mer Baltique. Ces trois confédérations répondent comme on le voit aux trois grandes divisions de
Tacite : les Ingœvons, les Istœvons et les Suèves. L'obscurité
qui règne sur les peuples germains pendant les premiers siècles
de l'ère chrétienne nous empêche de savoir comment et à quelle
époque précise se formèrent les grandes confédérations dont
nous venons de parler. Celle des Allemands apparaît pour la
première fois dans l'histoire au temps de Caracalla. C'est à la
même époque, c'est-à-dire vers l'an 214, que les Goths, peuple de la Germanie orientale, commencèrent à s'avancer dans
la Dacie, le long du Bas-Danube. Il est présumable que le nom
générique de Goths désignait une réunion de plusieurs peuples
semblable à celle des Allemands, des Francs et des Saxons.
Il paraît qu'une fusion s'opéra entre les Goths et les peuples du
Bas-Danube, tels que les Daces et les Gètes ; cette fusion fut si
complète que long-temps on a cru que les Gètes et les Goths
étaient un seul et même peuple désigné sous deux noms différens. C'est aussi au commencement du troisième siècle que les
Vandales et les Alains, qui étaient probablement originaires de

la région caucasienne, vinrent s'établir à l'est des Goths.

Si d'une part les peuples teutiques devenaient chaque jour plus redoutables par les ligues puissantes qu'ils formaient entr'eux, de l'autre, l'empire romain s'affaiblissait graduellement. Vers le milieu du troisième siècle, une attaque générale eut lieu contre lui de la part des peuples germains ; les Francs et les Allemands pénétrèrent dans la Gaule, tandis que les Marcomans et les autres peuples du Danube firent invasion dans la Haute-Italie, et s'avancèrent même jusqu'aux portes de Rome.

Aurélien est un des empereurs romains qui résistèrent avec le plus d'habileté et de courage aux irruptions des Teutsches. Les Allemands s'étaient emparés de la Vindélicie, il la leur reprit ; dans une foule de rencontres, il battit les Sarmates, les Francs, les Suèves, les Alains, les Goths, etc. C'est lui qui abandonna à ce dernier peuple la Dacie trajane et qui reporta les frontières de l'empire en deçà du Danube, pour qu'il fût plus facile de les défendre. Mais si de loin en loin un grand homme comme Aurélien endossait la pourpre impériale, le trône des Césars était presque constamment occupé par des empereurs pusillanimes qui laissaient les peuples du nord impunément entamer les frontières. L'empire romain devait périr beaucoup plus tôt ; si sa chute a été reculée de plusieurs siècles, il faut l'attribuer aux auxiliaires germains que les empereurs prirent en très grand nombre à leur solde ; ces auxiliaires luttèrent vaillamment contre des peuples qui auraient vaincu sans peine les Romains dégénérés.

Julien ayant été chargé de chasser de la Gaule les Francs et les Allemands qui l'avaient envahie, les repoussa au-delà du Rhin qu'il franchit lui-même, et ravagea une partie de la Germanie occidentale. Les Allemands terrifiés par ses armes, demandèrent la paix et l'obtinrent ; mais, quelques années après, en 365, ils recommencèrent la guerre. Valentinien, alors empereur d'occident, les combattit souvent avec avantage.

Le nombre des auxiliaires germains ayant considérablement augmenté, ils devinrent encore plus à craindre pour l'empire que les Germains eux-mêmes; plus d'une fois ils firent la loi aux empereurs, et les renversèrent même pour mettre à leur place des empereurs de leur choix.

Pendant que l'empire romain était aux prises avec les confédérations germaines, une multitude innombrable de Huns se précipita sur l'Europe et détruisit l'empire des Goths. Les Huns étaient des peuples nomades qui sortaient des steppes de la Scythie. Les Alains essayèrent d'abord de leur opposer une digue, mais entraînés par le torrent, ils furent forcés de se joindre à eux pour dévaster l'Europe. Les Goths, chassés du pays qu'ils occupaient, furent pris à la solde des Romains, qui leur permirent de s'établir dans la Mésie sur la rive droite du Danube, pour protéger l'empire de ce côté.

Cette grande migration des peuples asiatiques dans l'Europe orientale en détermina une semblable des peuples germains vers l'occident de l'Europe. C'est ainsi que les Visigoths et les Vandales se jetèrent sur l'Italie et la ravagèrent au commencement du cinquième siècle; c'est ainsi également que les Suèves, les Burgundes ou Bourguignons et d'autres peuples envahirent la Gaule. Les Burgundes s'établirent dans la partie orientale de cette contrée et lui donnèrent leur nom, tandis que les Visigoths fondèrent un état dans la Gaule méridionale, appelée Aquitaine. Les Vandales passèrent en Espagne et de là en Afrique. Quand ils eurent quitté la Péninsule ibérique, les Suèves vinrent s'y établir.

Les Huns après avoir fait une station sur les bords du Danube, continuèrent leur marche vers l'occident, sous la conduite d'Attila, leur roi. Depuis long-temps déjà l'empire romain était partagé en deux empires, celui d'orient et celui d'occident. Ce dernier avait pour empereur Valentinien III, lorsque Attila y fit invasion à la tête d'une armée qui montait à sept cent mille combattans. Valentinien chargea Aëtius de repousser Attila. Aëtius lui livra bataille dans les plaines de Châlons; les Huns avaient pour auxiliaires des Ostrogoths, des Gépides, des Francs, etc.; les Romains avaient également des Francs pour auxiliaires, et, de plus, des Visigoths, des Alains, etc. « Tous les peuples teutiques, dit un historien, se trouvaient donc en face les uns des autres, une partie avec les Romains, l'autre avec les Huns, et cette journée devait décider si la Teutschland et peut-être l'Europe appartiendrait aux Huns. »

Les Huns furent vaincus. Attila se rejeta alors sur l'Italie; puis il revint dans la Gaule. Mais ayant été vaincu une seconde fois par les Visigoths, il battit en retraite et retourna sur le Bas-Danube.

Après la défaite des Huns, les migrations des Francs et des Allemands recommencèrent; de nouveaux torrens de Vandales se répandirent en Italie et saccagèrent Rome. Il arriva entre les peuples émigrans ce qui était inévitable : ils en vinrent aux mains pour la possession des pays qu'ils avaient envahis. Ainsi, en Espagne, les Visigoths et les Suèves se firent une guerre d'extermination. Les premiers restèrent les maîtres de cette belle contrée.

Deux grands événemens signalèrent la fin du cinquième siècle : la destruction de l'empire d'occident, en 476, par Odoacre ou Odoaker, roi des Goths et des Hérules, et la conquête de la Gaule par les Francs, sous la conduite de leur roi Chlodowig ou Clovis, en 487.

Peu de temps après la destruction de l'empire d'occident, Théodorich, roi des Ostrogoths, s'empara de l'Italie sur Odoacre, qu'il vainquit en plusieurs batailles rangées. Les migrations continuèrent pendant quelque temps encore et ne cessèrent entièrement que vers la moitié du sixième siècle, lorsque, d'une part, la Teutschland fut épuisée d'hommes, et lorsque, de l'autre, les peuples émigrés se furent solidement établis dans les pays conquis par eux.

A la suite des migrations qui avaient dépeuplé la Teutschland, les peuples slaves, qui habitaient primitivement l'Europe orientale et l'Asie, pénétrèrent dans cette contrée et s'y établirent : « Vers l'an 500, dit J. M. Schroekh, auteur d'une histoire des Allemands, ils (les Slaves) se trouvèrent en possession d'une partie considérable de l'Allemagne ; et les Allemands ont eu besoin de plusieurs siècles avant que de pouvoir les en chasser. Ils étaient tous païens, mais, distingués par divers noms. On ne vit plus au commencement du sixième siècle, dans la Styrie, la Carinthie, la Carniole, la Moravie et la Bohême, dans la Lusace et la Misnie, dans la marche de Brandebourg, la Poméranie et le Mecklembourg, que des peuples esclavons ou slaves. Le reste de l'Allemagne, depuis la mer Baltique et celle du Nord, était occupé par les Saxons, les Frisons, les Francs, les Thuringiens, les Allemands, les Suèves ou Souabes et les Bavarois. »

L'occident de l'Europe fut long-temps désolé par les guerres sanglantes que se firent ces différens peuples entr'eux. Les Francs, sous Chlodwig, renversèrent la monarchie des Visigoths établie dans le midi de la Gaule. Après Chlodwig, les Francs s'emparèrent du royaume fondé dans la Gaule orientale par les Bourguignons. Celui que les Ostrogoths avaient fondé en Italie, sous le grand Théodorich, fut renversé par l'eunuque Narsès, général de Justin, empereur d'orient, en l'an 568. Peu de temps après, les Langobards ou Lombards se rendirent maîtres de la Haute-Italie et y fondèrent un état qui subsista pendant deux cents ans.

Faisons maintenant une récapitulation des peuples germains qui émigrèrent entièrement, de ceux qui n'émigrèrent que partiellement, et de ceux qui restèrent immobiles dans leurs anciennes demeures. Les premiers sont les Goths, les Hérules et les Alains qui habitaient la Germanie orientale, les Burgundes et les Langobards, sortis du centre de cette contrée ; les Scyrres, les Rugiens, etc., qui partirent des bords de la mer

Baltique. Les peuples qui n'émigrèrent qu'en partie sont : les Angles, les Warnes, les Saxons et les Francs ; enfin les peuples qui restèrent dans la Teutschland sont les Frisons, les Thuringiens, les Allemands et quelques autres.

Dans la suite plusieurs peuples firent fusion ensemble, en sorte qu'il ne resta plus des anciennes confédérations germaines que trois peuples principaux : les Saxons, les Allemands et les Francs.

Voyons quelle était l'organisation sociale de ces trois peuples. L'antique division en hommes libres et en serfs continua à subsister chez eux. Les hommes libres se subdivisaient en nobles, en ingénus et en affranchis. Les Teutsches étaient partagés par communes, par seudes et par cantons ; chaque commune avait un chef qui, en temps de paix, rendait la justice, et en temps de guerre, conduisait les guerriers au combat.

A dater de la fin du sixième siècle, le fait le plus saillant de l'histoire de la Teutschland, c'est une tendance irrésistible vers l'unité, tendance qui, du reste, se faisait également sentir à la même époque chez tous les autres peuples de l'Europe. Nous ne dirons rien des guerres que se firent les Francs établis dans la Gaule et les Langobards d'Italie pour la détermination de leurs frontières ; nous ne parlerons que des Teutsches, qui ne quittèrent point leur patrie. Parmi eux, les Saxons jouent le premier rôle : eux seuls surent défendre leur liberté contre les Francs pendant deux siècles. L'empire franc, fondé par Chlodwig, se composait, outre l'ancienne Gaule, de tous les pays de la rive droite du Rhin, y compris la Bavière. Les Saxons seuls étaient libres : ils occupaient tout l'espace compris entre la Baltique et le Danube.

Nous ignorons complétement les événemens qui arrivèrent dans la Teutschland pendant tout le temps que régna en France la dynastie mérovingienne. Cette lacune historique ne cesse qu'au moment où les Carlovingiens succédèrent à la race de

Chlodwig. C'est pendant cette lacune que le christianisme commença à s'introduire en Germanie; les Allemands, les Thuringiens et les Bavarois embrassèrent la religion chrétienne sans trop de répugnance; mais les Saxons et les Frisons se refusèrent opiniâtrement pendant un grand nombre d'années à abjurer les croyances qu'ils avaient reçues de leurs pères.

Pépin, premier roi de la dynastie carlovingienne, marcha contre les Saxons, en 753, à la tête d'une puissante armée, et s'avança jusqu'au Weser, après avoir détruit toutes les places fortes qui se trouvaient sur la Lippe. Les Saxons, battus en plusieurs rencontres, s'engagèrent à payer au roi franc un tribut annuel de trois cents chevaux Quelques années après, ils profitèrent du moment où Pépin était en guerre avec les Lombards pour se soulever contre la tyrannie franque. Pépin marcha de nouveau contre eux, et les força à payer le tribut qu'il leur avait imposé antérieurement.

Lorsque Charlemagne eut succédé à son père, Pépin, il résolut de poursuivre les entreprises que celui-ci avait commencées. A l'exemple de Pépin, il tourna ses armes contre les Lombards et les Saxons; les premiers furent vaincus presque sans résistance et leur monarchie fut détruite; il n'en fut pas de même des Saxons. Ces derniers étaient un peuple très belliqueux qui joignait la férocité à la perfidie. L'amour des Saxons pour la liberté leur faisait haïr mortellement les Francs, qui plusieurs fois déjà avaient tenté de les réduire sous leur joug. Les Saxons n'avaient pas de rois; ils formaient entr'eux, comme les anciens Germains, des associations indépendantes les unes des autres, et qui étaient gouvernées chacune par un comte ou édeling. En temps de guerre, sentant le besoin de concentrer leurs forces, ils se réunissaient sous un duc, librement choisi parmi eux. Tous les ans, ils tenaient une assemblée ou diète générale, dans laquelle chaque canton envoyait douze édelings, douze hommes libres et douze affranchis (*freilassen*).

Charlemagne, à qui l'histoire reprochera éternellement les cruautés qu'il exerça envers les Saxons, fut presque toujours forcé de leur faire la guerre, à cause de leurs continuelles irruptions sur le territoire franc. En 772, il convoqua à Worms une diète où il fit décider que l'on ferait la guerre aux Saxons jusqu'à ce qu'ils fussent entièrement subjugués, et qu'ils eussent tous embrassé le christianisme. On vit alors la Teutschland devenir le théâtre d'une guerre nationale et religieuse tout à la fois, car les Frisons et les Saxons combattirent non seulement pour leur indépendance, mais pour leurs dieux, auxquels ils étaient d'autant plus attachés, que l'on faisait plus d'efforts pour leur imposer une religion nouvelle.

Dans la première campagne, Charlemagne porta le fer et la flamme jusqu'au cœur de la Teutschland, détruisit le temple d'Irmensul, le principal dieu des Saxons, et, étant parvenu aux bords du Weser, y convoqua une assemblée par laquelle il se fit donner douze otages; après quoi, il retourna dans ses états. Aucune bataille, aucun combat important ne fut livré, parce que les Saxons, ayant été pris à l'improviste, n'eurent pas le temps de faire des préparatifs de défense.

L'année suivante, Charlemagne, qui n'avait point encore, à cette époque, soumis les Lombards, franchit les Alpes pour les attaquer. A peine était-il entré en campagne, que les Saxons prirent les armes, et élirent pour chefs militaires Albion et le fameux Wittikind, tous les deux édelings. Trouvant les frontières dégarnies de troupes, ils les ravagèrent. Charlemagne, qui redoutait beaucoup plus les Saxons que les Lombards, se hâta de revenir en France, et envoya contre les premiers quatre armées, qui, après bien des efforts, parvinrent à les repousser au delà du Weser. Il marcha en personne contre eux, l'année d'après, et les battit en plusieurs combats, notamment sur les bords du Weser, dont ils voulurent disputer le passage. Il poussa sa course jusqu'à l'Oder. Plusieurs peuples, tels que les Ostphales et les Angres, lui firent leur soumission.

Beaucoup d'autres expéditions du même genre furent faites contre les Saxons. Presque toujours vaincus, ils se soulevaient toujours avec un courage indomptable. Plus d'une fois ils firent essuyer aux Francs de sanglantes défaites, entr'autres celle qui eut lieu au pied du mont Juntel, sur la rive septentrionale du Weser. Charlemagne se mit lui-même à la tête d'une puissante armée pour réparer cette défaite et pour venger la mort des Francs qui avaient péri sous le glaive des Saxons. Il se fit livrer tous ceux qui avaient pris part à la bataille et leur fit tous trancher la tête, au nombre de quatre mille cinq cents, selon les uns, et de trente mille, selon les autres.

Bien loin que l'ardeur belliqueuse des Saxons fût ralentie par cette effroyable immolation, elle ne fit qu'augmenter. La nation tout entière se leva pour combattre les Francs. Deux fois les enfans de la Teutschland livrèrent bataille aux troupes de Charlemagne, et deux fois l'issue du combat fut douteuse. Charlemagne, désespérant de les dompter, eut recours aux négociations. Wittikind eut la lâcheté de traiter avec l'oppresseur de son pays et de recevoir le baptême. Charlemagne rendit un capitulaire par lequel tout Saxon qui n'embrassait pas le christianisme était condamné à mort. Dans une charte qu'il publia à la même époque, Charlemagne dit qu'il est parvenu à soumettre les Saxons et à les convertir à la foi chrétienne, tâche que ses prédécesseurs ont entreprise sans pouvoir réussir; il ajoute qu'il a laissé aux Saxons toute leur liberté, sans exiger d'eux aucun impôt pour sa personne, content de les avoir rendus tributaires de celui qui lui a donné la victoire.

La soumission des Frisons suivit de près celle des Saxons, mais ni l'une ni l'autre n'était véritable, et Charlemagne, qui avait fait un si grand bruit de sa victoire, et qui s'était tant applaudi d'avoir dompté un peuple jusqu'alors indomptable, eut à réprimer de nouveaux soulèvemens de la part des Saxons et des Frisons, qui ne furent réellement subjugués qu'après trente années de combats; et encore Charlemagne ne put-il en venir à bout qu'en les transplantant dans d'autres pays. Par suite de l'entière soumission du seul peuple de la Germanie qui avait opposé une résistance sérieuse aux armes des Francs, cette contrée fut réunie intégralement au vaste empire de Charlemagne. « Charlemagne, dit Pfister, appartient essentiellement à l'histoire d'Allemagne; c'est sous lui et par lui que l'Allemagne est devenue pour la première fois un grand tout. Aix-la-Chapelle, sa ville natale, centre de son grand empire, est déjà allemande. C'est de là que son histoire se développe en deux grands rayons, l'un jusqu'à l'Ebre, l'autre jusqu'à la Theisse (Hongrie). Il est vrai que l'état conservait quelques formes romaines et hiérarchiques, et que d'autres, d'une nature également étrangère, avaient été introduites depuis qu'il avait pris le titre d'empereur; mais la cour et l'administration politique étaient restées complétement allemandes. »

A la mort de Charlemagne, en 814, Louis-le-Débonnaire hérita du colossal empire des Francs; ne pouvant supporter un si énorme fardeau, il partagea ses immenses états entre ses trois fils; la Teutschland échut à Louis, surnommé, pour cette raison, le *Germanique*. Ce premier partage fut suivi d'un autre, en 843, qui fut définitif et qui porte le nom de traité de Verdun. C'est du traité de Verdun que date l'empire germanique, et c'est à partir de cette époque que les Allemands forment un corps de nation à part.

DE L'INDE ANGLAISE.

Sur les débris de l'empire mogol, qui, au temps d'Aureng-Zeb, brilla de tant d'éclat, s'élève aujourd'hui dans l'Inde la puissance anglaise qui, vue à distance, nous semble formidable et solidement établie, mais, vue de près, n'est plus qu'un colosse aux pieds d'argile. Ce n'est pas seulement aux dépens de l'empire mogol que les Anglais se sont agrandis en Asie, c'est en s'emparant, par une suite de conquêtes spoliatrices, des établissemens que les Portugais, les Hollandais et les Français avaient fondés à diverses époques sur ces plages lointaines. Arrivés en quelque sorte les derniers dans l'Indoustan, ils sont parvenus, à force de persévérance, d'astuce et d'audace, à se rendre les maîtres des plus riches provinces de cette contrée, et ils font maintenant peser leur domination sur plus de cinquante millions d'Indous. Ces résultats immenses sont dus à la fameuse compagnie des Indes, fondée sous le règne d'Elisabeth, en 1690. Un privilège de quinze années fut accordé d'abord à cette compagnie, dont le capital ne s'élevait originairement qu'à quatre cent mille livres sterling. En peu d'années, elle réalisa des bénéfices considérables. A l'expiration de son privilége, elle possédait déjà plusieurs comptoirs importans dans le golfe du Bengale, et l'Océan était sillonné de ses nombreux vaisseaux chargés des produits de l'Inde. Elle obtint le renouvellement de son privilége, qui, dans la suite, à chaque expiration, fut renouvelé par un vote du parlement anglais. La prospérité de la compagnie alla toujours croissant jusqu'à la fin du dix-septième siècle, où ses sanglans démêlés avec Aureng-Zeb la mirent à deux doigts de sa ruine. En 1702, elle se réorganisa sur de nouvelles bases, et admit dans son sein de nouveaux associés. A dater de cette époque, elle forma, pour ainsi dire, une compagnie nouvelle sous le titre de : *Compagnie réunie de marchands pour le commerce des Indes orientales.*

Les trois principaux établissemens de la compagnie dans l'Indoustan, sont Calcutta, Madras et Bombay. Calcutta est le plus important des trois ; c'est le centre et la métropole des possessions britanniques. En 1756, le soubab du Bengale assiégea cette ville sous un prétexte frivole, s'en empara et la livra au pillage ; l'année suivante elle fut reprise par le colonel Clive, qui, peu de temps après, gagna avec neuf cents hommes la célèbre bataille de Plassy, à la suite de laquelle le soubab du Bengale fut étouffé par ses propres officiers et remplacé par Jaffer-Aly, partisan dévoué des Anglais. Le colonel Clive, depuis lord Plassy, peut être considéré comme le fondateur de la suprématie anglaise dans l'Indoustan ; c'est lui qui, après avoir reconquis Calcutta, s'empara du comptoir français de Chandernagor, en rasa les fortifications et en déporta les habitans ; c'est lui encore qui contribua puissamment à détruire notre influence dans la Karnatie, et qui, plus tard, signa avec le souverain de Delhi un traité par lequel celui-ci céda à la compagnie des Indes le Bengale, le Bahar et Orissa, et lui transmit tous ses droits sur ces pays. En retour, la compagnie s'engagea à payer annuellement à l'empereur mogol un revenu de 46 lacs de roupies (10 millions de francs). La compagnie ne sut pas tirer parti des avantages incalculables de ce traité, et gaspilla imprudemment la position brillante que lui avaient faite les victoires et l'habileté de Clive. Elle créa une foule de monopoles commerciaux qui, sans lui assurer les grands profits qu'elle s'était promis, la rendirent odieuse, en réduisant à la plus affreuse misère les populations indiennes. Le thé, le tabac, le sel, le coton, le riz, le betel, furent les principales marchandises qu'elle surchargea de droits énormes. En 1770, une épouvantable famine, qui fit périr cinq millions d'Indous, compromit gravement les intérêts de la compagnie et mit le comble aux embarras que lui avaient suscités ses fiscalités révoltantes ; frappée au cœur par cette affreuse calamité, elle ne se serait jamais relevée, si le parlement n'était venu à son secours au moment où elle allait suspendre ses paiemens.

A peine sortie de ce pas difficile, la compagnie eut à lutter contre un ennemi qui, pendant vingt ans , la tint constamment en échec : nous voulons parler du fameux Tippoo-Saïb , roi de Mysore. Cette lutte, qui aurait pu devenir funeste aux Anglais, si Tippoo-Saïb n'avait pas été abandonné à lui-même, tourna continuellement à leur avantage ; à chaque campagne, ils ajoutèrent de nouvelles provinces à celles qu'ils possédaient déjà. Nul doute qu'avec le secours de la France le roi de Mysore ne fût parvenu, sinon à expulser entièrement les Anglais de l'Indoustan, du moins à les dépouiller de toute leur influence et à former un redoutable empire , qui les eût réduits à un rôle insignifiant. Le gouvernement de Louis XVI se contenta d'envoyer dans les mers de l'Inde une escadre , sous les ordres du bailli de Suffren : cette expédition , bien loin d'opérer une diversion utile en faveur du roi de Mysore, put à peine protéger nos propres possessions, et n'aboutit qu'à des résultats stériles. Sous la république, nous étions trop occupés à défendre nos foyers contre la coalition européenne, pour pouvoir secourir Tippoo-Saïb. Ainsi , au moment où nous étions en position de l'aider à vaincre les Anglais, la volonté et l'énergie manquaient ; la royauté aux abois ne sut prendre que d'impuissantes mesures, et lorsque, plus tard, le gouvernement républicain n'aurait pas demandé mieux que de porter secours au roi de Mysore, les dangers de la patrie absorbèrent toute son attention. Tippoo comprenait si bien que les Français étaient ses alliés naturels contre les oppresseurs de l'Inde, que, lorsqu'il apprit le débarquement de Bonaparte en Égypte, il se hâta de reprendre les

armes, qu'il avaient quittées depuis le traité de paix de 1792.
Il voulait, selon toute probabilité, faire une diversion qui eût
permis au conquérant de l'Egypte de marcher sur l'Inde et de
surprendre les Anglais au moment où ils auraient eu sur les
bras toutes les forces de Mysore. Les Anglais, sans lui laisser
le temps de compléter ses préparatifs, marchèrent droit à lui,
taillèrent son armée en pièces et l'assiégèrent dans Seringapat-
nam, sa capitale. Cette ville, après une résistance opiniâtre, fut
prise d'assaut. Tippoo-Saëb périt en la défendant, et avec lui
succombèrent presque tous ceux qui étaient restés attachés à
sa fortune. Son épargne, forte de quatre-vingts millions de
francs, devint la proie des Anglais, qui se réservèrent en outre,
dans le partage de ses états, les belles provinces de Seringa-
patnam et de Bangalore.

Depuis lors, la compagnie n'a plus eu de guerres sérieuses à
soutenir dans l'Indoustan, si ce n'est contre les Marattes, qu'elle
est parvenue à assujétir dans ces derniers temps. De tous les
peuples de cette vaste contrée, les Séïks et les Sindhiens sont
les seuls qui ne reconnaissent pas encore ses lois. Il est vrai que
les Séïks, par leur éloignement de ses possessions, ne lui portent que faiblement ombrage. Quant aux Sindhiens, leur proximité de l'intendance de Bombay, et surtout la fertilité extraordinaire de leur pays, qui est un sujet de convoitise pour les
Anglais, doit leur faire pressentir le sort qui les attend prochainement.

Il semblerait que la compagnie anglaise des Indes n'a plus
qu'à jouir en paix des fruits de sa politique rapace et machia-
vélique : un rapide aperçu de sa situation actuelle fera voir
qu'il n'en est rien et qu'elle dort sur un volcan. Deux espèces
de dangers la menacent : au dehors les Birmans et les Russes ;
à l'intérieur la révolte des Cipayes, l'insurrection des populations indiennes et la banqueroute. Les Birmans sont nombreux,
entreprenans, belliqueux ; déjà, à plusieurs reprises, ils ont at-

taqué avec une grande vigueur les possessions britanniques ;
l'avantage est resté à ceux qui avaient pour eux la supériorité
de la tactique, mais la victoire leur a coûté si cher que s'ils
avaient à soutenir encore deux ou trois guerres aussi ruineuses,
ils seraient à toute extrémité. Les Russes ne sont pas, comme
les Birmans, sur les confins de l'Indoustan ; une distance de
quatre cents lieues environ les sépare des frontières de l'empire
anglo-indien ; ils auraient beaucoup d'obstacles à vaincre pour
atteindre cet empire, mais enfin ces obstacles ne sont pas in-
surmontables, surtout si l'armée d'invasion prenait soin de faire
une ou deux stations en route, pour se remettre de ses fatigues
et pour se rendre favorables les peuples sur le territoire desquels elle aurait à passer.

Quels moyens de défense la compagnie des Indes opposerait-
elle à l'invasion russe? Elle a sur pied une armée de deux cent
mille Cipayes et de quinze ou vingt mille Sircars. Les Cipayes
sont des soldats indous enrégimentés et disciplinés à l'européenne ; ils sont commandés en grande partie par des officiers
anglais. Cette milice, qui combat avec avantage des peuples
sans tactique et sans discipline, ne pourrait pas tenir elle-même
devant les troupes russes, et lâcherait pied à la première bataille. Le soldat cipaye, quand il va à la guerre, traîne à sa suite
non seulement sa femme et ses enfans, mais un ou deux valets,
qui, eux aussi, ont femme et enfans ; le cavalier cipaye a deux
valets uniquement pour servir son cheval ; l'un appelé le *cava-
laire*, est chargé de le panser ; l'autre, appelé l'*herbaire*, de le
fournir d'herbe. Que l'on juge de la suite que chaque officier
doit avoir, si les simples soldats en ont une aussi nombreuse. Il
faut en conclure qu'une pareille armée n'agirait que difficilement, et n'opposerait qu'une bien faible résistance aux Russes.
La compagnie nourrit-elle l'espoir que les peuples qu'elle a subjugués prendraient les armes pour repousser l'invasion russe?
Mais ces peuples, qui ne supportent son joug qu'impatiemment,

bien loin de lui prêter leur appui, profiteraient de l'occasion pour se soulever contre elle; et ces mêmes Cipayes, qui font toute sa force, et qu'elle entretient à si grands frais, ces Cipayes, de l'aveu de tous les voyageurs qui ont visité récemment l'Indoustan, seraient peut-être les premiers à tourner leurs armes contre elle; ils se rendraient les maîtres d'un pays qui leur appartient à plus juste titre qu'à une poignée de marchands de la Cité de Londres.

Parmi les nombreux ouvrages que l'on a écrits depuis le commencement de ce siècle sur l'Inde anglaise, les *Tableaux pittoresques* de MM. Caunter et Daniell sont un des plus nouveaux et des plus intéressans. Ce livre a obtenu un succès prodigieux en Angleterre, succès qui est dû en partie aux admirables gravures qui accompagnent l'ouvrage et ont été exécutées d'après les dessins originaux de M. Daniell. Les *Tableaux pittoresques de l'Inde* sont une description riche et animée d'une contrée qui fixe au plus haut degré l'attention de l'Europe : Calcutta, Madras et Bombay, les trois points culminans des possessions britanniques, figurent au premier rang dans cette description qui fait honneur au talent et au goût de MM. Caunter et Daniell.

Madras est la première ville que ces messieurs visitèrent. L'aspect de cette seconde capitale de l'Inde est magnifique; sa rade est peu sûre, exposée à des coups de vent furieux, et la mer y est continuellement agitée : cette circonstance est particulière à toute la côte du Coromandel. La population de Madras s'élève à près de cinq cent mille ames; elle se compose principalement d'Indous, de *Topos*, ou descendans mêlés des Portugais qui s'y établirent anciennement, et d'Anglais. Les *Topos* forment le gros de la population. Madras renferme un grand nombre d'édifices somptueux, dont la plupart sont situés sur le mole, lequel a une demi-lieue d'étendue. Le fort Saint-Georges, réputé imprenable au dire les ingénieurs indiens, domine la ville; le gouverneur habite un palais superbe, dont la façade est décorée d'une élégante colonnade.

Tous les cultes sont tolérés à Madras : le nombre des temples, des mosquées, des églises, des pagodes qui s'y trouvent, ne montent pas à moins de mille. On appelle *Ville noire* le quartier de Madras où habitent les indigènes; ce quartier est situé au nord du fort Saint-Georges, dont il est séparé par une vaste esplanade. L'un des monumens qui attirent le plus l'attention des étrangers dans cette ville, c'est le pont arménien, construit sur la rivière Meilapour; il a vingt-neuf arches, et sa longueur est de 575 mètres. Ce pont conduit à un quartier appelé Tirre-Voulay-Cany, qui est habité par les musulmans. Chaque maison, à Madras, est environnée d'un jardin spacieux, ce qui donne à la ville une étendue immense. Mais, quelles que soient l'étendue et la beauté de Madras, la ville de Calcutta est encore plus grande, plus peuplée, plus somptueuse. Elle est bâtie sur un bras du Gange, que l'on appelle l'Hougby. Son port n'est pas plus sûr que celui de Madras; la barre du fleuve est tellement forte, que les navires ont beaucoup de peine à la franchir. Cette ville, il y a un siècle, n'était qu'un assemblage d'habitations éparses et grossières; aujourd'hui, la magnificence de ses édifices l'a fait nommer la cité des palais. Elle s'étend le long de la rive orientale de l'Hougby, sur un espace de deux lieues. Entre autre choses qui étonnent un Européen à Calcutta, c'est l'absence de cheminées et de vitres; le toit de toutes les maisons est en terrasse et entouré d'une balustrade. Le plus beau des édifices de cette ville est le palais du gouverneur-général de l'Inde. Voici la description que M. Caunter en donne : « L'étage inférieur, qui forme, pour le reste du bâtiment, une base élégante et solide, est décoré d'arcades de chaque côté. Toutes les colonnes sont de l'ordre ionique, excepté dans l'intérieur, où l'une des plus vastes salles est supportée par des colonnes doriques si artistement revêtues de *chunam*, qu'on les croirait du plus beau marbre blanc. Le palais a quatre ailes, dont chacune part de l'un des coins de l'édifice, pour communiquer ensemble par des galeries circulaires qui permettent à l'air de circuler librement tout au tour des bâtimens. Ces ailes contiennent les appartemens particuliers; le corps-de-logis principal renferme les différentes salles réservées à l'expédition des affaires du gouvernement, ou à ces fêtes publiques qui, pendant long-temps, ont fait la célébrité de la capitale des possessions britanniques dans les Indes, et dont le palais de ces premiers magistrats était le théâtre. »

Si le quartier des Européens, à Calcutta, se fait remarquer par des monumens comparables à tout ce que l'Europe a produit de plus beau en ce genre, le quartier des indigènes présente en revanche l'aspect le plus misérable et le plus affligeant. Que l'on se figure une nombreuse population, incessamment aux prises avec la faim, entassée dans un amas de demeures sales et infectes, où le choléra-morbus et d'autres maladies non moins terribles exercent presque perpétuellement leurs ravages : voilà ce qui fait le plus pénible contraste avec l'opulence fastueuse et le luxe inouï des négocians européens. Calcutta est défendu par une citadelle, que lord Clive fit construire après la bataille de Plassy, et qui peut contenir une garnison de quinze mille hommes; elle a coûté cinquante millions à bâtir. On estime que le numéraire en circulation à Calcutta s'élève à cinq cent millions de francs; une banque y fut établie en 1808, avec un capital de cinquante lacks de roupies. Un des nombreux avantages de cette ville, c'est de pouvoir faire un commerce considérable avec l'intérieur de l'Indoustan par le Gange et ses affluens; aussi, sert-elle d'entrepôt à une très grande variété de marchandises. A cent milles au-dessus de Calcutta est le Delta du Gange, que l'on appelle Sunderbonds; ce Delta se compose d'un labyrinthe de courans et de criques.

Après Calcutta et Madras, la ville la plus importante de l'In-

doustan est Bombay, située sur la côte de Malabar. Sa population est de deux cent mille ames. Elle est bâtie dans une île
qui, autrefois, était fort insalubre, mais que l'on est parvenu à
assainir. Le port de Bombay est un des plus beaux et des plus
sûrs de l'Asie, c'est le port militaire de la Grande-Bretagne dans
l'Inde, celui où se font toutes ses constructions. Bombay,
comme Calcutta, a l'inconvénient d'être bâti sur un terrain très
bas, en sorte qu'à l'époque des grandes marées, on ne communique souvent d'une maison à l'autre qu'en bateau. Cette ville
est entourée de fortifications et protégée par un fort qui offre
l'aspect d'un quadrilatère régulier. Un ennemi qui l'assiègerait
par terre en aurait bon marché. Bombay n'a qu'une chétive
apparence; commencée par les Portugais, elle a été terminée
par les Anglais, qui lui ont conservé le même style qu'elle avait
reçu de ses fondateurs. Un grand nombre de Parsis ou Guè-
bres habitent cette ville; ils occupent un quartier séparé; quelques uns d'entr'eux possèdent des richesses immenses. Ils se
livrent tous à la construction et à la réparation des navires; ce
sont eux qui ont construit les plus beaux vaisseaux de la compagnie. Par sa position sur la côte occidentale de l'Indoustan,
Bombay est le centre du commerce avec le golfe Persique et
l'Arabie. Ses principaux objets d'exportation sont le coton et
la laine, le bois de sandal, la gomme, les épices, les perles, des
nids d'oiseaux, etc. Chacune des trois villes que nous venons
de décrire est maintenant le siége d'une présidence, et deviendra probablement plus tard la capitale d'un état à part, lorsque
l'empire anglo-indien sera, par la force même des choses,
tombé en dissolution.

LE

RESPECT DES DROITS D'AUTRUI

EST LA

BASE DE TOUTE SOCIÉTÉ.

Il y a des gens qui vous disent, avec un imperturbable aplomb, que l'homme n'a point de droits à exercer et qu'il n'a que des devoirs à remplir. Autant vaudrait dire que l'homme n'est pas homme, qu'il n'est qu'un être au-dessous de la brute, dont la vie est purement végétative et passive; car, ce nous semble, ce qui constitue l'homme, c'est bien moins ce qu'il y a en lui de matériel et de grossier, que son être moral, que ces facultés pensantes, que ce libre-arbitre qui le fait agir et qui domine et régularise ses passions. Or, si vous annihilez cet être moral, ces facultés pensantes, ce libre-arbitre, en lui refusant des droits, vous annihilez l'homme lui-même, vous détruisez le plus bel ouvrage du créateur.

Voyez quelle serait la conséquence de cette annihilation, et voyez aussi dans quel cercle vicieux se sont jetés ceux qui refusent des droits à l'homme : leur maxime sacramentelle, c'est que l'homme se doit tout entier à la société et que la société ne lui doit rien. Mais je commencerai par leur demander ce qu'ils entendent par société; par société on entend une réunion d'hommes qui se sont rapprochés les uns des autres pour exercer en commun les facultés qu'ils ont reçues de la nature ; je ne pense pas que l'on puisse donner une autre définition de la société, et ceux mêmes que nous voulons réfuter par ces lignes seraient fort embarrassés pour en donner une différente. Que s'ensuit-il? c'est que la société n'existe qu'à la condition que les homqui la composent ont le libre usage de leurs facultés, sinon il n'existe pas de société, il n'existe qu'une agglomération d'automates sans volonté, sans dignité, sans vertu. Dans ce cas, que devient donc cet axiome, que l'homme se doit tout entier à la société, puisque la société n'existe pas? Pour qu'elle existe, il faut que l'homme jouisse de tous ses droits, et alors, s'il a des devoirs à remplir envers la société, la société en a également à remplir envers lui, et il est souverainement absurde de dire que la société ne lui doit rien.

Pour soutenir cette thèse insensée, il faut nier le véritable but de la société; ce but c'est le maintien des droits naturels et imprescriptibles de l'homme et le développement de ses facultés.

Quoi! vous osez soutenir que la société ne doit rien à l'homme! Ne lui doit-elle donc pas protection et sûreté? N'est-elle pas tenue de pourvoir à sa subsistance, soit en lui procurant du travail, soit en assurant des moyens d'exister à ceux qui, par leur âge ou leurs infirmités, sont hors d'état de travailler? Ne doit-elle pas veiller avec une ardente sollicitude à maintenir parmi ses membres la plus parfaite égalité, et empêcher que les forts n'oppriment les faibles? Ne doit-elle pas donner à chacun de ses membres non seulement une instruction adaptée à la carrière qu'il veut parcourir, mais encore une éducation qui développe tous les germes de vertu que la nature a mis dans son sein? Je n'en finirais pas si je voulais énumérer tous les devoirs que la société est tenue de remplir envers ses membres.

L'homme possède donc incontestablement une foule de droits qui constituent son existence comme homme et comme citoyen: mais ces droits ne naissent pas seulement des devoirs que la société est tenue de remplir envers lui, sous peine de ne plus exis-

...er comme société, les droits de l'homme naissent encore des devoirs que tous les membres du corps social sont tenus de remplir les uns envers les autres. C'est de cette réciprocité de devoirs que découlent les droits de chacun; par exemple, si mon *devoir* est de ne point porter atteinte à la liberté de mon semblable, j'ai le *droit* d'exiger que mon semblable ne porte pas atteinte à la mienne; si je suis *tenu* à secourir mon semblable dans le danger, mon semblable est *tenu* de me porter également secours.

Le droit et le devoir sont donc deux choses co-relatives, qui ne peuvent exister l'une sans l'autre : faites disparaître le devoir, il n'y a plus de droit; et il est tellement vrai que le droit prend sa source dans le devoir et ne peut exister sans lui, que là où il y a un maître et des esclaves, il n'y a et ne peut y avoir que tyrannie, parce qu'il n'y a point réciprocité de devoirs et de droits entre le maître et les esclaves, parce que le premier n'a que des droits à exercer sans devoirs à remplir, et que les seconds n'ont que des devoirs à remplir sans droits à exercer.

Il était indispensable de bien définir le droit et le devoir avant d'aborder la question que nous voulons discuter dans le présent article. Maintenant nous allons développer le principe que nous avons posé en commençant, à savoir, que *le respect des droits d'autrui est la base de toute société*.

Cette vérité est tellement vulgaire, qu'il semble fastidieux, au premier abord, de vouloir en démontrer l'évidence. Cependant, quand on fait réflexion que les hommes, tels que les ont faits tant de siècles de servitude et d'ignorance, sont essentiellement égoïstes; quand on réfléchit que jusqu'à ce jour les gouvernemens ne se sont appliqués qu'à les corrompre au lieu de chercher à les rendre meilleurs, à leur mettre les armes à la main les uns contre les autres au lieu de faire régner la concorde et la fraternité entr'eux, alors on comprend que l'on ne peut trop répéter aux hommes quelles sont les bornes de leurs devoirs et celles de leurs droits, et quelles obligations ils ont à remplir les uns envers les autres pour rester dans les conditions du pacte social.

Nous avons dit que le droit naissait du devoir, et que quiconque remplissait un devoir acquérait par cela même un droit; il n'en faut pas davantage pour démontrer l'indispensable nécessité où chaque membre du corps social se trouve de respecter les droits de son semblable, s'il veut que son semblable respecte les siens. Nous allons plus loin, et nous disons que l'inobservance de ce principe est le renversement de la société.

La société n'a pu se former que pour le bien-être de tous ses membres indistinctement; les hommes n'ont pu renoncer à l'état de nature, où ils jouissaient d'une certaine somme de bonheur, que pour en acquérir une somme plus grande, et surtout pour jouir sans entrave de l'exercice complet de leurs facultés. Si donc un membre de la société empiète sur les droits des autres, le but même de la société est manqué, l'inégalité et le désordre s'introduisent dans son sein et enfantent l'anarchie, qui n'est autre chose elle-même que la négation du principe social.

On sait quelle acception les faiseurs de proclamations monarchiques et les folliculaires subventionnés donnent au mot anarchie; l'anarchie, pour eux, c'est un ordre de choses sans aristocratie, sans privilège et sans exploitation; l'anarchie, pour eux, c'est l'absence de fonds secrets, c'est l'établissement d'un régime de liberté, d'égalité et de félicité générales.

Quant à nous, qu'il nous soit permis de donner à ce mot une acception toute différente, la seule que l'on puisse raisonnablement et logiquement lui donner; l'anarchie, pour nous, c'est l'exploitation du grand nombre par le petit, c'est le bien-être de tous sacrifié à celui d'une poignée de privilégiés, c'est enfin une organisation sociale où les droits de chacun sont incessamment oubliés, méconnus, et où règnent l'intérêt privé et l'injustice.

Cette anarchie, que l'on peut appeler sociale, politique, gouvernementale, comme on le voudra, n'est pas la seule que nous ayons à signaler; il en est une autre, peut-être plus déplorable encore, et qui prend sa source dans le défaut d'éducation morale, c'est cet égoïsme sordide et grossier qui fait que chacun n'est principalement préoccupé que de son intérêt personnel, et marcherait impitoyablement sur le cadavre de sa mère pour arriver à l'accomplissement de ses désirs; c'est ce sentiment impie qui nous fait préférer nous à tous les autres, et qui nous ferait sacrifier l'univers entier au moindre de nos caprices, c'est enfin cet oubli complet de nos devoirs envers autrui, que nous regardons comme essentiellement destructif de toute société.

Combien d'hommes se figurent en être quittes avec leur semblable parce qu'ils ne lui ont fait aucun mal, comme s'il suffisait de ne pas battre ou de ne pas tuer quelqu'un pour remplir ses devoirs envers lui; sans doute il est de notre devoir de ne point lever un bras homicide sur notre semblable, mais ce devoir est purement passif, et nous ne sommes pas seulement tenus à remplir des devoirs passifs, mais des devoirs actifs; si donc nous voyons un de nos semblables se noyer, nous ne nous contenterons pas seulement de dire : ce n'est pas moi qui l'ai jeté à l'eau, nous volerons à son secours et nous l'arracherons à la mort si nous le pouvons.

C'est ainsi qu'il faut comprendre nos devoirs envers autrui, et ce sublime précepte de l'Évangile, qu'il ne faut pas faire aux autres ce que nous ne voulons pas que l'on nous fasse à nous-mêmes, résume admirablement bien la conduite que nous avons à tenir à l'égard de nos semblables.

Ils manquent à leurs devoirs ceux qui dans le commerce vendent à faux poids, ou ceux qui profitent de la simplicité d'un acheteur pour lui vendre les objets plus cher qu'ils ne valent; ils manquent encore à leurs devoirs les marchands qui falsifient leurs marchandises, au risque, quand ce sont des denrées, d'empoisonner ceux qui les achètent ; ils manquent à leurs devoirs ceux qui font des dettes sans être certains de pouvoir les payer, ceux qui donnent une fausse caution, et ceux-mêmes qui font une promesse quand ils savent qu'ils sont hors d'état de pouvoir la remplir ; ils manquent à leurs devoirs ces avocats ou ces avoués qui, au lieu de donner de sages conseils à leurs cliens, attisent leurs passions procédurières pour se rendre indispensables ; ils manquent à leurs devoirs ces gens de justice qui enflent démesurément les frais d'une procédure et réalisent la fable de l'huître et des plaideurs ; ils manquent à leurs devoirs ceux qui entraînent sciemment leurs semblables dans des spéculations hasardeuses où leur honneur et leur fortune sont également compromis ; ils manquent à leurs devoirs ceux qui par des livres immoraux corrompent les cœurs et inoculent à la jeunesse le vice et l'impudicité.

J'irai plus loin encore, et je dirai qu'ils manquent également à leurs devoirs ceux qui, sans se rendre coupables d'attentats aussi grands aux droits d'autrui, en commettent cependant d'autres qui, pour être moins saillans, n'en sont pas moins répréhensibles. Ainsi donc, quand je vois un maître profiter de la misère d'un ouvrier pour exploiter ses sueurs et pour le faire travailler à vil prix, ou quand je vois un ouvrier ne pas travailler consciencieusement pour le maître qui le paie et ne faire dans sa journée que la moitié ou le quart de l'ouvrage qu'il pourrait faire, je me dis que l'un et l'autre manquent à leur devoir ; je dis qu'ils manquent à leur devoir tous ceux qui gênent, qui vexent, qui humilient leurs semblables, ou qui se rendent à charge à eux, ou qui leur imposent d'onéreuses obligations, ou qui n'ont pas pour la vieillesse, pour le sexe et pour le malheur tous les égards qui leur sont dus. Je ne sais si je suis dans l'erreur, mais il me semble qu'il est une foule d'autres cas beaucoup plus petits où l'homme peut encore porter atteinte aux droits d'autrui ; par exemple, mal parler de nos semblables en leur absence, en dire quelque chose devant eux qui puisse leur faire de la peine, ou ne pas prendre leur défense quand on les calomnie, ou les importuner de quelque manière que ce soit, ou refuser de leur être utile, ce sont, à mon avis, des atteintes aux droits de nos semblables : enfin, ne faire que troubler leur sommeil, c'est encore sortir des bornes du devoir envers eux.

Je vous vois rire, égoïstes au cœur étroit et sec, qui ne vous faites aucun scrupule de fouler aux pieds les droits les plus sacrés et de ne remplir aucun des devoirs que votre qualité d'homme et de citoyen vous impose : en effet, il doit vous sembler souverainement ridicule que l'on vous impute à crime des choses qui paraissent à votre âme éhontée si innocentes en elles-mêmes; c'est qu'il y a une distance immense entre les principes qui, selon nous, doivent régir la société, et votre fameuse maxime qu'il est permis de tout faire pourvu que l'on ne soit pas pendu.

Nous nous résumons, et nous disons que le principe conservateur de la société, c'est le respect des droits d'autrui, autrement dit, le dévouement. Ce mot dit à lui seul plus que cent mille volumes ensemble. Nous ajoutons qu'il ne peut y avoir de société véritable là où l'égoïsme seul est la souveraine loi, là où le dévouement est proscrit, persécuté, ou, ce qui est pis, est un objet de dérision. Nous terminons en disant que l'on donne improprement le nom de société à ce qui n'est en réalité qu'un pêle-mêle d'individus que l'on gouverne avec une verge de fer, et qui s'entre-déchirent les uns les autres.

LA LIBERTÉ NE PÉRIRA PAS,

CAR LES PEUPLES VEULENT ÊTRE LIBRES.

X L'histoire n'est autre chose que le tableau de la lutte qui est engagée, depuis l'origine des sociétés, entre les peuples et ceux qui se sont arrogé le droit de les gouverner; lutte qui a pour but, chez ces derniers, de réduire les peuples au plus dur esclavage, et chez les peuples, de reconquérir une liberté pleine et entière. C'est vainement que l'on chercherait dans l'histoire un gouvernement ami de l'humanité, un gouvernement équitable; à tous les âges et dans tous les pays, les gouvernemens ont été plus ou moins hostiles aux masses, et ont toujours invinciblement tendu à les priver de l'exercice de leurs droits et à les rabaisser au niveau de la brute. X

Ce phénomène est facile à expliquer. Ce sont des hommes qui tiennent les rênes du gouvernement; or, tous les hommes indistinctement, quand leurs passions basses et mauvaises n'ont pas été réfrénées par une bonne éducation, et jusqu'à présent il n'en pas été autrement, sont essentiellement égoïstes, cupides, oppresseurs et méchans; ceux qui gouvernent ne peuvent donc pas être autre chose que ce qu'ils sont, que ce qu'ils ont toujours été; et lorsqu'à de bien rares intervalles, un homme vertueux et sincèrement animé de l'amour de ses semblables s'est rencontré au timon des affaires, on a dû bénir cet événement comme le plus heureux des hasards.

Il faut dire que depuis trois mille ans, c'est-à-dire depuis le commencement des temps historiques jusqu'à notre grande et immortelle révolution, les peuples, plongés dans une ignorance profonde de leurs droits, n'ont fait que d'assez faibles efforts pour briser leurs fers, et que les gouvernemens, profitant de leur peu d'énergie et de leur peu de résolution, ont eu bon marché d'eux. Il faut dire que les tentatives des peuples pour s'affranchir de la tyrannie devaient nécessairement n'avoir aucun résultat avantageux, parce qu'ils ne savaient pas combiner leurs mouvemens, parce qu'ils n'agissaient pas avec accord et ensemble, tandis que les gouvernemens, au contraire, agissaient comme un seul homme pour comprimer les soulèvemens populaires. D'ailleurs, les gouvernemens avaient entre les mains une foule de ressources que les peuples ne pouvaient avoir, et disposaient de forces considérables pour maintenir leur domination, tandis que les peuples, appauvris et misérables, n'avaient pour toute arme que leur désespoir.

Au reste, les défaites réitérées que les peuples ont essuyées dans leur lutte contre la tyrannie n'ont rien qui doive étonner. Ils ont été constamment vaincus parce qu'ils devaient l'être, et ils devaient l'être parce qu'ils n'avaient pas la force de vouloir être libres, parce que, en proie à mille préjugés funestes, la démocratie ne leur convenait nullement encore.

Ce serait se tromper grossièrement que de croire que tous les peuples indistinctement sont propres à la démocratie. Les peuples ont leur enfance et leur âge de raison, ainsi que nous l'avons déjà dit : la démocratie ne convient qu'à leur âge de raison, qu'à leur âge mûr; tant qu'ils sont dans l'enfance, les tyrans et les aristocrates les exploitent, ils sont le jouet de l'intrigue et de l'ambition, et se débattent en vain sous la griffe puissante qui les retient captifs.

Mais à mesure que leur raison se forme, à mesure que leur intelligence s'éclaire et s'agrandit, ils commencent à sentir leur

dignité et à comprendre leurs droits ; des âmes d'élite, des génies inspirés s'élancent de la foule et font tomber le bandeau de
l'erreur qui couvre leur vue ; alors, la tyrannie touche à sa dernière heure ; alors, on entend les sourds et terribles rugisse-
mens du volcan révolutionnaire ; alors, de toutes parts les trônes
craquent sur leurs fondemens ébranlés, les dynasties chancel-
lent, les peuples bondissent de joie et d'enthousiasme aux accens sacrés de la liberté ; alors, alors, le despotisme tombe
anéanti sous les coups redoublés du bélier populaire, et le règne
de la démocratie commence.

Nous sommes arrivés à cette grande époque de rénovation ;
depuis le 14 juillet 1789, le vieil édifice social s'écroule pierre à
pierre, et bientôt la main formidable des révolutions aura fait
table rase.

Cependant les despotes n'ont pas encore perdu l'espoir de se
maintenir sur leurs trônes abhorrés ; ils croient fermement pouvoir tôt ou tard faire rentrer les peuples dans le devoir, comme
ils disent, et river leurs fers pour une longue suite de siècles.
Demandez à la bête féroce qui règne à Saint-Pétersbourg combien de temps encore cinquante millions de Russes auront à
supporter son joug exécrable ; le farouche Nicolas, l'exterminateur de la nation polonaise, vous répondra que son trône est
assis sur des bases inébranlables, et que sa dynastie régnera
éternellement sur la Moscovie enchaînée et sur le cadavre ensanglanté de l'héroïque Pologne.

C'est ainsi qu'ils pensent tous ; c'est ainsi que pensait Charles X quand il signait les fameuses ordonnances du 25 juillet ;
mais les peuples en disposent autrement ; les peuples n'attendent que l'occasion favorable pour s'affranchir de la déshono-
rante tutelle dans laquelle il vivent depuis des milliers d'années,
et pour mettre le pied sur la gorge des despotes, sans en excepter le tigre moscovite lui-même.

Les peuples désormais veulent être libres, et cette volonté

chez eux n'est point le résultat d'un caprice aveugle et passa-
ger, c'est une volonté puissante et persévérante, qui prend sa
source dans l'intime conviction où ils sont maintenant que la
nature ne les a pas créés pour servir et ramper sous la main
d'un maître, mais pour exercer leurs imprescriptibles droits. Il
fut un temps où les peuples n'avaient que des velléités d'indépendance; lorsqu'ils se soulevaient contre leurs tyrans, c'était
mollement et avec indécision, n'ayant que des idées confuses
de leurs droits et de leur dignité, ils ne portaient que des coups
incertains dans les combats qu'ils livraient pour se soustraire
au joug qui les accablait, et ils avaient continuellement le dessous. Aujourd'hui, il n'en est plus ainsi : l'amour de la liberté
n'est pas seulement un fanatisme ardent qui les brûle, qui les
dévore, c'est une passion raisonnée, profonde, indomptable;
c'est un sentiment capable de tout entreprendre et de tout exécuter.

Et déjà, voyez les prodiges que l'amour de la liberté a opérés
en Europe depuis un demi-siècle; voyez surtout les merveilles
qu'il a enfantées parmi nous; voyez cette redoutable bastille,
dont les murailles séculaires bravaient depuis si long-temps
l'impuissante fureur du peuple; le peuple, électrisé par l'amour
de la liberté, lève le bras et elle disparaît; voyez ce monstrueux
amas de priviléges et de monopoles désastreux, de lois tyranniques et de coutumes infâmes, que les générations de l'ancien
régime se léguaient d'âge en âge, l'assemblée constituante d'un
seul mot les anéantit; la monarchie replâtrée de Louis XVI
viole les droits du peuple comme avait fait la monarchie du droit
divin, le peuple, au 10 août, la brise comme un verre fragile;
les despotes coalisés s'avancent contre nous, l'injure et la menace à la bouche, le fer et la flamme à la main, ils osent même
souiller notre territoire de leur présence impure, nous marchons
contre eux au pas de charge, et, vaincus dans mille rencontres,
ils reculent devant nous, consternés, confus, épouvantés, et

nous les poursuivons l'épée dans les reins, et nous allons planter nos drapeaux sur les clochers de leurs capitales : tout cela est dû à l'amour de la liberté.

Mais pourquoi ce saint amour s'assoupit-il si promptement lorsque le conquérant de l'Italie et de l'Égypte se fut emparé violemment des rênes du pouvoir en France? Pourquoi ces mêmes hommes qui, aux accens de la Marseillaise, firent de si grandes choses, courbèrent-ils leurs têtes sous les lois d'un tyran? Pourquoi devinrent-ils les vils satellites de celui qui porta de si rudes coups à la liberté, eux qui avaient versé leur sang pour elle et qui avaient été ses amans les plus passionnés ? C'est que la corruption fut plus puissante dans leur cœur que leur amour pour la liberté. Pour être à l'abri de la corruption, il faut être sans besoins et avoir des convictions de fer; or, le plus grand nombre des révolutionnaires de 89 et de 93 avaient beaucoup de besoins et des convictions peu solides; ceux qui étaient les plus purs et les plus inébranlables dans leurs principes avaient péri dans la réaction de thermidor, les autres, bien qu'ils eussent donné des preuves multipliées de leur patriotisme, se ressentaient tellement de l'éducation vicieuse qu'ils avaient reçue, qu'ils se vautrèrent sans honte et sans remords dans la fange de l'apostasie.

Néanmoins, la liberté ne périt pas, elle survécut au triomphe de son plus implacable ennemi; ce n'était pas la première fois qu'elle voyait ses autels délaissés et ses temples déserts ; elle attendit tout de l'avenir. Celui qui l'avait détrônée tomba à son tour; les Bourbons aînés, à qui échurent les destinées de la France de par la volonté des cosaques et des pandours, continuèrent le régime d'oppression que l'empereur Napoléon avait institué; mais la liberté eut sa revanche. Malgré tous les efforts de la restauration pour ressusciter l'ancien régime, étouffer à tout jamais l'esprit révolutionnaire et pour noyer la liberté dans le sang de ses plus zélés adorateurs, les barricades de juillet 1830 protestèrent éloquemment contre les trente années de tyrannie et de contre-révolution qui venaient de s'écouler.

Jamais peut-être la liberté n'avait obtenu un triomphe plus éclatant et plus complet que celui qu'elle a remporté dans les rues de Paris; jamais peut-être le peuple, dans sa terrible colère, ne s'était montré plus sublime et plus beau. Et ils osent croire, les oppresseurs de l'humanité, qu'elle périra, cette liberté sainte qui fait l'espoir et la consolation des peuples, avant de faire leur bonheur? non, elle ne périra point; elle est immortelle comme la raison et la justice; elle survivra à toutes les attaques qui seront dirigées contre elle; elle surmontera toutes les entraves et tous les obstacles que les tyrans et les aristocrates lui susciteront.

Les peuples, émancipés moralement, ont fait définitivement divorce avec l'erreur, la superstition et l'ignorance; ils ont rompu avec les préjugés absurdes qui les tenaient asservis; sans doute, ils ne sont pas tous aussi avancés les uns que les autres, tous ne sont pas prêts, comme certains peuples d'occident, à ressaisir leur indépendance et leurs droits; il en est même un grand nombre qui sont encore plongés dans de profondes ténèbres; mais il suffit qu'il y en ait quelques uns d'éclairés, ils communiqueront leurs lumières à tous les autres; l'amour de la liberté est contagieux, il ne connaît ni fleuves ni montagnes, ni barrières d'aucune espèce; il franchira tous les espaces et ira s'infiltrer dans le cœur des peuples les plus lointains; de proche en proche, il enveloppera le monde comme un immense réseau et réalisera le beau rêve de la fraternité universelle.

Peut-être faudra-t-il des siècles encore avant que l'affranchissement de l'humanité ne soit entièrement accompli, avant que les peuples qui sont brûlés par les feux verticaux du soleil et ceux qui habitent au milieu des glaces polaires n'aient reçu les bienfaits de la liberté; mais très certainement ceux qui en Europe marchent en tête de la civilisation et des lumières, et qui parcourent d'un pas rapide, la carrière des révolutions, arriveront bien avant à ce but tant désiré, auquel ils touchent peut-être et dont ils ne sont plus séparés que par un étroit intervalle.

N'en doutons pas, ils seront libres, car ils ont résolu de l'être, car telle est leur irrévocable volonté.

DE LA CONDITION SOCIALE DES FEMMES.

Grégoire de Tours rapporte qu'un évêque proposa, dans le concile de Mâcon, de décréter que les femmes n'étaient pas des créatures humaines. Une violente dispute s'éleva à ce sujet entre les membres du concile; les uns appuyèrent chaleureusement la proposition de l'évêque, les autres la combattirent avec vivacité; enfin, après force invectives et force injures de part et d'autre, comme il arrivait presque toujours dans les saintes assemblées appelées conciles, il fut décidé à une très faible majorité que les femmes appartenaient à la même espèce que les hommes.

En orient, dans tous les pays soumis à la loi de Mahomet, cette grave question a été autrement décidée, et s'il faut en juger par la manière dont la plupart des orientaux en agissent avec les femmes, bien loin d'être à leurs yeux des créatures humaines, c'est à peine si elles sont placées au même niveau que la brute; car l'Arabe préfère incontestablement son cheval à sa femme, qu'il traite souvent avec une révoltante dureté, et pour laquelle il n'a aucune estime.

Dans les pays occidentaux, dans cette Europe où la civilisation a fait de si merveilleux progrès, les femmes jouissent-elles d'une condition meilleure qu'en Turquie, en Perse et en Arabie? sont-elles en possession de droits civils égaux à ceux des hommes? nullement. Les femmes européennes vivent dans une minorité perpétuelle; lorsque la tutelle des parens cesse pour elles, celle du mari commence, et à celle du mari succède presque toujours celle des enfans; car lorsqu'une femme est arrivée au déclin de ses jours, elle tombe le plus souvent dans la dépendance d'un fils ou d'un gendre.

La condition des femmes est donc, à fort peu de chose près, la même en Europe qu'en Asie, où elles sont esclaves, où on les achète et on les vend comme du bétail; et parce que leur esclavage en Europe est habilement déguisé sous des noms pompeux, parce que l'on ne cesse de leur répéter que leur beauté exerce sur les hommes un souverain empire, elles n'en sont pas moins soumises légalement à ces mêmes hommes, qui leur font quelquefois cruellement sentir leur état d'infériorité.

Toutefois, il faut bien le dire, si les femmes sont chez nous dans une continuelle minorité, si elles sont en quelque sorte les esclaves des hommes, c'est bien moins parce que leur esclavage est écrit dans le code, que parce que l'éducation qu'elles reçoivent n'est bonne qu'à en faire des servantes et des poupées. Avant de demander la réforme des lois qui vous assujétissent aux volontés arbitraires des hommes, commencez donc, femmes, par vous réformer vous-mêmes; si vous voulez être considérées autrement que comme des instrumens de plaisir et des moules à enfans, si vous voulez être nos égales civilement, travaillez à acquérir de la raison au lieu de perdre votre temps dans des occupations frivoles, au lieu de passer votre vie assises devant une toilette ou à lire d'obscènes romans.

Chose étrange! les femmes se plaignent de l'insupportable dépendance dans laquelle elles vivent, et elles ne comprennent pas que les moyens qu'elles emploient pour en sortir sont précisément ceux qui éternisent leur esclavage civil. Elles ne s'étudient qu'à plaire, comme s'il suffisait de plaire pour être en état de conquérir les droits qui leur sont refusés par l'autre sexe. Sans doute, il leur est facile de nous enchaîner à leur char, de nous subjuguer par leurs charmes, mais en sont-elles plus avancées pour cela? et parce qu'elles règnent sur nos cœurs, en sommes-nous moins les maîtres? ne savons-nous pas concilier parfaitement les tendres égards que nous devons au beau sexe avec nôtre domination sur lui? enfin ne sommes-nous pas tous comme ce roi de Portugal qui, pressé par sa maîtresse d'accorder une grace, dans un tête-à-tête galant qu'il avait avec elle, lui répondit gravement : madame, j'en parlerai demain au roi?

Si la minorité des femmes est éternelle, c'est que leur enfance est éternelle aussi; c'est que toute leur science consiste à savoir nouer artistement un ruban, et à savoir draper élégamment un châle sur leurs épaules. Sans doute, elles ne sont pas toutes taillées sur le même modèle, et quelques-unes, dans le nombre, font exception; je dirai même comme Boileau :

> Il en est jusqu'à trois que je pourrais citer.

Mais ce n'est pas sur des exceptions, quelque nombreuses qu'elles soient, qu'il faut argumenter. En général, les femmes parmi nous sont élevées bien moins pour être les compagnes des hommes que pour être leur joujou; bien moins pour être des épouses chastes et fidèles, des mères pleines de tendresse et de sollicitude, que pour briller dans les salons ou pour fixer les regards dans une promenade. Dès qu'une jeune personne sait faire la révérence avec grace, et qu'elle sait en dansant tenir la pointe de ses pieds en dehors, il n'en faut pas davantage, c'est une femme accomplie; et lorsqu'à ces précieuses qualités elle joint une riche dot, les maris arrivent en foule pour l'épouser.

A bien considérer les choses, si les femmes ne songent pas à acquérir ce qui seul aurait droit de nous plaire, c'est-à-dire de solides vertus, à qui faut-il s'en prendre, si ce n'est à nous-mêmes, à nous, hommes, qui ne cherchons que les femmes belles et riches, et qui délaissons celles qui, même étant belles, n'ont pour toute fortune que des qualités morales? Si au contraire les femmes qui n'ont que de la richesse ou de la beauté étaient par nous délaissées, et si tous nos hommages étaient réservés pour celles uniquement qui, belles ou laides, riches ou pauvres, pratiquent au plus haut degré toutes les vertus sociales et domestiques, on verrait bientôt s'opérer une révolution complète dans le sexe féminin. Pour nous captiver, les femmes changeraient de conduite; on les verrait, plus empressées à orner leur esprit qu'à parer leur corps, faire tous leurs efforts pour devenir telles que nous les aimerions; leur intelligence s'agrandirait, et au lieu de s'étioler dans des préoccupations étroites et futiles, elles se feraient une habitude de la réflexion et du raisonnement, et deviendraient capables des plus brillantes et des plus fortes occupations. Les femmes enfin s'appliqueraient à remplir dignement leurs devoirs d'épouses, de mères, de citoyennes; je dis de citoyennes, car elles aussi font partie du corps social et sont appelées à y jouer un rôle, et si elles ont été déshéritées des droits qui leur appartiennent comme membres de la société, c'est que les prérogatives de la dignité humaine n'ont pas été plus respectées en elles qu'elles ne l'ont été en nous autres hommes; c'est que la même main qui, à une époque d'ignorance et de ténèbres, nous a mis sous le joug, a rivé les chaînes des femmes. Nous nous sommes émancipés civilement, pourquoi ne serait-ce pas maintenant à leur tour?

Mais chez nous l'émancipation intellectuelle a précédé l'émancipation civile, il faut qu'il en soit de même chez les femmes. Lors donc qu'elles auront s l ne réformation complète, lorsque le flambeau des sciences et de la . ison aura lui dans leur esprit, lorsque leur cœur chaste et pur brûlera du feu de toutes les vertus, c'est alors qu'elles auront droit de marcher sur la même ligne que nous; ce ne seront plus des coquettes ridicules et méprisables, ce seront des citoyennes estimables et dignes de tous nos respects.

Eh quoi! vont m'objecter les femmes, vous voulez que pour être admises à jouir des mêmes droits civils que les hommes, nous devenions parfaites? mais les hommes sont-ils parfaits eux-mêmes? Eux qui nous oppriment et qui nous imposent insolemment l'obligation de pratiquer toutes les vertus pour sortir de l'esclavage où nous sommes réduites, les pratiquent-ils ces mêmes vertus? ont-ils dépouillé tous leurs vices, toutes leurs imperfections pour vivre selon les lois de la plus stricte morale? Bien loin de là, ils sont sans foi et sans honneur; effrénés dans leurs passions, ils n'agissent que dans la vue de satisfaire leur intérêt personnel. Et puis, ils viennent nous dire, réformez-vous si vous voulez être affranchies du joug qui vous écrase. Mais nous leur répondons : réformez-vous vous-mêmes, car vous ne valez pas mieux que nous; vous n'avez sur nous qu'un seul avantage, celui de la science, et cet avantage n'en est pas un dans le sens que l'entendez, puisque vous l'avez acquis sans cesser d'être corrompus.

Voilà l'objection des femmes, voici la nôtre.

Eh bien, oui, les hommes aussi ont besoin de subir dans leurs mœurs une réforme radicale; le plus grand nombre d'entr'eux sont gangrenés de corruption; est-ce à dire pour cela que les femmes soient dispensées d'être vertueuses? Quand nous leur disons qu'elles doivent s'appliquer à devenir meilleures, pour être dignes de marcher les égales des hommes, nous voulons parler des hommes tels qu'ils devraient être et non pas tels qu'ils sont; nous voulons parler du petit nombre d'hommes qui vivent dans des principes de morale, de justice et d'équité, et non de l'immense majorité qui sacrifie au veau d'or. Sans doute, la science toute seule n'est qu'un bien faible avantage, et celui qui ne possède qu'une science aride n'a guère sujet de s'en glorifier, car on peut fort bien être savant et être saturé d'immoralité, de méchanceté et de vices; mais la véritable science marche presque toujours accompagnée de la raison, et il est bien rare qu'une raison saine et consciencieuse ne soit pas inséparable de la vertu. Nous ne disons donc pas aux femmes : instruisez-vous pour le seul plaisir de faire parade de votre instruction, nous leur disons : Instruisez-vous, et que votre unique but en acquérant des connaissances soit de former votre cœur autant que votre esprit ; restez ignorantes plutôt que d'étudier sans fruit.

Vous voulez donc arracher les femmes aux soins du ménage pour en faire des pédantes, me dira-t-on? vous voulez que la plume et les livres remplacent dans leurs mains l'aiguille et la quenouille? vous voulez en faire des hommes enfin? Non, je veux en faire tout simplement des femmes. La nature a créé la femme pour être la compagne de l'homme, pour être son ange consolateur, pour l'aider à supporter toutes les charges de la vie. Or, peut-on dire que dans l'état actuel des choses la femme remplisse la tâche que la nature lui a imposée? est-elle véritablement la compagne de l'homme, celle qui ne sert qu'à assouvir ses désirs et à laver son linge? celle qui excite profondément sa pitié par des minauderies fatigantes, par d'insipides agaceries? celle qui n'a ni assez de raison, ni assez de jugement pour comprendre les grandes pensées de l'homme, pour se mettre à la portée de son esprit, de ses conceptions, de ses projets? celle à qui vous parlerez vertu, morale, gloire, immortalité, et qui vous répondra chiffons?

Quand nous disons que la femme est faite pour être la compagne de l'homme, nous ne voulons pas dire qu'elle est faite pour être seulement la compagne de son lit, mais sa compagne intellectuelle, si on peut s'exprimer ainsi, c'est-à-dire sa confidente, son conseil, son bon génie, la seconde moitié de son âme. L'homme seul n'est pas un être complet; il n'est qu'une fraction de lui-même tant qu'il n'a pas uni ses destinées à celles d'une femme. Or, ne faut-il pas que cette femme soit digne de lui? et elle n'est pas digne de lui si elle est frivole, ignorante, coquette; si son cœur, vide et froid, n'est susceptible d'aucune sensibilité, d'aucune passion noble, d'aucun sentiment généreux; si, pour toute vertu, elle ne sait qu'être belle.

Bien loin donc de vouloir arracher les femmes à leur spécia-
lité, nous voulons les y ramener, au contraire; bien loin de vouloir en faire des hommes, nous voulons les mettre en demeure
de remplir tous les devoirs de leur sexe, devoirs qui ne sont
point une vaine chimère, mais qui sont bien réellement écrits
dans la nature. Nous savons trop bien que la ligne de démarcation qui sépare la condition de l'homme de celle de la femme
est infranchissable pour que nous voulions les confondre l'une
dans l'autre. Loin de nous la pensée de faire disparaître la différence des sexes, car alors il n'y aurait plus ni hommes ni femmes, il n'y aurait plus qu'un sexe. Les volontés souveraines de
la nature doivent être religieusement suivies : elle a voulu qu'il
y eût deux sexes, et à chaque sexe elle a donné des attributions
distinctes et séparées; nous serions criminels de nous élever
contre ses suprêmes décrets et de bouleverser l'ordre qu'elle a
établi. Que la femme reste donc dans sa sphère, sphère étroite
et bornée, il est vrai, mais dans laquelle elle a assez d'espace
encore pour se conduire vertueusement. Elle ne sera ni magis-
trat, ni fonctionnaire public; elle ne sera pas même électeur ni
juré; elle n'exercera aucun droit politique; mais combien d'autres droits, non moins précieux, et plus doux, elle aura à exercer !

On a beaucoup parlé, dans ces derniers temps, de l'affranchissement de la femme; il s'est même rencontré des hommes
assez immoraux pour oser prêcher son *affranchissement complet*,
selon leur expression, c'est-à-dire le renversement de toute modestie, de toute pudeur, et la ruine de la famille. Les sifflets et
l'indignation du public ont fait justice de ces doctrines anti-so-
ciales. Les insensés qui essayèrent de les mettre en vogue se
sont regardés entr'eux, et effrayés de leur petit nombre et du
peu de succès de leurs extravagantes et criminelles utopies, ils
se sont dispersés, et ont pris, les uns la route d'orient, les autres celle d'occident.

Les ridicules prédications des saint-simoniens touchant la condition de la femme et son affranchissement complet, ont droit de soulever de dégoût tous les cœurs honnêtes, mais ne doivent pas nous faire perdre de vue que si l'affranchissement physique de la femme devait être la perturbation et l'anéantissement de la société, son émancipation intellectuelle et civile serait au contraire un gage d'ordre et de paix pour bien des familles, et une source intarissable de bonheur pour les deux sexes.

Nous devons expliquer ce que nous entendons par l'émancipation intellectuelle et civile de la femme.

Sans aucun doute, la femme naît avec le même aptitude que l'homme à acquérir des connaissances; elle est susceptible de parvenir au même degré de raison que lui; et si les femmes, généralement, ont peu ou point d'instruction, c'est que l'on a laissé leur esprit végéter sans culture; si la raison de la plupart d'entre elles est à peine développée, et si même quelques unes sont à trente ans, moralement, ce qu'elles étaient à dix, c'est qu'elles ont été élevées avec la plus coupable négligence. Comment s'étonner ensuite qu'elles nous soient intellectuellement si inférieures? Le manque de raison, d'instruction, de vertus chez elles ne provient que du manque d'éducation. D'où il faut conclure que d'un bon système d'éducation découlera nécessairement leur émancipation intellectuelle.

L'éducation des femmes ne doit pas être la même que celle des hommes. Bien que les aptitudes morales de l'homme et de la femme soient les mêmes, et que la nature leur ait départi, à peu de chose près, une somme égale d'intelligence, il suffit que le rôle de l'un et de l'autre dans la société soit différent pour que leur éducation soit différente aussi, et pour qu'il soit indispensable de mettre cette éducation en harmonie avec la mission respective de chaque sexe. Sans vouloir entrer ici dans des dé détails qui m'entraîneraient trop loin, je ne veux qu'indiquer sommairement les principes qui doivent servir de base à l'éducation des femmes.

Les occupations de l'homme, par rapport au ménage, au foyer domestique, sont excentriques, si je puis parler ainsi; celles de la femme, au contraire, sont concentriques, c'est-à-dire que le premier est principalement occupé au dehors et la seconde au dedans. La tâche de l'homme est de pourvoir à la subsistance et à l'entretien de sa femme et de ses enfans; celle de la femme est de s'occuper des soins intérieurs de la maison. En outre, l'homme a, comme citoyen, une foule de devoirs à remplir, dont la femme est exempte; celle-ci, en revanche, est tenue d'en remplir beaucoup d'autres, qui ne sont peut-être pas moins importans. N'est-ce pas elle qui, après avoir mis au monde les enfans, est chargée de leur éducation première? car le père ne commence à s'en occuper que lorsqu'ils ont atteint un certain âge; auparavant, c'est la mère seule qui guide leurs premiers pas dans la vie, c'est à elle seule qu'ils sont redevables de leurs premiers sentimens et de leurs premières idées, c'est elle qui pétrit à sa volonté leur jeune et tendre intelligence, et qui peut, en leur inculquant des préjugés funestes, ou en développant dans leur cœur le germe des vertus, les rendre heureux ou malheureux pour la vie. Quand la femme n'aurait d'autre devoir à remplir que celui de commencer l'éducation des enfans, et l'on sait qu'en matière d'éducation, c'est presque toujours des commencemens que dépend tout le reste, il faudrait l'élever elle-même avec le plus grand soin, et la mettre en état de remplir dignement un devoir aussi précieux. Mais, indépendamment de ce devoir, elle en a encore une foule d'autres à remplir, au nombre desquels il faut comprendre celui de gérer, de moitié avec son mari, les affaires domestiques. L'égalité, entre mari et femme, me paraît la base indispensable et la condition première du bonheur conjugal. Le code civil en a décidé autrement, mais sa décision n'est pas sans appel.

La femme doit donc être élevée dans le double but d'être un jour l'institutrice de ses enfans en bas âge, et de diriger en commun, avec l'époux qu'elle se sera choisi, les intérêts de la communauté. Cela exige des connaissances qui, sans être aussi étendues que celles du mari, doivent l'être cependant assez pour lui procurer toute la somme de raison et d'expérience dont elle a besoin. Mais surtout on doit bien se garder de l'élever dans des idées de coquetterie qui ne laissent place dans son ame qu'à une seule passion, celle de plaire. Mères imprudentes et criminelles, qui n'inculquez à vos filles aucun principe de morale, qui ne vous appliquez nullement à leur faire discerner le bien du mal, à leur faire haïr le vice et chérir la vertu, mais qui prenez un soin extrême à les corrompre, à les dépraver dès le berceau, et qui leur prêchez d'exemple l'effronterie et l'impudicité, savez-vous à quels dangers vous les exposez en ne les mettant pas en garde contre l'impérieuse voix de leurs sens révoltés? Lorsqu'elles seront arrivées à l'âge de puberté, au lieu de goûter la douce tranquillité de l'innocence, elles seront en proie à toutes les passions grossières et désordonnées de la brute; sans frein moral comme sans pudeur, elles seront de véritables femelles en chaleur.

Dira-t-on qu'il est peu de jeunes personnes qui sortent des bornes de la modestie, et qui s'abandonnent aux appétits brutaux de la chair? je réponds que si, en effet, le nombre n'en est pas aussi grand qu'on pourrait le craindre, c'est que les jeunes filles ont continuellement leur mère à leurs côtés, c'est que ce gardien vigilant de leur vertu ne les quitte pas un instant. Pour moi, je ne sais si je me trompe, mais il me semble que cette nécessité où sont les mères de ne jamais perdre leurs filles de vue est la condamnation la plus manifeste de l'éducation que reçoivent ces dernières. Mères, dont les filles ne sont pas en état de se garder elles-mêmes, et qui succomberaient à la moindre tentation, si vous leur laissiez, comme on dit, la bride sur le cou, ne vous en prenez qu'à vous-mêmes de leur faiblesse; si elles ne savent pas mieux maîtriser leurs sens, c'est à vous seules qu'en est la faute.

Voyez cette petite fille qui sort à peine du maillot, de quoi l'entretient-on sans cesse? d'un mari; c'est le premier mot qu'on lui apprend à bégayer. Bientôt, son unique pensée, son unique occupation sera de se parer pour plaire à ce mari chimérique à qui déjà sa précoce imagination prête une forme, un corps, et qu'elle voit dans chaque homme qui s'offre à ses yeux. Sa mère, bien loin de combattre ce sentiment prématuré, ne fera, par ses indiscrets propos, que l'exciter davantage. Cette mère sotte et ridicule, quand sa fille sera nubile, écrirait volontiers sur son dos, si elle l'osait : *fille à marier.*

Je n'ai jamais compris l'empressement des mères à marier leurs filles lorsque celles-ci sont à peine débarrassées des langes de l'enfance, et je comprends encore moins que le code civil ait, pour ainsi dire, sanctionné cette faiblesse des mères en permettant aux femmes de contracter mariage dès l'âge de quinze ans. La plupart des femmes sont nubiles à quinze ans, je le sais; mais suffit-il qu'une fille soit nubile pour la marier? Le mariage ne consiste-t-il donc que dans l'union des sexes? et parcequ'une jeune fille de quinze ans est assez développée physiquement pour recevoir les embrassemens d'un homme, est-ce à dire que son intelligence ne sera pas moins précoce, et qu'elle aura la raison d'une femme de vingt-cinq ans? Si tant de mariages sont malheureux, ne faut-il pas l'attribuer à l'extrême jeunesse des époux à l'époque où ils ont contracté ce nœud redoutable? Je dis redoutable, et il l'est en effet pour ceux qui n'ont ni assez de raison, ni assez d'expérience pour en comprendre toute la portée, et qui s'engagent follement dans une union indissoluble. Pour être en état de se marier, il ne faut pas seulement être en état de faire des enfans, il faut encore pouvoir leur donner une éducation convenable; et comment une femme de quinze ans, qui, le plus souvent, ne sait pas se conduire elle-même, pourra-t-elle gouverner sa maison, et élever convenablement les êtres qu'elle aura mis au monde?

Par quelle étrange contradiction le code, qui fixe à vingt-et-un ans la majorité de la femme, lui permet-il de se marier à quinze? Quoi! vous supposez, et avec raison, qu'avant vingt-et-un ans elle est hors d'état de gérer ses biens, quand elle en a, et cependant vous lui accordez la faculté de disposer de sa personne et de son avenir, six ans avant l'âge où vous fixez sa majorité! Est-il donc moins important d'enchaîner à tout jamais ses destinées que de vendre ou aliéner un morceau de terre?

Si les femmes ne se mariaient que lorsqu'elles sont parvenues à l'âge de vingt-deux, vingt-cinq ou même vingt-huit ans, qu'en résulterait-il? c'est que, d'abord, elles ne choisiraient pas aveuglément pour époux le premier homme qui demanderait leur main, et qu'elles auraient assez d'empire sur elles-mêmes pour préférer à l'homme qui n'est que *joli* l'homme vertueux; c'est qu'ensuite elles ne s'embarqueraient sur l'océan du mariage qu'après en avoir compté tous les écueils, et s'être convaincues qu'il y a en elles tout ce qu'il faut pour remplir les obligations qu'imposent les titres d'épouse et de mère.

Il est vrai que s'il en était ainsi, les mères n'auraient plus la petite gloriole de se dire : ma fille s'est mariée avant la fille de madame tel; mais aussi, elles auraient la satisfaction de penser que leur fille est heureuse, et que, ne s'étant mariée qu'en toute connaissance de chose, elle a prévu d'avance tous les déboires et tous les désenchantemens du mariage, et s'est armée de patience et de résignation pour les supporter.

Ne nous dissimulons pas qu'une des premières causes de l'esclavage des femmes, c'est qu'elles se marient trop jeunes. Quand elles voudront prendre le temps d'acquérir de la raison, et la raison ne vient qu'avec l'âge, elles seront émancipées de fait, l'émancipation de droit suivra de près.

L'affranchissement intellectuel et social de la femme sera donc le résultat d'une meilleure éducation. Quand la femme se sera réformée dans le sens que nous attachons à ce mot, c'est alors que sa condition s'améliorera, et qu'elle deviendra l'égale de l'homme. Que les femmes cherchent à nous plaire, c'est dans leur nature, rien de mieux ; mais du moins qu'elles cherchent à nous plaire par des moyens plus nobles que ceux qu'elles ont employés jusqu'à ce jour, voilà ce que nous demandons.

Je n'ai plus qu'un mot à dire, c'est qu'à mon avis, les deux sexes se font réciproquement injure, les femmes, en employant pour nous plaire des moyens indignes d'elles, et qui montrent la mauvaise opinion qu'elles ont de nous ; les hommes, en se laissant captiver par de pareils moyens, comme si les femmes ne pouvaient pas trouver dans l'exquise sensibilité de leur ame, dans les graces ravissantes de leur esprit, de quoi nous plaire et nous charmer.

DE LA PUISSANCE PATERNELLE.

Il y aurait un long et savant travail à faire sur le plus ou le moins d'autorité que les pères ont exercée sur leurs enfans aux différens âges de l'histoire et dans les différens lieux du monde. Ici nous ne voulons que démontrer une seule chose, c'est que plus l'autorité des pères est grande, plus les progrès de l'humanité sont lents, et plus au contraire cette autorité est faible, et plus ils sont rapides. Nous allons en peu de mots prouver cette assertion.

On ne nous contestera pas qu'à mesure que les générations se succèdent la somme des lumières augmente, et que la génération présente est toujours plus éclairée que celle qui la précède et moins que celle qui la suit. C'est qu'en effet, chaque génération vient grossir de son contingent de connaissances la masse des connaissances générales; à chaque génération, l'esprit humain fait un pas de plus dans la route du perfectionnement; et pour se convaincre de cette vérité, il ne faut pas seulement examiner les progrès de l'esprit humain d'une génération à l'autre, car souvent ils sont insensibles, mais il faut prendre plusieurs générations à la fois pour les considérer dans leur ensemble. Il s'ensuit que, généralement parlant, les pères sont moins éclairés que leurs fils.

Or, il est facile de comprendre d'après cela que si l'autorité d'un père sur son fils est illimitée, comme ce père appartiendra nécessairement à une génération moins avancée que la génération présente, il retiendra son fils dans l'ornière où il est lui-même plongé. Ne sait-on pas que le propre des vieillards c'est de contrôler amèrement le présent et d'élever jusqu'aux nues le passé? Ce père donc, s'il est investi d'une puissance sans bornes, ne se contentera pas de faire prendre en haine à son fils tout ce qui se fera dans le présent, il emploiera tout son pouvoir et toute son influence sur lui pour qu'il ne suive pas le torrent du siècle, comme disent les prédicateurs, pour qu'il reste attaché aux vieilles maximes, aux vieilles erreurs. Et si tous les pères en usent ainsi, si tous les fils obéissent stupidement aux influences paternelles, qu'en résultera-t-il? c'est que l'humanité restera stationnaire et tournera éternellement dans le même cercle d'idées.

Que répondrait un père qui voudrait que son fils restât courbé sous le joug des préjugés dont il est imbu lui-même et à qui ce fils dirait : mon père, si de génération en génération, en remontant jusqu'à la première, les fils s'étaient servilement traînés sur les traces de leurs pères sans faire un pas de plus, où en serait l'humanité aujourd'hui? Vous voulez que j'adopte exclusivement vos idées, mais si votre père, mon aïeul, avait exigé la même chose de vous, vous ne seriez pas ce que vous êtes à l'heure qu'il est, vous n'appartiendriez pas à votre siècle, vous ne seriez qu'une froide et insensible pétrification du passé. Je suis jeune et sans expérience, dites-vous, j'ai besoin d'un mentor qui dirige ma conduite; mais vous-même vous avez été jeune et sans expérience, et cependant vous êtes plus éclairé, plus avancé que votre père; ce mentor, j'en reconnais l'utilité, mais pourvu qu'en dirigeant mes pas il ne les entrave point, pourvu qu'il me laisse parcourir en toute liberté la carrière ouverte devant moi, pourvu qu'il ne châtre pas mon génie.

Je le demande, que répondrait un père à ce discours? invoquerait-il les égards et les respects que les fils doivent à leur père? mais nous ne prétendons nullement affranchir les fils des égards et des respects qu'ils doivent aux auteurs de leurs jours;

ne peut-on pas respecter son père sans avoir pour lui une dé-
férence aveugle, sans s'annihiler entièrement devant lui? Oui,
respectons ceux de qui nous tenons l'être, ayons pour eux les
plus tendres égards, mais ne leur sacrifions pas notre dignité,
notre libre-arbitre, notre moi enfin; ne nous auraient-ils donc
mis au monde que pour être des automates animés, des esclaves rampans?

Sans doute, il est un âge où nous devons à nos parens non
seulement du respect, mais une obéissance sans bornes; c'est
lorsque notre raison n'est pas encore formée, lorsque nous ne
marchons encore qu'avec les lisières et le bourlet, lorsque
nous n'avons pas encore atteint notre complet développement
physique et moral; car alors nos parens, quelque arriérés
qu'ils soient, sont toujours plus avancés que nous; mais lorsque nous sommes parvenus à l'âge d'homme et que notre intelligence a pris tout son essor, l'autorité paternelle doit cesser et
nous devons être nos maîtres.

Au surplus, nous ne pensons pas, comme nous avons déjà
eu occasion de le dire précédemment, que l'on doive laisser aux
pères l'éducation de leurs enfans, sous peine de perpétuer les
préjugés d'âge en âge; nous pensons que les enfans doivent être
soustraits de bonne heure à l'influence et aux principes souvent
pernicieux de leurs parens, pour être élevés dans les idées les
plus avancées, les plus largement démocratiques. S'il en était
ainsi, la puissance paternelle n'existerait plus de fait, la société
se l'attribuerait dans l'intérêt général, et les choses n'en iraient
que mieux.

DE LA VÉRITABLE DÉMOCRATIE.

Par le temps qui court, chacun a la prétention d'être démocrate, sans même en excepter ceux qui, par intérêt ou par préjugé, sont les ennemis les plus implacables de toute démocratie. Le banquier qui s'est enrichi dans les sales tripotages de la bourse, et l'orateur subventionné qui monte à la tribune prétendue nationale pour y défendre les plus révoltans monopoles, se disent démocrates; le journal qui chaque jour se fait l'écho des déclamations aristocratiques, et qui tonne avec le plus de fureur contre la liberté et l'égalité, se dit démocrate; enfin, il n'est pas jusqu'aux marquis du noble faubourg, jusqu'aux ci-devant jésuites à grands et à petits collets, qui ne se disent également démocrates, maintenant qu'il n'y a plus profit à faire de la dévotion.

Et cependant, jamais peut-être les démocrates, j'entends les véritables démocrates, n'ont été plus impitoyablement persécutés qu'aujourd'hui; que faut-il en conclure? c'est qu'il y a deux classes bien distinctes de démocrates. Les uns, qui usurpent ce beau titre pour s'en faire un mérite auprès des masses, et qui ne veulent, au fond du cœur, que privilège et aristocratie; les autres, qui sont véritablement démocrates, c'est-à-dire qui veulent que le droit commun succède à l'exploitation de l'homme par l'homme.

Sans doute on a raison de dire que nous sommes en démocratie, si par démocratie on entend un ordre de choses où une fraction seulement des citoyens est en possession de droits politiques. A ce compte-là, nous sommes en démocratie comme on l'était à Rome, à Sparte, à Athènes et dans toutes les républiques de l'antiquité; nous le sommes comme on l'était à Venise, à Gênes, à Florence, ou bien encore comme on l'est maintenant en Suisse et aux États-Unis. Dans tous ces états, la véritable démocratie n'a jamais existé; il n'a existé qu'un semblant, une ombre de démocratie; ou pour mieux dire l'aristocratie seule y a régné à des degrés et à des titres différens. N'était-ce pas une intolérable aristocratie que ce gouvernement d'Athènes où vingt mille citoyens seulement prenaient part aux affaires publiques et jouissaient de tous les avantages sociaux, tandis que quatre cent mille esclaves travaillaient, suaient et se consumaient pour engraisser des maîtres implacables qui les rouaient de coups? Et de quel nom appeler le gouvernement de Sparte, où un peuple tout entier était réduit à la plus dure servitude par une poignée d'exploiteurs? Mais du moins dans les républiques de la Grèce, il n'y avait que deux classes, celle des esclaves et celle des maîtres; à Rome, indépendamment des esclaves, il y avait plusieurs autres classes superposées les unes aux autres et entre lesquelles régnait la plus monstrueuse inégalité; ainsi la classe des plébéiens était déshéritée d'une foule de droits dont jouissait celle des patriciens, et ces deux classes elles-mêmes se fractionnaient en plusieurs autres. Quoi de plus insupportable que la tyrannie des nobles dans les républiques olygarchiques d'Italie au moyen-âge? C'était au nom du peuple que le gouvernement fonctionnait, et le gouvernement faisait peser sur ce même peuple un joug d'airain. En Suisse, la masse de la nation est opprimée par une aristocratie bourgeoise qui sacrifie incessamment les droits du plus grand nombre à ses intérêts. Aux États-Unis, c'est pire encore; dans ce soi-disant pays de la liberté, dans cette terre classique du droit commun et de la démocratie, comme l'appellent nos démocrates à gants jaunes, l'esclavage est toléré; que dis-je? il est la base fondamentale de l'organisation sociale, et ceux qui parlent de l'abolir sont traqués comme des bêtes fauves et leurs écrits sont livrés aux flammes par la main du bourreau.

Si on le veut, j'accorde que la démocratie dont nous jouissons est la même que celle qui règne aujourd'hui au-delà de l'Atlantique et en Suisse, et qui régnait autrefois à Rome et en Grèce; mais ce n'est pas une raison pour que ce soit la véritable démocratie, celle qui se fonde sur la raison et la justice et qui prend sa source dans les imprescriptibles droits de l'homme.

Je sais que l'exploitation de l'homme par l'homme, soit sous le nom d'esclavage, soit sous toute autre dénomination, a toujours trouvé de nombreux apologistes. Dans l'antiquité, on ne concevait pas qu'une société pût exister sans esclaves, comme dans les temps modernes on ne conçoit pas qu'elle puisse exister sans prolétaires. On disait à Rome et à Athènes : un homme qui est la propriété d'un autre homme ne peut être citoyen; on dit aujourd'hui : un homme qui est obligé de travailler pour vivre et qui ne promène pas sa fastueuse oisiveté dans un beau carrosse, est incapable de s'occuper des affaires publiques. C'est qu'à Rome et à Athènes on avait perdu de vue, comme on perd de vue également aujourd'hui, que pour être citoyen il suffit d'arroser de ses sueurs le sol de la patrie, ou de prodiguer son sang pour la défendre. D'après ce principe, seul juste, seul équitable, la plupart de ceux qui portaient le nom et qui jouissaient des prérogatives de citoyens dans les républiques antiques en étaient indignes, et leurs esclaves méritaient seuls de le porter ce titre sacré, et d'en exercer toutes les prérogatives; car eux seuls travaillaient, eux seuls rendaient fertile une terre avare de ses dons.

Je suis convaincu qu'un pareil principe, s'il était senti et compris par les deux ou trois millions d'esclaves noirs des États-Unis, serait la destruction de cette république; j'ajouterai même qu'il bouleverserait un grand nombre d'autres états sur la surface du globe ; mais malheureusement il n'est senti et compris que par une minorité trop faible pour changer l'ordre établi. Les aristocrates et les despotes, qui s'entendent parfaitement entr'eux pour prolonger indéfiniment l'ignorance et l'abrutissement des masses, ont su jusqu'à ce jour leur donner le change sur leur véritable position, et leur faire croire qu'elles avaient intérêt à ne point sortir de leur ilotisme.

Si les masses se persuadaient bien que la démocratie seule peut faire leur bonheur, cet ilotisme honteux cesserait bientôt. Mais peuvent-elles désirer une chose qu'elles ne connaissent que de nom, et que les exploiteurs de tous les temps leur ont dépeinte sous les plus noires couleurs ? Il est donc nécessaire de bien fixer les caractères de la véritable démocratie.

Il y a la même différence entre la démocratie telle que nous l'entendons, et la démocratie telle que l'entendent ceux qui usurpent injustement le nom de démocrates, qu'entre l'égalité et l'exploitation de l'homme par l'homme, entre le droit commun et l'aristocratie. Ce qui constitue la véritable démocratie, c'est l'égalité des droits, non pas une égalité imaginaire comme celle dont on jouit dans les pays gouvernés aristocratiquement, mais une égalité réelle qui place tous les hommes indistinctement sur le même niveau.

On va m'objecter que le nivellement des conditions est une chose non seulement injuste mais encore impossible. Je conviens que si, par le nivellement des conditions, on entend l'égalité des fortunes, on a raison de dire que ce nivellement serait injuste et impossible, car l'égalité des fortunes ne pourrait exister qu'autant qu'il y aurait égalité parfaite entre les facultés morales et physiques des hommes, ce qui n'est point. De l'inégalité qui existe entre les forces corporelles et intellectuelles des hommes, découle nécessairement l'inégalité des fortunes. Mais par le nivellement des conditions nous entendons tout simplement le droit commun; car une fois que tous les membres du corps social sans exception seront admis à exercer les mêmes droits, à jouir des mêmes prérogatives, il n'existera plus entre les conditions cette choquante inégalité qui fait que les uns nagent dans un océan de félicités et de béatitudes, tandis que les autres n'ont en partage que des humiliations et des souffrances.

S'il existe une si énorme différence entre la démocratie pure et cette prétendue démocratie dont on nous vante à tout propos les bienfaits et qui n'est autre chose qu'une aristocratie non moins insupportable que l'aristocratie parcheminière de l'ancien régime, voyons si la même différence existe entre les faux démocrates et ceux qui le sont véritablement.

Les faux démocrates sont ceux qui habitent de brillans hôtels, de magnifiques appartemens, et qui dévorent dans un seul repas ce qui ferait vivre cent familles pendant un mois.

Les vrais démocrates sont ceux qui se contentent d'une habitation modeste, et qui vivent avec une simplicité et une frugalité toutes patriarchales.

Les faux démocrates ne sont heureux qu'autant qu'ils jouissent d'un immense superflu, qui les met à même de satisfaire tous les caprices de leur orgueil et de leur vanité, et qui leur permet de lutter entr'eux de somptuosité et de magnificence.

Les vrais démocrates ont des désirs bornés, le nécessaire leur suffit; sans orgueil comme sans vanité, ce n'est pas par le luxe mais par la vertu seule qu'ils cherchent à s'effacer les uns les autres.

Les faux démocrates sont essentiellement égoïstes; les intérêts d'autrui ne sont rien pour eux; ils ne voient qu'eux, ils ne songent qu'à eux dans l'univers entier; et pourvu que rien ne leur manque, ils disent que tout va pour le mieux dans le meilleur des mondes possibles.

Les vrais démocrates sont tout dévouement, tout sacribée ; ils pensent aux autres d'abord, et à eux ensuite ; et quelle que soit la somme de bonheur que le hasard leur ait départie, ils ne sont jamais complétement heureux parce qu'ils ont toujours présentes à la pensée les misères de leurs semblables.

Les faux démocrates, par suite de l'égoïsme qui les ronge et de l'orgueil dont ils sont saturés, ambitionnent le pouvoir pour vexer, pour opprimer, pour écraser les autres hommes ; ils trouvent leurs joies dans les pleurs de l'humanité souffrante, et prennent plaisir à se gorger de sang.

Les vrais démocrates au contraire ne désirent le pouvoir que pour faire régner la justice et l'équité, que pour travailler au bonheur de leurs semblables, que pour faire succéder la sainte égalité au despotisme. Le sang leur fait tellement horreur, qu'ils appellent de tous leurs vœux l'abolition de la peine de mort, et que le respect de la vie de l'homme leur paraît la condition première de toute régénération sociale.

Les faux démocrates entassent sophismes sur sophismes pour prouver que le peuple n'est pas apte à exercer aucun droit politique, et qu'il mérite tous les mépris que déverse sur lui un aristocrate insolent et superbe.

Les vrais démocrates sont tellement convaincus au contraire que le peuple est apte à exercer tous les droits que la nature et le pacte social lui ont concédés, qu'ils ne regardent comme légitimes et comme justes que les gouvernemens qui découlent de la souveraineté du peuple.

Les faux démocrates sont dans la vie privée exactement les mêmes que dans la vie publique : ils sont fourbes, menteurs, sans probité et sans foi ; ils ont des mœurs corrompues et font profession d'immoralité.

Les vrais démocrates pensent que la vertu est une, et qu'il ne faut pas seulement être bon citoyen mais bon père de famille ; ils pensent que lorsque nous avons rempli nos devoirs envers la chose publique, il nous reste d'autres devoirs à remplir envers ceux qui nous entourent, envers ceux d'abord à qui nous devons la vie, envers ceux qui l'ont reçue du même père et de la même mère que nous, envers la compagne que nous nous sommes choisie, envers les enfans qu'elle nous a donnés, envers tous ceux enfin avec lesquels nous entretenons habituellement des rapports; ils pensent encore que la chasteté et la tempérance, que la bonne foi et la franchise sont des vertus indispensables sans lesquelles l'homme ne serait qu'un être abject et méprisable, que la société devrait rejeter de son sein.

Enfin les faux démocrates n'ont aucune croyance, et ne professent pour toute religion qu'un grossier matérialisme; pour eux, l'intelligence n'est rien, la chair est tout; le seul dieu qu'ils encensent, c'est l'or; et les plus nobles sentimens sont un objet de dérision pour ces cœurs fangeux qui ne sont accessibles à rien de grand, de beau et de généreux.

Les vrais démocrates, sans admettre aucune des superstitions dont les peuples ont été imbus pendant tant de siècles, croient à la suprématie de l'intelligence sur la matière; ils croient à la liberté morale de l'homme, comme à la base fondamentale de toutes vertus; leur dieu, à eux, n'est point un dieu palpable et malléable, c'est le régulateur de toutes choses, celui qui fait croître les moissons et qui a placé en nous une ame intelligente et raisonnable pour connaître et pratiquer le bien.

Nous terminerons ici ce parallèle entre les faux et les vrais démocrates, et la conclusion que nous en pourrons tirer, c'est que les derniers ne sont qu'une imperceptible minorité à côté des premiers. L'extrême petit nombre des vrais démocrates ne sera pas un obstacle au triomphe de la véritable démocratie, pas plus que le petit nombre des premiers chrétiens n'a été un obstacle au triomphe du christianisme. Il est dans l'essence des opinions généreuses de ne point se laisser abattre par les moyens violens; les persécutions sont au contraire un véhicule puissant pour elles, et elles reçoivent un plus grand degré d'énergie et de persévérance des efforts mêmes qu'on fait pour les anéantir.

Il faut ajouter que si les faux démocrates sont en très petit nombre, leurs adversaires ne sont guère plus nombreux. Ne voit-on pas que la masse des indifférens en matière politique forme l'immense majorité? or, la masse des indifférens ne penche pas plus d'un côté que de l'autre; occupés de leurs affaires ou de leurs plaisirs, les indifférens se traînent dans l'ornière du passé, ne voient rien au-delà d'un drame d'Alexandre Dumas ou d'un rond de jambe de mademoiselle Taglioni. Mais laissez-les sortir de leur atonie; laissez-leur le temps de s'interroger sur ce qu'ils sont, sur ce qu'ils devraient être; laissez-les comprendre leurs droits, et nous verrons alors s'ils sont avec vous ou contre vous.

ORIGINE ET PROGRÈS

DE LA PUISSANCE DES SIKHS DANS LE PENJAB.

Pendant que les Anglais fondaient leur suprématie dans l'Indoustan et réduisaient sous leur obéissance la plupart des nations de cette contrée, la puissance des Sikhs grandissait dans le Penjab et devenait assez formidable pour inspirer de sérieuses craintes au gouvernement britannique. C'est surtout depuis que les Sikhs sont gouvernés par Randjit-Singh qu'ils ont joué un grand rôle comme nation guerrière. Avant Randjit-Singh, ils étaient partagés en petites associations indépendantes les unes des autres, et qui n'avaient d'autre lien entr'elles que celui d'une religion commune. Mais Randjit-Singh a mis un terme à cet état de choses : doué d'une ardente ambition, d'une activité infatigable et d'un génie supérieur, il est parvenu à réunir en un seul faisceau toutes ces fédérations éparses, et à former un empire unique d'une foule de petits états séparés qui guerroyaient presque continuellement entr'eux.

A bien examiner les forces de Randjit-Singh et du gouvernement suprême de l'Inde, on peut presque affirmer que dès à présent une collision ne tournerait pas au désavantage des Sikhs ; car enfin, la compagnie anglaise étant forcée d'employer la plus grande partie de ses forces à contenir les populations indiennes, notamment la turbulante et belliqueuse nation des Mahrattes, et à garantir ses frontières orientales contre les Birmans, ne pourrait faire entrer en ligne contre les Sikhs qu'une armée numériquement trop faible pour les vaincre.

M. Prinsep, parmi toutes les questions qu'il aborde dans son

ouvrage, n'a pas cru devoir toucher à celle que nous venons
de soulever. C'est qu'en effet elle était trop délicate à discuter
pour un Anglais, qui voudrait au contraire nous faire croire
que Randjit-Singh est un allié fidèle au gouvernement britannique. Son livre est curieux en ce qu'il nous instruit des commencemens et des progrès des Sikhs, que nous ne connaissions
qu'imparfaitement, et en ce qu'il nous donne une histoire aussi
complète que possible du maharadja de Lahor, sur lequel nous
n'avions que peu de données. On a comparé cet homme extraordinaire au czar Pierre Ier; il me semble que la comparaison
n'est pas tout-à-fait juste. Pierre Ier a fait marcher de front toutes les réformes de son empire; Randjit-Singh ne s'est presque
exclusivement occupé qu'à créer une armée nombreuse et
aguerrie, et à concentrer toute l'autorité en lui : nous sommes
loin de lui en faire un reproche, il n'était pas en position, comme
Pierre Ier, de faire pénétrer dans ses états la civilisation et les
lumières de l'Europe. Ce qui fait sa gloire, c'est d'avoir réuni
les Sikhs en corps de nation. Les Sikhs ne furent pas toujours
les tranquilles possesseurs du Penjab; avant de régner en maîtres sur ce pays, ils traînèrent long-temps une misérable existence et furent en butte à mille persécutions. Au temps où le
Penjab était encore une province de l'empire mogol, les Sikhs,
ou sectateurs de Govind-Singh, commencèrent à prêcher ouvertement leurs doctrines; l'esprit de prosélytisme fit en peu de
temps des progrès si rapides, que leur nombre en fut considérablement augmenté.

Le dépérissement de l'empire mogol, la faiblesse et l'incapa-
cité du vice-roi que la cour de Delhi entretenait à Lahor, permirent aux aventuriers sikhs de s'organiser sur un pied redoutable; bientôt ils ne se contentèrent plus de voler et de piller,
ils firent une guerre ouverte aux oppresseurs du Penjab. Ayant
été vaincus et dispersés dans plusieurs combats, c'est alors que
la main des bourreaux se rougit de leur sang; mais leur foi,

comme celle des premiers chrétiens, ne fit que s'affermir au
milieu des supplices; on avait cru les abattre, leur nombre dé-
cupla. Cependant Ahmed-Shah, souverain des Afghans, voyant
l'empire mogol se démembrer et se dissoudre, résolut de s'en
adjuger une bonne part. Il franchit donc l'Indus à la tête d'une
nombreuse armée, et pour première conquête il s'empara du
Penjab. L'occupation de cette contrée par les Afghans fut extrêmement favorable aux Sikhs, qui profitèrent du peu de
troupes qu'Ahmed-Shah y avait laissées, pour accroître leur
puissance. Une lutte terrible ne tarda pas à s'engager entre eux
et les Afghans; ces derniers furent chassés du Penjab.

A l'époque de cette expulsion, il existait dans le Penjab
douze grandes associations ou *misals* principaux. Chaque misal
était gouverné par un chef appelé Serdar, qui rendait la justice
en temps de paix, et en temps de guerre conduisait les Sikhs
au combat. Les forces réunies de ces douze *misals*, dont il serait
trop long d'énumérer les noms, s'élevaient à 70,000 chevaux.
J'charat-Singh, grand-père de Randjit-Singh, était serdar d'un
des plus faibles *misals*, celui de *Soukartchakia*.

Une chose digne de remarque, c'est qu'après avoir tracé les
circonscriptions territoriales des misals principaux, les serdars
partagèrent les terres entre les chefs inférieurs et les soldats,
et instituèrent un ordre de choses à peu près semblable à celui
qui fut établi en Angleterre après l'invasion des Saxons, et en
France après celle des Francs. Quatre différentes sortes de fiefs
furent créés; les possesseurs de ces fiefs pouvaient être considérés, à certains égards, comme les vassaux des serdars, auxquels ils rendaient une espèce d'hommage. Tant que les Sikhs
avaient eu les Afghans à combattre, l'union n'avait pas cessé de
régner parmi eux; mais dès qu'ils les eurent expulsés du Penjab, ils furent en proie à mille divisions intestines. Les serdars
se firent entr'eux des guerres cruelles. Le grand-père de Randjit-Singh et son père Maha-Singh préparèrent les voies à ses

empiétemens et à ses usurpations, en commençant à s'agrandir aux dépens de leurs voisins. Lorsque Randjit-Singh succéda à son père, en 1791, il n'avait que douze ans. Sa mère gouverna en qualité de régente. A dix-sept ans, il prit le timon des affaires; jusqu'alors abandonné à lui-même, il n'avait reçu aucune instruction; il ne savait même ni lire ni écrire. On l'avait laissé se livrer à toutes sortes de plaisirs et de débauches. Dès le commencement de son règne, il conçut le hardi projet de réduire les autres serdars au simple rôle de sujets, et de soumettre à ses lois tout le Penjab. Il débuta par la prise de Lahor. Selon le capitaine Wade, Randjit-Singh aurait reçu de Shah-Mahmoud, qui régnait alors à Caboul, l'investiture de cette ville, ce qui ferait supposer que les Sikhs n'étaient pas encore complétement affranchis du joug des Afghans; or, il est certain que depuis vingt-cinq ans les Sikhs jouissaient de leur indépendance nationale. Le capitaine Murray, qui séjourna pendant un grand nombre d'années parmi les Sikhs, avec la mission spéciale du gouvernement anglais d'étudier leurs mœurs et de recueillir des matériaux sur leur histoire, ne fait nullement mention du fait rapporté par le capitaine Wade, et M. Prinsep, qui le consigne dans son ouvrage, a soin de dire à quelle source il l'a puisé, sans le donner comme certain.

On conçoit que la possession de Lahor donna à Randjit une grande supériorité sur les autres serdars. Il en profita pour réaliser son projet de grandeur. Toujours en armes, sa vie ne fut qu'une longue suite d'expéditions guerrières et de conquêtes. Un événement qui le favorisa beaucoup fut le démembrement de la monarchie afghane au commencement de ce siècle. Voyant les Afghans trop occupés de leurs débats intérieurs pour mettre obstacle à ses agrandissemens, il s'empara des pays qui leur appartenaient entre l'Indus et le Tchenab. Plus tard, il se rendit maître du Moultan, du Cachemire et de plusieurs autres provinces situées à l'ouest et au nord du Penjab; mais, ayant

voulu étendre ses progrès au-delà du Satledj et soumettre à sa
domination les serdars des pays compris entre ce fleuve et la
Jumna, ceux-ci implorèrent la protection des Anglais. Lord
Minto, alors gouverneur-général de l'Inde, effrayé des envahissemens de Randjit-Singh, lui envoya sir Charles Metcalfe
pour obtenir de lui qu'il repasserait le Satledj, et que désormais il ne pousserait pas plus loin ses empiétemens du côté
de l'est. Un corps de troupes appuyait la négociation. Le maharadja accéda à tout ce qui lui fut demandé, se promettant
sans doute de se dédommager par de nouveaux empiétemens
sur ses voisins de l'ouest.

Comme on le voit, la fortune s'était plu à combler Randjit-
Singh de ses dons : toutes ses entreprises, à l'exception de cette
dernière, avaient été couronnées d'un plein succès; dans l'espace de quelques années, il avait improvisé un empire : que
pouvait-il désirer de plus? Avec les moyens imparfaits qu'il avait
à sa disposition, il avait fait tout ce qu'il pouvait faire; pour
entreprendre davantage, il devait avoir recours à des moyens
d'un effet plus décisif et plus puissant, sinon sa carrière conquérante était arrêtée. Voilà dans quelle situation se trouvait
Randjit-Singh, quand arrivèrent à Lahor deux officiers français, M. Ventura, colonel d'infanterie, et M. Allard, colonel
de cavalerie. Ils avaient quitté la France à la suite du désastre
de Waterloo et étaient venus chercher fortune en orient. Randjit-Singh les accueillit avec distinction, les prit à son service et
les chargea de discipliner des troupes à l'européenne. Dès-lors,
une nouvelle ère commence pour le Maharadja : ce n'est plus à
la tête de bandes indisciplinées et combattant sans ordre qu'il at-
taquera ses voisins, c'est avec une armée organisée selon les rè-
gles de la tactique militaire; les conquêtes qu'il n'avait pas osé
entreprendre jusqu'alors, il va les tenter avec des chances certaines de succès; les populations fanatiques de l'Afghanistan qui
ont arrêté si long-temps ses efforts, ne pourront plus tenir de-

vant lui; enfin, cette limite du Satledj que les Anglais lui ont
si insolemment imposée, qui l'empêchera de la franchir maintenant qu'il commande à des bataillons formés par des Européens. L'audace de Randjit-Singh s'accrut à un tel point, que
pendant la guerre que les Anglais eurent à soutenir, il y a quelques années, contre les Birmans, il manifesta plus d'une fois le
vif désir de faire une diversion en faveur de ces derniers et d'attaquer les possesions britanniques.

Que faut-il de plus pour réfuter l'assertion de M. Prinsep, qui
prétend que, dans le cas d'une invasion russe, ou de toute autre guerre qui menacerait l'existence de l'empire anglo-indien,
le maharadja de Lahor s'empresserait de lui prêter secours?
D'après les renseignemens les plus exacts, il est certain au contraire qu'il tournerait ses armes contre lui. La cour de Pétersbourg, qui probablement est instruite des intentions de Randj-
jit, lui envoya, à l'époque de la guerre des Birmans, un agent
diplomatique pour résider auprès de lui. Cet agent, qui était por-
teur d'une lettre de M. de Nesselrode, dans laquelle le cabinet
russe assurait le roi de Lahor de ses sentimens d'amitié et de la
protection constante qu'il accorderait aux marchands de Penjab, ne parvint point à sa destination. Ayant pris la route dangereuse du Thibet, il fut assassiné en chemin, et ses papiers
tombèrent au pouvoir des Anglais.

Le récit de M. Prinsep s'arrête à l'année 1832. Les détails
qu'il nous donne ne nous étaient pas entièrement inconnus; nous
en connaissions une partie par la correspondance de Victor Jac-
quemont, par la relation du voyage d'Alexandre Burnes des
bouches de l'Indus à Lahor, et par les récits du général Allard.
L'importance toujours croissante de Randjit-Singh excite si vivement notre attention que nous recueillons avidement tout ce
qui a rapport à sa personne, à ses actes, à sa politique. D'après
tous les voyageurs qui ont visité le Penjab, et M. Prinsep est
d'accord avec eux, il n'existe dans ce pays ni système de gou-

vernement, ni l'ombre d'une constitution; pas de loi écrite ou orale, pas de cour de justice. Il y règne le plus pur despotisme. La volonté de Randjit-Singh est la loi suprême, les Sikhs n'en connaissent pas d'autre : tout se concentre en lui, tout se fait par lui. Son armée est toute sa force ; c'est le levier au moyen duquel il fait tout mouvoir dans son empire. Lorsqu'il succéda à son père, il n'avait pour toute force militaire qu'un corps de cavalerie qui ne dépassait pas trois mille hommes. Aujourd'hui le chiffre de son armée s'élève à 82,014 hommes, et serait susceptible d'être porté beaucoup plus haut en temps de guerre.

Voici comment est répartie cette force imposante : les troupes régulières se composent de 27,752 hommes, savoir : cavalerie, 12,811 hommes, disciplinés par le général Allard, infanterie, 14,941 hommes également disciplinés à l'européenne. Les troupes qui tiennent garnison dans les villes s'élèvent à 26,950 hommes, et les contingens des serdars à 27,512 hommes. L'artillerie se compose de 376 canons et de 370 tromblons portés sur des chameaux ou des voitures légères. Randjit-Singh augmente son armée tous les jours ; peut-être, au moment où nous écrivons, a-t-elle reçu de nouveaux accroissemens qui l'auront portée à un nombre beaucoup plus considérable. Selon M. Prinsep, la somme totale des revenus du roi de Lahor monte à 25,809,500 roupies, c'est-à-dire à 64,525,750 francs, puisque la roupie vaut 2 francs 50 centimes. Dans cette somme, le total des revenus et des tributs levés annuellement sur toutes les possessions de Randjit-Singh figure pour 12,405,900 roupies, les douanes du Penjab pour 1,900,600 roupies, le moharana, droit établi sur les papiers soumis au sceau de Randjit-Singh, pour 577,000 roupies, enfin, les impôts levés sur les djgirs, ou fiefs tenus par de vieilles familles sikhs, et d'autres revenus, figurent pour 10 millions 928 mille roupies. Mais selon le général Allard, cette estimation des revenus du maharadja de Lahor est de beaucoup inférieure au chiffre véritable, qu'il porte à 125,000,000 de fr. Outre ces revenus, Randjit-Singh possède, dans la forteresse de Govindgarh, un trésor que le capitaine Murray évalue, d'après les meilleurs renseignemens, à 250,000,000 de francs.

Que l'on juge, sur ces simples aperçus, de ses immenses ressources, et de quel poids son épée serait dans la balance si une collision venait à éclater entre les Anglais et les Russes. S'il faut en croire Alexandre Burnes, la puissance de Randjit-Singh ne serait pas aussi redoutable qu'on le pense; par suite du manque complet d'organisation dans ses états, lui mort, son empire s'éteindrait avec lui, et les serdars ressaisiraient leurs anciennes prérogatives. Sans doute, la mort de Randjit-Singh serait un événement funeste pour l'empire qu'il a fondé, et lui causerait un certain ébranlement, d'autant plus que toute l'autorité étant concentrée en lui sa mort sera nécessairement suivie d'un grand vide et d'une confusion inévitable; sans doute son fils et son héritier présomptif, Kharak-Singh, ne possède ni son énergie, ni sa puissante volonté, ni ses talens : cependant, il faut croire que Randjit-Singh, jaloux, comme tous les chefs de dynastie, d'assurer à sa postérité la possession de son trône, n'aura rien oublié pour que son fils lui succède sans opposition, et que déjà tout est préparé pour que l'œuvre qu'il a si péniblement élaborée, passe intacte et entière entre les mains de son héritier.

RÉPLIQUE A L'EMPEREUR NICOLAS.

Enfin le superbe autocrate de toutes les Russies s'est décidé à répondre aux virulentes attaques de la presse française touchant son allocution à la municipalité de Varsovie. Ce n'est point une réponse arrogante et fière, c'est une humble apologie dans laquelle il emploie les termes les plus touchans pour excuser sa conduite et pour apaiser le courroux de l'Europe indignée. Déjà, par son allocution même, tout insolente qu'elle était, aux membres de la nation polonaise, l'empereur Nicolas avait rendu un premier hommage à l'opinion publique, comme nous l'avons remarqué précédemment (1), en expliquant et justifiant ses actes. C'était une innovation bien remarquable de la part du monarque le plus absolu de l'Europe; aujourd'hui, il vient mettre le sceau à cette innovation en réfutant les commentaires que son acerbe allocution a provoqués dans tous les pays qui jouissent de la liberté de la presse, et particulièrement en France. Sa réponse a été publiée tout récemment, sous forme d'article, par le *Journal de Saint-Pétersbourg* et par la *Gazette d'état de Prusse*. Il parle à la troisième personne et commence ainsi :

« On a fait reposer les accusations proférées contre l'empereur Nicolas sur son discours à la députation de Varsovie. Ce discours est sans doute très sévère, et l'empereur lui-même a été le premier à le sentir et à l'exprimer. « Il m'est bien pénible,

(1) Voir l'article qui commence ce volume, et qui a pour titre : *Sur l'allocution de l'empereur Nicolas à la municipalité de Varsovie.*

» a-t-il dit, de vous parler ainsi, je vous le dis pour votre
» bien. » Ces paroles seules auraient dû faire pressentir que
sa sévérité n'était pas l'œuvre du caprice ou l'inspiration de la
haine, et que des motifs auxquels on devait accorder quelque
importance lui en avaient fait une dure nécessité. »

Ces motifs, auxquels on doit accorder quelque importance,
nous les pénétrons facilement, c'était le désir de venger son
autorité méprisée, et de faire payer aux malheureux Polonais,
par des torrens de larmes et de sang, les quelques jours de liberté qu'ils avaient goûtés.

« Avant donc de la condamner, reprend le despote moscovite en parlant de sa sévérité, avant de la flétrir de tant de noms
odieux, la simple justice commandait de peser ces motifs, et
de se pénétrer des souvenirs douloureux qu'une sanglante catastrophe avait dû laisser dans le cœur de l'empereur Nicolas,
comme roi de Pologne, et comme empereur de Russie; tous
tous ceux qui se souviennent d'avoir vu la Pologne heureuse et
florissante avant l'époque de ses derniers désastres peuvent
dire si jamais nation était parvenue, dans un aussi court espace
de temps, à un plus haut degré de richesse, d'industrie et de
civilisation. Du faîte de cette prospérité, qu'elle ne devait qu'à
la sage administration et aux largesses de ses rois, la tourmente
révolutionnaire l'a jetée dans l'abîme. »

Nous répondons à l'empereur Nicolas que si la Pologne était
parvenue en si peu d'années à un très haut degré de richesse,
d'industrie et de civilisation, c'est qu'elle n'avait fait que suivre
le mouvement général qui entraîne toutes les nations de l'Europe
vers un avenir de bien-être et de perfection. De jour en jour,
les ténèbres du passé s'effacent et les progrès de l'esprit humain
deviennent plus rapides; nous sommes dans un siècle d'amélioration et de transformation; et les potentats veulent que les
peuples leur sachent gré de la prospérité dont ils jouissent! ils
prétendent que c'est à la sagesse de leur administration que

sont dus les perfectionnemens de l'industrie ! mais bientôt il
faudra les remercier des pluies bienfaisantes qui fertilisent la
terre ; il faudra leur faire un mérite de l'abondance des récol-
tes et de la fécondité des troupeaux ; il faudra enfin leur avoir
obligation de tous les dons que nous prodigue la nature. Si
l'industrie prospérait en Pologne, c'était bien moins par les largesses de l'autocrate, que malgré les entraves dont l'étreignait
l'administration russe. Les potentats font tous leurs efforts pour
éterniser la misère des peuples en les surchargeant d'impôts,
en gênant leurs mouvemens par mille obstacles, par mille lois
fiscales, en leur suscitant des embarras de tous genres ; et lorsque les peuples, à force de patience, de travail, d'énergie,
sont parvenus à conquérir une honorable aisance, les potentats s'écrient : c'est à nous qu'ils sont redevables de leur bonheur.

*Du faîte de cette prospérité la tourmente révolutionnaire l'a
jetée* (la Pologne) *dans un abîme.* Il s'agit de savoir si l'abîme
de malheurs et de hontes où se débat aujourd'hui la Pologne
a été creusé par la tourmente révolutionnaire ou par le sanguinaire Nicolas lui-même. C'est ainsi que raisonnaient les contre-
révolutionnaires français, en 93 ; après avoir ameuté contre la
révolution d'innombrables ennemis, après avoir allumé les
brandons de la guerre civile dans presque tous les départemens
de la France, et avoir mis la Convention nationale en demeure
de recourir aux plus terribles moyens de salut public, ils di-
saient : voyez les maux épouvantables que la révolution a fait
pleuvoir sur la France ; tandis que ces maux étaient leur ouvrage à eux seuls ; tandis que sans leurs criminelles manœuvres la France eût goûté un inaltérable bonheur. Si Nicolas,
au lieu de faire à la révolution polonaise une guerre d'extermination, et de mettre tout à feu et à sang dans la patrie de
Kosciusko, eût laissé les Polonais s'organiser et se gouverner
comme ils l'entendaient, c'est maintenant que l'on pourrait dire

qu'ils jouissent d'une prospérité parfaite, car nul doute que la révolution polonaise n'eût porté ses fruits, et qu'une ère de liberté et de félicité n'eût commencé dès-lors pour la Pologne.

Notre réfutateur continue en ces termes : « L'empereur Nicolas a vu s'écrouler en un moment l'ouvrage de quinze années de sacrifices et de persévérance ; il a vu renverser et fouler aux pieds toutes les institutions sur lesquelles l'empereur Alexandre avait fondé le bien-être de quatre millions d'hommes. La révolution ne l'a pas seulement attaqué *dans ses droits*, elle l'a frappé dans ses affections de souverain et de frère, elle l'a blessé dans sa dignité, dans ses sentimens les plus chers, dans ses convictions les plus intimes; car sa conscience, d'accord avec les acclamations qui l'avaient tant de fois accueilli, lui disait qu'il avait fait le bien. »

Quoi ! il ose dire que la révolution l'a attaqué *dans ses droits*? mais sur quelles bases reposent donc les droits qu'il prétend avoir sur la Pologne? probablement sur les traités de 1814 et 1815; or, je demande si les Polonais ont été consultés sur les dispositions iniques de ces infâmes traités; je demande s'ils ont donné leur assentiment au démembrement de la Pologne, et à son érection en royaume sous la dépendance de la Russie. Si donc ils n'ont eu aucune part aux traités de 1814 et 1815, pourquoi leur faire un crime de les avoir foulés aux pieds? Trop faibles numériquement pour s'affranchir du joug des traités, ils les ont supportés pendant quinze ans, en rongeant leur frein, en prenant à témoin le ciel de l'injustice et de l'iniquité dont ils étaient victimes, en protestant dans leur cœur contre la tyrannie moscovite; est-ce à dire que ces quinze années, pendant lesquelles la nation polonaise a été esclave, ont constitué un droit qui l'opprime? il suffirait donc d'opprimer un peuple pendant un certain temps pour avoir le droit de l'opprimer toujours? mais si vous fondez aujourd'hui *votre droit* sur une possession de quinze années, sur quoi le fondiez-vous à l'époque du dé-

membrement de la Pologne? Si vous dites aux Polonais : je
vous ai imposé mes lois pendant quinze ans, donc vous m'ap-
partenez légitimement; vous reconnaissez implicitement que
vous n'aviez aucun droit sur eux à l'époque où vous les avez réduits sous votre obéissance. Ce droit n'existe pas plus aujour-
d'hui qu'il n'existait alors; mais en supposant qu'il existât, il
devrait s'effacer devant un droit bien antérieur, celui par lequel les Polonais existèrent comme nation indépendante pendant l'espace de dix siècles. Ce n'est point à coups de canon
et à coups de sabre que l'on annule un pareil droit; ce droit
domine tous les autres, il les écrase, il les anéantit.

« De légitimes douleurs, continue-t-il, ont dû laisser une impression profonde dans l'ame de l'empereur Nicolas, et mar-
quer à ses yeux la révolution d'un sceau réprobateur. La juste
appréciation qu'il a pu faire de ses funestes conséquences l'a
mis à portée de comprendre qu'il ne suffisait pas de réparer le
mal, mais qu'il fallait encore en prévenir le retour. Après avoir
introduit dans l'administration civile et militaire toutes les modifications qui lui ont paru propres à maintenir la paix intérieure de ses états; après avoir reconstitué toutes les bases de
la prospérité publique, et les avoir placées sous la sauve-garde
d'un illustre guerrier, que ses hautes qualités personnelles ne
recommandent pas moins que ses exploits, il a pensé que pour
couronner *son œuvre de régénération*, il devait s'adresser lui-
même à la Pologne, et lui exposer avec franchise les devoirs
qu'elle avait à remplir envers lui et les nouveaux engagemens
qu'il s'imposait envers elle. Tel a été le but son discours à la
députation de Varsovie, que les journaux ont critiqué avec
tant d'amertume et de précipitation sur des fragmens infidèles
ou des versions incomplètes. »

Il est bon de savoir quels nouveaux engagemens l'empereur
Nicolas s'est imposés envers la Pologne; après avoir fait construire une formidable citadelle à Varsovie, il a déclaré solennel-

lement que si cette ville manifestait le moindre mécontentement
de vivre sous la domination russe, il la détruirait de fond en
comble. L'autocrate à beau dire que l'on a critiqué son discours
sur des fragmens infidèles ou des versions incomplètes, il n'en
est pas moins vrai que son discours renfermait cette effroyable
menace; qu'il dise le contraire, nous soutiendrons, avec le
texte de son discours en main, qu'il ment pour se justifier.
Dans le principe, son allocution a pu nous arriver quelque peu
différente de ce qu'elle avait été prononcée, c'est-à-dire, que
la ponctuation en avait peut-être été changée, ou qu'à la place
d'un mot insignifiant on avait pu substituer un autre mot tout
aussi insignifiant; mais dans la suite la version véritable est parvenue jusqu'à nous, et nous avons pu nous faire une juste idée
des sentimens atroces qui animaient le czar. .

Et puis, que vient-il parler de son œuvre de régénération?
c'est lui qui se vante d'avoir régénéré la Pologne après l'avoir
réduite à l'état de cadavre? Mais que sait-on? il entend peut-
être par régénération le massacre d'une population tout entière; peut-être que dans son langage, régénérer est synonyme
d'exterminer; en effet, dans les idées de l'empereur Nicolas,
le renouvellement d'un peuple par le glaive doit être considéré
comme une sorte de régénération. N'est-ce pas de cette manière que Charlemagne régénéra les Saxons, en les égorgeant
par milliers et en les déportant en masse? Lorsque les Espagnols
s'emparèrent de l'Amérique, comment en régénérèrent-ils la
population indigène? en l'exterminant. Ce moyen de régénération n'a pas été oublié par Machiavel, dans son *Traité du prince*,
où il passe en revue les différentes manières dont un conquérant
peut s'assurer la possession d'un pays. Le czar Nicolas, qui,
selon toute apparence, a profondément étudié ce catéchisme du
despotisme, a su mettre merveilleusement à profit les préceptes
et les doctrines qu'il renferme.

Nicolas continue ainsi : « Dans ce discours aujourd'hui mieux connu, l'empereur, en se proposant de donner aux Polonais un avertissement salutaire, a dû leur présenter, d'une part, tous les biens qu'ils pouvaient attendre de *leur soumission aux lois*, et de l'autre, tous les maux qu'ils attireraient sur leur patrie, s'ils continuaient à tolérer au milieu d'eux cet esprit de malveillance et de trouble qui a causé leurs derniers malheurs. »

Leur soumission aux lois! nous concevons que, lorsqu'une nation a fait elle-même, c'est-à-dire par des mandataires de son choix, les lois qui la régissent, on lui rappelle la soumission qu'elle doit à ces mêmes lois, auxquelles en effet elle ne peut se dispenser d'obéir sous peine de détruire son propre ouvrage; mais exiger qu'une nation soit soumise à des lois qu'elle n'a point faites, à des lois qui sont conçues dans un esprit d'hostilité contre elle, et qui sont diamétralement opposées à ses intérêts, c'est le comble de l'iniquité et de la tyrannie.

« De cette opposition même, ajoute Nicolas, devaient naître à la fois des paroles de clémence *que les journaux n'ont pas reproduites*, et les paroles sévères sur lesquelles ils ont déversé tant de blâme. »

Les journaux ont reproduit mot pour mot l'allocution de l'empereur de Russie, telle qu'elle fut publiée par les feuilles officielles de Saint-Pétersbourg; c'est au public à vérifier si en effet des omissions ont eu lieu, comme le prétend à tort celui qui a le plus grand intérêt à faire croire que les journaux n'ont pas reproduit fidèlement son discours.

« Mais les Polonais eux-mêmes, continue-t-il, qui savent mieux que leurs prétendus défenseurs faire la part des souvenirs amers du passé, n'auront vu dans ces dernières paroles que des *menaces éventuelles qu'il dépend d'eux de conjurer*, tandis qu'ils auront trouvé dans les assurances bienveillantes de leur roi l'expression d'une bonté certaine, qui proclame le pardon des offenses et la promesse d'un heureux avenir. « Depuis » long-temps, leur a dit l'empereu', j'ai pardonné les offenses

» dirigées contre moi et ma famille. Mon désir est de rendre
» le bien pour le mal et *de faire votre bonheur malgré vous*;
» je l'ai promis devant Dieu, et je ne trahis pas mon serment. »

L'empereur Nicolas dit que les Polonais n'auront vu dans ses
paroles que des *menaces éventuelles*; mais toute menace est
éventuelle, dans ce sens qu'elle est faite conditionnellement. Le
brigand qui vous couche en joue et qui menace de faire feu sur
vous si vous ne lui jetez votre bourse, vous menace éventuelle-
ment; *les menaces éventuelles* de Nicolas aux Polonais, *qu'il
dépend d'eux de conjurer*, ressemblent exactement à celles de
ce brigand; les Polonais peuvent conjurer les menaces de Nicolas en se livrant à lui corps et biens, en obéissant passivement à
ses despotiques volontés, comme le voyageur peut conjurer les
menaces du brigand en lui donnant sa bourse. Le brigand dit
au voyageur : donne-moi ton argent ou meurs; l'empereur de
Russie dit aux Polonais : soumettez-vous ou mourez.

N'admirez-vous pas cette bonté touchante de l'autocrate moscovite de vouloir faire le bonheur des Polonais malgré eux?
Peuple ingrat, qui repousse dédaigneusement les bienfaits du
meilleur des monarques ! malheureux prince, qui est forcé de
faire accepter ses bienfaits à coups de canon !

Nous continuons de citer textuellement : « Des paroles aussi
remarquables, dit Nicolas, ne prouvent pas seulement combien
sont mensongères toutes les imputations que l'esprit de parti
s'est hâté de puiser dans ce discours de l'empereur ; elles montrent encore tout ce qu'il y a d'hostilité dans les calomnies que
la presse soi-disant indépendante reproduit chaque jour contre
un prince dont plus de cinquante millions d'hommes chérissent
les vertus. »

Je demande au czar ce qui peut nous prouver que les
cinquante millions d'hommes qui vivent sous son joug *reconnaissent et chérissent les vertus?* Leur est-il permis d'exprimer
leur pensée, de faire connaître leur opinion? On suppose qu'ils

chérissent leur empereur parce qu'ils ne se révoltent pas contre lui, mais il faut se demander s'ils ont la possibilité de se révolter, et si les huit cent mille bourreaux enrégimentés que Nicolas tient toujours prêts à étouffer les moindres émotions populaires, leur permettent de manifester leur haine contre Nicolas, en prenant les armes pour le renverser. C'est bien là la tactique des despotes : ils bâillonnent leurs peuples, ils l'enchaînent et puis ils tirent induction de leur silence et de leur immobilité pour dire : ils ne se plaignent pas, ils ne bougent pas, donc ils sont contens, donc ils bénissent le monarque qui les gouverne.

D'ailleurs, les Russes n'ont-ils pas devant les yeux un terrible exemple? n'ont-ils pas vu la Pologne saccagée, décimée et nageant dans son sang pour avoir voulu protester par une révolution contre la tyrannie de l'empereur Nicolas? Ils sont forcés pour le moment de rester dans le *statu quo* s'ils ne veulent partager le sort des Polonais. Je dis pour le moment, car je ne crois pas que l'heure de l'émancipation ait encore sonné pour eux. Chaque chose a son temps. Il faut que l'émancipation des nations d'occident soit arrivée à son terme pour que celles des autres nations commence. Tant que le char de la liberté sera enrayé sur les bords de la Seine, les Russes ne doivent pas s'attendre à être libres.

« Ces calomnies sont d'autant plus odieuses, poursuit l'autocrate, qu'un prétexte honorable ne saurait les excuser. Trop exagérés et trop acerbes pour qu'on puisse les attribuer à un amour mal entendu de la vérité, on est forcé d'y reconnaître la tactique grossière d'un parti qui appelle de tous ses vœux le renversement de l'ordre actuel et la chute des institutions que le temps a conservées. On sait que l'empereur Nicolas, par la prépondérance de son pouvoir, par la sagesse et la fermeté de son gouvernement, est un des ennemis les plus redoutables de l'anarchie, et c'est à ce titre que tous les mauvais journaux de l'Europe conjurés contre lui, ont pris à tâche de le présenter

aux nations crédules sous les couleurs les plus fausses et les
plus noires.

Les *mauvais journaux* de l'Europe, pour me servir des expressions de l'empereur Nicolas, ne l'ont jugé que d'après ses
actes. Ils l'ont stigmatisé des noms de tigre, de bourreau, de
brigand couronné, quand ils l'ont vu fouler sous ses pieds tous
les principes de morale, de justice et d'humanité, et promener
sur la tête des Polonais un fer exterminateur. Ils l'ont mis au
ban des nations, comme un nouvel Attila, quand ils l'ont vu
se préparer à envahir l'occident pour y rétablir le droit divin
et l'exécrable domination des Bourbons aînés. Qu'il dise si telle
n'était pas son intention; mais fort heureusement les moyens
lui ont manqué; et puis, il a craint de laisser derrière lui le
volcan de la Pologne, et d'aller chercher sur les bord du Rhin
une destinée semblable à celle de Souwaroff. Voilà les seules
considérations qui l'ont arrêté; et si ses finances avaient été en
meilleur état, si l'attitude des populations de l'Europe occidentale eût été moins formidable, la Pologne n'aurait pas été
la seule contrée sur laquelle seraient tombées les fureurs de l'empereur Nicolas. Ainsi donc, non seulement il ne veut pas qu'on
lui reproche le mal qu'il a fait, mais il veut qu'on lui sache gré
de celui qu'il n'a pas fait par des circonstances indépendantes
de sa volonté. C'est pousser l'outrecuidance trop loin.

« La création du royaume de Pologne, dit ensuite le czar, a
été le fruit d'une pensée généreuse, inspirée à des souverains
éprouvés par de longs revers, et qui savaient tout ce que l'on
doit au courage malheureux. Les Polonais avaient combattu
plus de vingt ans sous les drapeaux français, dans l'espoir de
reconquérir une patrie. Lorsque la victoire eut déserté ces drapeaux, les monarques alliés crurent que la nation polonaise
avait fait assez de sacrifices, avait versé assez de sang pour que
leurs espérances ne fussent pas déçues. *Ils lui rendirent une
patrie*; et laissèrent à l'empereur Alexandre le soin de la re-

constituer de manière à ce qu'elle ne fût, comme il le dit lui-même dans sa mémorable proclamation, ni un sujet de jalousie ou d'inquiétudes pour les états voisins , ni un sujet de guerre pour l'Europe. »

Ils lui rendirent une patrie, dit-il ; mais les *monarques alliés* avaient-ils le droit de l'en priver? L'empereur Nicolas voudrait nous persuader que la création du royaume de Pologne fut conçue dans l'intérêt des Polonais eux-mêmes, et pour les dédommager de vingt années de combats et de sacrifices ; mais l'évidence nous prouve que cette création eut pour objet, au contraire, de mettre la nation polonaise sous le joug de la Russie. En effet, dès que l'autocrate moscovite devait régner sur la Pologne en qualité de roi, prétendu constitutionnel, il était bien à présumer que ce pays ne serait plus qu'une province russe. Lorsque les *monarques alliés* se réunirent au congrès de Vienne pour se partager les dépouilles de Napoléon et régler les destinées de l'Europe, les deux plus puissans d'entr'eux, l'empereur d'Autriche et l'empereur de Russie, songèrent à augmenter leurs états aux dépens des peuples qui , en combattant dans nos rangs , les avaient tant de fois vaincus. Les Italiens et les Polonais étaient au premier rang parmi ces peuples ; mais, par un reste de pudeur, ou , ce qui est encore plus probable, pour ne pas porter ombrage aux autres puissances de l'Europe, au lieu d'annexer tout simplement l'Italie à l'Autriche et la Pologne à la Russie, ils en firent deux royaumes à part, qui , bien que séparés et distincts en apparence , étaient bien réellement dépendans, le premier de la cour de Vienne, le second , de celle de Saint-Pétersbourg. Voilà uniquement quelle pensée présida à la création du royaume de Pologne, et à celle du royaume lombard-vénitien.

Mais je me trompe, une autre pensée encore présida à la création du premier de ces royaumes, celle de museler et d'abattre ces indomptables Polonais, qui nous avaient aidés à remporter toutes nos grandes victoires, et qui avaient mérité, par leur ardent amour pour la liberté et par leurs exploits héroïques, le titre de Français du nord. L'empereur Alexandre n'en a pas fait un mystère quand il a dit dans sa proclamation, qu'il fallait constituer le royaume de Pologne *de manière qu'il ne fût ni un sujet de jalousie ou d'inquiétude pour les états voisins, ni un sujet de guerre pour l'Europe.* Il a ponctuellement rempli cette obligation qui lui fut imposée par les monarques alliés; et les institutions dont il dota la Pologne étaient admirablement propres à énerver, à corrompre, à dénationaliser un peuple si magnanime et si généreux. Mais, contre l'espoir d'Alexandre et de la sainte-alliance, après quinze années de servitude, le naturel, chez les Polonais, reprit le dessus; cette passion de l'indépendance, qui est innée dans leurs cœurs, fit explosion, et ils redevinrent libres, mais hélas! libres pour un instant.

Maintenant, voici Nicolas qui vient nous dire que s'il a cru devoir détruire l'œuvre de son frère, et rayer entièrement la Pologne de la liste des nations, c'est que son frère n'avait point réussi à l'annihiler complétement : « C'est à ces conditions, dit-il, que ce prince (Alexandre) a soumis les institutions dont la Pologne a joui jusqu'à l'époque de sa révolution, et c'est à ces mêmes conditions que son successeur a voulu satisfaire, lorsqu'une expérience malheureuse lui eut appris que, loin de les remplir, la forme de gouvernement instituée par son frère était de nature, au contraire, à exciter les justes inquiétudes de la Russie, et à devenir un sujet de guerre pour l'Europe. »

Nous avons fait observer déjà que détruire le royaume de Pologne, c'était ouvertement détruire les clauses du traité de Vienne, et que si la cour de Saint-Pétersbourg tient ce traité pour nul et non avenu en ce qui la concerne, les autres puissances contractantes peuvent également s'en affranchir. Nous ajouterons que le précédent établi par l'empereur Nicolas, en mettant au néant le traité de Vienne sous prétexte que l'exis-

tence du royaume de Pologne est un sujet d'inquiétude pour la
Russie et de guerre pour l'Europe, que ce précédent, disons-
nous, est un fait de la plus haute gravité, et qui aura dans l'a-
venir les conséquences les plus funestes si on ne se hâte de ré-
fréner l'ambition de l'autocrate et de rétablir la nationalité polonaise dans toute son intégrité. Que deviendrait l'indépendance
des états secondaires si toutes les grandes puissances de l'Europe, à l'exemple de la Russie, s'adjoignaient violemment les
pays qui sont à leur convenance? L'Espagne s'emparerait du
Portugal, la France, de la Suisse et des états du roi de Sar-
daigne, la Prusse et l'Autriche, des petits états de l'Allemagne,
l'Angleterre, de la Hollande et de la Belgique. Et comme probablement ces diverses nations ne se laisseraient pas bénévole-
ment asservir, et résisteraient aux entreprises sacrilèges des
grandes puissances avec la même énergie et le même héroïsme
que les Polonais contre l'invasion russe, il en résulterait un carnage général et d'immenses funérailles.

L'empereur Nicolas termine son apologie par cette attendris-
sante péroraison :

« Jamais la Russie ne s'est déshonorée par les violences dont
on l'accuse. *Le noble souverain* qui règne sur la Russie, loin de
tolérer de pareils excès, flétrirait d'un châtiment exemplaire
quiconque oserait les commettre. (Il aurait donc à châtier son
armée tout entière, et lui-même tout le premier.) Ces membres
mutilés, ces femmes inhumainement punies, ne sont que des
fictions; ces enfans que l'on dit arrachés à leurs familles *sont
de malheureux orphelins* dont l'empereur s'est déclaré le père,
dont il a fait les compagnons de ses propres fils, dans ces écoles
célèbres où la plus haute noblesse s'estime heureuse de faire entrer ses enfans. Ils vous diront que ces Polonais sont élevés
dans la religion de leurs pères; qu'ils sont entourés de plus de
vigilance, de plus d'empressemens peut-être qu'ils n'en eussent
trouvé au milieu même de leurs parens. Ils vous diront enfin

que l'on a vu plusieurs fois ces mêmes enfans, représentés
comme si dignes de pitié, s'asseoir à la table et jusque sur les
genoux du grand duc Michel, du frère de l'empereur, prince
aimable et plein de bonté, qui veille sur leur éducation et leur
bonheur à venir, et que ses soins paternels ont rendu l'objet de
leur amour. »

Nous demanderons au *noble souverain* qui règne sur la Russie, si c'est par dérision qu'il vient nous affirmer que jamais la
Russie ne s'est déshonorée par les violences dont on l'accuse?
Le *modeste et miséricordieux* Nicolas ne se rappelle donc plus
les sanglantes saturnales de ses troupes en Pologne? Il a donc
perdu la mémoire des ravages, des massacres, des assassinats
qui signalèrent le retour des Russes dans cette infortunée contrée? Il va nous dire qu'il n'a pas autorisé de si abominables
horreurs; mais alors pourquoi ne les a-t-il pas réprimées? pourquoi n'a-t-il pas puni par un *châtiment exemplaire* ceux qui s'en
rendirent coupables? pourquoi l'ordonnateur de tant de meur-
tres, le farouche Paskéwich, pourquoi tous les officiers de son
armée ont-ils reçu de magnifiques récompenses? Quoi! vous
n'avez pas ordonné que l'on sévit avec une rigueur impitoyable
contre les Polonais, vous protestez que cette rigueur n'était pas
dans vos intentions, et cependant vous comblez de distinctions
et d'honneurs ceux qui soi-disant ont trahi vos intentions en se
plongeant à plaisir dans le sang des vaincus! Quand on est pressé
par un argument aussi invincible, le meilleur parti à prendre
c'est de nier; les plus grands scélérats n'ont-ils pas cette dernière mais impuissante ressource quand toutes les autres leur
échappent? Niez donc tant que vous le voudrez; soutenez ef-
frontément que *jamais la Russie ne s'est déshonorée par les violences dont on l'accuse*, personne ne vous croira; l'Europe qui
vous regarde, l'histoire qui enregistre vos actes, la postérité
qui s'avance, vous crieront d'une voix unanime : « Tu en as
menti ! »

Et puis, l'empereur Nicolas osera-t-il nous dire quels sont ces malheureux orphelins dont il s'est déclaré le père? ce sont les enfans des Polonais tombés sous le glaive moscovite. Après avoir assisté à la destruction de leurs familles, après avoir vu leurs pères massacrés, leurs mères éventrées, leurs frères, leurs sœurs écrasés sous les pieds des chevaux et sous les roues des canons, ils se sont vus eux-mêmes arrachés d'une patrie que la clémence de Nicolas avait transformée en un charnier; on les a conduits par troupeaux et la corde au cou dans l'intérieur de la Russie, pour peupler des contrées désertes, de même exactement que l'on transplante des boutures d'arbres d'un pays dans un autre.

Est-ce dans l'unique but d'en prendre soin que le czar a ordonné cette transplantation de la jeunesse polonaise? ou bien n'est-ce pas plutôt pour l'élever dans la haine de son pays et des principes de liberté qu'on lui a fait sucer avec le lait? Quoi qu'il en soit, les égards et les empressemens dont les enfans polonais, détenus en Russie, sont l'objet, s'il faut en croire Nicolas, ne seraient qu'une bien faible et bien imparfaite réparation de tous les maux que leurs parens et eux-mêmes ont soufferts.

Nous avons mis sous les yeux de nos lecteurs les passages les plus saillans de l'apologie de l'empereur Nicolas; le public peut juger d'après ce document des remords qui rongent le cœur de ce scélérat couronné. Cependant, à travers les fleurs de rhétorique qu'il prodigue à pleines mains pour colorer ses forfaits, à travers son hypocrite repentir, on aperçoit encore le plus fier et le plus implacable des despotes; il semble que l'on entende ses grincemens de dents, les frémissemens de sa fureur; sous ce masque de bienveillance et de candeur, on voit la férocité empreinte.

Malgré tous ses efforts pour se disculper, Nicolas n'en est pas moins aux yeux de l'Europe un des monstres les plus atroces

qui jamais se soient assis sur un trône. Le soin même qu'il prend
de se justifier montre combien il sent lui-même l'énormité de
ses crimes, et à chaque ligne, à chaque mot qu'il trace, on dirait qu'il demande grace à l'opinion publique.

Despotes, qui foulez l'humanité, ceci est un avertissement
pour vous; songez que lorsque vous vous serez rassasiés de crimes, vous n'aurez pas même la triste satisfaction d'en goûter
tranquillement le fruit; votre conscience, comme un démon impitoyable, vous torturera de mille manières : quand le sang
est cuvé le remords commence.

PRÉCIS HISTORIQUE

SUR LES CONSPIRATIONS

LES PLUS MÉMORABLES.

Une conspiration est une entreprise dont le but est de renverser violemment un ordre de choses établi pour en mettre un autre à la place. Conspiration et conjuration sont deux mots qui signifient à peu près la même chose, et que l'on emploie indifféremment l'un pour l'autre. Le premier mot a un sens plus général, le second en a un plus restreint; une conjuration est l'œuvre d'un petit nombre de personnes, une conspiration est l'œuvre d'un parti ou même d'un peuple tout entier.

Le succès d'une conspiration dépend bien plus des circonstances dans lesquelles elle éclate, que du génie et du courage de ceux qui l'ont conçue. C'est un fait historique des plus remarquables, que les conspirations les mieux concertées, les plus habilement combinées ont toujours échoué quand elles ont fait explosion dans un moment inopportun, quand les esprits n'avaient pas été préparés d'avance aux changemens qui devaient en résulter. C'est ainsi que n'ont point réussi les conspirations des Gracques, de Catilina, de Fiesque, de Babeuf, et mille autres qu'il serait trop long de citer. Celles au contraire qui avaient reçu d'avance l'assentiment de l'opinion publique, de telle sorte que les masses faisaient pour ainsi dire cause commune avec les conspirateurs et se joignaient de cœur et d'intention à eux, ont été couronnées d'un plein succès; de ce nombre sont les conspirations de Thrasybule, de Procida, de Pinto.

Il faut en conclure qu'il y a folie à conspirer quand on ne conspire pas avec l'opinion publique, ou du moins; car souvent l'opinion publique est erronée, quand on n'a pas l'espoir de réunir les suffrages de l'immense majorité après avoir réussi. Une conspiration n'est autre chose qu'un coup de main; lorsque ce coup de main est un fait isolé, lorsque ceux qui l'exécutent n'ont pas pour eux les sympathies du plus grand nombre, il est absurde d'agir, car le succès n'est rien moins que certain. Telle conspiration qui n'a pas réussi dans un temps aurait peut-être réussi dans un autre, si les conspirateurs ne s'étaient pas imprudemment hâtés d'agir, s'ils avaient attendu que l'opinion fût plus favorablement disposée en leur faveur. Nous allons passer en revue les conspirations les plus mémorables pour prouver ce que nous avançons.

CONSPIRATION DE TRASYBULE CONTRE LES TRENTE TYRANS.

On sait que la guerre du Péloponnèse s'étant terminée par la prise d'Athènes, Lysandre, général des Lacédémoniens, confia le gouvernement de cette ville à trente magistrats qui exercèrent leur autorité avec une rigueur inouïe. Depuis long-temps la ville d'Athènes était partagée en deux partis, celui de l'aristocratie et celui de la démocratie. Le premier avait pactisé avec les Lacédémoniens et leur avait ouvert les portes de la ville; ce parti fut naturellement épargné et protégé par les trente tyrans, qui d'ailleurs avaient pour mission d'écraser le parti démocratique et d'élever le parti aristocratique sur ses débris.

Les plus vertueux démocrates furent mis à mort ou bannis par les trente. Au nombre des bannis se trouvait Thrasybule, qui du fond de son exil résolut d'affranchir sa patrie de l'exécrable joug des Lacédémoniens et de l'aristocratie. Quand il eut mûri long-temps son projet, et quand il jugea qu'il était temps d'agir, il s'empara, à la tête de soixante-dix proscrits comme lui, de la forteresse de Phylé, située sur les confins de l'Attique et de la Béotie. Ce succès attira auprès de lui un grand nombre d'autres bannis, et en peu de temps sa petite armée s'éleva à sept cents hommes. Les trente envoyèrent contre lui des troupes qui furent vaincues. Enhardi par tant de bonheur et par les renforts qui lui arrivaient continuellement, il attaqua le Pirée et s'en rendit maître. Ce fut le coup de grace des trente tyrans, qui prirent la fuite pour se soustraire à la fureur du peuple. Bientôt après, la paix fut rétablie entre les Lacédémoniens et les Athéniens, par l'intervention et sous les auspices de Thrasybule, qui eut la gloire, non seulement de délivrer sa patrie de la domination étrangère, mais de lui rendre le gouvernement démocratique dont elle jouissait avant la guerre du Péloponnèse.

Comme on le voit, si cette entreprise a réussi, c'est parce que le peuple d'Athènes ne supportait qu'impatiemment la tyrannie des trente magistrats institués par Lysandre, et qu'il attendait son salut du courage de Thrasybule et de ses intrépides compagnons.

PÉLOPIDAS DÉLIVRE THÈBES.

A Thèbes, comme à Athènes, il y avait deux partis en présence, les aristocrates, qui étaient soutenus par les Lacédémoniens, et les démocrates, qui l'étaient par les Athéniens. Car tel était le rôle que jouaient respectivement ces deux premiers peuples de la Grèce; et la guerre du Péloponnèse, dans laquelle on les vit l'un et l'autre s'entre-détruire pendant un espace de vingt-sept ans, ne fut qu'une lutte sanglante et acharnée entre la démocratie et l'aristocratie. Les aristocrates thébains ayant livré la citadelle de Thèbes, appelée la Cadmée, aux Lacédémoniens et s'étant unis avec eux, s'emparèrent de toute l'autorité et firent peser sur leur patrie la plus intolérable oppression. Ils exilèrent les citoyens les plus distingués du parti populaire, confisquèrent leurs biens, et même en sacrifièrent un grand nombre à leur rage homicide. Cette tyrannie dura cinq ans. Les Thébains appelaient de tous leurs vœux un terme à tant d'horreurs, et n'attendaient qu'un signal pour briser leurs chaînes.

Pélopidas se trouvait exactement dans la même position que Thrasybule; il avait été comme lui chassé de sa patrie; retiré à Athènes avec tous les autres exilés thébains, il conçut le magnanime projet de rendre la liberté aux Thébains et exhorta ses amis à l'aider dans cette généreuse entreprise : « Les ayant tous réunis, dit Plutarque, il leur représenta qu'il n'était ni honnête ni juste de voir avec indifférence leur patrie dans l'esclavage et soumise à des étrangers, tandis qu'eux-mêmes, contens d'avoir sauvé leur vie, ils ne devaient qu'aux décrets d'Athènes une existence précaire, réduits à faire servilement la cour aux orateurs et à ceux qui avaient le talent de persuader le peuple : « Ne vaut-il pas mieux, ajouta-t-il, imitant le courage et la vertu de Thrasybule, qui était parti de Thèbes pour aller détruire les tyrans d'Athènes, partir nous-mêmes d'Athènes pour aller mettre Thèbes en liberté? »

Lorsque Pélopidas les eut déterminés par ses discours à tenter la délivrance de leur patrie, il se mit en marche avec eux le plus secrètement possible et les conduisit au bourg de Thriasium. Là, il fut convenu que douze seulement d'entr'eux, parmi lesquels se trouvait Pélopidas, pénétreraient dans Thèbes sous un déguisement. Charon, qui trempait dans le complot, les reçut et les cacha chez lui jusqu'au moment de l'exécution. Un des conjurés, Philidas, secrétaire des polémarques, ayant invité Léontidas, Archias et les autres tyrans de Thèbes à un magnifique souper, Pélopidas et ses amis s'introduisirent dans la salle du festin, habillés en femmes et cachant des armes sous leurs robes. Les tyrans, gorgés de vin, s'offraient sans défense à leurs coups; à un signal donné, ils furent tous immolés. Après ce grand exploit, les conjurés se rendirent aux prisons, qui regorgeaient des malheureuses victimes de la tyrannie lacédémonienne, et en firent ouvrir les portes. Les détenus, rendus à la liberté, s'armèrent aussitôt et se joignirent à leurs libérateurs, dont le nombre s'était grossi de tous ceux qui étaient dans le secret de la conspiration et qui n'attendaient que le moment pour agir.

Quand le jour parut, les Thébains proscrits qui étaient restés à Thriasium arrivèrent à Thèbes; la population tout entière se souleva d'enthousiasme contre l'arbitraire et l'oppression, et la démocratie fut rétablie sur ses anciennes bases. Bientôt une armée athénienne vint au secours des Thébains, et assiégea de concert avec eux, la Cadmée; les Lacédémoniens, qui occupaient cette forteresse, furent obligés de capituler.

Je le demande, Pélopidas eût-il obtenu un succès aussi prompt, aussi complet, si l'opinion publique à Thèbes eût été contre lui? Si Archias et Léontidas, qu'il frappa d'un poignard vengeur, au lieu d'être d'infâmes tyrans, eussent été des magistrats irréprochables, si Thèbes, au lieu d'être opprimée par la faction aristocratique unie aux Lacédémoniens, eût été gouvernée avec justice et équité, si enfin les Thébains eussent été heureux, Pélopidas et les siens, dès les premiers pas de leur entreprise auraient rencontré la mort. Le peuple qui s'insurgea en leur faveur se serait insurgé contre eux.

ABOLITION DE LA ROYAUTÉ A ROME.

Tarquin-le-Superbe était parvenu au trône par un parricide et s'y était maintenu à force de crimes. Il était en horreur aux Romains, non seulement pour avoir plongé ses mains dans le sang de son beau-père Servius Tullus, mais pour avoir anéanti les libertés dont les rois ses prédécesseurs avaient doté Rome naissante. Ses cruautés et sa tyrannie rendirent la royauté exécrable; jusqu'alors les Romains avaient supporté patiemment cette forme de gouvernement parce que leurs rois les avaient gouvernés avec modération; mais les violences du second Tarquin leur firent désirer le renversement d'un ordre de choses qui n'était pour eux que la plus avilissante servitude.

Si la haine de la royauté était dans tous les cœurs, la terreur y était aussi. Chacun courbait la tête sous le joug du tyran sans oser faire entendre la moindre plainte, tant l'infâme Tarquin avait su se rendre redoutable. La mort et l'exil décimaient les rangs des Romains épouvantés; dans la consternation générale, on souffrait, on mourait sans faire un seul effort pour s'affranchir d'une domination inique et sanguinaire; c'est alors qu'il arriva un de ces événemens qui remuent profondément les masses parce qu'ils leur font comprendre dans toute son étendue l'abjection où elles sont descendues. Sextus, fils de Tarquin, viola Lucrèce. Les Romains, qui étaient restés impassibles tant que la tyrannie n'avait pas dépassé le seuil de leur foyer domestique, se soulevèrent contre elle quand ils la virent porter l'outrage et le déshonneur dans leur couche. Lucius Junius, dont le père et le frère avaient été immolés par le tyran, et à qui on avait donné le surnom de Brutus parce que, pour se soustraire à la mort, il contrefaisait l'insensé, s'arma du poignard dont Lucrèce s'était frappée et jura de la venger;

« Oui, dit-il, je jure de venger hautement l'injure qui lui a été faite ; et je vous prends à témoin, dieux tout-puissans, que j'exposerai ma vie et que je répandrai jusqu'à la dernière goutte de mon sang pour exterminer les Tarquins, et pour empêcher qu'aucun de cette maison, ni même qui que ce soit, règne jamais dans Rome. »

Ce serment fut répété de bouche en bouche par tous les Romains et devint le signal d'une grande révolution, comme vingt-cinq siècles après, le serment du jeu de paume, en France, fut le signal d'une immense rénovation politique et sociale. Le soulèvement contre les Tarquins fut général ; leur bannissement perpétuel et l'abolition de la royauté furent décrétés par le sénat, qui, avec l'approbation du peuple, substitua la forme républicaine à la forme monarchique.

Si le conspirateur Brutus eût agi prématurément, s'il n'eût pas attendu une occasion favorable pour faire éclater sa haine contre Tarquin, il eût péri comme son père et son frère ; et si même les Romains, à l'époque où Lucrèce fut outragée par Sextus, n'eussent pas été mûrs pour une révolution, Brutus aurait payé de sa tête son énergique serment, et son entreprise eût avorté.

CONJURATION DES GRACQUES.

Ce que les historiens appellent la *conjuration des Gracques* n'est pas, à proprement parler, une conjuration dans l'acception la plus commune que l'on donne à ce mot. Une conjuration suppose un complot tramé dans l'ombre et qui doit éclater à un jour donné ; or, les Gracques ne complotèrent point secrètement ; ils travaillèrent au grand jour et par des moyens légaux à soulager la misère du peuple ; revêtus d'une magistrature importante, ils employèrent tout le pouvoir qui leur était accordé par la loi à mettre une digue à l'ambition et aux enva-

hissemens des riches, et à faire goûter aux pauvres quelque
bien-être.

Si nous mettons l'entreprise des Gracques au rang des conspirations, c'est qu'elle vient admirablement à l'appui de ce que
nous avons dit en commençant ce travail, que, pour réussir dans
une œuvre révolutionnaire quelconque, il faut choisir le moment opportun. Si les Gracques ont complétement échoué dans
leur généreux projet, c'est qu'ils ne l'avaient pas assez mûri,
c'est que la majorité des citoyens de Rome, bien que ce projet fût conçu en leur faveur, étaient trop abrutis par la misérable condition dans laquelle ils végétaient pour en comprendre
toute la portée, c'est qu'ils n'avaient aucune conscience de
leurs droits.

Le projet des Gracques consistait à faire revivre la loi *licinia*,
et à donner à ferme aux pauvres citoyens les terres du domaine
public, moyennant une légère redevance. La loi *licinia* défendait aux riches de posséder plus de cinq cents plèthres de terre;
les riches avaient trouvé le moyen d'éluder cette loi en se faisant adjuger sous des noms empruntés les terres du domaine
public, en sorte que les citoyens pauvres étaient retombés dans
le même dénuement qu'auparavant.

Tibérius, l'aîné des Gracques, résolut de faire cesser cet
abus révoltant. Dès qu'il eut été nommé tribun, il rendit une loi
qui ordonnait aux riches de se dessaisir des terres qu'ils possédaient injustement, après toutefois en avoir reçu le prix; la
même loi concédait aux pauvres les terres qu'elle reprenait aux
riches.

« Quelque douce que fût cette réforme, dit Plutarque, le
peuple s'en contenta, et consentit à oublier le passé, pourvu
qu'on ne lui fît plus d'injustice à l'avenir; mais les riches et les
grands propriétaires, révoltés par avarice contre la loi, et contre le législateur par dépit et par opiniâtreté, voulurent détourner le peuple de la ratifier; ils lui peignirent Tibérius

comme un séditieux, qui ne proposait un nouveau partage des terres que pour troubler le gouvernement et mettre la confusion dans toutes les affaires. » Plutarque ajoute que les efforts des riches pour empêcher le peuple de ratifier la loi de Tibérius furent inutiles. Cet éloquent tribun foudroya les ennemis du peuple du haut de la tribune aux harangues. Quel effet prodigieux il devait faire sur la multitude lorsqu'il prononçait les paroles suivantes : « Les bêtes sauvages qui sont répandues » dans l'Italie ont leurs tannières et leurs repaires où elles peu- » vent se retirer, et ceux qui combattent, qui versent leur sang » pour la défense de l'Italie, n'y ont d'autre propriété que la lu- » mière et l'air qu'ils respirent : sans maison, sans établisse- » ment fixe, ils errent de tous côtés avec leurs femmes et leurs » enfans. Les généraux les trompent, quand ils les exhortent » à combattre pour leurs tombeaux et pour leurs temples ; car » dans un si grand nombre de Romains, en est-il un seul qui » ait un autel domestique et un tombeau où reposent ses ancê- » tres ? Ils ne combattent et ne meurent que pour entretenir le » luxe et l'opulence d'autrui ; on les appelle les maîtres de l'uni- » vers, et ils n'ont pas en propriété une motte de terre. »

Malgré cet admirable discours, la loi proposée rencontra une vive opposition ; Tibérius la retira et en proposa une nouvelle plus hostile aux riches et plus favorable aux pauvres. Le tribun Octavius la combattit vigoureusement, et Tibérius se vit obligé de suspendre tous les magistrats de la république jusqu'à ce que sa loi fût adoptée ; il fit même déposer Octavius du tribunat. Enfin, sa loi fut sanctionnée par le peuple ; les riches alors se déchaînèrent avec plus de fureur que jamais contre lui et formèrent une ligue pour le perdre ; mais le voyant chéri du peuple, et désespérant de le dompter tant qu'il aurait le formidable appui de la multitude, ils résolurent de l'assassiner. En effet, il fut mis à mort par eux au moment où il implorait le secours de ces mêmes prolétaires dont il avait amélioré le sort.

Avec lui périrent un nombre considérable de citoyens qui avaient essayé de le défendre et d'autres encore dont tout le crime était d'être ses amis. Leurs cadavres furent jetés dans le Tibre, et l'on refusa à son frère la triste consolation de lui rendre les derniers devoirs.

Le frère de Tibérius, appelé Caius, marcha sur ses traces, et comme lui, fit une guerre terrible à l'aristocratie des riches. Élevé à la dignité de tribun, il proposa une foule de lois dans l'intérêt du peuple, et mérita d'en être aimé comme l'avait été l'infortuné Tibérius. Comme lui il devint un objet de haine pour les patriciens, qui lui firent subir un sort semblable à celui de son frère.

CONJURATION DE CATILINA.

Cette conjuration échoua comme la précédente, probablement par les mêmes causes, c'est-à-dire parce que le peuple romain n'était pas à la hauteur des desseins de Catilina, parce que Catilina ne choisit pas, pour agir, le moment favorable. Un voile mystérieux et presque impénétrable enveloppe ce mémorable complot. S'il faut en croire l'aristocrate Cicéron, Catilina était un monstre de crimes qui ne voulait renverser l'autorité du sénat et s'élever au pouvoir que pour noyer Rome dans le sang, que pour assouvir sa cruauté sur les premier citoyens de la république. Je demande s'il est croyable que Catilina ait agi dans un pareil but? je demande si les plus forcenés scélérats tuent uniquement pour le plaisir de tuer? Quoi! toutes les injures, toutes les calomnies qu'il a plu à Cicéron de débiter contre son ennemi Catilina, à qui il avait voué une haine implacable, vous les acceptez comme des vérités irréfragables sans faire attention que c'est la passion toute seule qui les dicta? Est-ce dans la bouche de Charles IX ou de Catherine de Médicis que vous irez chercher une juste appréciation de Coligny? Est-ce d'a-

près le jugement que les Tallien, les Fouché, les Barras ont
porté sur les victimes de thermidor que vous vous ferez une
conviction à leur égard? Parce que Cicéron a dit de Catilina
qu'il était un scélérat, le croirez-vous sur parole? Cicéron n'a-
t-il donc jamais menti? a-t-il donc toujours parlé dans le sens
de la vérité? Rappelez-vous son oraison pour Milon, où il entre-
prend de prouver que Milon n'a point tué Clodius, lorsque
tout le monde à Rome, et lui-même tout le premier, était convaincu du contraire. Cicéron était rhéteur avant tout; l'exagération était sa figure favorite; il aurait sacrifié sans pitié ses
plus chers amis pour une fleur de rhétorique; cette république,
à laquelle il immola Catilina, il l'aurait immolée elle-même à
son amour-propre et au désir de faire briller son éloquence.

Mais dira-t-on, Cicéron n'est pas le seul qui se soit déclaré
contre Catilina, un parti considérable à Rome se forma contre
lui. Il est vrai que Catilina eut à combattre un redoutable parti
qui mit ses projets au néant, mais de qui se composait ce parti?
de tous ceux qui, depuis le commencement de la république, ne
cessaient de faire au peuple une guerre acharnée, de tous
ceux qui l'avaient exploité et opprimé jusqu'alors, de tous
ceux qui avaient massacré les Gracques parce que les Gracques
voulaient le bonheur du peuple, de tous ceux qui avaient persécuté Marius, parce que Marius, à l'exemple des Gracques,
avait pris en main les intérêts du peuple; que dirai-je enfin? le
parti qui extermina Catilina se composait de toute l'aristocratie patricienne, et d'une poignée de plébéiens parvenus, qui,
comme Cicéron, s'étaient ralliés au parti exploiteur et domina-
teur par ambition et par haine du peuple. Il faut en conclure
nécessairement que Catilina avait en vue de détrôner une aristocratie infâme, exécrable, pour faire triompher les intérêts de
la multitude.

Je répondrai à ceux qui affirment, sur la foi de Cicéron, que
Catilina voulait brûler Rome et en égorger les habitans, qu'en

supposant Catilina capable d'un si monstrueux forfait, ce qui, jusqu'à présent, ne nous a pas été assez clairement démontré, il faudrait supposer qu'il n'y aurait pas eu beaucoup d'hommes dans Rome dont l'ame eût été assez atroce pour l'aider à accomplir cette abominable tâche. Car, il faut le dire à l'avantage de l'humanité, le nombre des scélérats consommés est extrêmement borné; soit que la peur du supplice ou que toute autre considération les arrête, les hommes ont toujours été sobres de grands crimes. Dans nos sociétés modernes, si corrompues, si dépravées, voyez combien il y a peu de ces êtres exceptionnels qui se plongent à plaisir dans le sang de leurs semblables. On ne peut donc pas raisonnablement admettre que Catilina ait pu s'adjoindre plusieurs milliers de complices pour exécuter l'effroyable projet qu'on lui prête. La conspiration dont il était l'ame et le chef comptait un grand nombre de sénateurs et de chevaliers dans ses rangs; tout ce qu'il y avait à Rome de jeunes gens énergiques et intrépides en faisaient partie, ainsi qu'une foule de vieux soldats, blanchis sous le harnais et couverts de cicatrices; enfin elle s'était principalement recrutée parmi ces prolétaires tant méprisés, qui, pour être en proie à la faim, n'en sont pas moins capables de pratiquer toutes les vertus. Est-il présumable que tant d'hommes fussent des assassins, des scélérats?

Cicéron a fait grand bruit des mœurs dissolues de quelques-uns des conspirateurs; il prend texte de cela pour dire que la conspiration ne se composait que d'hommes débauchés et perdus de dettes. A ce sujet, je ferai observer que les ennemis d'un parti quel qu'il soit ne sont que trop disposés à déverser sur ce parti tout le blâme qui ne doit peser que sur quelques individus. Les démocrates de nos jours n'ont été que trop victimes de cette criminelle manœuvre; ne les a-t-on pas dépeints sous les plus affreuses couleurs? et parce qu'il se trouve malheureusement parmi eux des misérables qui déshonorent le nom d'homme par leurs vices et leurs turpitudes, est-il juste d'en faire supporter la responsabilité à la masse du parti démocratique? Dans tous les partis il y a de l'écume; juger d'un parti par les hommes tarés qui se trouvent dans son sein, c'est juger d'une ville par ses égouts. Je veux bien croire qu'il y avait des débauchés parmi les amis de Catilina, mais qu'importe au but de la conspiration? si ce but était louable, si la masse des conspirateurs étaient animés d'intentions pures, fallait-il les livrer à la hache des licteurs parce qu'il s'était glissé au milieu d'eux quelques uns de ces hommes sans foi et sans pudeur qui font de la crapule leur élément? Flétrissez l'immoralité partout où elle se trouve; mais gardez-vous d'envelopper dans une même réprobation et ceux qui sont véritablement corrompus et ceux qui ne le sont pas.

Au reste, je ne prétends point réhabiliter Catilina s'il ne mérite point de l'être; et dans l'absence presque complète de documens sur la fameuse conjuration à laquelle il a attaché son nom, je me borne à faire remarquer que la postérité ne le connaît que d'après la peinture que ses ennemis nous ont laissée de lui, que cette peinture doit nécessairement être passionnée et inexacte, et que notre devoir est de ne pas nous hâter de le juger sur des matériaux aussi peu dignes de foi que les harangues de Cicéron et l'ouvrage de Salluste, fait sous l'inspiration des haines de l'aristocratie patricienne contre lui.

Quoi qu'il en soit, voici en peu de mots l'histoire de la conjuration de Catilina. Depuis long-temps tout était préparé pour opérer une révolution complète dans Rome; Catilina voulant brusquer les choses pendant que Pompée était en Asie, avait fixé le moment de l'explosion à l'époque de l'élection des consuls. Il se mit sur les rangs pour obtenir cette suprême magistrature, mais Cicéron, plus heureux, l'emporta sur lui, en prononçant un discours où il insinua avec une perfide habileté les plus affreuses calomnies contre son rival. La conspiration n'ayant pu éclater à l'époque fixée parce que l'occasion n'avait pas été jugée favorable, on la remit au 5 février. Mais ce jour-là, le signal ayant été donné trop tôt, les conjurés, qui n'avaient pas encore eu le temps de se rendre à leur poste, ne bougèrent point, et il fallut encore une fois reculer l'exécution du complot. Pendant ce nouveau délai, la maîtresse de Curius, un des chefs de la conspiration, alla tout révéler à Cicéron ; ce consul, enchanté de trouver une occasion de perdre Catilina, se garda bien de le faire arrêter, lui et ses amis, avant qu'ils n'eussent commencé d'agir. Il les laissa au contraire faire toutes leurs dispositions, et se contenta de les faire observer par une foule d'espions incessamment attachés à leurs pas. Quand il connut tous les fils de la conspiration et qu'il la vit sur le point d'éclater, il prit la parole dans le sein du sénat et dénonça Catilina. Celui-ci voulait se défendre, mais l'assemblée, prévenue contre lui, couvrit sa voix de murmures, et il fut obligé de se retirer. De retour chez lui, il convoque les principaux chefs de la conspiration, leur fait part de ce qui vient de se passer dans le sénat, et leur annonce qu'il va se mettre à la tête d'un corps de troupes que Manlius, un des conjurés, a rassemblé en Étrurie, et avec lequel il reviendra assiéger Rome. Il les exhorte à agir en son absence comme s'il était présent, et les quitte après leur avoir promis un prompt secours.

Cicéron, désespéré de voir Catilina lui échapper, et craignant que les autres chefs ne sortissent également de Rome, se hâta de les faire arrêter ; et comme il avait en main des lettres écrites par eux qui prouvaient leur culpabilité, il les fit mettre à mort, et condamna à l'exil ceux qui n'avaient joué qu'un rôle secondaire dans la conspiration.

Restait Catilina, qui pouvait encore à force d'audace et d'habileté relever son parti. Antonius, collègue de Cicéron dans le consulat, marcha contre lui et lui livra bataille dans les champs de Pistoie. L'armée de Catilina était inférieure en nombre à

celle du consul, et cependant elle tint long-temps la victoire en
balance et ne céda qu'après des prodiges de valeur. Lorsque Catilina s'aperçut que ses troupes faiblissaient et qu'il ne lui restait plus aucun espoir de succès, il se précipita au plus épais
des bataillons ennemis et mourut en héros.

MORT DE CÉSAR.

César avait tout vaincu, tout dompté dans l'univers romain,
et avec lui la démocratie ou mieux encore le prolétariat avait
triomphé; non pas que l'avénement de César au pouvoir eût
fait jouir les Romains d'une égalité parfaite, impossible dans
des temps de troubles et de révolution, et qui, d'ailleurs n'é-
tait pas compatible avec le caractère entier, orgueilleux, inflexible de César; mais le vainqueur de Pompée avait humilié
et mis sous ses pieds l'aristocratie patricienne, il l'avait dé-
pouillée de toutes ses prérogatives; et comme il n'avait accompli
cette grande tâche qu'avec le secours des prolétaires, dont ses
redoutables légions étaient composées, comme son parti était
formé principalement des débris du parti de Marius, on peut
dire avec juste raison que César était le prolétariat incarné.

Après sa victoire, César tendit les bras aux vaincus et les
admit dans son intimité : c'était réchauffer des serpens dans
son sein. Ils profitèrent de la confiance que César leur accordait pour conspirer contre lui. Le but de la conspiration était de
rétablir la république sur ses anciennes bases, c'est-à-dire de
rendre à l'aristocratie tout son lustre et tout son pouvoir. Car,
à bien examiner les choses, la ruine de la république, dont on
fit un si grand crime à César, n'avait été que la destruction de
la caste patricienne; Cassius et Brutus, en se proclamant les
sauveurs de Rome et les restaurateurs de la république, n'étaient
en effet, ou du moins n'auraient été, s'ils avaient réussi, que
les restaurateurs du privilége et de l'aristocratie.

Les conjurés avaient si bien compris que César résumait en lui la démocratie tout entière, qu'ils résolurent de l'assassiner, pensant qu'avec lui périrait le parti dont il était l'ame et le chef. Ils le frappèrent donc de vingt-trois coups de poignard; mais à peine avaient-ils consommé ce grand forfait, qu'ils furent forcés de quitter précipitamment Rome pour se soustraire à la fureur trop légitime du peuple. Marc-Antoine, l'ami, le compagnon, le lieutenant de César, de concert avec le jeune Octave, rallia autour de lui le parti démocratique et fit une guerre acharnée à Brutus, à Cassius et à leurs complices. L'aristocratie et le prolétariat se trouvèrent encore aux prises; la question se vida dans les champs de Philippe, en Macédoine, et là, comme à Pharsale, l'aristocratie mordit la poussière; elle expia par sa défaite et l'oppression qu'elle avait fait peser pendant cinq cents ans sur les Romains, et le meurtre récent du grand César.

La conjuration de Brutus et de Cassius contre le vainqueur de Pompée est une nouvelle preuve ajoutée à tant d'autres que pour parvenir à renverser un gouvernement, quel qu'il soit, il ne faut pas que ce gouvernement réunisse les suffrages du plus grand nombre. Le dictateur César était adoré de la presque universalité des Romains; s'attaquer à lui c'était froisser les affections du peuple, qui ne pardonne jamais de pareils attentats. Les conjurés crurent en frappant César anéantir tout ce qui faisait obstacle à leurs desseins; mais ils acquirent bientôt la conviction que le peuple, par qui et au nom de qui César avait revêtu la pourpre dictatoriale, n'était pas mort avec lui, et que tant qu'il serait debout l'aristocratie devait trembler.

LES VÊPRES SICILIENNES.

Charles d'Anjou, frère de saint Louis, ayant reçu du pape

Urbain IV, l'investiture du royaume de Naples et de la Sicile, et s'étant emparé de ces états les armes à la main, crut devoir les traiter en pays conquis et fit peser sur les Napolitains et les Siciliens la plus intolérable tyrannie. Ces derniers surtout étaient en butte à des exactions, à des vexations de tout genre; les gouverneurs que Charles leur envoyait renchérissaient encore sur la tyrannie impitoyable de leur maître, et se faisaient auprès de lui un mérite d'outrepasser ses ordres sanguinaires. Les troupes françaises, avec lesquelles Charles-d'Anjou avait fait la conquête de Naples et de la Sicile, s'étaient également rendues exécrables par leurs excès, de telle sorte que le nom français était en horreur dans ces contrées, où les Normands avaient fait chérir leurs lois.

Une conspiration fut ourdie en Sicile pour chasser de cette île les Français qui l'opprimaient. Le chef de cette conspiration était un noble appelé Jean-de-Procida, qui commença par exciter secrètement les Siciliens à la révolte, et qui, après avoir suffisamment préparé les esprits au grand mouvement qu'il méditait, se rendit à la cour de différens princes pour les engager à faire la guerre à Charles-d'Anjou. Michel Paléologue, empereur de Constantinople, auprès duquel il se rendit d'abord, promit faiblement des secours; mais, plus heureux auprès du roi d'Aragon, il le détermina à appuyer le soulèvement des Siciliens par un armement formidable. Ce monarque se tint prêt à débarquer en Sicile avec une armée de trente mille hommes.

Jean de Procida revint dans sa patrie pour mettre à exécution ses projets révolutionnaires. Il trouva plus que jamais la Sicile opprimée; les Français exerçaient les violences les plus atroces sur les malheureux habitans de cette île, qui, réduits au désespoir, nourrissaient les plus terribles idées de vengeance contre leurs tyrans. Procida arrive; il les harangue, et ses paroles, comme une lave dévorante, enflamment les cœurs. C'est le

mardi de Pâques, 30 mars 1282, que la conspiration éclata.
Ce jour-là, les habitans de Palerme se rendirent à une chapelle
située à quelque distance de la ville pour y entendre les vêpres,
suivant une ancienne coutume. Les Français s'étaient aperçus des
dispositions sinistres du peuple et se tenaient sur leurs gardes.
Le gouverneur de Palerme, Jean de Saint-Remi, avait même
ordonné que l'on fouillât ceux qui paraissaient cacher des armes sous leurs vêtemens. Un soldat poussant cette consigne
trop loin, voulut fouiller une jeune fille qui se rendait à la chapelle avec sa famille ; la jeune Sicilienne cria, le peuple accourut, mille stylets brillèrent à l'instant, et l'imprudent soldat
tomba mort ; mais il ne fut pas seul victime de la fureur populaire, le massacre devint général, tous les Français furent égorgés sans distinction d'âge ni de sexe. Jean de Procida avait si
bien pris ses mesures que toutes les autres villes de la Sicile
imitèrent Palerme, et se plongèrent dans le sang de leurs oppresseurs.

Charles d'Anjou, à la nouvelle de cette sanglante insurrection, se hâta de conduire une armée en Sicile pour faire rentrer
cette île sous sa domination ; il assiégea Messine, qui se défendit
avec une telle vigueur que le roi d'Aragon eut le temps de venir à son secours. Charles, ne se sentant pas assez fort numériquement pour lutter contre l'armée espagnole, retourna en
Italie, et la Sicile reçut les lois de Pierre d'Aragon.

Il est à remarquer que jamais conspiration peut-être n'éclata
dans des circonstances plus favorables que celle qui fut tramée
par Jean de Procida ; le peuple de Sicile entra si bien dans ses
vues et se souleva si à propos, que l'on aurait dit qu'il était
dans le secret de la conspiration. Sans doute, Procida avait
confié ses desseins à un grand nombre de Siciliens, mais la multitude les ignorait, et c'est la multitude qui fit le massacre, ex-
citée qu'elle était par les discours et surtout par l'exemple de
Procida et de ses amis. Les conspirateurs à venir devraient se

régler sur ce mémorable exemple, ils devraient imiter de point en point l'admirable conduite de Procida; en n'agissant, comme lui, que lorsqu'ils seraient sûrs de l'appui et de la coopération du peuple, leur entreprise serait infailliblement couronnée de succès.

AFFRANCHISSEMENT DE LA SUISSE.

Il y avait près de trois siècles que les Suisses étaient sujets de la maison de Hapsbourg, lorsqu'ils s'affranchirent de son joug abhorré. Albert d'Autriche ayant voulu ériger la Suisse en principauté pour un de ses fils, les habitans de cette contrée protestèrent contre une mesure qui les ravalait au rang d'esclaves et de serfs; Albert fit marcher des troupes contre eux pour les soumettre à ses despotiques volontés; alors une conspiration se forma contre la tyrannie autrichienne. Cette conspiration ressemble parfaitement, par les motifs et par le but, à la précédente; les Suisses, comme les Siciliens, étaient courbés sous une domination étrangère, et, comme eux, ils la supportaient impatiemment; la seule différence est dans l'exécution; les Siciliens, chez qui l'amour de la vengeance est une seconde nature, fureurs atroces dans leur insurrection contre les Français; ils poussèrent, dit-on, la fureur jusqu'à éventrer les Siciliennes enceintes qui avaient pour maris ou pour amans des Français. Les Suisses, dont le sang est moins ardent, ne commirent aucune cruauté; ils se contentèrent d'expulser les Autrichiens de leur territoire sans se porter à des excès aussi révoltans que les Siciliens. Trois paysans, Werner Stauffacher, Arnold de Melchtal et Walther Furst, se liguèrent pour rendre la liberté à leur patrie. Chacun des trois conjurés en fit entrer trois autres dans la conspiration; ceux-ci gagnèrent un grand nombre de leurs concitoyens, et bientôt les trois cantons d'Ury, de Schwyz et d'Underwald furent prêts à s'insurger.

Pendant que cette formidable conspiration se tramait dans l'ombre, il arriva un événement qui, comme l'attentat de Sextus sur Lucrèce, précipita le cours des choses et amena un prompt dénouement. Le gouverneur autrichien d'Ury, nommé Gessler, fit mettre son bonnet au bout d'une perche et ordonna, sous peine de mort, de le saluer comme si c'était lui-même. Guillaume-Tell, un de ceux qui trempaient dans la conspiration, refusa de saluer le bonnet de Gessler, et fut condamné à être pendu. L'infâme Gessler consentit à modifier cette sentence horrible, mais, plus cruel encore dans sa clémence que dans ses rigueurs, il ne fit grace de la vie à Guillaume-Tell qu'à condition qu'il percerait d'une flèche une pomme placée sur la tête de son jeune enfant. Le malheureux Tell tire en tremblant, et par un bonheur inouï, abat la pomme sans blesser son fils. Le gouverneur, qui était présent, aperçoit à sa ceinture une seconde flèche et lui demande quel usage il voulait en faire : « T'en percer le cœur, s'écria Guillaume-Tell, si j'avais tué mon enfant. » Gessler, furieux de cette réponse, le fit mettre aux fers. Bientôt après, le gouverneur autrichien, par un concours de circonstances qu'il serait trop long de rapporter, fut tué de la main de ce même Guillaume-Tell. Sa mort fut le signal de l'insurrection d'un bout de la Suisse à l'autre; en peu de temps les troupes de la maison d'Autriche furent passées au fil de l'épée ou forcées à une prompte retraite, et les nombreuses forteresses bâties pour comprimer les Suisses furent démolies. Albert fit de grands préparatifs militaires pour faire rentrer la Suisse sous le joug; mais la mort l'ayant surpris, son successeur Léopold les continua et envoya une puissante armée contre les généreux enfans de l'Helvétie. Ceux-ci, à l'exemple des Spartiates aux Thermopyles, se portèrent au nombre de cinq cents environ, au Pas-de-Margate, et mirent les Autrichiens en fuite en roulant sur eux des quartiers de rochers et d'énormes troncs d'arbres. Après cette victoire signalée, les trois cantons qui les premiers avaient levé l'étendard de la rebellion et de l'indépendance firent entr'eux une alliance offensive et définitive, à laquelle accédèrent dans la suite tous les autres canton successivement.

CONSPIRATION DE RIENZI.

Les conspirateurs qui ont pour objet le renversement d'une tyrannie étrangère, comme les deux précédentes, ont presque toujours les plus grandes chances de succès, parce qu'elles obtiennent unanimement l'approbation des masses. Celles au contraire qui ont pour but de détruire une oppression intérieure réussissent bien moins facilement, attendu que ceux qui oppriment la patrie qui les a vus naître s'appuient le plus souvent sur une classe dominante, qui les soutient et les aide à comprimer la multitude. C'est ainsi que la conspiration de Rienzy à Rome, qui d'abord semblait devoir réussir, échoua complètement, parce que Rienzy avait contre lui les nobles et le clergé, sur lesquels s'appuyait le pape.

Nicolas Rienzy, voyant Rome, sa patrie, opprimée par deux maîtres à la fois, par le pape et l'empereur d'Allemagne, résolut de briser ce double joug et de rendre à l'ancienne maîtresse de l'univers toutes les prérogatives qui avaient fait sa force et sa grandeur, aux beaux jours de la république. L'extraction de Rienzy était toute populaire : son père était cabaretier et sa mère blanchisseuse. Il reçut une brillante éducation et se livra surtout avec ardeur à l'étude des historiens et des orateurs de l'antiquité. Les lois, les usages, les monumens de l'ancienne Rome étaient pour lui un sujet d'admiration, et il professait le respect le plus religieux pour la mémoire et les vertus des anciens Romains. Voilà sans doute ce qui explique pourquoi, avec le désir d'affranchir Rome de la domination pontificale et de la tyrannie impériale, il conçut celui de lui rendre ses an-

tiques lois et son antique liberté. Doué d'une éloquence entraî-
nante, il avait acquis sur l'esprit du peuple un ascendant extraordinaire dont il profita pour réaliser ses projets.

Le premier jour de carême de l'année 1547, il écrivit sur la
porte de l'église Saint-George *in velabro*, les mots suivans :
« Dans peu de jours les Romains rentreront dans le bon état
(*nel buono stato*).» Ayant convoqué ensuite sur le mont Aventin
un grand nombre de Romains, il les exhorta à lui prêter aide
et appui pour détruire la servitude, et pour délivrer Rome de
tous les maux auxquels elle était en proie. Quand il les vit subjugués par l'autorité de ses paroles, il leur fit prêter sur l'Évangile le serment de rétablir la liberté romaine. Le lendemain, il
harangua le peuple au bas de l'escalier du Capitole, et lui demanda d'approuver les réglemens qu'il voulait mettre en vigueur; le peuple accueillit son discours avec enthousiasme, et
non seulement donna son approbation aux réglemens qu'il
proposait, mais il lui ordonna de les mettre à exécution; en
outre, il le nomma tribun du peuple et l'investit d'un pouvoir
sans bornes. Le pape habitait alors Avignon; son autorité
cessa de régner dans Rome, où Rienzy exerça une souveraine
puissance.

Le premier soin du tribun fut de détruire les voleurs et les
assassins qui infestaient les environs de Rome, et de rétablir
dans cette ville la tranquillité qui était sans cesse troublée par
les démêlés sanglans des *Orsini* et des *Colonna*. Il travailla
avec une ardeur infatigable à soulager la misère du peuple et
à rendre à la ville éternelle sa splendeur passée. Mais il ne put
conduire à terme cette admirable tâche; les partisans du pape,
les nobles, et généralement tous ceux qui avaient un intérêt
quelconque à conserver les abus que Rienzy voulait abolir, et
à rétablir un ordre de choses qui était uniquement à leur
avantage, se liguèrent contre lui pour entraver sa marche et
empêcher l'accomplissement de ses généreux projets. Les Co-

lonna et les Ursini, naguère ennemis acharnés, oublièrent leurs
communes querelles et réunirent leurs efforts pour renverser
Rienzi. Le tribun sortit de Rome à la tête d'une troupe intrépide, les combattit et remporta sur eux une victoire complète.
Mais ce qu'ils n'avaient pu obtenir par les armes, ils l'obtinrent
par leurs intrigues et leurs machinations. Le peuple, séduit et
gagné par eux, abandonna celui qui n'avait en vue que le bonheur public. Rienzi, livré à ses seules forces, tomba après
avoir gouverné Rome pendant sept mois.

CONJURATION DE FIESQUE.

Je dirai peu de mots de la conjuration de Fiesque contre la
puissance d'André Doria, à Gênes. Ce qui prouve que Fiesque n'agissait pas dans le sens de l'opinion publique et que la
grande majorité des Génois soutenait Doria, c'est que la conjuration ourdie par lui périt avec lui. On sait que Fiesque, le
jour même de l'exécution de son complot, tomba à la mer
et se noya. Sa mort consterna et découragea les conjurés à un
tel point, qu'ils n'eurent pas la force de continuer l'œuvre qu'il
avait commencée, et qu'ils prirent la fuite ou se laissèrent arrêter sans résistance. Il est difficile de dire quelle issue aurait
eue la conjuration, si Fiesque n'avait pas péri; mais ce que l'on
peut affirmer c'est que, dans le cas où elle aurait réussi, elle
n'aurait dû son succès qu'à l'audace, à l'énergie, à l'intrépidité d'une poignée d'hommes, et non à l'appui du plus grand
nombre.

CONJURATION D'AMBOISE.

Il faut voir dans cette conjuration autre chose que l'ambition
d'un chef vulgaire et obscur comme La Renaudie. La royauté
tenait depuis près d'un siècle les seigneurs dans un état de con-

trainte et de sujétion qui leur était insupportable, lorsque la mort d'Henri II et l'avénement au trône de France d'un roi enfant et cacochyme leur donnèrent l'espoir de ressaisir leur ancienne influence et de faire rentrer la royauté sous leur tutelle. La noblesse, à l'époque où François II succéda à Henri II, son père, se divisait en deux grandes factions, celle des Guise et celle des princes du sang. Ces deux factions devaient nécessairement profiter de la minorité de François II pour faire valoir leurs prétentions respectives et pour chercher à s'emparer du pouvoir à l'exclusion l'une de l'autre. Les Guise furent les plus heureux; Catherine de Médicis, qui les favorisait, les plaça au timon des affaires. Les princes du sang, ou pour mieux dire le prince de Condé, car l'imbécile roi de Navarre n'avait par lui-même ni passions ni volonté, forma alors la résolution d'arracher de vive force les rênes de l'état aux Guise et de s'emparer de la personne du roi pour gouverner sous son nom.

Le prince de Condé avait un parti puissant : ayant embrassé par politique la religion de Calvin, il était devenu naturellement, par son rang et par son habileté, le chef du parti calviniste en France. A ses côtés, et sur la même ligne que lui, marchait l'amiral Coligny, qui partageait avec lui le fardeau et les prérogatives du commandement. Ces deux chefs tramèrent dans le plus profond secret la première conspiration qui ait éclaté en France. Elle eut pour chef ostensible La Renaudie, qui n'était qu'un instrument du prince de Condé, ame toute-puissante mais invisible du complot.

La cour était à Amboise, où elle n'était gardée que par un très petit nombre de soldats. Il fut résolu que l'on se porterait en armes sur cette ville pour enlever le roi et pour tuer les Guise. Les conjurés, au nombre de quinze ou dix-huit cents, devaient se diriger sur Amboise par petites troupes séparées, de manière à y arriver tous au même jour et à la même heure. Les mesures étaient parfaitement concertées; la conspiration aurait infailliblement réussi, si La Renaudie lui-même n'avait commis l'indiscrétion de la révéler à un avocat de ses amis. Cet avocat découvrit tout aux Guise. Ceux-ci firent venir des troupes en toute hâte à Amboise. Les conjurés qui ne savaient pas qu'ils étaient découverts, s'acheminèrent en toute sécurité vers la résidence royale, comme ils en étaient convenus, et n'y arrivèrent que pour tomber sous les coups des Guise. La Renaudie et un petit nombre des siens périrent en combattant ; les autres perdirent la vie dans de cruels supplices. Cette conspiration n'eut d'autres résultats que d'affermir l'autorité des Guise, et d'être le signal des guerres civiles qui durèrent quarante ans.

CONSPIRATION DES POUDRES.

Nous voici arrivés à la plus exécrable conception de l'esprit humain. La conspiration précédente était formée par des Calvinistes contre des catholiques, celle-ci le fut par des catholiques contre des réformés d'Angleterre. La conspiration des poudres fut l'ouvrage des jésuites ; ils en furent les instigateurs occultes, comme le prince de Condé et l'amiral Coligny l'avaient été de la conspiration d'Amboise. Les catholiques d'Angleterre, que le successeur d'Élisabeth, Jacques Ier, avait mécontentés en ne remplissant pas les espérances qu'ils avaient conçues, résolurent de l'exterminer, lui, sa famille et son parlement, d'un seul coup. Un petit nombre de fanatiques furieux, parmi lesquels l'histoire a conservé les noms de Perci et de Catesbi, se firent les instrumens des vengeances catholiques et projetèrent de mettre trente-six tonneaux de poudre sous la chambre du parlement où le roi et sa famille devaient se rendre. Déjà les trente-six tonneaux étaient placés sous la chambre ; les conjurés attendaient impatiemment le jour de la séance royale pour faire sauter en l'air le roi et les pairs du royaume. Un d'entre eux, Perci, s'émut de pitié pour un de ses amis, membre du

parlement, et lui adressa ce billet : « Si vous aimez votre vie,
» n'assistez point à l'ouverture du parlement ; Dieu et les hom-
» mes concourent à punir la perversité du temps : le danger
» sera passé en aussi peu de temps que vous en mettrez à brû-
» ler cette lettre. » Il n'en fallut pas davantage pour faire découvrir la conspiration. Le pair à qui la lettre était adressée la com-
muniqua au roi, qui tint conseil avec ses ministres sur ce qu'il y
aurait à faire ; la dernière phrase du billet de Perei fit deviner
précisément ce que les conjurés avaient en vue. On visita, la
veille même du jour où devait avoir lieu l'ouverture du parlement, les caves qui se trouvaient sous la salle ; un homme était
à la porte avec une mèche et un cheval qui l'attendait. La découverte des trente-six tonneaux de poudre fit comprendre
l'immense danger qu'avaient couru Jacques Ier et la chambre
des pairs. La plupart des conjurés aimèrent mieux combattre
que de se laisser arrêter et se défendirent jusqu'à la mort. Dix
seulement furent livrés au supplice ; au nombre de ces dix
étaient deux jésuites, que leur ordre proclama innocens et à
qui il décerna la couronne du martyre.

La conspiration des poudres, par son atrocité même, prouve
qu'elle fut conçue par des esprits désespérés qui trouvaient tous
les moyens bons pourvu qu'ils arrivassent à leur but. Ce n'est
pas ainsi, en bonne morale, que l'on doit agir. Si l'on employait
indifféremment tous les moyens pour réussir, la société retom-
berait dans le chaos. Cette morale est celle de l'assassin, de
l'empoisonneur, de l'incendiaire ; non, tous les moyens ne sont
pas bons ; il n'y a de bons que ceux qui sont approuvés par la
justice et l'équité. Honte, ignominie à celui qui le premier a
dit : la fin justifie les moyens ! Mais alors, va-t-on dire, les conspirations les plus légitimes, les plus saintes, celles qui ont pour
objet de rendre la liberté à toute une nation, seront frappées
de réprobation, car pour réussir elles devront employer toutes
sortes de moyens que ne justifie pas toujours la saine morale.

A cela je réponds que c'est agir strictement dans le sens de la morale que de faire usage d'armes loyales pour renverser la tyrannie; mais que c'est agir diamétralement contre elle que de se servir de moyens ignobles et atroces. Par armes loyales, j'entends celles qui frappent l'adversaire par devant, au grand jour, telles que celles dont le peuple français fit usage au 14 juillet 1789, au 10 août 1792, au 28 et au 29 juillet 1830; par moyens ignobles et atroces, j'entends le poignard, le guet-à-pens, ou les attentats dans le genre de la conspiration des poudres et de la machine infernale.

CONSPIRATION DU MARQUIS DE BEDMAR CONTRE VENISE.

La république de Venise s'était élevée à un très haut degré de splendeur par ses victoires et surtout par son commerce. Elle se faisait craindre et respecter de toutes les puissances de l'Europe. La cour d'Espagne, qui de tout temps avait été l'ennemie des Vénitiens, leur avait fait à plusieurs reprises une guerre acharnée sans pouvoir réussir à les abattre. Ce qu'elle n'avait pu opérer par la voie des armes, elle essaya de l'obtenir par une conspiration. Comment qualifier une pareille entreprise? C'est la première de ce genre dont l'histoire fasse mention. On avait souvent vu des conspirations tramées par des particuliers contre le gouvernement qui les opprimait; mais on n'en avait pas encore vu qui fussent tramées par un gouvernement étranger pour mettre tout un peuple sous le joug.

Les trois principaux chefs de cette entreprise inouïe furent le duc d'Ossone, vice-roi de Naples, don Pedre de Tolède, gouverneur de Milan, et le fameux marquis de Bedmar, ambassadeur du roi d'Espagne auprès de la république de Venise. Ce dernier organisa le complot avec une habileté et une force de génie vraiment extraordinaires. Le caractère d'inviolabilité dont il était revêtu comme ambassadeur lui permit de jouer un rôle actif dans la conspiration sans courir les mêmes dangers que les autres conjurés. A l'exception de lui et d'un très petit nombre d'autres qui ne furent point découverts, tous ceux qui trempèrent dans la conspiration furent pendus sur la place Saint-Marc, ou noyés dans les lagunes.

Voici quel était le plan de cette conspiration célèbre : le marquis de Bedmar avait fait entrer dans Venise une grande quantité d'armes qu'il avait cachées dans son palais. En outre, il avait rassemblé auprès de lui cinq cents étrangers qui devaient agir au premier signal. On devait mettre le feu dans plusieurs endroits de la ville à la fois; des troupes, envoyées secrètement de Milan par don Pèdre de Tolède, devaient s'introduire dans Venise par la terre ferme, tandis que des matelots, que l'on avait gagnés à prix d'or, devaient conduire, à travers l'inextricable dédale des lagunes, des barques chargées de soldats que le duc d'Ossone avaient envoyés, et qui stationnaient à quelques lieues de Venise. Enfin, ce qui devait porter le dernier coup au gouvernement vénitien, c'est qu'un des commandans de la flotte s'était chargé de mettre le feu à douze vaisseaux qu'il avait sous ses ordres immédiats, pour les empêcher de venir au secours de la république.

Plusieurs Français, qui se trouvaient à Venise, entrèrent dans la conspiration; de ce nombre étaient Regnault, François Jaffier, Balthazar Juven, Brainville, Moncassin, Desbouleaux, etc. Ce qui est à remarquer, c'est qu'il n'y avait que très peu d'Espagnols dans la conspiration; la masse des conspirateurs se composait de Français, d'Allemands et d'Italiens.

Il était impossible qu'un secret qui était connu d'un nombre si considérable de personnes fût religieusement gardé. Le remords, l'indiscrétion, l'appât d'une récompense, pouvait faire tout découvrir. En effet, le sénat fut averti par plusieurs délateurs à la fois de la trame qui menaçait l'indépendance de Venise. Aussitôt, les trois inquisiteurs d'état s'armèrent de la redoutable puissance dont ils étaient investis pour punir les coupables. Inflexibles dans leurs vengeances, ils n'épargnèrent que le marquis de Bedmar, qu'ils firent sortir secrètement de la ville pour le soustraire à la fureur du peuple. Tout ce que l'on put découvrir de conjurés fut mis à mort par leurs ordres; ils frappèrent avec la rapidité de la foudre, et la tranquillité ne fut pas même un instant troublée dans Venise.

CONSPIRATION DE PINTO.

Le Portugal gémissait depuis soixante ans sous le joug espagnol, lorsqu'en 1640 il recouvra son indépendance par une de ces conspirations dont le succès est presque toujours infaillible; car la nation portugaise tout entière conspira, sinon activement, au moins de cause et d'intention avec ceux qui travaillèrent à renverser la domination étrangère. A cette époque, le Portugal était gouverné par Marguerite de Savoie, duchesse de Mantoue, qui avait le titre de vice-reine. Son pouvoir n'était pas très étendu; les rênes du gouvernement étaient réellement entre les mains d'un Portugais nommé Vasconcellos, secrétaire d'état auprès de la vice-reine et créature d'Olivarès. La plus parfaite tranquillité régnait en Portugal, et les habitans de ce pays étaient indifférens, du moins en apparence, à l'asservissement dans lequel ils vivaient. Un seul personnage portait ombrage au roi d'Espagne Philippe IV, et à son premier ministre, c'était le duc de Bragance, descendant direct de l'ancienne maison royale, et que la nation portugaise, bien qu'elle n'eût fait encore aucun mouvement pour se donner à lui, regardait comme son légitime souverain. Le duc de Bragance menait une vie qui aurait dû éloigner de lui tous les soupçons; uniquement occupé de bals, de parties de chasse, de fêtes, il semblait avoir renoncé à tout rôle politique. Son palais de Villaviciosa était un séjour enchanté où les graces, les plaisirs et les amours

avaient fixé leur empire. Néanmoins la cour d'Espagne le faisait observer par une nuée d'espions qui savaient toutes ses démarches et en rendaient un compte fidèle au duc Olivarès. Ce
ministre avait essayé déjà de l'éloigner du Portugal en lui of-
frant divers commandemens que le duc de Bragance avait refusés. Quand Olivarès vit qu'il ne pouvait le déterminer à
quitter un pays sur lequel il espérait régner un jour, il résolut
de le faire enlever de vive force ; mais, craignant le que peuple,
qui l'aimait beaucoup, ne s'insurgeât pour le défendre, il eut recours à la ruse ; il le nomma généralissime et le pria de faire l'in-
spection des places fortes du Portugal et de pourvoir à leur
armement ; les gouverneurs reçurent en même temps l'ordre
de se saisir de sa personne, s'ils en trouvaient l'occasion favorable, et de le faire conduire en Espagne. Le duc de Bragance
s'aperçut du piége, et conçut le projet de se servir des hautes
fonctions qui lui étaient conférées pour remonter sur le trône
de ses pères. Il confia tous les emplois à ses partisans, employa
les sommes que l'on avait mises à sa disposition à se faire de
nouvelles créatures, et se fit accompagner d'une si nombreuse
suite en visitant les places, qu'aucun gouverneur n'osa s'emparer de lui.

Le duc de Bragance avait dans Pinto Ribeiro, intendant
de sa maison, un partisan dévoué et habile. Il s'était ouvert à
lui et lui avait fait l'aveu qu'il voulait ressaisir la couronne de
Portugal, mais qu'il ne se mettrait en avant que lorsqu'il aurait des chances certaines de succès. L'adroit Pinto possédait
l'art merveilleux de faire des mécontens ; il aigrissait l'inimitié
des Portugais contre les Espagnols, et travaillait, par tous les
moyens que lui suggérait son fertile génie, à préparer une révolution en faveur de son maître.

Par son influence et son habileté, Pinto détermina un grand
nombre de nobles à se réunir en assemblée secrète, dans le
but de s'entendre pour arracher le Portugal à la tyrannie espa-

gnole. L'archevêque de Lisbonne harangua l'assemblée, parla
des malheurs de la patrie et de l'horrible oppression qui pesait sur elle, et excita tous les nobles présens à secouer le joug
et à placer le duc de Bragance sur le trône. Tous les assistans
entrèrent dans ses vues et jurèrent de prendre les armes pour
affranchir leur pays. Le duc de Bragance, instruit de cette heureuse disposition des esprits, vint habiter son château d'Al-
mada, situé sur le bord du Tage en face de Lisbonne. Pinto
lui ménagea une entrevue avec trois des principaux conjurés.
Le duc les accabla de caresses, mais n'osa pas répondre trop
explicitement à l'offre qu'ils lui firent de la couronne. Ils se retirèrent convaincus qu'il approuverait tout ce qui serait fait si
le succès couronnait leurs efforts.

Cependant, la cour de Madrid était fort inquiète. Elle savait
que des assemblées nombreuses et fréquentes avaient lieu à Lisbonne, et qu'une conjuration se tramait sourdement; se dou-
tant que le duc de Bragance en deviendrait le drapeau, elle lui
envoya l'ordre de venir à Madrid rendre compte de l'état où se
trouvaient les places fortes du Portugal. Le duc de Bragance se
garda bien d'obéir. Sa femme, Louise de Gusman, d'un caractère mâle et ferme, et qui était dévorée d'ambition, le guidait
de ses conseils et était avec Pinto l'âme de la conspiration.
C'est elle qui le rassurait, qui dissipait ses craintes; c'est elle
qui fortifiait son âme chancelante quand il reculait devant le
danger. Les conjurés redoublèrent d'activité pour arriver plus
tôt au terme de leur entreprise.

Il fut enfin convenu que la conspiration éclaterait à Lisbonne
le 1er décembre 1640. Les conjurés se réuniront quelques jours
auparavant à l'hôtel de Bragance et concertèrent leurs dernières mesures. Au jour fixé, cinq cents conjurés pénétrèrent
dans le palais de la vice-reine, se rendirent maîtres de sa personne, égorgèrent Vasconcellos et jetèrent son cadavre par
une fenêtre en criant : « Le tyran est mort, vive la liberté et

don Juan de Portugal; ils forcèrent ensuite la vice-reine et l'archevêque de Bragne d'intimer l'ordre au gouverneur de la citadelle de la leur livrer. Le gouverneur obéit. La capitale du Portugal se trouva ainsi au pouvoir des conjurés sans effusion de sang. L'archevêque de Lisbonne prit en main les rênes du gouvernement en attendant l'arrivée du duc de Bragance, qui bientôt fit son entrée dans la capitale. Tout le Portugal s'insurgea à l'exemple de Lisbonne, et le 15 décembre le duc de Bragance se fit couronner sous le nom de Jean IV.

CONSPIRATION DE CINQ-MARS.

La conspiration à laquelle Cinq-Mars attacha son nom avait pour but d'arracher le pouvoir des mains du cardinal de Richelieu, d'assassiner même ce ministre, et de faire entrer en France une armée espagnole. Gaston d'Orléans, frère de Louis XIII, trempait dans la conspiration, ainsi que le duc de Bouillon et plusieurs autres grands seigneurs; mais le jeune Cinq-Mars, favori de Louis XIII, et qui à l'âge de vingt-deux ans était revêtu déjà de l'importante charge de grand-écuyer, était l'agent le plus actif du complot. Bien qu'il eût été placé auprès du roi par Richelieu lui-même, qui avait voulu s'en faire un instrument, Cinq-Mars détestait Richelieu, parce que ce ministre lui avait refusé l'entrée du conseil. Louis XIII, qui ne supportait qu'impatiemment le joug de ce ministre, mais qui n'osait s'en affranchir, confiait ses chagrins et ses ennuis au jeune Cinq-Mars et l'encourageait, pour ainsi dire, à tramer quelque chose contre lui. Plus tard, Cinq-Mars ayant perdu la faveur du roi, lui voua une haine non moins vive qu'à Richelieu; c'est alors que, de concert avec Gaston d'Orléans et le duc de Bouillon, il négocia avec le roi d'Espagne un traité par lequel ce monarque s'engagea à fournir douze mille hommes de pied et cinq mille de cavalerie, à payer la garnison de Sedan, à donner au duc d'Orléans quatre cent mille écus pour faire des levées en France et cent-vingt mille écus de pension, et au duc de Bouillon et au grand-écuyer, chacun quarante mille écus de pension. Le traité fut signé à Madrid le 13 mars 1642, par le comte-duc Olivarès, au nom du roi d'Espagne, et par Fontrailles, au nom de Gaston d'Orléans.

La conspiration de Cinq-Mars ressembla, sinon par les circonstances, du moins par les motifs, à la conspiration d'Amboise; Cinq-Mars voulait renverser Richelieu, comme la Renaudie voulait renverser les Guise; Louis XIII était presque aussi faible et aussi nul que François II; Gaston d'Orléans et le duc de Bouillon, qui faisaient agir Cinq-Mars, avaient en vue de gouverner au nom de Louis XIII, comme le prince de Condé, qui mettait en œuvre la Renaudie, voulait régner au nom de François II. Du reste, l'une et l'autre conspiration étaient une réaction de la féodalité contre la royauté, c'était une tentative des seigneurs pour briser l'unité que Louis XI avait fondée en France. Richelieu, qui s'était fait le continuateur de Louis XI, souleva contre lui la noblesse, comme avait fait ce monarque, et fut obligé comme lui de sévir contre les grands avec une impitoyable rigueur.

La santé chancelante du roi faisait conjecturer qu'avant peu le trône serait occupé par un enfant de quatre ans, et les seigneurs s'agitaient d'avance pour que la régence leur appartînt. Le cardinal Richelieu, malgré la maladie mortelle dont il était atteint et qui l'emporta quelques mois après, était un obstacle à l'accomplissement des projets de la noblesse; il fallait vaincre cet obstacle, et c'était ce que Cinq-Mars et les autres conjurés se proposaient.

Une copie du traité secret qui avait été conclu entre le roi d'Espagne et Gaston d'Orléans tomba entre les mains de Richelieu, qui alors était en disgrace auprès de Louis XIII. Ce monarque faisait la guerre dans le Roussillon, tandis que son mi-

nistre, qui n'avait pu le suivre à cause de sa maladie, était
souffrant et moribond à Tarascon. Richelieu envoya cette copie
au roi, lequel se rendit aussitôt à Tarascon pour concerter avec
Richelieu les moyens de faire avorter la conspiration. Cinq-Mars
fut arrêté à Narbonne, et le duc de Bouillon au milieu de l'armée qu'il commandait en Italie. Ce dernier fut rendu à la liberté après une assez courte détention, par la seule raison
qu'il était prince; mais Cinq-Mars paya pour le duc de Bouillon et pour Gaston d'Orléans; c'est sur lui que s'appesantit
tout le ressentiment de Richelieu. Ce ministre le fit conduire à
Tarascon, et le traîna à sa suite jusqu'à Lyon, où son procès
devait s'instruire; le cardinal remonta le Rhône dans un bateau auquel était attaché un autre bateau où se trouvait Cinq-
Mars. Le procès n'était que pour la forme; puisque l'implacable Richelieu voulait que Cinq-Mars mourût, il était condamné
d'avance; il eut la tête tranchée à Lyon, sur la place des Ter-
reaux, le 12 septembre 1642. Avec lui, de Thou fut mis à
mort, uniquement pour avoir connu la conspiration sans l'a-
voir révélée. « C'était, dit Voltaire, une anecdote transmise par
les courtisans de ce temps-là, que le roi, qui avait si souvent
appelé le grand-écuyer, *cher ami*, tira sa montre de sa poche à
l'heure destinée pour l'exécution, et dit : *Je crois que cher
ami fait à présent une vilaine mine.* »

La conspiration de Cinq-Mars n'aurait trouvé aucune sympathie dans les masses, dans le cas où elle aurait reçu un commencement d'exécution. Non pas que les masses s'intéressas-
sent à Richelieu, elles l'abhorraient, au contraire; mais les
projets des conjurés étaient trop égoïstes, trop personnels pour
que les masses, qui n'auraient point vu leur intérêt dans le succès de la conspiration, eussent fait effort pour la faire réussir.

CONSPIRATION DU CARDINAL DE RETZ.

La conspiration du cardinal de Retz avait pour but, comme la précédente, de faire tomber un ministre détesté ; avec cette différence que celle de Cinq-Mars aurait fait passer les rênes de l'état entre les mains de la haute noblesse, tandis que celle du cardinal de Retz aurait donné aux parlemens une souveraine omnipotence. La conspiration du cardinal de Retz, si toutefois on peut donner ce nom à une suite d'intrigues sans but bien déterminé, était l'œuvre d'un esprit inquiet et remuant, d'une ame ambitieuse et vaniteuse, plutôt que d'une volonté forte et d'une conviction profonde. Le cardinal de Retz était conspirateur par tempérament ; il fut un des principaux instigateurs des troubles de la Fronde ; il se vante même dans ses mémoires d'avoir à lui tout seul mis en insurrection la population parisienne dans la fameuse journée des barricades, qui fut la seconde de cette espèce et qui n'en fut pas la dernière. « Cet homme singulier, dit Voltaire en parlant du cardinal de Retz, est le premier évêque en France qui ait fait une guerre civile sans avoir la religion pour prétexte. Il s'est peint lui-même dans ses mémoires, écrits avec un air de grandeur, une impétuosité de génie, et une inégalité, qui font l'image de sa conduite. C'est un homme qui, du sein de la débauche, et languissant encore des suites infâmes qu'elle entraîne, prêchait le peuple et s'en faisait idolâtrer. Il respirait la faction et les complots : il avait été, à l'âge de vingt-trois ans, l'ame d'une conspiration contre la vie de Richelieu ; il fut l'auteur des barricades ; il précipita le parlement dans les cabales, et le peuple dans les séditions. Son extrême vanité lui faisait entreprendre des crimes téméraires afin qu'on en parlât. C'est cette extrême vanité qui lui avait fait répéter tant de fois : « Je suis d'une maison de Florence aussi ancienne que celle des plus grands princes ; lui dont les ancêtres avaient été des marchands, comme tant de ses compatriotes. »

Nous n'entrerons ici dans aucun développement touchant la conspiration du cardinal de Retz. Dans notre article intitulé *Une émeute sous Mazarin* (1), nous en avons donné une relation détaillée à laquelle nous renvoyons les lecteurs. Nous ferons observer seulement que le but de la conspiration aurait été atteint si elle n'avait été qu'une tentative pour délivrer Broussel et Novion Blancménil; mais qu'il fut complétement manqué puisque le cardinal de Retz se proposait le renvoi de Mazarin et l'abaissement de la cour. La cour, il est vrai, céda, mais ce ne fut que momentanément; après avoir remis en liberté les deux conseillers qu'elle avait fait arrêter, elle reprit toute sa hauteur tout son despotisme, et Mazarin resta premier ministre.

Sans doute, on peut dire que le complot ourdi par le coadjuteur reçut l'assentiment des masses, puisque la population parisienne se leva tout entière pour appuyer ses projets; on peut dire que l'opinion publique était pour lui, et cependant le coadjuteur ne réussit qu'à bouleverser l'état; ses projets échouèrent; la tyrannie royale continua à peser sur ces mêmes parlemens qui voulaient se faire les arbitres de l'état et qui restèrent dans leur condition secondaire.

Voici comment on peut expliquer ce fait, qui semble en opposition avec les idées que nous avons émises en commençant ce *précis historique*. D'abord, il faut dire qu'il n'y avait aucune suite dans les vues du cardinal de Retz, qu'il agissait sans avoir une idée bien nette de ce qu'il voulait faire, et qu'il n'était guidé principalement dans ses actions que par une excessive vanité. Pour s'attacher le peuple, il le caressait et lui parlait sans cesse de la diminution des tailles; il ne sortait pas de ce texte banal. De son côté, le peuple était tellement ignorant,

(1) Page 11 du présent volume.

qu'il n'était pas en état de comprendre un autre langage; si le peuple au contraire avait été assez éclairé pour connaître ses droits et si le cardinal de Retz avait eu en vue l'affranchissement des masses, il ne faut pas douter que la conspiration tramée par lui aurait réussi. Il ne suffit donc pas que le peuple fasse cause commune avec des conspirateurs pour que leurs projets réussissent, il faut encore que la coopération du peuple soit le résultat d'une conviction éclairée et qu'il ne se jette pas en aveugle dans la carrière des révolutions; il faut que les projets des conspirateurs soient sagement mûris, et qu'ils se conduisent avec un tel esprit d'ordre qu'il n'y ait pas une de leurs démarches qui ne soit prudemment calculée.

CONSPIRATION DE BABEUF DITE DE L'ÉGALITÉ.

Les conspirations qui ont pour but une révolution sociale sont infiniment plus rares que celles qui ne se proposent qu'un changement dans l'ordre politique, et elles réussissent bien plus difficilement. En voici la raison : c'est qu'un changement dans l'ordre politique ne touche qu'indirectement aux institutions civiles et aux mœurs, tandis que les révolutions sociales au contraire bouleversent la société jusque dans ses fondemens. Parmi toutes les conspirations que nous avons passées en revue, il n'en est qu'une seule qui ait tendu à une révolution sociale, c'est la conjuration des Gracques à Rome, qui avait pour but une modification dans la constitution de la propriété. Celle de Babeuf avait le même but, ou plutôt, si elle avait été couronnée de succès, elle aurait eu pour résultat l'abolition complète de la propriété et l'établissement d'un ordre de choses où tous les biens et tous les travaux eussent été en commun.

Comme on le voit, Babeuf voulait reconstituer la société sur des bases toutes nouvelles, il voulait la refondre entièrement. Nous ne discuterons point ici son système d'égalité, nous ne rechercherons point s'il était plus nuisible qu'utile, l'article 8 de la loi du 9 septembre 1835 nous interdit toute discussion à ce sujet. Nous nous bornerons à faire remarquer que si la conspiration de Babeuf n'a point réussi, c'est que les principes et le système qu'elle voulait faire triompher étaient inopportuns; c'est que les masses, au moment où fut tramée cette conspiration, voulaient le maintien de la propriété et l'organisation sociale telle qu'elle existait en 1796 et telle qu'elle existe encore aujourd'hui. Toute conspiration donc qui sera ourdie pour apporter des modifications et des changemens dans les fortunes, et qui n'aura pas été précédée d'une révolution dans les idées et dans les préjugés de la multitude, aura le même sort que la conspiration de Babeuf.

La réaction thermidorienne avait, comme chacun sait, fait disparaître de la scène politique les plus purs et les plus dévoués patriotes. Leur sang avait ruisselé sur les échafauds ou sous les poignards des sicaires de la contre-révolution. Ceux qui avaient survécu avaient plusieurs fois, mais en vain, essayé de reprendre les rênes du gouvernement; toujours la faction des immoraux et des corrompus l'avaient emporté sur eux. Cependant, dans la journée du 13 vendémiaire, les thermidoriens, attaqués par les sections insurgées, avaient été obligés de demander du secours aux patriotes, et c'est à leur active coopération que la victoire de la Convention sur les royalistes était due. Cet événement leur avait rendu une partie de l'importance que leur avaient fait perdre leurs précédentes défaites; ils n'étaient plus traqués et persécutés comme après la catastrophe de thermidor et les insurrections de germinal et de prairial; leurs rangs étaient grossis des détenus que l'amnistie donnée par la Convention en se séparant, avait rendus à la liberté et de tous les hommes que le directoire avait mécontentés. Mais le parti patriote n'avait à cette époque aucun centre d'action, aucune organisation. Les patriotes, comprenant que

pour lutter avec avantage contre le gouvernement directorial,
il fallait qu'ils rassemblassent leurs forces éparses, résolurent
de former une société. Ils choisirent pour lieu de réunion l'ancien couvent des Génovéfins, et tinrent leurs séances dans le
réfectoire et quelquefois dans un souterrain du même bâtiment : « où la pâleur des flambeaux, dit Buonaroti, le bour-
donnement des voix et la position gênante des assistans, debout ou assis par terre, rappelaient à ceux-ci la grandeur et
les dangers de l'entreprise, ainsi que le courage et la prudence qui leur étaient nécessaires. »

La nouvelle société s'appela la société du Panthéon, à cause
de la proximité de cet édifice; ses membres convinrent entre
eux de n'avoir ni registres, ni listes, ni procès-verbaux et
d'admettre les candidats sur la présentation de deux membres.
Cette société, qui s'était formée dans le but d'améliorer le sort
du peuple, demanda hautement l'exécution de deux lois rendues au profit des pauvres, quelques années auparavant : la
première promettait aux défenseurs de la patrie un milliard de
biens nationaux, et la seconde avait pour objet l'extinction de
la mendicité. Il y avait dans la société du Panthéon deux
nuances bien distinctes, les uns voulaient la constitution de
93 avec des modifications, les autres voulaient sa mise en vi
gueur sans aucun changement. Ces derniers voulaient le maintien du droit de propriété; les premiers proscrivaient ce droit
et voulaient la communauté des biens et des travaux. Bien
qu'il fût composé de deux opinions si diverses, le parti patriote
n'en marchait pas moins avec un accord parfait, un admirable
ensemble, au but qu'il se proposait, le renversement du directoire. Babeuf était un des membres les plus influens de la société du Panthéon. Il rédigeait un journal intitulé le *Tribun du
peuple*, dans lequel il attaquait le directoire avec une extrême
violence, et déclarait en termes formels qu'une des principales
causes de la misère des masses, c'est la propriété individuelle.

Le directoire, pour déconsidérer le parti populaire et surtout la société du Panthéon, qu'il redoutait extrêmement, faisait proclamer partout que les patriotes voulaient la loi agraire. La société du Panthéon s'accrut si considérablement que bientôt elle compta plus de quatre mille membres. Le directoire, saisi d'épouvante, la fit fermer le 27 février 1796 (8 ventôse an IV).

Les patriotes, ne pouvant plus se réunir en grand nombre, se mirent à conspirer secrètement, et en cela ils commirent une faute grave à laquelle il faut attribuer tous leurs revers et tous leurs malheurs. Les hommes qui veulent l'affranchissement de l'humanité et l'extermination des tyrans ne doivent conspirer qu'au grand jour, à la face du monde, pour deux raisons principales, la première, c'est qu'il est impossible à leurs ennemis de calomnier leurs intentions; la seconde, c'est qu'il n'y pas d'autre moyen de rallier les masses.

Un directoire secret de salut public se forma dans les premiers jours de germinal; il se composait de Babeuf, Buonarotti, Darthé, Antonelle, Silvain Maréchal, et de plusieurs autres. C'étaient les chefs de cette fraction du parti patriote qui voulait la communauté des biens. Le premier soin du directoire secret fut d'organiser la conspiration. Il nomma douze agens révolutionnaires, un pour chacun des arrondissemens de Paris, avec mission de tout préparer pour insurger le peuple. Le directoire secret créa en outre des agens militaires qui furent chargés de gagner à la cause populaire les troupes qui formaient la garnison de Paris. Celui qui était chargé de remplir cette tâche au camp de Grenelle était l'infâme Grisel, qui découvrit la conspiration. Indépendamment des agens civils et militaires, il fut institué des surveillans pour suivre toutes leurs démarches et pour les ramener dans le droit chemin, s'ils venaient à s'en écarter. Ces importantes fonctions furent confiées à Darthé et à Germain. Le directoire secret, pour n'être pas connu du plus grand nombre, ne communiquait avec ses agens que par le moyen d'un agent intermédiaire qui seul savait quels en étaient les membres.

Pendant que la conspiration des babouvistes s'organisait, plusieurs ex-conventionnels montagnards s'étaient constitués de leur côté en comité pour diriger l'insurrection du peuple, qui paraissait imminente; ces ex-conventionnels étaient Amar, Vadier, Choudieu, Ricord, etc. Ils voulaient uniquement la destruction de l'ordre de choses existant alors, et la mise en vigueur de la constitution de 93. Le comité des ex-convent'onnels et le directoire secret se réunirent pour agir en commun, malgré la divergence de leurs opinions, dans l'espoir que cette fusion assurerait la victoire au parti patriote.

Le directoire secret sentant le besoin de substituer aux autorités actuelles de nouvelles autorités, quand se serait opérée la révolution qu'il préparait, décréta que les insurgés parisiens nommeraient un patriote par département pour former une nouvelle convention nationale, et que tous les membres de l'ancienne convention qui avaient appartenu à la Montagne et qui ne faisaient pas partie du conseil des anciens ou du conseil des cinq cents feraient partie de cette convention nouvelle. Il fut convenu que l'insurrection se ferait le jour; que des généraux, sous les ordres du directoire secret, conduiraient le peuple contre les ennemis; que les conspirateurs seraient divisés par arrondissemens et subdivisés par sections; que les arrondissemens auraient des chefs et les sections des sous-chefs; que toute subordination envers les autorités existantes serait rompue, et tout acte de cette nature puni de mort sur-le-champ. En outre, on rédigea un acte insurrecteur plein du plus ardent patriotisme, qui devait être affiché dans tout Paris.

L'insurrection devait avoir lieu le 22 floréal. Il était convenu que les citoyens et les citoyennes partiraient de tous les points, en désordre et sans attendre le mouvement des quartiers voisins; qu'ils se rallieraient au son du tocsin et des trompettes,

sous la conduite des patriotes auxquels le comité insurrecteur
devait confier des guidons portant pour inscription : *constitution de 93, égalité, liberté, bonheur commun.* D'autres guidons
devaient porter ces mots transcrits textuellement de la déclaration des droits de l'homme et du citoyen : « Quand le gouvernement viole les droits du peuple, l'insurrection est pour le
peuple et pour chaque portion du peuple le plus sacré des
droits et le plus indispensable des devoirs. Ceux qui usurpent
la souveraineté doivent être mis à mort par les hommes libres. »
On convint en outre que les généraux du peuple seraient distingués par des rubans tricolores flottant très visiblement autour de leurs chapeaux; que tous les citoyens se rendraient
avec leurs armes, ou, à défaut d'armes, avec tous autres instrumens offensifs, au chef-lieu de leurs arrondissemens respec-
tifs; que les armes de toute espèce seraient enlevées par les insurgés partout où elles se trouveraient; que les barrières et le
cours de la rivière seraient soigneusement gardés; que nul ne
pourrait sortir de Paris sans un ordre formel et spécial du comité insurrecteur; qu'il n'entrerait que les courriers et les por-
teurs et conducteurs de comestibles, auxquels il serait donné
protection et sûreté; que le peuple s'emparerait de la trésore-
rie nationale, de la poste aux lettres, des maisons des ministres et de tout magasin public et privé contenant des vivres ou
des munitions de guerre.

Le comité insurrecteur de salut public rédigea une proclamation dans laquelle il ordonnait aux troupes qui étaient autour de Paris de réunir leurs efforts aux efforts du peuple
pour renverser la tyrannie; le même ordre était donné aux patriotes des départemens réfugiés à Paris et aux officiers des-
titués pour cause de patriotisme. Le directoire exécutif et les
deux conseils devaient être dissous, et tous les membres qui
les composaient devaient être immédiatement jugés par le peuple. Toute opposition devait être vaincue sur-le-champ par la

force et les opposans devaient être exterminés; on avait pris la
résolution de mettre également à mort ceux qui battraient
ou feraient battre la générale, ainsi que les étrangers, de quelque nation qu'ils fussent, qui seraient trouvés dans les rues,
et tous les hommes enfin qui avaient pris une part plus ou
moins active à la conspiration royaliste de vendémiaire et qui
oseraient se mettre en évidence. On décréta que des vivres de
toute espèce seraient portés au peuple insurgé, sur les places
publiques; que tous les boulangers seraient en réquisition pour
faire continuellement du pain, qui serait distribué *gratis* au
peuple; que tous les biens des émigrés, des délapidateurs de
la fortune publique et généralement de tous les ennemis du
peuple, seraient distribués sans délai aux défenseurs de la patrie et aux citoyens pauvres; que ces derniers seraient immédiatement logés et meublés dans les maisons des aristocrates;
que les effets appartenant au peuple, déposés au mont-de-piété,
seraient sur-le-champ gratuitement rendus; que les épouses et
les enfans des braves qui succomberaient dans l'insurrection
seraient adoptés par le peuple français, qu'ils seraient nourris
et entretenus à ses frais et qu'il en serait de même à l'égard de
leurs pères et mères, frères et sœurs à l'existence desquels ils
étaient nécessaires. Il fut décrété en outre que les patriotes
proscrits et errans recevraient tous les secours dont ils avaient
besoin pour rentrer dans le sein de leurs familles, et qu'ils seraient indemnisés de leurs pertes; que les soldats qui auraient
concouru au renversement de la tyrannie, en prenant part à
l'insurrection, seraient libres de rentrer avec armes et bagages
dans leurs foyers, et qu'ils jouiraient immédiatement des récompenses qui leur étaient depuis si long-temps promises; que
les propriétés publiques et particulières étaient placées sous la
sauve-garde du peuple. Enfin, le comité insurrecteur ordonna
à tous les envoyés des puissances étrangères de rester dans
leurs domiciles pendant l'insurrection; il invita le peuple à ne

déposer les armes qu'après la destruction du gouvernement directorial et se déclara lui-même en permanence jusqu'à l'entier accomplissement de l'œuvre sublime qu'il avait entreprise.

Malheureusement, parmi ces hommes qui conspiraient avec un si admirable dévouement pour le bonheur de leurs semblables, se trouvait un monstre de perfidie et de scélératesse. L'exécrable Grisel n'apparaît à côté des Buonaroti, des Darthé, des Babeuf que pour faire ressortir tout ce qu'il y a de grand et de magnanime chez ces vertueux et intrépides patriotes. « Grisel s'efforça, dit Buonaroti, de se concilier la confiance des démocrates. Après avoir engagé Darthé à lui livrer l'instruction destinée aux agens militaires, il n'épargna rien pour entretenir l'opinion favorable qu'on avait contre lui ; admis depuis à une séance du directoire secret, et nommé membre du comité militaire, il s'y montra le démocrate le plus outré et le plus impatient ; il voulait tout connaître et ne visait à rien moins qu'à débarrasser d'un seul coup la tyrannie de tous les amis de l'égalité, et à lui découvrir toutes les pensées de la démocratie. »

Quand ce misérable eut été initié à tous les projets des conspirateurs, il les dénonça au gouvernement directorial, et promit de livrer les principaux conjurés ainsi que les papiers de la conspiration. Le 19 floréal, le directoire secret s'assembla chez Drouet pour se concerter une dernière fois sur l'insurrection qui devait éclater le 22. L'assemblée se composait de Babeuf, Buonaroti, Darthé, Fion, Massart, Rossignol, Robert Lindet, Drouet, Ricord, Laignelot et Lavague. L'abominable Grisel en faisait également partie. Un des membres du directoire adressa aux assistans un discours que nous allons rapporter en entier parce qu'il résume parfaitement les projets, les griefs et les vues ultérieures des conjurés : « Souvenez-vous de vos sermens ; souvenez-vous des maux produits par l'oubli des principes que vous jurâtes de sceller de votre sang. Le moment de

tenir vos engagemens est venu ; il faut combattre. Le triomphe
de la plus noble des causes, la liberté du peuple français, la
confiance qu'il vous témoigne, la fureur de ses ennemis et votre propre sûreté vous en imposent le devoir. Jamais conspiration ne fut plus légitime ; il ne s'agit point de choisir des maîtres ; aucun de nous n'aspire à la fortune ni au pouvoir ; des
traîtres nous forcent à prendre les armes, et c'est pour l'existence, pour la liberté et pour le bonheur de nos concitoyens
qu'une armée de libérateurs, par nous secrètement réunis,
n'attend que votre signal pour fondre sur cette poignée de tyrans qui oppriment le peuple. Tout était dans la stupeur.
Après l'inutile victoire du 15 vendémiaire, l'aristocratie ne
rencontrait aucun obstacle ; un grand nombre de démocrates,
désespérant de la liberté, allaient transiger avec d'odieux oli-
garques, gorgés du sang de vos amis. A notre voix renaquit
l'espérance et reparut l'ancienne énergie, et déjà, grace au
zèle infatigable de courageux républicains, le peuple demande
à grands cris le signal du combat. Tous les bons nous sont connus ; les méchans tremblent. Au jour que vous marquerez, les
armes que la tyrannie s'efforce en vain de vous dérober se
trouveront dans les mains de vos frères. Vous avez voulu que
la révolution que nous préparons soit complète, et que le peuple n'ait plus à se contenter d'une liberté spéculative et d'une
égalité dérisoire. L'égalité réelle et légale, voilà le grand caractère qui doit distinguer votre sublime entreprise de toutes
celles qui la précédèrent. Toutes les difficultés sont vaincues ;
l'amour de la patrie nous a réunis. Les conditions auxquelles
ceux qui représentèrent autrefois la nation ont souscrit, et les
dispositions de l'acte d'insurrection arrêtées de concert, an-
nonceront et garantiront au peuple la justice et l'utilité de son
insurrection. Les momens pressent ; l'impatience publique est
extrême ; ne risquons pas de perdre par un plus grand retard
une occasion qu'il ne nous serait peut-être plus possible de res-

saisir. Nous périrons dans le combat, on mettrons fin par la victoire et l'égalité à une si longue et si sanglante révolution (1). »

Robert Lindet prit la parole ensuite pour démontrer la justice de l'insurrection, et pour justifier le rappel de la convention, etc. Grisel eut l'inconcevable audace de prononcer les paroles suivantes : « Quant à moi, je vous réponds de mes braves camarades du camp de Grenelle; et pour vous faire voir combien je prends à cœur le triomphe de la sainte égalité, je vous dirai que j'ai trouvé le moyen d'arracher à mon aristocrate d'oncle la somme de 10,000 livres, que je destine à procurer des rafraîchissemens aux soldats insurgés. »

L'assemblée se sépara vers onze heures. A peine les conjurés étaient-ils sortis que le ministre de la police, accompagné d'une troupe de soldats, pénétra de vive force dans l'appartement de Drouet, croyant y saisir le directoire secret. Il n'osa pas arrêter Drouet et se retira avec ses satellites. Mais le surlendemain, 21 floréal, les principaux chefs du complot, Babeuf, Buonaroti, Darthé, Germain, etc, furent arrêtés et leurs papiers furent saisis.

Voici comment nous parlons de la découverte du complot de Babeuf et de ses amis, dans notre *Cours d'Histoire de France*, tome 5 page 89 : « Le directoire exécutif annonça par un message cette arrestation aux deux conseils, et fit afficher dans Paris une proclamation pour rassurer les aristocrates, qui poussèrent des hurlemens de joie quand ils apprirent que les terribles babouvistes étaient dans l'impossibilité désormais de rien tenter contre leur or et contre leurs personnes. Bientôt les cachots de l'Abbaye furent remplis de patriotes; les plus compromis d'entr'eux furent mis au secret dans la prison du Temple, et ils s'attendaient à être fusillés d'un moment à l'au-

_____

(1) Conspiration de l'égalité, par Buonaroti, tome 1er, page 180.

tre; mais la complicité de Drouet dans leur affaire les préserva d'un sort semblable. Drouet était membre du corps législatif, et en cette qualité il ne pouvait être jugé, d'après la constitution de l'an 3, que sur une accusation du corps législatif et par une haute cour de justice dont les jurés étaient au choix des assemblées électorales des départemens. Ce tribunal ne pouvait siéger près de la commune où résidait le gouvernement; il fallait plusieurs mois pour le former. Une haute cour fut donc instituée à Vendôme, et tous les accusés furent renvoyés devant elle, etc. » Leur procès commença le 2 ventose de l'an 5. Ils conservèrent pendant tout le temps que durèrent les débats une contenance intrépide. Loin de se rétracter, ils avouèrent tous qu'ils avaient conspiré pour renverser la tyrannie et pour rendre au peuple opprimé la liberté et le bien-être.

« Darthé seul, disons-nous encore dans le même ouvrage, page 95, persista à protester contre la compétence de la haute cour et ne voulut pas se défendre. Babeuf, Buonaroti, Germain et Antonelle défendirent la cause avec éloquence et énergie; ils s'attachèrent à prouver la légitimité de la conspiration et combattirent avec une logique puissante les déclamations des accusateurs publics. L'infame Grisel figurait au nombre des témoins; il fit sa déposition avec une assurance et une impudeur qui indignèrent tous les assistans. Les accusateurs publics demandèrent trente têtes. Le jury ne leur en accorda que deux. Il déclara coupables sans circonstances atténuantes Babeuf et Darthé, et coupables avec des circonstances atténuantes Buonaroti, Germain, Lazin, Moroy, Blondeau, Menessier, et Bouin. Les deux premiers furent condamnés à mort, les sept autres à la déportation. En entendant prononcer leur condamnation, Babeuf et Darthé se donnèrent plusieurs coups de poignard. Ils survécurent jusqu'au lendemain, 8 prairial an 5, jour de leur exécution. Leurs corps ayant été jetés à la voirie, des cultivateurs les recueillirent et les inhumèrent pieusement. »

Il est permis de se demander quelle issue aurait eue la conspiration des babouvistes, si Grisel ne l'avait pas révélée au directoire. Les conjurés auraient-ils obtenu tout le succès qu'ils en espéraient ? nous ne le pensons pas. Si le peuple eût été favorablement disposé en leur faveur, s'il avait approuvé les projets de réforme qu'ils méditaient, il se serait soulevé pour les arracher des mains du gouvernement directorial. Or, il ne bougea pas; car on ne peut appeler insurrection populaire un mouvement de huit ou neuf cents patriotes qui eut lieu dans la nuit du 23 fructidor, et qui avait pour objet de rallier les troupes du camp de Grenelle à la cause populaire, mouvement qui échoua. Le non succès du complot de Babeuf n'est pas dans la trahison de Grisel, il est dans l'inopportunité même de cette conspiration. Les babouvistes n'ont point réussi à faire triompher leurs doctrines, parce que leurs doctrines n'étaient pas goûtées par les masses.

CONSPIRATION DE MALLET.

Si la conspiration précédente comptait dans son sein un grand nombre d'hommes, celle de Mallet ne se composait que de lui seul. Du fond de sa prison il conçut le hardi projet de renverser la colossale puissance de Napoléon. L'empereur était alors aux prises avec la Russie; depuis long-temps on n'avait reçu aucune nouvelle de lui et de la grande armée; les esprits commençaient à former mille conjectures sur son sort : Est-il mort? est-il victorieux ? voilà ce que chacun se demandait. Et puis, sa domination de fer n'était supportée qu'avec impatience; on murmurait contre l'insatiable ambition de cet homme qui venait chaque année demander à la France le plus pur de son sang et qui ne lui donnait en retour qu'une vaine fumée appelée gloire. L'opinion publique abandonnait le vainqueur de Marengo, d'Austerlitz et de Wagram; et tous les hommes qui s'étaient laissé prendre d'enthousiasme pour un si grand génie, se détachaient chaque jour de lui, et appelaient de tous leurs vœux une révolution qui aurait substitué l'ordre légal à l'arbitraire et à la violence, le droit commun à la plus insupportable tyrannie.

Le général Malet vit cette disposition des esprits, et résolut d'en profiter pour jeter à bas du trône celui qui ne faisait usage de l'immense pouvoir qu'il avait usurpé sur la nation, que pour épuiser la France d'hommes et d'argent et la couvrir de deuil et de funérailles. Dans la nuit du 25 au 24 octobre 1815 il revêt son uniforme de général, sort de la maison de santé où il était détenu et se rend à la Force, où il fait mettre en liberté les généraux Laborie et Guidal, en montrant au gardien de la prison un faux ordre du commandant de la place. De là, il se rend dans plusieurs casernes où il annonce la mort de l'empereur et la destruction de la grande armée; il s'occupe ensuite de la création d'un gouvernement provisoire et prend plusieurs autres mesures. Mais bientôt on reconnaît qu'il n'a aucun pouvoir pour agir de la sorte; on l'arrête ainsi que Guidal, Laborie et un certain nombre d'officiers qui s'étaient ralliés à lui. Il fut traduit devant une commission militaire, qui le condamna à mort avec dix-neuf complices.

Dans quel but agissait le général Malet? était-ce au profit de la république ou de la famille des Bourbons? Voilà sur quoi on n'est pas encore d'accord. Ce qu'il y a de certain, c'est que Malet était républicain, c'est qu'ayant été nommé par Masséna gouverneur de Pavie, en 1805, il fut destitué par Napoléon à cause de son républicanisme. Or, est-il présumable qu'un tel homme aurait conspiré en faveur des Bourbons? Du reste, il ne pouvait choisir un moment plus opportun pour exécuter son audacieuse entreprise; et surtout il ne pouvait agir plus strictement dans le sens de l'opinion publique; il aurait eu infaillible-

ment l'approbation du plus grand nombre, si le succès eût couronné ses efforts.

Pour compléter ce tableau historique des plus célèbres conspirations, je vais insérer ici un fragment inédit du quatrième volume de mon *Cours d'Histoire de France*, où il est question des conspirations de 1820, 1821 et 1822. Ce fragment vient d'autant mieux à l'appui de ce que j'ai dit précédemment, qu'il montrera que les conspirations les plus saintes et les plus légitimes ne sont pas toujours celles qui réussissent le mieux, et que souvent c'est courir à une perte inévitable que de vouloir renverser un gouvernement, tel exécrable qu'il soit, quand les masses, soit prévention, soit apathie, ne sont pas disposées à faire cause commune avec ceux qui veulent le démolir. Le gouvernement de la restauration était abhorré du plus grand nombre, et cependant il s'est maintenu pendant quinze ans, et cependant les hommes généreux qui travaillèrent à sa ruine ne recueillirent, pour prix de leurs efforts, que l'échafaud ou l'exil; c'est qu'à l'époque où ces immortels patriotes conspirèrent contre les Bourbons, la nation ne leur était pas encore universellement hostile. Dix ans plus tard ils auraient complètement réussi : ce même gouvernement, qui était resté ferme et inébranlable contre les complots de 1822, fut emporté en 1850 par le flot populaire.

DES CONSPIRATIONS SOUS LA RESTAURATION.

Fragment inédit.

La restauration, comme tous les gouvernemens oppresseurs, souleva contre elle d'implacables haines qui enfantèrent un grand nombre de complots et de conspirations. Nous ne parlerons que des plus remarquables, et d'abord nous dirons quelques mots de la charbonnerie. Cette société fameuse mérite d'autant plus de fixer notre attention, qu'elle fut pendant les dix dernières années de la restauration une conspiration permanente, et que c'est de son sein que sortirent toutes les autres conspirations. Elle fut créée en 1820. Jusqu'à cette époque, les libéraux, car alors on n'osait s'appeler ni démocrates, ni républicains, avaient conservé l'espoir que le gouvernement des Bourbons suivrait une marche moins rétrograde et moins despotique, et que, tôt ou tard, il entrerait dans la voie des améliorations et des réformes. Cet espoir fut complètement déçu. Non seulement la restauration ne faisait aucune des concessions que réclamait l'opinion publique, mais encore elle devenait chaque jour plus tyrannique et plus intolérable. C'est ainsi que, non contente de la loi qui fixait le cens électoral à trois cents francs et le cens d'éligibilité à mille, elle rendit la loi du double vote; c'est ainsi que non contente d'un duc Richelieu et d'un duc Decazes pour ministres, elle choisit les Corbière, les Villèle, les Peyronnet; enfin c'est ainsi qu'elle se livra corps et biens aux jésuites et qu'elle leur laissa prendre le timon des affaires.

La création de la société des carbonari fut précédée des

rassemblemens du mois de juin, où périt le jeune Lallemand, et de la conspiration du 19 août, qui avait le capitaine Nantil pour chef. Les rassemblemens du mois de juin n'étaient autre chose qu'une énergique protestation contre les tendances liberticides de la chambre des Députés ; la conspiration du 19 août avait pour but de mettre sur le trône le jeune fils de Napoléon, sous la régence d'Eugène Beauharnais. Mais la société des carbonari fut créée dans un but tout autre; ses fondateurs voulaient substituer en France la forme républicaine à la forme monarchique; ils étaient alors sincèrement démocrates, je dis *alors*, car depuis on a vu quelques uns d'entre eux déserter la sainte cause du peuple pour aller ramper aux pieds d'un roi.

La société des carbonari de Paris fut calquée sur celles d'Italie et d'Espagne. Voici comment mon ami Trélat raconte la formation de cette société dans un précis historique sur la charbonnerie : « Joubert et Dugied, dit-il, impliqués l'un et l'autre dans l'affaire du 19 août, étaient allés offrir leurs bras à la révolution de Naples. Ils furent affiliés à la société secrète qui enveloppait alors l'Italie. Dugied, qui en revint le premier, rapporta les réglemens et ornemens charbonniques, et se réunit à Bazard, Buchez, Flottard, Cariol aîné, Sigaud, Guinard, Corcelles fils, Santelet et Rouen aîné, pour fonder, dans les derniers jours de 1820, l'association qui devait exercer une si longue influence sur les affaires publiques. »

En peu de temps cette société fit de très rapides progrès à Paris comme dans les départemens. La jeunesse s'y jeta avec enthousiasme, et bientôt elle compta dans son sein un grand nombre d'officiers, de sous-officiers et de soldats. « L'association était républicaine, dit encore Trélat, toutes les allocutions adressées aux récipiendaires étaient empreintes des principes les plus avancés que propage aujourd'hui la presse indépendante. C'était pour faire cesser la corruption qui dévorait la société, que la charbonnerie avait été instituée; c'était pour réunir en une même famille tous les gens vertueux contre les fripons, tous les opprimés contre leurs tyrans ; c'était pour appeler les hommes à l'exercice de leurs droits, pour les doter des bienfaits de l'égalité, pour faire cesser le système ruineux de gouvernement qui les épuisait, pour rendre la guerre impossible entre les nations, pour abolir les armées permanentes et ne faire de chaque continent qu'un peuple de frères ; c'était pour faire de l'instruction une charge d'état au profit de tous ses membres ; c'était avant tout, pour appeler le peuple souverain à constituer son gouvernement comme il l'entendait, que les hommes libres se concertaient alors et s'associaient entre eux. »

Les fondateurs de la société des carbonari sentirent le besoin de rallier à eux les hommes qui, par leur vaste réputation, ou par le rôle politique qu'ils jouaient, étaient en quelque sorte alors à la tête de l'opinion publique. Ils appelèrent donc dans le sein de la société Lafayette, Dupont de l'Eure, d'Argenson, Corcelles père, Schonen, Kœcklin, etc. La charbonnerie se composait de ventes particulières, d'une haute vente, d'une vente suprême et d'un comité d'action. En outre elle avait des comités de recrutement, de finances et d'armement qui se réunissaient trois fois par semaine. A peine une année s'était écoulée depuis la formation de cette société, que déjà, par le grand accroissement qu'elle avait pris, elle se crut en état d'agir. Ses membres brûlaient d'impatience d'attaquer la tyrannie à force ouverte ; à Paris toutes les ventes étaient parfaitement organisées ; toutes étaient armées et exercées au maniement des armes ; dans les départemens, l'impatience d'agir était la même. La charbonnerie avait des affiliations à Toulouse, Bordeaux, La Rochelle, Poitiers, Nantes, Niort, Angers, Saumur, Rennes ; elle en avait également dans les villes du midi, telles que Marseille, Montpellier, Lyon ; mais c'était surtout dans l'est que les affiliations de la charbonnerie s'étaient propagées avec la

plus de succès : Strasbourg , Nancy , Metz , Mulhouse , Neuf-
brisach, Béfort n'attendaient qu'un signal pour se soulever.
Dans toutes ces villes l'association comptait autant de membres
parmi les militaires que parmi les bourgeois; à Paris, il existait
une vente dans le 48ᵉ régiment de ligne et une dans le 45ᵉ.
On sait que les quatre sous-officiers de La Rochelle appartenaient à ce dernier régiment. Il existait également une vente
dans l'École polytechnique.

Il fut décidé que l'insurrection aurait lieu sur plusieurs
points de la France à la fois , et que la première explosion se
ferait à Béfort. En conséquence, le colonel Pailhès partit en
toute hâte avec trente étudians pour aller organiser un mouvement dans cette ville. Lafayette promit de s'y rendre avant
l'action. Bientôt tout fut prêt pour un soulèvement; Lafayette
n'arrivant pas, un des conjurés, Arry Scheffer, le peintre , se
rendit à franc étrier auprès de lui pour lui dire que l'on n'attendait plus que sa présence pour commencer l'insurrection.

Lafayette alors se mit en route, mais le moment de l'exécution ayant été avancé de vingt-quatre heures, à Béfort , il
n'arriva point à temps et retourna en arrière. C'était le 51 décembre 1821, à minuit, que devait éclater l'insurrection ; quelques heures auparavant, un sous-officier qui trempait dans la
conspiration alla tout révéler au commandant de place, qui
fit mettre aussitôt la garnison sous les armes. L'affaire était
manquée. Cependant un petit nombre de conjurés se rendirent
sur la place publique, et l'un deux tira un coup de pistolet au
commandant de place; mais les troupes eurent bon marché de
cette poignée de jeunes gens intrépides; les arrestations commencèrent; elles furent très nombreuses. Vingt-sept accusés
furent renvoyés devant la cour d'assises de Colmar. Le colonel
Pailhès était parmi eux.

La conspiration de Béfort, qui , par suite de la trahison du
sous-officier, s'était réduite à une simple échauffourée, avait

donné au gouvernement l'éveil sur les dispositions hostiles des populations alsaciennes. Il conçut l'atroce projet de se faire provocateur de complots et d'organiser une feinte conspiration, pour perdre les crédules patriotes qui se laisseraient entraîner dans ce guet-à-pens. Le lieutenant-colonel Caron donna dans le piége. Cet infortuné était ami du colonel Pailhès ; il allait le visiter dans sa prison, à Colmar, et forma la résolution de le délivrer lui et ses co-accusés. Malheureusement, il eut l'imprudence de révéler son dessein à un sergent-major d'infanterie, qui n'eut rien de plus pressé que d'en faire part à ses chefs ; ceux-ci, par ordre même du gouvernement, lui enjoignirent de promettre à Caron secours et appui, et de le mettre en rapport avec d'autres sous-officiers qui lui feraient les mêmes promesses. C'est par ce moyen que le gouvernement se flattait de remonter jusqu'aux membres du comité directeur. Le malheureux Caron ne fut pas seul victime de cette infâme machination ; il s'associa un de ses amis, nommé Roger, ancien militaire, qui alors donnait des leçons d'équitation, et qui entra plein de confiance dans le complot. Le 20 juillet 1822, un escadron de l'Allier, qui tenait garnison à Colmar, sort de la ville en simple uniforme et sous la conduite des maréchaux-des-logis. Caron, en uniforme de colonel, vient se mettre à sa tête et lui donne pour ralliement le cri de *vive l'empereur!* De son côté, Roger était allé se joindre à un autre escadron qui sortait de Neuf-Brissac. Les deux escadrons provocateurs marchent sur Mulhausen, conduits par Caron. Le but de cette marche, qui se faisait aux cris de *vive l'empereur! mort aux Bourbons!* était de savoir quel accueil les populations feraient aux prétendus révoltés. Caron et Roger étaient bien loin de soupçonner une aussi odieuse trahison ; comment croire en effet que tant d'hommes étaient conjurés pour les perdre? Quand on vit que les populations ne bougeaient pas, et que toute feinte devenait inutile, des officiers déguisés, qui jusqu'alors étaient restés confondus avec les

simples soldats, reprirent les insignes de leur grade, se firent
connaître, et arrêtèrent Caron et Roger. Ces deux malheureux
furent ramenés, chargés de fers, à Colmar, et traduits devant
un conseil de guerre qui condamna Caron à mort et acquitta
Roger. Caron se pourvut en grace; mais sans attendre le résultat de ce pourvoi, le ministre Peyronnet envoya par le télé-
graphe l'ordre de faire fusiller Caron dans les vingt-quatre
heures ; on ne lui laissa pas même le temps d'embrasser pour
la dernière fois sa femme et ses enfans.

Les misérables qui avaient consenti à devenir les instrumens
de cette abominable trame reçurent leur récompense : les officiers Aupecle, Borel, Nicol, furent promus à un grade supérieur; le sous-officier Tiers (le frère du ministre actuel), Gérard, Magnien et Delzaire reçurent chacun, sur la place publique, un sac de 1200 francs. Le maréchal-des-logis Thiers,
qui avait été un des principaux acteurs dans ce drame sanglant,
ne put rester dans aucun régiment, tant sa conduite faisait horreur. Ne pouvant servir nulle part, même dans la gendarmerie,
on le fit commissaire de police.

Est-ce par de pareils moyens que se consolide un gouvernement? l'immoralité, la provocation, le guet-à-pens sont-ils pour
une dynastie des gages de durée? La révolution de juillet 1830
est là pour répondre. Elle dira que l'astuce, la ruse et la perfidie ne purent garantir la restauration contre la terrible colère
du peuple.

L'année 1822 vit éclater la fameuse conspiration du général
Berton, qui n'échoua que par l'irrésolution de celui qui l'avait
conçue. Le général Berton avait servi avec distinction sous la
république et sous l'empire; il joignait à des talens militaires
l'éloquence du cœur, qui vaut souvent mieux que celle qui s'acquiert sur les bancs de l'école; doué d'une ame généreuse,
d'une imagination ardente, il vit avec une profonde douleur les
Bourbons remonter sur le trône que le souffle révolutionnaire

avait renversé, et leur jura une haine mortelle. Ses opinions démocratiques l'avaient fait rayer des contrôles de l'armée. Le gouvernement, qui connaissait son énergie, son dévouement à la cause populaire, le faisait scrupuleusement observer à Paris, où son domicile était fixé. Toutes ses démarches étaient suivies; il ne pouvait faire un pas sans que la police en fût instruite. Il parvint cependant à se soustraire à sa surveillance, et se rendit dans les départemens de l'ouest pour y organiser un vaste mouvement insurrectionnel.

Il vint s'établir secrètement à Saumur, où il espérait soulever l'école de cavalerie, et travailla avec activité à se créer un noyau d'armée. Jugeant que la ville de Saumur était trop surveillée pour en faire le centre de la conspiration qu'il tramait, il choisit la petite ville de Thouars, dont les habitans professaient tous des doctrines révolutionnaires. Quand Berton eut gagné à la cause républicaine un nombre suffisant d'individus pour commencer l'insurrection, il les rassemble dans la nuit du 23 au 24 février, leur annonce comme certaine la chute des Bourbons et la création d'un gouvernement provisoire, et se déclare envoyé par ce gouvernement pour insurger les départemens de l'ouest. Quelques momens lui suffisent pour s'emparer de la ville de Thouars; il fait déployer le drapeau tricolore et exerce tous les pouvoirs. La plupart des patriotes qui étaient venus se ranger autour de lui n'étaient pas armés; une boutique d'armurier leur fournit toutes les armes dont ils ont besoin. Le général publie une proclamation dans laquelle il appelle les populations aux armes, et ensuite il se met en marche sur Saumur avec sa petite armée forte de quelques centaines d'hommes.

Cette troupe se recruta sur la route d'un certain nombre de paysans que la vue du drapeau tricolore enflamma d'enthousiasme, et qui ajoutèrent une foi entière à la nouvelle habilement répandue par Berton que la famille royale était en fuite

Les autorités de Saumur, instruites de l'approche du général Berton, firent des préparatifs de défense. Le maire envoya la brigade de gendarmerie en observation sur la route; il somma la garde nationale de prendre les armes, mais quarante hommes seulement répondirent à son appel. Voyant qu'il ne pouvait compter sur son appui, il rassembla vingt à trente jeunes gens de l'école de cavalerie et se porta à leur tête sur le pont Fouchard, par lequel Berton devait passer pour attaquer la ville. Berton et sa troupe n'arrivèrent à l'entrée du pont qu'à sept heures du soir. Un des jeunes gens qui avaient suivi le maire fit les plus grands efforts pour déterminer ses camarades à se réunir au général Berton; il se nommait Delon, et fut assez heureux plus tard pour échapper à la vengeance des Bourbons. Les élèves de l'école de cavalerie flottaient irrésolus; le maire, s'apercevant que les discours de Delon avaient fait impression sur eux et qu'ils étaient ébranlés, les fit rentrer dans la ville. Berton alors passa le pont Fouchard, se croyant sûr du succès. Mais le maire revint bientôt avec un nouveau détachement plus nombreux que le premier et composé de jeunes gens dévoués à l'ordre de choses d'alors. Le moment était décisif; l'épée était tirée, il fallait jeter au loin le fourreau; si Berton avait attaqué vivement Saumur, cette ville était à lui. Mais au lieu de livrer combat, il se mit à parlementer, c'est ce qui fit échouer son entreprise.

Des révoltés qui parlementent sont à moitié vaincus. Berton consentit à repasser le pont et à bivouaquer aux portes de Saumur. La résolution prise par lui de ne point combattre découragea les siens; le plus grand nombre le quittèrent pendant la nuit; le lendemain matin, voyant sa troupe considérablement diminuée, il prit le parti de la retraite. Ne pouvant retourner à Thouars, parce que le sous-préfet de Bressuire s'y était porté avec des troupes et y avait rétabli l'autorité royale, il conseilla aux braves qui n'avaient point voulu l'abandonner de se disperser en attendant des temps meilleurs, et lui-même chercha un refuge chez divers patriotes.

Le non succès de son entreprise sur Saumur ne l'avait pas fait renoncer à ses projets d'insurrection, il continua de préparer un soulèvement. Il se présenta mille occasions pour lui de quitter la France, mais il se refusa constamment de s'expatrier, objectant à ceux qui le pressaient de passer en pays étranger que l'honneur lui défendait de songer à son salut, parce que plusieurs de ses amis, compromis par sa tentative sur Saumur, étaient en prison. Le gouvernement mit tout en œuvre pour découvrir sa retraite et y parvint. Un certain Grandménil, chirurgien, qui avait toute la confiance du malheureux Berton, et qui n'était autre qu'un agent provocateur, ne cessait de l'exciter à tenter une nouvelle entreprise, lui montrant en perspective les plus magnifiques résultats.

Ce misérable fit plusieurs voyages à Paris pour se mettre en rapport, de la part de Berton, avec quelques chefs de l'opposition. Il s'agissait de déterminer Berton à sortir des bois qui lui servaient de retraite afin de pouvoir le livrer plus facilement aux mains de l'autorité; il s'agissait également d'aggraver sa culpabilité pour le perdre entièrement. Un piége lui fut donc tendu, piége non moins abominable que celui dans lequel donna l'infortuné Caron. Un régiment de carabiniers venait d'arriver à Saumur. Grandménil donna l'assurance à Berton qu'il pouvait compter sur l'appui et la coopération de ce régiment, et, pour preuve, il offrit de le mettre en communication avec un maréchal-des-logis, nommé Wolfel, qui venait d'être reçu charbonnier, et qui pouvait mieux que lui encore lui donner des renseignemens sur le corps auquel il appartenait. Berton se décide à se rapprocher de Saumur et vient demander l'hospitalité à un notaire de Gennet, qui lui donne asile dans une maison de campagne écartée.

Grandménil lui ménage plusieurs entrevues avec le sous-officier Wolfel ; celui-ci, comme on sait, déshonorait l'habit militaire par le rôle infâme de mouchard et avait mission de la police d'arrêter Berton. Dans une de ses entrevues avec Berton, il proposa de lui amener trois de ses camarades, sous-officiers comme lui et *aussi sûrs que lui-même*; Berton accepte et l'entrevue est fixée à quelques jours de là ; il est convenu que les quatre sous-officiers se rendront auprès de Berton en chasseurs : « Pendant que vous chasserez, dit le général à Wolfel, moi je ferai la pêche, et je veux vous faire manger du poisson pris et apprêté par moi. »

Wolfel revient au jour fixé avec les trois sous-officiers. Au moment où il entre, le général était occupé à faire une matelotte. « Par Dieu ! dit-il, vous me trouvez en besogne, et vous m'en ferez compliment. » Pour toute réponse, les sous-officiers le couchent en joue, et Wolfel lui dit : « Vous êtes mon prisonnier, je vous arrête. » Berton ne pouvant croire à une trahison aussi noire, se met à rire de ce qu'il prend pour une plaisanterie. Mais dans le même moment il entend un coup de feu ; c'était un des sous-officiers qui tuait, presqu'à bout portant, un des amis de Berton. Bientôt la maison est cernée par un détachement qui a suivi l'atroce Wolfel. On s'empare de Berton et on le garotte comme une bête malfaisante ; on arrête et on charge également de liens son hôte, et tous deux sont emmenés à Saumur. Pendant toute la route ils eurent à essuyer les injures et les cruautés de leurs conducteurs.

De Saumur on transféra le général Berton à Poitiers pour y être jugé par la cour d'assises de cette ville. Poitiers était commandé par un général Malartie, qui avait reçu du gouvernement l'ordre d'exercer les plus grandes rigueurs à l'égard de Berton, et qui ne suivit que trop scrupuleusement ses instructions. Il vint au-devant de l'illustre prisonnier, et lui fit subir toutes sortes de tortures. Il fit si inhumainement serrer ses liens que ses membres en étaient gonflés, et qu'il souffrait cruellement. Mais non content de le torturer physiquement, il l'accabla d'outrages. Une fois arrivé à Poitiers, Berton passa entre les mains du procureur-général Mangin, espèce de tigre à face humaine, qui s'appliqua à le persécuter et qui lui fit presque regretter les traitemens de Wolfel et de Malartie.

Son procès fut instruit. Pendant l'instruction, Mangin ne voulut pas laisser les enfans de Berton embrasser leur père; ils ne purent le voir qu'après sa condamnation et toujours en présence de témoins. On ne lui accorda pas le défenseur qu'il avait choisi, et on lui en nomma un d'office avec lequel il ne put communiquer qu'à haute voix et devant un tiers. Les précautions les plus minutieuses furent prises par l'autorité pour empêcher l'évasion de Berton, ou pour s'opposer à toute tentative qui aurait pour objet de le délivrer : « Dès que le général fut à Poitiers, dit Trélat, toute la route était l'objet d'une surveillance si active qu'on s'en apercevait déjà à quelques postes de Paris; les passe-ports étaient demandés à tout moment; je me rappelle qu'à Tours, le conducteur de la voiture nous racontait avec une juste colère que le commissaire de police et ses agens venaient de le faire mettre tout nu pour voir s'il n'avait pas quelques dépêches secrètes. »

C'est surtout lorsque le procès fut commencé que la surveillance redoubla. Une armée tout entière résidait à Poitiers; la terreur régnait dans cette ville. Le procès eut lieu, pour ainsi dire, à huis clos; l'espace réservé au public était désert; la salle ne contenait, à proprement parler, que les accusés, les jurés, les magistrats et les témoins. Parmi ces derniers figurait l'infâme Wolfel, qui avait reçu l'épaulette pour prix du sang de Berton.

Le procureur-général Mangin eut l'audace d'inculper gravement dans son réquisitoire plusieurs députés de l'opposition, tels que Voyer-d'Argenson, Lafayette, Benjamin Constant, Foy, Kératry et Lafitte. Il les accusa de faire partie du comité directeur qui avait, selon lui, mis les armes à la main à Berton. Les députés inculpés protestèrent énergiquement contre les attaques de Mangin, et demandèrent une enquête solennelle sur leur conduite. Un député, M. de Saint-Aulaire, prenant la défense de ses collègues inculpés, fit la proposition formelle que le procureur-général de la cour de Poitiers fût traduit à la barre de la chambre, pour y répondre à l'accusation portée contre lui de s'être rendu coupable d'offenses graves envers la chambre des députés, et être condamné aux peines portées par les lois. Cette proposition fut mise aux voix après une discussion fort vive, et rejetée à la majorité de 226 contre 126.

Ce bill d'indemnité enhardit à tel point Mangin que ses déclamations forcenées ne connurent plus de bornes. Il renouvela ses inculpations contre les membres de l'opposition, et après les avoir chargés avec plus d'aigreur et plus d'animosité encore que dans son premier réquisitoire, il ajouta ce qui suit : « On a dit que nous aurions pu nous dispenser de citer dans l'acte d'accusation les noms de ces hommes. De quel droit ? Nous devions les désigner pour faire connaître le véritable caractère du complot, pour indiquer aux jurés que plusieurs accusés ont été trompés, ont été précipités dans l'abîme par les noms d'hommes puissans, parce que cette considération peut les déterminer à quelqu'indulgence pour eux ; mais ce que nous avons dit, nous l'avons dit à la face de la France.

» Que deviennent donc les accusations dont on a osé nous rendre l'objet ?

» Ils ont dit que nous les frappions par derrière, que nous étions des lâches. Ils savent bien que la main judiciaire qui s'est appesantie sur eux ne fut point la main d'un lâche.

» Les lâches et les perfides sont ceux qui précipitent dans l'abîme des conspirations des hommes simples et crédules, qui les trompent et les désavouent ensuite.

» Les lâches et les perfides sont ceux qui recèlent les trésors d'un usurpateur, d'un souverain détrôné, et qui s'en servent pour soudoyer des conspirateurs (1).

» Voilà les hommes qui voudraient renouveler les temps malheureux de la révolution, voilà les véritables *pourvoyeurs de bourreaux*.

» Les lâches et les perfides sont ceux qui organisent des sociétés secrètes et excitent des conspirations qui doivent s'accomplir avec des poignards. »

Voilà le langage des suppôts de la restauration. Mangin cherchait surtout à épouvanter les témoins pour les obliger à charger l'infortuné Berton ; il faisait mettre en état d'arrestation ceux qui ne répondaient pas comme il le voulait ; ceux, au contraire, dont les dépositions accablaient le principal accusé, étaient l'objet des caresses et des cajoleries du procureur-général.

L'attitude des accusés fut calme et digne ; aux injures et aux calomnies de Mangin, à la partialité souvent révoltante du président, nommé Périgot, ils opposèrent l'impassibilité d'une conscience tranquille. Les autres accusés après Berton étaient Caffé, médecin, qui se faisait chérir par ses vertus de tous ceux qui le connaissaient, le colonel Alix, patriote dévoué et intrépide, Saugé, qui, dans un âge avancé, avait conservé toute l'énergie, toute l'ardeur de la jeunesse, Jaglin, les trois médecins Riques, Fradin et Hédein, etc. Un certain nombre d'accusés étaient contumaces, entr'autres Grandménil, qui avait livré Berton, et qui fut rangé au nombre des accusés pour faire croire que sa coopération à la conspiration de Berton avait été consciencieuse. Parmi les contumaces figurait encore le brave colonel Gauchais, homme de tête et d'exécution tout à la fois,

(1) L'énergumène Mangin fait sans doute allusion aux six millions qui avaient été déposés par ordre de Napoléon chez le banquier Laffite, en 1815, et que le captif de Sainte-Hélène distribua, par son testament, à ses amis et à ses serviteurs.

qui avait pris une part active à l'entreprise sur Saumur, et qui, plus judicieux en cela que Berton, crut devoir soustraire sa tête au glaive des Bourbons, et conserver à la France un de ses plus nobles enfans.

Berton et six autres accusés furent condamnés à mort, ainsi que tous les contumaces, qui étaient au nombre de onze. Les autres accusés furent frappés de plusieurs années de détention. Berton monta sur l'échafaud avec un courage héroïque. Avant de livrer sa tête à l'exécuteur, il cria d'une voix forte et à plusieurs reprises : *Vive la France ! Vive la liberté !* Il disait dans sa prison que jamais l'idée de se suicider ne lui viendrait, parce qu'un patriote se devait en exemple à ses concitoyens jusqu'à la *lunette* (1).

Caffé n'imita pas le stoïcisme de son co-accusé Berton ; étant parvenu à se procurer un canif la veille du jour où il devait être exécuté, il s'ouvrit l'artère crurale et ne laissa qu'un cadavre à ses bourreaux. Après l'exécution du général à Poitiers, on transféra Saugé et Jaglin, également condamnés à mort, à Thouars, pour y subir leur condamnation. Saugé mourut en criant, *Vive la république*. Les condamnés à la détention firent leur temps dans la prison de Limoges et au mont St-Michel.

Passons maintenant à la conspiration des quatre sergens de La Rochelle.

Nous avons dit plus haut que la société des carbonari avait des affiliations dans plusieurs régimens et notamment dans le 55e de ligne. Ce régiment ayant reçu l'ordre de quitter Paris pour se rendre à La Rochelle, le sergent-major Bories et trois autres sous-officiers, Raoulx, Pommier et Goubin, reçurent de la société charbonnique des instructions pour se mettre en rapport avec les patriotes de l'ouest. Arrivés à La Rochelle, ils fraternisèrent avec plusieurs habitans de cette ville, et comme ils

_____

(1) On appelle ainsi l'espace par lequel passe la tête du patient pour recevoir le coup mortel.

étaient, à cause de leurs opinions, l'objet d'une surveillance extrêmement sévère, il n'en fallut pas davantage pour qu'ils fussent arrêtés; soit que, parmi les habitans de La Rochelle avec lesquels ils étaient entrés en relations, il se fût trouvé un mouchard qui les eût dénoncés, soit que des indiscrétions eussent été commises par eux-mêmes ou par les patriotes rochelois. Quoi qu'il en soit, on les accusa d'avoir voulu massacrer leurs officiers pour commencer un mouvement insurrectionnel.

Vraisemblablement, le gouvernement d'alors donna plus d'importance à ce prétendu complot qu'il n'en avait réellement, mais il voulait faire un exemple qui jetât l'épouvante dans les rangs de l'armée; et comme il avait soif du sang de cette jeunesse révolutionnaire qui lui donnait tant d'alarmes, il résolut de faire tomber sur l'échafaud les têtes des quatre sous-officiers arrêtés à La Rochelle.

Ces quatre infortunés furent pendant tout le temps de leur détention l'objet de sa rage homicide; ils eurent à souffrir toutes les tortures physiques et morales; rien ne fut oublié pour leur faire expier leurs généreux sentimens, leur patriotisme, leur amour pour l'humanité; quand ils auraient tué père et mère, quand ils se seraient souillés des plus effroyables crimes, on ne les eût pas traités avec autant de rigueur, on aurait eu pour eux les égards que l'on ne refuse jamais aux plus grands scélérats quand ils sont sous la main de la justice.

Cette infâme restauration n'avait-elle pas bien mérité d'être chassée à coups de pavés, pour avoir ainsi persécuté tout ce qu'il y avait de pur, de noble et de sublime? Et il se trouve des gens qui la regrettent! honte, iniquité sur eux!

Bories était le plus instruit, le plus intelligent, le plus expérimenté des quatre sergens; ses conseils auraient été de la plus grande utilité à ses trois camarades. Que fit-on? on ne le mit point dans la même prison qu'eux et il fut transféré à Nantes. Malgré son vif désir de les trouver coupables, ou du moins

de les faire croire coupables, le gouvernement était fort embarrassé pour échafauder une accusation contre eux. Il n'avait que des soupçons, mais que faut-il de plus pour un gouvernement despotique?

Le général Despinois s'introduisit dans la prison de Raoulx, Goubin et Pommier, en qualité de *mouton*, et fit tous ses efforts pour leur arracher, sinon des aveux, au moins quelques paroles dont on pût tirer parti contre eux en en torturant le sens. Ce vil personnage commença par leur parler avec une feinte douceur; il mit devant leurs yeux le tableau de leurs mères éplorées, et versa lui-même d'hypocrites larmes pour les attendrir. Quand il vit que ces moyens ne réussissaient pas, il entra en fureur et adressa aux trois sous-officiers les plus grossières invectives. Révoltés d'une pareille lâcheté, ceux-ci laissèrent échapper quelques mots de mépris et d'indignation que le misérable recueillit avec soin, et dont l'accusation s'empara pour en faire des charges contre eux.

Cependant, comme le gouvernement avait à cœur de faire de l'éclat, le procureur-général Bellart, qui s'était acquis une exécrable célébrité en demandant à la cour des pairs la tête du maréchal Ney, présenta un réquisitoire à la cour royale de Paris, à l'effet d'évoquer l'affaire des quatre sous-officiers. Bellart, dans ce réquisitoire, chercha à prouver que tous les troubles qui avaient éclaté en France depuis le retour des Bourbons avaient pour unique cause « cette débauche universelle de l'esprit (ce sont ses propres expressions), trait caractéristique de notre époque; cette débauche, à laquelle se laisse aller, non pas un seul royaume mais toute la vieille Europe, elle fait tout le mal. Les corps humains périssent d'excès d'embonpoint; les sociétés périssent de l'excès de civilisation, et ce fait, je l'annonce comme pouvant seul expliquer les inconcevables agitations dont chaque jour nous rend les témoins. Ces agitations ne sont pas dirigées contre un seul trône; elles ne le sont pas seulement contre tous les trônes ; nées de l'amour des changemens imprimé dans tous les esprits par des génies malfaisans, non trop cachés, qui ne s'embarrassent guère de sacrifier, et des hécatombes d'hommes, et une partie du monde entier........ » Nous bornerons là cette citation, que nous avons faite uniquement pour donner un échantillon des extravagantes déclamations de Bellart et de son style entortillé et inintelligible.

Les quatre sous-officiers furent traduits devant la cour d'assises de Paris. A côté d'eux vinrent s'asseoir Recurt, Baradère jeune, Gauran et quelques autres jeunes républicains, que l'on aurait voulu sacrifier avec eux. Marchangy et de Broë soutinrent l'accusation ; ces deux hommes, mais surtout le premier, étaient les dignes acolytes de Bellart. La cour se composait d'un Montmerqué, président, et de quatre conseillers nommés de Berny, de Frasan, Lemore et Froidefond. Voici les noms des jurés : Trouvé, Pavé de Courteilles, Doillon, Perrin, Deloynes, Deviannet, Rodier, Pivost, Faveret, d'Arlincourt, Hannelier. Nous croyons que c'est un acte de justice d'attacher le nom de ces hommes au pilori de l'histoire.

Les accusés avaient pour défenseurs les membres les plus éloquens du barreau de Paris. Ils prirent la parole eux-mêmes et firent entendre un langage correct, élevé et qui émut profondément les auditeurs. A la fin des débats, Bories adressa aux jurés une dernière allocution dans laquelle se trouvait le passage suivant : « Vous avez vu, messieurs, si les débats ont rien produit qui justifiât la sévérité du ministère public à mon égard ; vous avez sans doute été étonnés d'entendre, hier, M. l'avocat-général prononcer ces paroles : *Toutes les puissances oratoires ne sauraient arracher Bories à la vindicte publique.* M. l'avocat-général n'a cessé de me présenter comme chef de complot.... Eh bien ! messieurs, j'accepte. Heureux si ma tête en roulant sur l'échafaud peut sauver celles de mes camarades. »

Tu te trompes, magnanime Bories, si tu crois que les Bourbons se contenteront d'une seule tête. Non seulement ils veulent la tienne, mais ils veulent celles de tous ceux qui comme toi aiment leur pays et abhorrent la tyrannie.

Sur la déclaration du jury, Bories, Pommier, Raoulx et Goubin furent condamnés à mort sans aucune espèce de preuve. Les autres accusés furent acquittés. Les quatre sous-officiers, aussitôt après leur condamnation, furent transférés à Bicêtre pour attendre le résultat de leur pourvoi en cassation. Leurs amis du dehors travaillèrent à les faire évader; ils proposèrent à leur geôlier une somme de cinquante mille francs. Le geôlier les leurra, puis les dénonça; il fut impossible d'arracher les condamnés à la mort. Ces martyrs de la liberté furent traînés au supplice le 21 septembre 1822. Leur contenance, à cette heure suprême, fut la même que pendant les débats, ferme et intrépide. La foule pleura en les voyant passer, elle pleura, et voilà tout........ Quatre fois le terrible couperet tomba et quatre fois il se releva sanglant........ Le soir on dansait aux Tuileries.

DES RÉVOLUTIONS POLITIQUES
ET DES RÉVOLUTIONS SOCIALES.

On appelle indistinctement révolutions deux espèces d'é-
vénemens qui se ressemblent fort peu ; les uns qui changent
la forme politique des gouvernemens, les autres qui remuent
les sociétés jusque dans leurs entrailles, qui les transforment,
qui les renouvellent complétement. Nous appelons, nous,
révolutions politiques, celles qui n'ont pour but qu'un changement dans le personnel de l'administration publique ou dans la
forme gouvernementale, et révolutions sociales celles qui ont
pour but de changer la base même des sociétés, c'est-à-dire
d'introduire des réformes radicales dans la législation et dans
les mœurs d'une nation.

Nous allons, dans cet article, fixer le caractère propre des
révolutions politiques et des révolutions sociales, et montrer
l'influence des unes et des autres sur le bien-être et la liberté
des peuples.

Qu'importe la forme du gouvernement qui régit les peuples,
si ce gouvernement les écrase? Qu'importe le nom de ceux
qui leur donnent des lois, si ces lois sont tyranniques? Ce qui
importe aux peuples, c'est d'être gouvernés avec équité ; or,
ils ne peuvent être gouvernés équitablement qu'en se gouvernant eux-mêmes. Tant qu'ils seront gouvernés par des castes
et des dynasties dont les intérêts sont diamétralement opposés
aux intérêts du plus grand nombre, il arrivera, ce qui est inévitable, que le plus grand nombre sera constamment sacri-

lié aux intérêts, aux passions, aux caprices des gouvernans. Une révolution dont le but sera de substituer telle caste à telle autre caste, telle dynastie à telle autre dynastie, et qui laissera intacts tous les abus; une révolution dont l'unique résultat sera de changer l'effigie des monnaies ou de substituer un roi à un empereur, un consul à un roi sans améliorer sensiblement le sort des masses, une révolution purement politique enfin, sera complétement indifférente aux peuples, qui ne devront nullement y prendre part; elle ne sera profitable qu'aux ambitieux et aux intrigans politiques, toujours prêts à faire tourner les événemens à leur avantage, à exploiter les niais, à manger les marrons quand ceux-ci les ont retirés de feu.

Une révolution qui intéressera véritablement les masses populaires, sera celle qui taillera à vif dans les abus et qui remplacera l'arbitraire par le droit commun; ce sera celle qui luttera corps à corps avec les priviléges et qui les anéantira, qui fera rendre gorge aux dilapidateurs de la fortune publique et qui donnera du pain à ceux qui ont faim, qui ne se contentera pas de soulager passagèrement les misères du peuple, mais qui assurera à tout jamais une existence aux prolétaires, ou plutôt qui fera disparaître la ligne de démarcation qui sépare ces derniers des aristocrates, et qui promènera le niveau de l'égalité sur toutes les classes, en sorte qu'on ne verra plus, à la honte de l'humanité, une poignée de vautours dévorer la substance des peuples.

Ce sera une révolution sociale dans toute l'acception du mot, car elle aura fait subir à la société une rénovation profonde; et la société nouvelle, telle que la tempête révolutionnaire l'aura faite, ne ressemblera pas plus à l'ancienne société que le jour ne ressemble à la nuit.

Si les révolutions politiques et les révolutions sociales diffèrent dans leur but, elles ne diffèrent pas moins dans la manière dont elles s'accomplissent. Une révolution politique, qui n'est

autre chose qu'un changement de gouvernement, se fait du
jour au lendemain pour ainsi dire; aussi, depuis un demi-siècle,
avons-nous vu s'opérer en France dix ou douze révolutions
politiques : la révolution de 89, à part les innombrables réformes qui en ont été la conséquence, et en ne la considérant
que comme le triomphe de l'aristocratie bourgeoise sur la
noblesse et le clergé, ne fut qu'une révolution politique, car
elle n'a eu pour résultat immédiat que de faire passer le timon
de l'état des mains de la clique nobiliaire dans celles des aristocrates d'argent, sans même altérer en rien la forme du gouvernement, qui est restée monarchique. Il en de même de la
révolution du 10 août 1792; bien que la terrible main du
peuple eût substitué la république à la monarchie, cette révolution n'ayant abouti qu'à chasser les feuillans du pouvoir
pour y faire monter la coterie girondine, n'est à nos yeux
qu'une révolution politique. La chute des Girondins, au 31 mai
1793, ne mérite pas non plus un autre nom, car le règne
des montagnards, qui ne commence qu'à partir de cette fameuse
journée, ne fut marqué par aucune de ces mesures décisives
qui changent la condition sociale d'un peuple; la sublime montagne s'est acquis d'incontestables droits à l'admiration, à
la reconnaissance de l'humanité, pour avoir déjoué les projets
liberticides de la coalition européenne, pour avoir foudroyé la
contre-révolution et l'avoir réduite pendant près de deux ans
à l'impuissance. Mais qu'a-t-elle fait, que pouvait-elle faire
pour mettre un terme à la misère, aux privations, aux souffances
du peuple? Les dangers imminens de la patrie lui permettaient-
ils de songer à faire descendre l'aisance et le bien-être dans les
rangs inférieurs de la société? et quand même elle y aurait
songé, aurait-elle eu le temps d'accomplir cette tâche sacrée,
lorsqu'elle avait à mettre sur pied, à équiper, à nourrir, à
payer quatorze armées; lorsqu'elle était obligée de lever incessamment sur la tête des aristocrates une hache ensanglantée

et jamais lasse? Si la montagne n'a pas travaillé à une régénération sociale, et rien ne prouve qu'elle n'avait pas intention
d'y travailler après qu'elle aurait exterminé tous les contre-ré-
volutionnaires, ce n'est point à elle qu'il faut en faire un crime,
c'est aux ennemis de la liberté qui lui livraient d'interminables
combats, et qui ne la laissaient pas respirer un seul instant;
c'est surtout à la ligue impie de thermidor, qui, en immolant
les membres les plus purs de la montagne, empêcha l'accomplissement de leurs projets de réorganisation et de rénovation.

Nous le répétons donc, la journée du 31 mai ne fut qu'une
révolution politique. La déplorable catastrophe du 9 thermidor,
qui fut le terme où s'arrêta la marche ascendante de la révolution, fut également une révolution politique, ainsi que le coup-
d'état du 18 fructidor et l'infâme usurpation du 18 brumaire.
La chute de Robespierre fut le commencement de la réaction
qui noya la France dans les massacres et les assassinats de 94
et 95, qui la fit successivement passer sous le joug des satrapes
du directoire, des traîneurs de sabre de l'empire et des têtes à
perruque de la restauration pour la livrer plus tard aux *ordres
impitoyables* des doctrinaires. La révolution du 18 brumaire
fut une des conséquences les plus immédiates de celle du
9 thermidor; il était dans l'ordre des choses que la défaite et la
mort des plus intrépides défenseurs de la liberté fussent suivies du
triomphe de celui qui avait voué à la liberté une haine implacable, et qui leur fit, tant qu'il fut sur le trône, une guerre
d'extermination.

Le retour des Bourbons en 1814 ne fut pas autre chose
qu'une révolution politique; leur fuite en 1815 et leur seconde
rentrée trois mois après furent encore des révolutions politiques, et rien de plus. Enfin pouvons-nous qualifier autrement
la défunte révolution de 1830? A-t-elle été autre chose que
la chute de la branche aînée des Bourbons? Casimir Périer

remplaça Polignac, et les choses restèrent à peu près dans le même état qu'auparavant.

Si les révolutions politiques se succèdent si rapidement les unes aux autres et s'accomplissent en un clin d'œil, les révolutions sociales, au contraire, s'opèrent lentement; elles sont l'œuvre des siècles. Les premières ont souvent des causes assez futiles; les secondes en ont toujours de très graves, et surtout elles influent puissamment par leurs résultats sur les destinées de l'humanité, tandis que les premières ne laissent le plus souvent après elles que des traces à peine sensibles.

Les révolutions sociales sont extrêmement rares; nous n'en comptons guère en Europe que cinq ou six grandes depuis le commencement des temps historiques. La première qui mérite, à proprement parler, ce nom, par le rôle immense qu'elle joue dans l'histoire, est la ruine de l'aristocratie patricienne à Rome et le triomphe du prolétariat, qui eut pour conséquence immédiate la destruction de la république et la formation de l'empire. Cette révolution mit plusieurs siècles à s'accomplir; la lutte de l'aristocratie et du prolétariat fut longue et sanglante, elle date presque de l'origine de la république; la retraite du peuple sur le mont sacré et la création des tribuns, les efforts des Gracques pour soulager la misère des citoyens pauvres, les guerres de Marius et de Sylla, la conspiration de Catilina, les guerres de César et de Pompée, en furent les événemens les plus saillans. L'aristocratie patricienne se résumait dans le sénat; ce corps puissant et redoutable agissait avec un tel ensemble et une telle force de volonté, que l'aristocratie fut victorieuse tant que le prolétariat n'eut pas à lui opposer un chef unique en qui il se résumât lui-même. César fut ce chef, ou, pour mieux dire, cette personnification du prolétariat. Il leva le bras et l'aristocratie fut terrassée; Auguste continua son œuvre et la rendit durable. Nous donnons à cet événement mémorable le nom de révolution sociale, parce qu'il ne fut pas seulement un changement de gouvernement, mais qu'il eut pour résultats de profondes améliorations dans les lois et les institutions d'abord, et dans les mœurs ensuite. Plus tard, il est vrai, une corruption effroyable éclata à Rome, mais il faut en assigner la cause à toute autre chose qu'à la victoire du prolétariat sur la caste orgueilleuse qui avait opprimé le peuple romain pendant cinq cents ans.

Une autre révolution sociale, la plus considérable de toutes, peut-être, fut celle que la prédication du christianisme opéra en Europe ; sa conséquence la plus directe fut l'abolition de l'esclavage et la subalternisation des intérêts matériels aux intérêts moraux ; fait immense dont nous sentons encore les résultats et qui réagit à long-temps sur les destinées humaines. Après cette révolution prodigieuse, vient l'établissement du système féodal dans les principales contrées de l'Europe ; révolution sociale qui fut une espèce de réaction contre la loi chrétienne, puisqu'elle rétablissait en quelque sorte l'esclavage sous le nom de servage ; les serfs n'étaient pas autre chose que des esclaves, dans toute la force du terme, et des esclaves mille fois plus malheureux que ceux de la Grèce et de Rome, puisqu'ils étaient quelquefois attachés pour toute leur vie au sol qu'ils cultivaient.

La lutte de la royauté et de la féodalité, qui se termina par la destruction de cette dernière et par l'établissement de l'unité politique et du pouvoir absolu, fut encore une révolution sociale qui remua profondément les masses et qui, jointe à la réformation religieuse, autre révolution non moins féconde en résultats et qui s'opéra à peu près à la même époque, enfanta la révolution de 1789.

Cette dernière révolution, qui ne fut d'abord que politique par ses résultats les plus immédiats, est le commencement d'un grand mouvement social qui doit substituer partout l'égalité à l'aristocratie et à l'exploitation de l'homme par l'homme. Cette immense rénovation sociale, commencée il y a un demi-siècle et continuée jusqu'à ce jour avec mille alternatives diverses, est bien loin encore d'être entièrement accomplie. Malgré les sacrilèges efforts de l'aristocratie pour éterniser l'ilotisme des peuples, pour frapper d'immobilité l'esprit humain, pour arrêter indéfiniment la marche progressive de l'humanité, le char révolutionnaire poursuivra sa course triomphante dans les espaces inexplorés de l'avenir, et il écrasera sous ses roues rapides les sceptres que l'on mettrait en travers pour lui barrer le chemin.

PARIS

DEPUIS SON ORIGINE JUSQU'A LA PREMIÈRE RACE.

Un demi-siècle environ avant la conquête de la Gaule par les Romains, la nation des Parisiens (*Parisii*), qui, selon toute apparence, était originaire de la Belgique, vint s'établir sur les bords de la Seine, au nord des Sénones. Ce dernier peuple, un des plus puissans de la Gaule celtique, lui concéda un territoire de quelques lieues d'étendue, dans lequel se trouvait comprise l'île qu'on appelle aujourd'hui la *Cité*. Les motifs qui déterminèrent les Parisiens à quitter leur première patrie pour en chercher une nouvelle ne nous sont pas connus. On suppose qu'ils furent chassés de la Belgique par une des nations germaines qui y firent invasion long-temps avant le grand débordement des barbares. Il paraît que, d'après le traité qui fut conclu entre les Sénones et les Parisiens, ceux-ci reconnurent la suzeraineté des premiers, et vécurent dans leur dépendance. La Gaule alors était, comme on le sait, divisée en une multitude de petits peuples indépendans, parmi lesquels les plus forts faisaient la loi aux plus faibles. Les Parisiens avaient pour voisins, au nord, les Silvanectes, à l'est, les Meldes, à l'ouest, les Carnutes. Ils se trouvaient donc sur la limite qui séparait ces trois peuples des Sénones. Nous ignorons comment les Parisiens se nommaient avant leur arrivée dans la Gaule celtique ; il est probable qu'ils ne prirent le nom par lequel nous les désignons que postérieurement à leur établissement sur les bords de la Seine. On a hasardé un grand nombre de conjectures sur l'étymologie du mot *Parisii* ; celle de Dulaure nous paraît la plus raisonnable. « Il est certain, dit-il, que toutes les positions géographiques dont les noms se composent du radical *Bar* ou *Par* sont situées sur des frontières. Il faut donc en conclure que *Parisii* ou *Barisii* signifient habitans de frontières, et que la peuplade admise chez les Sénones ne dut son nom de *Parisii* qu'à son établissement sur la frontière de cette contrée. »

Avant l'invasion des Romains dans la Gaule, les peuples de cette contrée n'avaient pas de villes; leurs habitations étaient éparses dans les campagnes. Chaque peuple avait sa forteresse, dans laquelle, en temps de guerre, se retiraient les vieillards, les femmes et les enfans, tandis que les hommes valides marchaient à l'ennemi. Les Parisiens choisirent pour leur forteresse l'île de la Cité, qu'ils appelèrent Lutèce. Alors cette île n'avait pas la même étendue qu'aujourd'hui ; deux îles qui l'avoisinaient y furent réunies dans la suite. A cette époque, elle ne s'étendait que depuis l'emplacement où fut bâtie plus tard l'église Notre-Dame, jusqu'à celui où nous voyons aujourd'hui la rue du Harlay. Dans l'origine, Lutèce n'avait ni remparts ni fortifications d'aucune espèce. Les deux bras de la Seine qui l'entouraient lui servaient de fossés ; quelques cabanes de forme ronde et à toit pointu s'élevaient seules dans son enceinte. Voilà à quoi se réduisait Paris, il y a un peu moins de deux mille ans. Nous n'en savons pas davantage sur la nation parisienne avant la conquête de la Gaule.

Disons quelques mots de l'emplacement sur lequel s'élève Paris moderne. Des forêts et des marécages couvraient une grande partie de la rive droite de la Seine entre Lutèce et Montmartre. Deux ruisseaux qui ont complètement disparu, et qui prenaient leur source l'un à Bagnolet, l'autre à Ménilmontant, arrosaient tout cet espace. Le premier se jetait dans la Seine au Petit-Bercy, après avoir traversé la vallée dite de Fécamp; le second s'y jetait au quai de Billy, après avoir coulé à travers les terrains où sont situés maintenant les faubourgs St-Martin et St-Denis, les rues Grange-Batelière, de la Ville-l'Evêque et du Roule. Le sol de Paris s'élève au-dessus du niveau de la mer de deux cent vingt pieds à peu près. Le terrain primitif se compose d'un gypse marneux, sur lequel les débordemens successifs de la Seine, avant qu'elle ne fût encaissée dans les quais, ont déposé plusieurs couches de limon d'atterrissement. Une foule de causes ont concouru à exhausser le sol de Paris ; dans quelques endroits, il est actuellement de vingt ou trente pieds plus élevé qu'il ne l'était originairement. Quant aux inégalités qui existent sur la surface, elles sont dues d'abord à l'amoncellement des terres qui ont eu lieu lors de la construction des diverses enceintes de Paris, et ensuite aux immondices et aux gravois que l'on entassait sur différens points. La plupart de ces inégalités n'existent plus, telles que le Monceau-St-Gervais, la butte St-Roch, la butte de Bonne-Nouvelle ou de Villeneuve-de-Gravois, etc. ; quelques-unes existent encore ; de ce nombre est la butte des Copeaux. Paris est entouré, au nord et au sud, d'une ceinture de collines ; celles du sud, à l'exception de la butte Ste-Geneviève, ne méritent pas d'être citées ; celles du nord sont beaucoup plus élevées : ce sont les hauteurs de Bercy, de Charone, de Ménilmontant, de Belleville, de Montmartre et du Calvaire. Deux rivières traversent Paris : la Seine, qui a sa source dans le département de la Côte-d'Or, et qui, après un cours très tortueux, se jette dans la Manche entre le Hâvre et Honfleur, et la petite rivière de Bièvre, dite des Gobelins, qui prend naissance près de Versailles et va mêler ses eaux sales et bourbeuses à la Seine, au quai de l'Hôpital.

Ce n'est qu'à l'époque des conquêtes de Jules-César dans la Gaule, que la petite nation parisienne commença à paraître sur la scène historique. Voici à quelle occasion : après plusieurs années de combats acharnés, César était parvenu à soumettre une partie des nations gauloises, lorsque le manque de chevaux le força à suspendre ses opérations militaires, et à convoquer une grande assemblée des nations vaincues pour leur demander un renfort de cavalerie.

Les Sénones, les Tréviers et les Carnutes n'envoyèrent point de représentans à cette assemblée. César en convoqua une seconde à Lutèce, et marcha aussitôt avec son armée contre les Sénones pour les forcer à envoyer des députés à la nouvelle assemblée. Ceux-ci, redoutant une guerre dans laquelle ils auraient eu seuls à lutter contre les légions romaines, firent leur soumission et envoyèrent des députés. Les deux autres peuples qui s'étaient associés à leur désobéissance aux ordres de César, imitèrent leur exemple, et le secours de cavalerie fut accordé par l'assemblée tenue dans la forteresse des Parisiens.

Un soulèvement presque général eut lieu l'année suivante contre les Romains, qui croyaient avoir dompté les Gaulois sans retour. Les Parisiens et les autres peuples voisins y prirent la part la plus active. Enflammés de l'enthousiasme de la liberté, ils fermèrent les yeux sur la supériorité de la tactique romaine, pour n'écouter que leur courage intrépide et leur profonde haine pour la tyrannie. A la nouvelle de ce soulèvement, un des lieutenans de César, Labiénus, qui occupait avec plusieurs légions la ville d'Agedincum, aujourd'hui Sens, s'avança contre les insurgés à la tête de toutes les forces dont il put disposer. Il suivit la rive méridionale de la Seine jusqu'à Lutèce. A l'approche de Labiénus, les Parisiens et les autres peuples soulevés se hâtèrent de fournir chacun leur contingent de troupes pour combattre; celui des Parisiens ne s'élevait pas, dit-on, à plus de deux mille hommes. Le commandement de l'armée gauloise fut confié à Camulogène, vieux guerrier que son expérience et ses vertus rendaient digne d'une si haute confiance. Camulogène prit une position formidable derrière un marais formé par la rivière de Bièvre; on croit que l'endroit où il établit son camp est le même où est situé aujourd'hui le faubourg Saint-Marceau. Labiénus n'osant pas l'attaquer dans cette position, mit le siége devant Melun, une des forteresses des Sénones, et, après s'en être emparé, franchit la Seine et reprit le chemin de Lutèce en suivant la rive septentrionale. Lorsque les Gaulois apprirent que Labiénus marchait une seconde fois contre eux par une autre route, ils vinrent se poster en face de Lutèce, du côté opposé à celui par lequel les Romains s'avançaient, et brûlèrent les ponts de bois qui liaient l'île aux deux rives de la Seine. Labiénus vint camper sur la rive septentrionale, dans l'espace compris entre le Louvre et l'église Saint-Gervais. Mais le général romain ayant été informé que César avait été battu en Auvergne, et qu'il fuyait en désordre vers Agedincum, résolut de brusquer les choses et d'en venir le plus promptement possible aux mains avec les Gaulois. En conséquence, il chargea de troupes cinquante barques qu'il avait amenées de Melun, et leur fit descendre la Seine pendant la nuit et dans le plus grand silence, jusqu'à l'endroit où s'élève maintenant le pont de Sèvres. Lui-même se dirigea sur ce point à la tête de trois légions, laissant cinq cohortes dans son camp pour le garder, et ordonnant à cinq autres cohortes de remonter la Seine en bateaux, en faisant le plus de bruit possible, pour attirer de ce côté l'attention des Gaulois. Ce stratagème réussit à merveille. Les Gaulois crurent que les Romains, dans le trouble et la consternation où avait dû les jeter la nouvelle des revers de César, se dispersaient de tous côtés pour se soustraire à leurs coups. Ils commirent la faute impardonnable de se diviser en trois corps; l'un se mit à la poursuite des cinq cohortes romaines qui remontaient le fleuve, un autre resta dans le camp, le troisième, conduit par Camulogène en personne, descendit la Seine pour suivre le mouvement de Labiénus. Celui-ci profitant d'un violent orage, fit passer le fleuve à son armée, et se trouva en présence des Gaulois dans la plaine d'Issy, au bas de Meudon. Le com-

bat s'engagea et fut des plus terribles. Il dura tout une journée. L'aile gauche des Gaulois plia la première; l'autre aile
soutint héroïquement jusqu'au soir tous les efforts de la valeur
romaine. Enfin, cette aile ayant été tournée par une légion
qui la chargea en flanc, la victoire se décida pour les Romains,
qui firent un carnage épouvantable des Gaulois. Le vénérable
Camulogène périt dans l'action avec la plus grande partie de
son armée. Après cette sanglante bataille, qui se donna l'an de
Rome 701 (52 ans avant Jésus-Christ), Labiénus ramena ses légions victorieuses à Agedincum.

S'il fallait en croire César, la nation parisienne aurait été
une de celles sur le dévouement et la fidélité desquelles il aurait
pu le mieux compter. Cependant, nous la voyons prendre part
à toutes les guerres qui eurent pour objet d'affranchir la
Gaule du joug romain. Non contente d'avoir si énergiquement
soutenu les intérêts de la cause commune contre Labiénus, elle
s'empressa de fournir, peu de temps après, son contingent de
troupes pour forcer César à lever le siège d'Alise. La nation
parisienne a donc été calomniée par César, lorsqu'il l'a repré-
sentée comme étant l'amie et l'alliée des oppresseurs de la
Gaule. Sans doute, son extrême faiblesse, dont on peut juger
par le petit nombre d'hommes qui composaient son contingent,
ne lui permit pas de figurer au premier rang dans les différentes coalitions qui se formèrent contre les Romains, mais du
moins cette faiblesse ne l'empêcha pas de contribuer de tous
ses moyens à la défense commune.

Depuis la conquête de la Gaule jusqu'à l'invasion des peuples du nord, c'est-à-dire pendant l'espace de quatre siècles,
un voile épais environne la nation parisienne, et nous laisse
ignorer la plupart des circonstances de son histoire. Tout ce
que l'on sait, pendant cette longue lacune, c'est que lors du
partage de la Gaule en province, sous Auguste, Lutèce fut
comprise dans la Lyonnaise. Ce que l'on sait encore c'est que, du

temps de Dioclétien, plusieurs peuples gaulois confédérés ensemble sous le nom de Bagaudes, et au nombre desquels étaient les Parisiens, levèrent l'étendard de la révolte contre la tyrannie romaine et élurent deux empereurs gaulois, en opposition aux deux empereurs romains, Dioclétien et Maximien. Ce dernier marcha aussitôt avec une puissante armée contre les nations rebelles. Arrivé dans la Gaule, il met tout à feu et à sang et parvient jusqu'à trois lieues de Lutèce, où se trouvait un château fort, construit par Jules-César, et dont les révoltés s'étaient emparés. Ce château était situé à l'endroit où fut bâtie plus tard l'abbaye de Saint-Maur-les-Fossés. Entouré de fortifications formidables, il semblait devoir braver long-temps tous les efforts des Romains. Les deux empereurs gaulois s'y étaient renfermés avec l'élite des forces gauloises. Maximien en forma aussitôt le siége, ou plutôt en ordonna l'assaut. Les Gaulois firent une défense désespérée, et ne succombèrent qu'après avoir vendu chèrement leur vie. Tous furent égorgés; leurs deux empereurs n'eurent pas même le triste honneur de périr les armes à la main. Ils tombèrent vivans au pouvoir des Romains et furent pendus. La fureur brutale du farouche Maximien ne fut point apaisée par cet holocauste effroyable; tous les paysans gaulois que l'on soupçonna d'avoir pris part à la révolte furent livrés aux bêtes dans les cirque de Lyon, de Cologne, de Trèves, et la Gaule tout entière fut couverte de supplices et noyée de sang.

César, qui nous a laissé une description complète des mœurs de nos aïeux, nous dit qu'ils étaient intrépides, inconstans, fanfarons, et surtout si curieux de nouvelles, qu'ils arrêtaient les voyageurs sur les chemins pour les questionner. Ils avaient une grande aptitude pour les arts et pour les sciences. L'oisiveté chez eux était tellement odieuse, que l'on punissait ceux dont l'embonpoint, faute d'exercice, dépassait une certaine dimension. Les Gaulois avaient droit de vie et de mort sur leurs femmes et leurs enfans. A leurs funérailles, quand ils avaient occupé un rang élevé pendant leur vie, on brûlait, avec leur corps, tout ce qui leur avait été cher, même leurs esclaves et leurs affranchis. Les Gaulois avaient une taille avantageuse, et leur peau était très blanche; ils aimaient la parure et portaient des bracelets, des colliers, des anneaux et des ceintures d'or. Leurs cheveux étaient naturellement blonds; mais ils les rendaient roux et même rouges, pour se donner un air terrible, au moyen d'une pommade faite avec du suif de chèvre et de la cendre de hêtre. Les vergobrets, ou premiers magistrats, aux jours de cérémonies, se saupoudraient la barbe et les cheveux avec de la limaille d'or. César nous apprend que les femmes avaient voix délibérative dans les assemblées où l'on décidait de la paix et de la guerre; c'est qu'en effet elles étaient plus intéressées que personne dans cette grave question, puisqu'il s'agissait de la vie de leurs pères, de leurs époux, de leurs fils. On coupait un morceau de l'habit de quiconque, dans ces assemblées, faisait trop de bruit. Strabon avance un fait qui n'a point été rapporté par César; il dit que les Gaulois plongeaient leurs enfans nouveaux-nés dans l'eau froide pour les rendre robustes. Dès qu'une fille était nubile, son père invitait à un grand repas tous les jeunes hommes du canton, et elle choisissait pour époux celui qui lui plaisait le plus. L'année chez les Gaulois commençait au solstice d'hiver, à la sixième nuit de la lune. Cette nuit était appelée *nuit-mère*, comme engendrant toutes les autres. On a long-temps compté par nuits en France, comme on compte aujourd'hui par jours. C'était par la cueillette du gui que la nouvelle année était annoncée. Les druides, accompagnés du peuple qui criait : *Au gui l'an neuf!* se rendaient tous dans une forêt et y dressaient un autel de gazon autour du plus beau chêne; sur le tronc de ce chêne ils gravaient les noms de leurs dieux les plus redoutables. Ensuite, on attachait au tronc de l'arbre deux taureaux blancs en

signe d'offrande; un druide montait sur le chêne et en déta-
chait le précieux gui avec une serpe d'or; le gui tombait dans
une étoffe que d'autres druides tenaient étendue pour le recevoir. A cette occasion, de nombreux présens étaient faits aux
druides. Les Gaulois étaient fort superstitieux : ils adoraient
sous des noms différens les mêmes dieux que les Romains.
Teutatès ou *Teutat*, le plus grand et le plus respecté de leurs
dieux, était, selon certains auteurs, le même que Mercure, et,
selon d'autres, le même que Pluton; ils regardaient *Teutatès*
comme l'inventeur de tous les arts. *Teutatès* ou *Teutat* signifiait, en langage celtique, *père du peu; 'e,* de *Teut*, peuple, et
de *Tat*, père. *Tara...s* ou *Téranis* était le dieu du tonnerre;
c'est le même que Jupiter. *Hésus* ou *Esus* était le dieu qui se-
mait le carnage et l'horreur, qui ranimait ou glaçait le courage dans les combats; c'était le même que Mars. *Bélénus* était
le dieu du soleil et de la médecine, comme l'*Apollon* des
Grecs et des Romains. Les Gaulois avaient un autre dieu qu'ils
appelaient Mithras. « Ils le représentaient, dit Saint-Foix,
avec l'un et l'autre sexe, et l'adoraient comme le principe de
la chaleur, de la fécondité et des bonnes et des mauvaises influences. Les initiés à ces mystères étaient partagés en plusieurs
confréries, dont chacune avait pour symbole une constellation;
et les confrères célébraient leurs fêtes, faisaient leurs proces-
sions et leurs festins, déguisés en lion, en bélier, en ours, en
chien, etc., c'est-à-dire sous les figures qu'on suppose à ces
constellations; ainsi nos mascarades et nos bals, dont voilà
sans doute l'origine, étaient autrefois des cérémonies de religion. »

Les Gaulois sacrifiaient des victimes humaines à leurs dieux,
mais surtout à Saturne, qu'ils craignaient beaucoup. Ils pratiquaient aussi cette horrible coutume pour conserver à la vie
ceux qu'ils chérissaient ardemment, se figurant que l'immolation d'un homme pouvait en sauver un autre. Jamais peut-être

les Romains n'eurent à combattre un peuple si belliqueux que les Gaulois. De l'aveu de Cicéron, ces conquérans de tant de nations redoutaient plus les Gaulois seuls que tous les autres peuples ensemble. Salluste dit qu'en combattant contre eux, il fallait moins songer à sa gloire qu'à sa vie. Les Romains se faisaient une si haute idée du courage de nos ancêtres, qu'à Rome, tout le monde, sans en excepter même les prêtres, étaient tenus de prendre les armes quand il s'agissait de leur faire la guerre. Chez les Gaulois, les jeunes comme les vieux tenaient à honneur de marcher au combat; chacun, à un jour fixé, se rendait, pour aller à l'ennemi, dans un lieu désigné d'avance; celui qui arrivait le dernier au rendez-vous était mis à mort. Les armées gauloises se composaient de mercenaires, appelés *gesates*, d'archers, d'hommes d'armes et de *solduriers*; ces derniers en faisaient la principale force, et servaient par pur dévouement. Les hommes d'armes combattaient à cheval et étaient armés de toutes pièces; chaque homme d'armes avait à sa suite deux autres cavaliers qui le secouraient au besoin. Les chefs montaient des chariots à faux qui portaient dans les rangs ennemis l'épouvante et le carnage. L'infanterie gauloise était armée d'épées, de frondes, de piques, de javelots et de flèches; la cavalerie, de lances et de haches. L'épée des Gaulois était pesante, sans pointe et mal trempée; mais leur bravoure suppléait à cet inconvénient. Avant leurs guerres contre les Romains, ils ne se retranchaient pas en campagne. Pour se rendre maîtres d'une place, ils l'environnaient de toutes parts, faisaient pleuvoir une grêle de traits sur les remparts, puis, s'en approchaient couverts de leurs boucliers, en poussant des hurlemens terribles, et montaient à l'assaut avec une intrépidité sans égale. Quand un Gaulois avait tué dans un combat un ennemi de distinction, il lui coupait la tête et l'attachait à la hampe de sa lance ou à la crinière de son coursier; il l'embaumait ensuite et la conservait précieusement. Cette coutume se

retrouve aujourd'hui chez les peuples de la Nouvelle-Zélande.
A l'arrivée de César dans la Gaule, les Gaulois étaient divisés
en plusieurs classes, celle des nobles, celle des prêtres ou druides, et le peuple proprement dit. Cependant, chez quelques
nations de la Gaule, le gouvernement était démocratique, les
chefs étaient élus par le peuple assemblé. Les druïdes exerçaient une haute influence sur les Gaulois; c'étaient eux qui
jugeaient et qui décernaient les peines et les récompenses. Si
quelque individu se refusait à leur obéir, il était frappé par
eux d'une espèce d'excommunication qui le rendait infame aux
yeux de tous, et l'assimilait presque aux parias de l'Inde.

Le principal collège des druïdes était, selon César, sur les
confins du pays Chartrain, *in finibus carnutum;* selon Pompo-
nius Mela, il y avait un collège de druïdesses dans la petite île
de *Sena*, aujourd'hui de Sein; sur la côte de Quimper-Corentin. Ces druïdesses étaient au nombre de neuf; elles gardaient,
comme les vestales de Rome, une virginité perpétuelle. Elles
s'attribuaient le pouvoir de rendre des oracles et de déchaîner
ou d'apaiser les tempêtes. Les druïdes, que l'on appelait ainsi
du mot de *drus* ou *derv*, qui, en langage celtique, signifiait chêne,
enseignaient que les âmes sont immortelles et qu'elles passent
continuellement d'un corps dans un autre; ils enseignaient en
outre qu'elles étaient heureuses ou malheureuses dans les nouveaux corps qu'elles habitaient, selon qu'elles avaient prati-
qué la vertu antérieurement. La différence qu'il y avait entre
la religion mythologique et celle des druïdes, c'est que la première admettait des peines et des récompenses éternelles, tandis que la seconde n'admettait que des peines et des récompenses bornées.

Nous allons maintenant parler de l'état où se trouvait Paris
pendant la domination romaine, et des monuments qui l'embel-
lissaient à cette époque. Et d'abord, nous parlerons des deux
ponts de bois de la Cité. Ces deux ponts, comme nous l'avons

déjà dit, furent brûlés par les Parisiens à l'approche de Labiénus; on les reconstruisit plus tard. Celui du midi, appelé
Petit-Pont, occupait à peu près l'emplacement du pont Saint-
Michel; celui du nord, appelé Grand-Pont, était placé à l'endroit où nous voyons le pont au Change; ces deux ponts n'é-
taient donc point placés vis à-vis l'un de l'autre. Pour aller du
Grand-Pont au Petit-Pont, on suivait une route oblique qui
correspondait à la rue du Marché-Palu, et qui, après avoir
formé un angle, se continuait dans la direction de la rue de la
Calandre.

On ne commença à construire quelques édifices sur la rive
droite de la Seine qu'au quatrième siècle. Une voie romaine, qui
partait du Grand-Pont, et qui se dirigeait au nord, en passant
près du marché des Innocens, aboutissait à Pontoise, après
avoir traversé Clichy, le bourg de l'Estrée et Pierre-Laie. On
en retrouve encore en certains endroits quelques parties; une
branche de cette voie romaine se dirigeait vers Pierrefite

Des fouilles exécutées en 1765 et 1781 firent découvrir les
ruines d'un aqueduc qui régnait depuis Chaillot jusqu'à un bassin construit dans l'emplacement du jardin du Palais-Royal.
Non loin de ce bassin, on en découvrit peu de temps après un
autre. On avait également découvert, quelques années auparavant, dans la rue Vivienne, huit fragmens de marbre ornés de
bas-reliefs qu'il serait trop long de décrire, mais dont Caylus,
dans son *Recueil d'Antiquités*, a donné une description fort détaillée. Le même auteur nous a aussi donné la description d'une
tête de Cybèle en bronze qui fut retrouvée, en 1657, dans les
fondemens d'une ancienne tour située au bout de la rue Coquil-
lière, à peu de distance de Saint-Eustache. Cette tour avait appartenu à la muraille d'enceinte de Paris. Pendant que l'on
creusait en 1807 le bassin du canal de l'Ourcq, à la Villette, on
découvrit un vase de terre qui renfermait deux mille cinq cents
médailles de bronze saucé; elles dataient de la fin du troisième

siècle. D'autres fouilles faites en 1757 et 1758 sur la butte Montmartre, ont amené la découverte d'un bâtiment dont l'intérieur était divisé en cellules et qui avait la forme d'un parallélogramme. Ce bâtiment, selon l'abbé Lebeuf, avait été une maison de bains ; selon Caylus, il avait été destiné à des fonderies. Ce qu'il y a de certain, c'est qu'il n'a jamais été un temple à Mars ou à Mercure, comme l'ont prétendu quelques savans. Indépendamment de l'aqueduc de Chaillot, des bassins du Palais-Royal et des antiquités de Montmartre, on découvrit encore dans la partie septentrionale de Paris les restes de deux cimetières, l'un sur l'emplacement de la rue Vivienne, et l'autre sur celui de la rue de la Tixeranderie. Le premier avait dû être consacré aux morts opulens.

En creusant dans le chœur de l'église cathédrale de Notre-Dame de Paris, en 1711, on découvrit un autel à Jupiter sur lequel était gravée une inscription latine dont voici la traduction : « Sous Tibère César Auguste, les bateliers parisiens ont publiquement élevé cet autel à Jupiter très bon, très grand. » En 1784, on trouva, en fouillant profondément le sol pour la construction du Palais de Justice, un cippe antique non moins curieux que l'autel à Jupiter. Voilà les seules antiquités découvertes jusqu'à présent dans l'île de la Cité. On croit qu'il existait dans cette île, au temps de la domination romaine, une prison appelée *carcer Glaucini*, qui était située à l'endroit où l'on voit aujourd'hui le marché aux Fleurs. Dulaure est le seul auteur contemporain qui parle de cette prison de Glaucin. « Je place cette prison, dit-il, sur le quai aux Fleurs, parceque deux églises, celle de St-Denis et celle de St-Symphorien, à cause de leur voisinage de cette prison, ont porté le surnom de la *Chartres*, mot qui signifie prison, et que ces églises étaient situées près de ce quai. »

Du temps des Romains, il y avait sur la rive gauche de la Seine un faubourg que l'on appelait *Lucotitius* ; il était traversé par plusieurs routes ou voies, dont deux seulement nous sont connues. Une de ces voies partait du Petit-Pont, longeait l'enceinte du palais des Thermes, traversait l'emplacement de la Sorbonne et allait aboutir à Orléans en passant par Issy. Une seconde voie naissait de la précédente, à peu près au point de jonction de la rue Galande et de la rue St-Jacques, et suivait la direction de la première de ces rues jusqu'à la montagne Ste-Geneviève; elle aboutissait ensuite à un lieu appelé *mons Cetardus*.

Un grand nombre de tombeaux romains ayant été trouvés aux environs de la place St-Michel, on suppose avec quelque raison que là devait exister un vaste cimetière. Mais parmi toutes les antiquités que l'on rencontre sur la rive gauche de la Seine, la plus remarquable et la plus importante est le palais des Thermes. Ce palais était construit entre les rues des Mathurins, du Foin, de la Harpe et St-Jacques. Plusieurs empereurs romains, notamment Julien, surnommé *l'apostat*, y passèrent leurs quartiers d'hiver. L'historien Zozime, qui donne au palais des Thermes le nom de basilique, raconte que, pendant que Julien y séjournait, des troupes auxiliaires cantonnées à Paris s'y portèrent en tumulte, en brisèrent les portes et pénétrèrent jusqu'à Julien, qu'ils proclamèrent *Auguste* malgré son refus. Ammien Marcellin rapporte également ce fait. Le palais des Thermes, avec les bâtimens et les jardins qui en dépendaient, s'étendait des rives de la Seine à la rue d'Enfer. Il ne reste plus de ce palais immense qu'une salle dont les voûtes sont à arêtes et à plein cintre. Autour de cette salle on aperçoit encore quelques restes de constructions antiques. Une autre salle, située à côté de la première, mais qui était moins grande, a été démolie il y a près d'un siècle.

Beaucoup d'auteurs pensent que le palais des Thermes fut bâti par l'empereur Julien pendant les six années qu'il passa dans la Gaule, de l'an 355 à l'an 361. Dulaure ne partage point

leur avis, et croit pouvoir affirmer que la construction de cet
édifice date d'une plus haute antiquité ; selon lui, il fut bâti par
Constance Chlore, qui habita la Gaule depuis l'an 292 jusqu'à
l'an 306 ; mais les raisons sur lesquelles son opinion est basée
ne nous paraissent pas assez concluantes pour que nous la par-
tagions. Il commence par dire que puisque Dioclétien a fait
construire à Rome un magnifique palais des Thermes, son collègue Constance Chlore a dû en faire bâtir un semblable dans
la Gaule ; conséquence qui nous paraît un peu forcée. Il ajoute
ensuite que puisque le genre d'architecture et de maçonnerie
des Thermes de Dioclétien à Rome a des conformités frap-
pantes avec celui de l'architecture des Thermes de Paris, il faut
en conclure que ces deux édifices ont été construits à la même
époque. « Ainsi, dit-il, ce ne peut être Julien, mais bien plutôt son grand-père Constance Chlore, qui, vers la fin du troisième siècle, ou plus tard, dans les premières années du quatrième, fit construire le palais des Thermes de Paris. » Il faudrait donc supposer, d'après l'assertion de Dulaure, que, dans
l'espace de cinquante ans, c'est-à-dire depuis le commencement
jusqu'au milieu du quatrième siècle, le genre d'architecture et
de maçonnerie des Romains eût complètement changé, en sorte
qu'un édifice construit en l'an 300 n'eût aucune conformité
avec un autre édifice construit cinquante ans plus tard. Or,
c'est ce qui n'est pas présumable. Lorsqu'un peuple est en décadence, comme l'étaient alors les Romains, les arts, chez lui,
restent long-temps stationnaires, ou, s'ils subissent une transformation, elle est si lente qu'elle est presque insensible. D'ailleurs, si l'empereur Julien a fait construire le palais des Thermes de Paris, il a pu prendre pour modèle les Thermes de
Rome bâtis cinquante ans plus tôt par Dioclétien.

L'obscurité qui règne sur la nation parisienne pendant les
quatre siècles qui suivirent la conquête ne commence à se dis-
siper qu'à partir de l'époque où Julien fut envoyé dans la Gaule

pour en chasser les barbares qui l'avaient envahie, et pour les refouler au-delà du Rhin. Julien opéra une révolution complète dans l'administration intérieure de la Gaule, et remplaça l'ancienne organisation par une organisation nouvelle qui avait pour base l'égalité du droit. Il abolit entièrement les priviléges et rendit au peuple son antique liberté. C'est à la suite de ces changemens dans l'ordre politique, que Lutèce prit le nom de Paris. Cette ville jusqu'alors n'avait joui d'aucune prérogative, et les Parisiens avaient été traités en peuple conquis. Julien leur accorda les mêmes droits qu'aux Romains établis dans la Gaule et travailla avec la plus ardente sollicitude à doter les peuples de cette contrée de franchises municipales. L'ordre de choses institué par ce grand homme ne dura que jusqu'au commencement du cinquième siècle, où la Gaule presque tout entière fut ravagée de nouveau par les hordes germaines. Paris ne fut pas épargné. C'est alors que la confédération des Armoriques ou des Bagaudes acquit son complet développement. Formée dans un but de résistance aux invasions des peuples du Nord, cette confédération dut employer sa plus grande énergie au moment où le danger devint le plus pressant. Paris était une des quarante-neuf villes qui, selon la notice d'Honorius, faisaient partie de la grande confédération des Bagaudes. Lorsque plus tard cette confédération eut été rompue par les armes des Wisigoths et par les négociations de la cour de Ravenne, et lorsque le plus grand nombre de ces villes eurent fait leur soumission à la puissance romaine, Paris et vingt-une autres cités conservèrent leur indépendance, et furent, jusqu'à l'invasion des Francs, presque toujours en insurrection ouverte contre les Romains.

COUP-D'OEIL

SUR LES PEUPLES SITUÉS A L'EST DE LA MER CASPIENNE.

Depuis que la politique européenne a fait invasion en Asie, et que l'empire moscovite pèse de tout son énorme poids sur cette partie du monde qu'il menace de réduire sous sa domination, les peuples asiatiques, et surtout ceux qui avoisinent les frontières russes, ont acquis à nos yeux un plus grand degré d'importance et ont droit de fixer plus particulièrement notre attention. Nous avons déjà passé en revue les peuples du Caucase, nous allons décrire maintenant ceux qui habitent les côtes orientales de cette mer caspienne, qui présentement n'est plus qu'un lac russe. Les Persans seront l'objet d'un travail à part. La seule différence qu'il y ait, quant à leur situation politique, entre les peuples caucasiens et les peuples qui font le sujet de cet article, tels que les Turcomans, les Kurdes, les Ousbecks, les Khiviens, c'est que les premiers sont sujets de la cour de Pétersbourg et que les seconds ne tarderont pas à l'être.

Les Turcomans appartiennent à la grande famille turque; ils descendent des Oghouses, qui fort anciennement vinrent s'établir entre l'Oxus et le Jaxartès. Le pays qu'ils habitent aujourd'hui, et auquel ils ont donné leur nom, est borné au nord-est par le premier de ces fleuves et au sud-ouest par le royaume de Perse, sur lequel ils empiètent chaque jour. A l'ouest, la Turcomanie confine à la mer Caspienne, et à l'est, à la Boukharie. Cette contrée n'est qu'un désert aride où l'on ne rencontre pas un arbre, et où l'eau est extrêmement rare et de fort mauvaise qualité. Les Turcomans se divisent en beaucoup de tribus qui toutes ont des noms particuliers; sur les rives de l'Oxus sont les Sakars et les Ersaris; plus au sud sont les Takas, les Salors et les Saraks; sur les bords de la mer Caspienne se trouvent les Yamouds, les Gohklans et les Atahs, etc. La tribu des Salors est la plus illustre entre toutes les autres; c'est aussi la moins nombreuse : elle ne compte que deux mille familles. Les plus considérables sont celles des Ersaris et des Takas, qui se composent chacune de quarante mille familles environ. Ces tribus principales se subdivisent en une infinité de tribus particulières; celle des Gohklans entr'autres est partagée en neuf divisions qui campent à part les unes des autres. Le nombre total des familles turcomanes est évalué à cent quarante mille. Elles mènent une vie nomade et passent leur vie à piller. Les Turcomans élèvent leurs enfans, dès leurs plus jeunes années, dans des habitudes de rapine. « Un Turcoman à cheval, suivant un de leurs proverbes, ne connaît ni père ni mère. » A l'exception de quelques tribus qui sont soumises les unes à la Russie, les autres à la Perse et au Khan de Khivie, les Turcomans ne reconnaissent d'autre autorité que celle de leurs *aksakals* ou anciens; ils se vantent de ne jamais se reposer sous l'ombre d'un arbre ni sous l'autorité d'un roi. Il en est parmi eux qui prétendent descendre des soldats d'Alexandre, ce qui n'est pas hors de vraisemblance, puisque ce conquérant établit en Asie un grand nombre de colonies macédoniennes. Fort heureusement pour le repos des nations voisines et surtout de la Perse, les Turcomans n'ont pas de chef commun pour diriger vers un seul point leurs forces réunies; s'il en était autrement, ce peuple audacieux et entreprenant aurait déjà envahi les pays qui l'environnent; ces pays n'ont jusqu'à présent résisté aux efforts des Turcomans que parce que ceux-ci ne leur ont livré que des attaques partielles. Les Turcomans professent

une espèce d'islamisme, mais ils n'ont ni mosquées ni culte extérieur; ils sont dans une ignorance profonde des lettres et des
sciences; leurs mœurs sont simples et rappellent celles des anciens patriarches; pour toute nourriture ils n'ont que le lait et
la chair de leurs troupeaux. La principale occupation des Turcomans est l'éducation des chevaux, science dans laquelle ils
excellent; il n'est sorte de soins minutieux qu'ils ne prennent
pour dresser ces nobles animaux. Le pays qu'ils habitent était
célèbre dès le temps d'Alexandre pour ses excellens chevaux;
il paraît que la race s'en est perpétuée jusqu'à nos jours, puisque le cheval turcoman passe encore pour être un des meilleurs de toute la terre, et marche le rival du cheval arabe. On
ne lui donne de la nourriture qu'à des instans réglés, le matin,
le soir et à minuit. Dès qu'il est repu, on le bride, et on ne le
laisse jamais ronger et grignoter comme en Europe. On lui fait
manger de préférence de l'herbe et de l'orge sèches; pour l'ha-
bituer aux privations, on le fait jeûner souvent, et on ne lui
donne qu'une très petite quantité d'eau. Le voyageur Burnes,
à qui nous empruntons une partie de ces détails, dit que « le
Turcoman, avant d'entreprendre une expédition, dresse, ou
suivant son expression, *rafraîchir son cheval* avec autant de
soin que le jockey de courses le plus expérimenté en a pour le
sien, et l'animal est amené à maigrir avec une exactitude inconnue peut-être à celui ci. Après lui avoir fait subir une longue abstinence de nourriture, il le fait courir grand train,
puis le mène à l'eau. Si le cheval boit copieusement, c'est un
signe qu'il n'est pas suffisamment dégraissé; on le fait jeûner
et galoper de nouveau jusqu'à ce qu'il donne cette preuve exi-
gée comme indispensable. Le Turcoman abreuve son cheval
quand il est échauffé, puis il le fait caracoler avec vitesse pour
bien mêler l'eau et l'élever à la température du corps de l'ani
mal. Par le moyen de ce traitement, la chair du cheval devient
ferme, et il acquiert une vigueur incroyable; des renseigne-

mens authentiques m'apprennent que ces animaux parcourent une distance de 600 milles en sept, et même en six jours. »

La Turcomanie est un pays très difficile à conquérir, et encore plus difficile à garder; le manque d'eau, et plus encore le naturel belliqueux, intraitable, des habitans empêcheront probablement que les Russes ne s'en rendent complètement maîtres; mais ils pourront former des établissemens militaires dans les parties de cette contrée qui sont les moins stériles; ces établissemens seront autant de stations pour les troupes qui voudront pénétrer plus à l'est, et qui se dirigeront sur la Boukharie, sur le royaume de Lahor ou même sur l'Indoustan. La Russie a déjà formé des liaisons avec plusieurs tribus turcomanes situées sur les côtes sud-est de la mer Caspienne, et paraît vouloir, par la conduite qu'elle a tenu jusqu'à ce jour, étendre pacifiquement son joug sur le reste de cette nation.

Entre la Turcomanie et la Perse habitent les Kurdes, qui ne diffèrent des Turcomans que parce qu'ils ont des demeures fixes. Du reste, les mœurs des uns et des autres sont à peu près les mêmes; les Kurdes comme les Turcomans sont pillards et passionnées pour la guerre, comme eux ils tiennent les Persans dans de continuelles alarmes. Les Kurdes sont partagés par tribus; le plus puissant de leurs chefs avait, il y a quelques années, une armée de huit mille hommes et tenait la forteresse de Koutchan; il soutint une guerre opiniâtre contre le prince Abbas Mirza, qui, en septembre 1832, s'empara de sa forteresse. Un autre chef kurde, qui occupait le pays entre Meched et Herat et qui pouvait mettre sur pied six mille cavaliers, a été, plus récemment encore, vaincu et pris par lui; c'était le pillard le plus fameux du Khoraçan.

Les Ousbeks sont depuis le seizième siècle possesseurs de la Boukharie, d'où ils chassèrent les successeurs de Tamerlan. La Boukharie, par sa position au milieu de vastes déserts de sable, ressemble à une espèce d'oasis. Il est certain que depuis long-

temps la Russie convoite cette contrée, qui lui servirait de pied-
à-terre pour aller plus loin ; en effet, la fertilité extraordinaire
de la Boukharie offrirait des ressources sans nombre à une armée conquérante qui pourrait s'y reposer des fatigues d'une
longue marche, et qui en repartirait fraîche et dispose pour
envahir de nouveaux pays. Ce n'est pas seulement dans ces
derniers temps que la cour de Pétersbourg a laissé voir que la
Boukharie serait à sa convenance ; dès le règne de Pierre Ier,
elle montra qu'elle nourrissait sur cette contrée des projets de
conquête. Les Ousbeks ne se sont pas complètement fondus
avec les anciens Boukhars ; bien que la plus parfaite harmonie
règne entre ces deux peuples, et que de nombreux mariages les
unissent étroitement, on remarque très distinctement la ligne
de démarcation qui les sépare. Les lois qui régissent les habitans de la Boukharie sont d'une extrême sévérité ; les délits les
plus légers sont punis de mort, ce n'est que très rarement que
les délinquans sont condamnés à l'amende ou à la prison. La
police est si minutieusement faite et les châtimens sont si terribles, que les vols sont extrêmement rares en Boukharie, et que
les marchands laissent leurs ballots pendant la nuit dans des
étaux ouverts sans que rien ne leur soit dérobé. Il n'y a peut-
être pas de pays soumis à l'islamisme où les lois de Mahomet
soient plus scrupuleusement observées que dans cette contrée ;
et c'est un fait des plus remarquables qu'une législation et un
culte qui avaient été primitivement adaptés aux mœurs d'un
peuple nomade, comme l'étaient les Arabes, aient pu être trans-
portés sans altération chez une nation dont les usages et la langue différaient essentiellement, et qui même était parvenue à
un certain degré de civilisation. Je vais citer un exemple de
l'extrême rigidité avec laquelle la loi musulmane est pratiquée
en Boukharie : Un marchand ayant apporté des peintures de la
Chine, elles furent immédiatement brisées, et le gouvernement
en paya scrupuleusement la valeur, parce que le Coran défend

de peindre la ressemblance d'une créature vivante sur la terre. Voici un autre exemple : Un fils avait maudi sa mère ; il se présenta devant l'uléma et demanda que la loi de Mahomet fût exécutée à son égard ; sa mère eut beau l'excuser et demander sa grace, le fils insista pour être puni, et l'uléma ayant prononcé sa mort, il fut exécuté comme un criminel dans une des rues de Boukhara.

Les Ouzbeks ont des mœurs douces et bienveillantes ; ils sont régis par le gouvernement le plus despotique, peut-être, qu'il y ait au monde, et cependant ils ne manifestent jamais le moindre symptôme de mécontentement ; le Coran est la base de leur gouvernement, ce qui explique pourquoi les mollahs, ou prêtres mahométans, exercent chez eux une haute influence dans les affaires publiques ; c'est aussi, sans doute, ce qui contribue à leur faire supporter avec docilité et résignation la tyrannie qui pèse sur eux. En obéissant passivement aux volontés arbitraires de leur monarque, ils croient obéir à Dieu, car leur monarque ne prend aucune mesure politique qui n'ait été sanctionnée par les prêtres. Les cultivateurs donnent au roi un quart de leur récolte, et aux prêtres les trois dixièmes, ce qui fait plus de la moitié ; car en réduisant les deux fractions au même dénominateur, on trouve $22/40^{\text{èmes}}$. Les commerçans ne paient que le quarantième de leurs marchandises, contribution extrêmement légère comparée à l'énormité de l'impôt territorial. En Boukharie comme dans tout le Turkistan, les terres sont évaluées d'après la quantité d'eau qu'elles peuvent obtenir, et les individus chargés de la distribution des eaux tiennent un rang éminent dans l'état. Les mahométans sont exempts de toute contribution personnelle ; ceux qui professent une autre religion paient une capitation annuelle, mais en temps de guerre on impose indistinctement tous les maîtres de maison. Les Ouzbeks sont naturellement indolens et peu courageux, ce qui fait qu'on peut les regarder comme de pauvres soldats ; lors-

qu'ils vont à l'ennemi, ils poussent des cris terribles, et souvent
le sort du combat dépend de l'avant-garde; quand elle est défaite, le corps de bataille lâche pied. Fidèles observateurs de la
loi de Mahomet, les Ouzbeks méprisent les Persans, à cause de
leurs doctrines hétérodoxes, et font peu de cas de leur amitié;
il n'existe entre les deux peuples que des relations commercia-
les. Long-temps les Ouzbeks et les Khiviens ont été ennemis;
ces derniers faisaient le plus grand mal aux premiers en pillant
leurs caravanes et en faisant des incursions sur leur territoire,
où ils mettaie t tout à feu et à sang. Aujourd'hui ils vivent ami-
calement et se prêteraient mutuellement secours et appui dans
le cas d'une attaque étrangère.

La Khivie est située entre la Boukharie et la mer Caspienne;
elle est séparée de la Turcomanie par le désert de Kharism, et
elle s'étend au nord jusqu'au lac Aral. C'est l'ancien pays des
Chorasmi, dont parle Arrien. Les Khiviens sont très remuans,
et tellement pillards qu'ils sont un objet de terreur pour les peuples voisins; l'importance dont ils jouissent n'est nullement en
rapport avec leur nombre, car la population entière de la Khivie
ne s'élève guère au delà de deux cent mille ames; les Khiviens,
à proprement parler, ne sont qu'une troupe de bandits commandés par un chef habile, et protégés par la force naturelle
de leur pays. Leur Khan les gouverne avec une autorité absolue, ils ne reconnaissent d'autres lois que ses volontés. Les deux
principales villes de la Khivie sont Khiva, où réside le Khan, et
qui ne compte que six mille habitans, et Ourghandj, dont la population est une fois plus nombreuse, et qui est l'entrepôt d'un
commerce considérable entre la Boukharie et la Russie. En outre, le Khan de Khivie possède Merve, ville qui s'étend sur la
route qui conduit du Coraçan en Boukharie, et dont ils s'est
emparé il y a peu de temps. Le Khan de Khivie peut mettre sur
pied dix mille hommes; ses troupes se composent d'Ouzbeks et
de Turcomans, il a un parc de neuf pièces d'artillerie. En 1832,

il s'avança contre Abbas Mirza, qui occupait Méched ; son armée était suivie d'un très grand nombre de chameaux portant de l'eau et des vivres, ce qui n'empêcha pas deux mille de ses soldats de périr de soif dans le désert. La manière dont cette expédition fut conduite fait honneur au génie militaire du Khan, qui ne retourna dans ses états qu'après avoir livré aux Persans plusieurs combats brillans et avoir levé des contributions sur la tribu des Takas. On rapporte que son père exécuta une entreprise encore plus hardie ; il traversa le désert dans toute son étendue et pénétra en Perse ; mais il perdit presque tous ses chevaux et fut obligé d'abandonner son artillerie dans les sables. Ce n'est pas ordinairement ainsi que les Khiviens font la guerre : ils se partagent par petits détachemens pour faire une plus grande quantité de butin, et le Khan reçoit un cinquième sur tous les objets pillés. Mais à mesure que les Khiviens augmenteront de puissance, ils feront la guerre sur une plus grande échelle et deviendront plus redoutables à leurs voisins. Si les rapports des voyageurs sont exacts, il n'y a pas moins de deux mille Russes esclaves en Khivie. Le gouvernement russe a vainement essayé jusqu'à présent de nouer des relations amicales avec les habitans de cette contrée pour faire cesser l'odieux trafic qu'ils font de ses sujets ; les Khiviens détestent les Russes et repoussent avec indignation toutes les avances que leur fait la cour de Pétersbourg. Mais probablement il ne leur sera pas aussi facile de repousser les attaques de la Russie, lorsque cette puissance, marchant en Asie d'agrandissemens en agrandissemens, reculera ses frontières au-delà de la mer Caspienne et du lac Aval.

DES RÉFORMES

A INTRODUIRE DANS LE SYSTÈME PÉNITENTIAIRE.

Nous disions dans le premier volume de ces *Mélanges*, page 152, que le meilleur moyen de diminuer le nombre des délits et des crimes était de réformer les mœurs et d'opérer une révolution complète dans les intelligences par un système d'éducation démocratique sagement combiné. Mais en attendant que cette heureuse réforme s'accomplisse, et elle s'accomplira inévitablement dès que les intérêts de tous seront confiés à un gouvernement basé sur le droit commun, il ne faut pas seulement songer à retrancher de la société cette tourbe immonde de malfaiteurs et de scélérats qui lui font une guerre incessante, il faut encore songer à les ramener, autant que possible, dans le sentier de la probité et de la vertu.

Le régime pénitentiaire aujourd'hui en vigueur semble avoir été conçu dans un but diamétralement opposé. En effet, les maisons centrales de détention et les prisons départementales sont le réceptacle des vices les plus effroyables, de la plus révoltante immoralité; confondus pêle-mêle, les condamnés se corrompent mutuellement, s'endurcissent les uns les autres par leur contact impur. Celui qui, en entrant dans ces gouffres de dépravation, n'était scélérat qu'à demi, ou même n'était coupable que d'un instant d'égarement, en sort scélérat consommé.

Ces graves inconvéniens du régime pénitentiaire actuel n'ont pas seulement frappé l'attention des philantropes et des amis de l'humanité, mais encore celle du gouvernement lui-même. Le ministre de l'intérieur est venu dernièrement déclarer à la tribune de la chambre des députés que prochainement il présenterait un projet de loi destiné à modifier le système des prisons, et qui aurait particulièrement pour objet d'isoler les détenus pendant la nuit et de faire régner un silence absolu dans les ateliers où ils travaillent pendant le jour. Ces améliorations seront excellentes, mais sont-elles les seules qu'il soit possible d'introduire dans le régime pénitentiaire? nous pensons qu'il en est plusieurs autres dont les résultats ne seraient pas moins satisfaisans.

Des recherches nombreuses sur la statistique des prisons nous ont fait découvrir que la majeure partie des malheureux qui peuplent ces tristes demeures sont des malfaiteurs de profession qui, après avoir fait leur temps, ne rentrent dans la société que pour commettre de nouveaux délits et de nouveaux crimes, et pour subir des condamnations nouvelles; de telle sorte que très souvent, on en a vu qui revenaient jusqu'à huit ou dix fois dans la même prison. Ne pourrait-on pas, par exemple, établir plusieurs catégories dans le régime intérieur des maisons de détention? Ces catégories seraient basées sur le plus ou le moins d'endurcissement et de perversité qu'on remarquerait chez les détenus. On réserverait les traitemens les plus doux pour ceux qui seraient punis pour la première fois, quelle que fût d'ailleurs la nature du délit qu'ils auraient commis, et le traitement le plus rigoureux pour ceux qui auraient été frappés de plusieurs condamnations. Qu'arriverait-il? c'est que la perspective d'être traité avec plus de sévérité, après un second, un troisième ou un quatrième jugement, empêcherait probablement un grand nombre d'individus, qui déjà auraient subi une ou plusieurs condamnations, de se mettre dans le cas d'en subir une nouvelle.

Aujourd'hui, on se contente, quand un délinquant est en état de récidive, de le condamner à une détention plus longue que pour un premier délit; mais une fois écroué dans une maison centrale, il est soumis au même régime que ceux qui ne sont point en état de récidive, et qui par conséquent sont censés moins pervers et moins corrompus que lui. Si, au contraire, l'homme qui a failli une première fois et qui en a été puni sait qu'une détention plus rigoureuse l'attend dans le cas où il retombera une seconde fois dans la même faute, s'il sait que le second châtiment sera plus rigoureux que le premier, peut-être qu'une terreur salutaire s'emparera de son ame et qu'il reculera devant un nouveau délit. Au surplus, quand le nombre des détenus en France, et on sait que ce nombre s'élève à soixante mille en comptant la population des bagnes, ne diminuerait que d'un seul par le moyen des catégories que nous proposons, il ne faudrait pas dédaigner de l'employer. Mais nous avons la ferme conviction que ce moyen diminuerait sensiblement le nombre des délits. C'est un moyen de terreur, il est vrai, et nous avons dit que la terreur était insuffisante pour empêcher les grands crimes; mais ce qui n'empêchera pas un scélérat profond de commettre tous les forfaits que lui suggérera son ame atroce, agira efficacement sur le commun des malfaiteurs. Nous savons combien d'individus par an trempent leur main dans le sang de leurs semblables, malgré le châtiment terrible que reçoivent les assassins, et ce nombre, vu l'immense population de la France, et vu surtout l'effroyable corruption qui règne, est assez borné; mais nous ne savons pas combien la peur de l'échafaud retient de bras prêts à frapper. Nous avons dit que la terreur était un mauvais moyen de répression, nous l'avons dit et nous le soutenons; mais tant que les mœurs n'auront point subi une réforme radicale, on sera obligé d'employer ce moyen, tout mauvais qu'il est.

Une seule idée préoccupe celui qui est renfermé entre quatre murailles; cette idée le poursuit, l'assiége à tous les instans du jour et de la nuit, c'est l'idée de la liberté. On pourrait, je crois, tirer un très grand parti de cette espèce de fièvre qui brûle tout homme que l'on retient sous les verroux; on pourrait obtenir tout de lui par la seule promesse d'abréger sa captivité (1). Il ne faut pas avoir une bien grande connaissance de la nature humaine pour savoir que les idées, les goûts, les penchans, les passions de l'homme se modifient selon les circonstances dans lesquelles il se trouve placé, et selon les sensations dont il est affecté. Pourquoi ne chercherait-on pas à modifier le caractère des malfaiteurs? pourquoi ne ferait-on pas converger vers le bien leurs idées et leurs passions qu'une éducation vicieuse a tournées vers le mal? Mais comment y parvenir, me dira-t-on? On y parviendra infailliblement en donnant un aliment puissant à l'activité de leur esprit, en les forçant, par exemple, à se livrer à l'étude d'une science, ou d'un art libéral, ou d'un métier quelconque. C'est le seul moyen de les arracher à l'abjection où ils sont plongés, à leurs goûts, à leurs penchans dépravés, c'est le seul moyen d'opérer dans leur moral une révolution complète et de donner à leurs idées un autre cours, à leurs passions un autre objet.

On pourrait établir dans les maisons de détention des cours

(1) Il va sans dire que nous ne voulons pas parler des détenus pour cause politique; la conviction qui les anime les rend incapables d'aucune faiblesse, d'aucune rétractation; et si l'on en voit quelques-uns demander grace, le plus grand nombre restent attachés à leurs principes, et aucune considération au monde, pas même celle d'être rendus à la liberté, ne peut les déterminer à abjurer leur religion politique. Nous ne voulons parler que des détenus pour vol ou pour tout autre délit infamant.

de toute espèce, auxquels assisteraient tous les détenus. A certaines époques de l'année, on ferait subir à ces derniers des exa-
mens minutieux, ils auraient des thèses à soutenir, et la récompense de ceux qui auraient fait le plus de progrès serait
une diminution de temps. Sans aucun doute, il n'en faudrait
pas davantage pour que les détenus se livrassent avec ardeur
à l'étude, et l'étude modifierait immanquablement leur naturel
et les rendrait meilleurs malgré eux.

Que l'on ne s'y trompe pas, ce ne sont pas seulement des
cours de lecture, d'écriture, de calcul et de dessin linéaire que
nous voudrions voir instituer dans les prisons; nous l'avons dit,
ce sont des cours de toute espèce. Indépendamment des cours
élémentaires pour les moins avancés, il faudrait des cours de
l'ordre le plus élevé pour ceux qui auraient apporté en prison
un certain degré d'instruction ou qui auraient déjà suivi les
cours élémentaires. Mais pour que ce moyen fût efficace, il faudrait que le détenu eût l'espoir de voir sa détention s'abréger
de moitié ou même des deux tiers, quand il posséderait parfaitement, soit les mathématiques ou la chimie, soit la médecine ou la musique, soit le métier de cordonnier ou de serru-
rier, ou toute autre science, tout autre art ou tout autre
métier enfin; il en résulterait que non seulement le détenu s'a-
méliorerait par une conséquence nécessaire de l'instruction qu'il
aurait acquise, mais que la certitude où il serait de pourvoir
honorablement à son existence une fois qu'il serait revenu au
sein de la société, le ferait renoncer à ses anciennes habitudes
et lui ferait adopter un genre de vie tout nouveau.

Je ne veux qu'indiquer sommairement mon idée sans entrer
dans aucun détail; mais pour compléter ce que j'avais à dire,
je vais démontrer mathématiquement que l'institution des cours,
quelque nombreux qu'ils fussent, dans les maisons de détention, ne nécessiteraient pas pour le moment de trop grandes
dépenses, et seraient au contraire, dans un avenir peu éloi-

gné, une source de notables économies. Les émolumens des professeurs ne s'élèveraient guère annuellement à plus de cent mille francs par chaque maison centrale, et il n'y a pas plus en France de huit ou dix maisons centrales; quant aux frais de livres et autres, on m'accordera bien qu'ils ne dépasseront pas le même chiffre; en sorte que, moyennant une somme de deux millions environ, on pourrait réaliser l'idée que je mets en avant. Il est vrai que dans ce budget de deux milllions ne figurent pas les prisons départementales, et que les seules prisons centrales jouiraient du bienfait des cours; mais on sait que dans les prisons départementales ne sont renfermés que les individus condamnés à une courte détention, et sur lesquels par conséquent la perspective d'être rendus à la liberté avant l'expiration de leur temps ferait moins d'effet que sur ceux qui ont cinq, sept ou dix ans de réclusion à faire. Il faut ajouter que les prisons départementales renferment deux classes de détenus, ceux qui ne sont pas entièrement pervertis, et qui, après l'expiration de leur peine, redeviennent honnêtes gens; et ceux qui sont complètement gangrenés et qui ne sortent de prison que pour commettre de nouveaux délits; or, ces derniers doivent inévitablement être incarcérés tôt ou tard dans une maison centrale, et jouir par conséquent du bénéfice de l'institution que je propose.

Cette institution serait, comme je viens de le dire, une source de notables économies, en voici la raison : c'est qu'un certain nombre de détenus redevenant, par le fait même des cours qu'ils auraient suivis, des hommes probes et vertueux, ne se feraient plus condamner de nouveau, et que nécessairement le nombre général des détenus diminuerait d'une manière très sensible; puisqu'il est certain, comme nous l'avons déjà fait remarquer, que la majorité des individus qui commettent des délits sont coutumiers du fait, et passent les trois quarts de leur vie dans les maisons centrales de détention.

Comme on le voit, il y aurait un double avantage à faire luire les lumières de l'instruction et de la science dans l'antre ténébreux des prisons; d'abord, on obtiendrait au bout de quelques années des économies considérables, et puis, ce qui est infiniment plus important, on transformerait des scélérats endurcis en citoyens honnêtes.

TENDRESSE COMPATISSANTE DU MINISTÈRE ANGLAIS

POUR LES PRISONNIERS DE HAM.

Il vient de se passer dans le sein du parlement anglais un fait bien significatif et qui nous montre à nu le fond de la pensée du gouvernement britannique; gouvernement de juste-milieu, comme celui que nous avons le bonheur de posséder en France, et avec lequel il est étroitement lié par la seule raison qu'il y a entre l'un et l'autre communauté d'opinions, d'intérêts et de vues.

Un membre de la chambre des communes, dans la séance du 31 mai dernier, a présenté une motion tendant à demander que la chambre suppliât le roi d'Angleterre d'interposer ses bons offices auprès de son allié le roi des Français pour obtenir la mise en liberté des quatre ministres détenus au fort de Ham. Nous ne contesterons pas à l'auteur de la motion le droit qu'il avait de la faire; nous ne le blâmerons même pas de l'avoir faite, bien que nos entrailles soient loin de s'émouvoir aussi vivement que les siennes pour les souffrances des quatre misérables qu'il prend si généreusement sous sa protection; enfin, nous ne lui reprocherons pas de n'être ému de pitié que pour les signataires des ordonnances de juillet, et de rester insensible aux angoisses de tant d'autres condamnés politiques qui gémissent dans les cachots de Clairvaux, de Doullens et du mont Saint-Michel; car ce serait trop exiger d'un cœur aristocrate que de vouloir le faire compâtir à de si touchantes infortunes. Mais nous prenons acte des paroles que deux ministres anglais, lord Pal -

merston et lord John Russell, ont fait entendre à cette occasion,
pour en tirer la conclusion que ces deux membres du cabinet
de Londres sont ennemis du peuple, puisqu'ils professent les
plus ardentes sympathies pour des hommes qui, non contens
de décréter l'asservissement du peuple, le firent impitoyablement massacrer.

Lord Palmerston a dit : « Ce serait pour mes collègues et
pour moi un vif plaisir d'apprendre que le ministère français a
cru devoir conseiller au roi d'user de sa prérogative de clémence en faveur des captifs de Ham. »

Lord John Russel a tenu le langage suivant : « Je partage entièrement les opinions émises par mon noble collègue (lord Palmerston) au sujet de la motion. Je me trouvais à Paris quelque
temps après la révolution de juillet, et j'ai eu la satisfaction de
m'associer à tous les efforts faits par les amis de l'humanité
pour obtenir du moins la vie sauve en faveur des ministres de
Charles X. Le monarque éclairé qui règne sur la France partageait ce sentiment, et désirait vivement que leurs jours fussent épargnés. On craignait que la garde nationale parisienne
ne se soulevât dans le cas où ils échapperaient à la mort. Je
me rappelle qu'ayant exprimé moi-même cette crainte au général Lafayette, le général me répondit d'une voix assurée :
« Non, non, c'est impossible. » Je répète, après mon collègue,
lord Palmerston, que je sympathise de tout mon cœur, sinon
avec la forme, du moins avec le but de la motion. »

Nous dirons à ceux que ce langage pourrait étonner, que
les ministres anglais sont conséquens avec eux-mêmes, avec
leurs antécédens et avec leurs actes, quand ils prennent si chaleureusement fait et cause pour les Polignac et les Peyronnet.
Quelle différence en effet y a-t-il entre les vils suppôts du pouvoir despotique des Bourbons aînés, et les membres du gouvernement britannique? Les premiers exploitaient le peuple au
nom du droit divin, les seconds l'exploitent au nom d'une

constitution qui n'est avantageuse qu'à une faible minorité aristocratique; Polignac et consors gouvernaient au profit d'une dynastie et de deux castes privilégiées, celle des nobles et celle des prêtres; les ministres whigs gouvernent au profit de la classe manufacturière et financière; les ministres de Charles X voulaient, en un mot, réduire le peuple au plus honteux ilotisme, les Palmerston, les John Russell font tous leurs efforts pour arriver au même but, par des moyens différens, il est vrai, mais qui ne sont pas moins criminels, puisque le résultat est exactement le même.

Si donc les ministres anglais compâtissent aux malheurs des captifs de Ham, c'est qu'ils se rendent intérieurement justice, c'est qu'ils se disent : nous méritons par notre conduite un sort semblable à celui de Polignac, de Peyronnet, de Chantelauze et de Guernon-Ranville; comme eux, nous opprimons notre patrie, nous rivons les fers du peuple, et c'est une injustice criante de les retenir en prison puisqu'on nous laisse jouir de l'impunité.

RÉPONSE

A QUELQUES ASSERTIONS DE LA PRESSE LÉGITIMISTE

TOUCHANT LA RÉVOLUTION FRANÇAISE.

Nous avons déjà entretenu nos lecteurs de l'étrange livre publié par M. le vicomte de Conny sous le titre d'*Histoire de la Révolution de France*; nous leur demandons la liberté de fixer encore une fois leur attention sur cette misérable rapsodie, pour réfuter quelques-unes des assertions qu'elle renferme, assertions qui n'appartiennent pas plus à M. de Conny qu'à tout autre écrivain carliste en particulier, mais sur lesquelles vit depuis cinquante ans la presse qui soutient les intérêts de l'ancien régime et qui voudrait nous ramener les dîmes, la main-morte, les lettres de cachet et le bon plaisir. C'est donc bien moins parce que ces assertions sont émises par M. de Conny, personnage de fort peu de valeur par lui-même, que parce qu'elles servent de base à la polémique légitimiste, que nous tenons à honneur de les réduire au néant.

Que dit la presse royaliste en parlant des causes qui ont rendu la révolution inévitable? elle dit, et M. de Conny répète avec elle, que ces causes n'étaient pas dans le progrès des lumières; que la révolution est un de ces événemens désastreux qu'il eût été extrêmement facile à un grand roi ou à un grand ministre de conjurer, et dont il faut chercher la cause première dans l'orgueil de Luther : « Les annales du monde, ajoute M. de Conny, nous ont conservé le souvenir de plusieurs de ces ères *climatériques* où toutes les passions humaines semblaient être combinées pour détruire l'harmonie des sociétés et le principe qui leur donne la vie. Chacune de ces époques eut *sa force motrice et sa nature propre* ; car si les révolutions sont l'ouvrage des siècles, elles n'éclatent que lorsque *des circonstances occasionnelles ou des événemens fortuits* viennent développer leurs *causes essentielles et primitives.* »

On jugera par ce pathos inintelligible, par ce verbiage prétentieux et vide d'idées, du style et du talent littéraire de M. de Conny. Quand nous entendons cet écrivain faire de si prodigieux frais d'éloquence pour expliquer la nature et la cause des révolutions, nous ne pouvons nous empêcher de dire avec le médecin de Molière : *Et voilà précisément pourquoi votre fille est muette.*

Mais à travers ces phrases ambitieuses et ces expressions bizarres confusément entassées, à travers ces *causes essentielles et primitives*, ces *circonstances occasionnelles* et ces *ères chimatériques*, etc., que M. de Conny a le secret de grouper avec tant d'art, il est facile de comprendre que la révolution française, et généralement toutes les révolutions qui ont eu pour but l'affranchissement de l'humanité, ne sont à ses yeux que des mouvemens anarchiques et destructifs de toute morale, que des secousses désordonnées où *toutes les passions humaines semblent être combinées pour détruire l'harmonie des sociétés et le principe qui leur donne la vie.*

Nous commençons par demander à M. de Conny s'il a une idée bien claire du principe qui donne la vie aux sociétés. C'est dans un intérêt de conservation, selon nous, que les hommes ont abandonné l'état de nature et se sont rapprochés les uns des autres ; c'est pour mettre en commun leurs forces, c'est pour se protéger mutuellement contre la tyrannie, c'est pour s'assurer à chacun le libre exercice de leurs facultés, qu'ils ont échangé le sauvage bonheur qu'ils goûtaient au fond des bois contre les charges et les tribulations de la vie civile. Il reste à savoir si

les hommes ne rentrent pas dans le droit de nature, c'est-à-dire
dans le droit de repousser la force par la force, l'oppression par
la révolte, lorsque le gouvernement, dont la mission spéciale est
de veiller à leur conservation et au maintien de leurs droits,
viole au contraire ces mêmes droits et se rend coupable des plus
criminels attentats contre leurs personnes et leurs biens.

Or, les *annales du monde*, que M. Conny invoque à l'appui de
son assertion, déposent précisément contre son assertion. Sans
vouloir remonter aux causes de toutes les révolutions qui ont
éclaté avant celle de 89, nous ne parlerons que de cette dernière,
et l'histoire à la main, nous dirons que jamais peuple ne fut
plus opprimé que le peuple français sous l'ancien régime; nous
dirons que les excès, les turpitudes et la tyrannie du gouvernement royal avaient mis les vingt-cinq millions d'hommes dont la
France était peuplée dans la nécessité de se soulever pour briser un joug exécrable; nous dirons que jamais révolution ne fut
plus sainte, plus juste, plus légitime que celle qui précipita du
trône un roi parjure qui conspirait avec l'étranger contre le bien-
être et la liberté de la nation française.

M. de Conny soutient, et tous les mémoires du temps, toutes
les relations contemporaines, toutes les traditions mêmes lui
donnent un démenti formel; il soutient que la France, sous le
régime du droit divin, était heureuse et florissante, que les
Français s'applaudissaient de vivre sous les lois d'un monarque
absolu; il soutient qu'il n'y avait pas de nation plus libre au
monde, et que le gouvernement qui avait eu pour ministres un
cardinal Dubois, un Maurepas, un Calonne, était le *nec plus
ultrà* des gouvernemens passés, présens et futurs. Que voulez-
vous? Il est dans la nature de M. de Conny de soutenir l'absurde et de débiter les plus grossières impostures, les plus
monstrueuses sottises, avec cette assurance d'*homme comme il
faut*, d'*homme titré* qui le caractérise. Qu'importe en effet que
l'on dise la vérité, que l'on écrive avec justesse et bonne foi, que

l'on choque les lois de la logique et de la raison quand on s'intitule *le vicomte de?*

« *La prospérité intérieure du pays*, dit notre écrivain, mesure importante de la bonté de tout gouvernement, marchait vers ce rapide progrès où semblaient devoir la porter la situation heureuse de la France, son climat, son sol, ses fleuves, ses mers et, pardessus tout, le génie de ses habitans. » Il ose parler de la *prospérité intérieure* de la France en présence de la pénurie déplorable où se trouvaient alors nos finances, en présence surtout de l'énorme déficit que les profusions et les dilapidations d'une cour effrénée dans ses goûts et dans ses plaisirs creusaient chaque jour davantage. Lorsque tous les services publics étaient en souffrance par le manque d'argent, lorsque la masse de la nation était en proie à la faim et à la misère, et qu'à l'exception d'un petit nombre de vampires qui suçaient le sang du peuple, tout le monde se ressentait plus ou moins de la difficulté des temps. M. de Conny pousse l'outre-cuidance jusqu'à nous vanter la *prospérité* du pays.

Il va plus loin encore, et nous dit que « l'abondance des biens et la multiplicité des jouissances avaient allumé dans les ames une soif brûlante de biens toujours nouveaux et de jouissances toujours plus recherchées. » Ainsi donc, il voudrait nous persuader que c'est *l'abondance des biens et la multiplicité des jouissances* dont l'ancienne monarchie avait doté la France, qui précipita la nation française dans la carrière des révolutions? Concevez-vous un peuple que l'excès même du bonheur pousse à se révolter? qui devient révolutionnaire parce que le gouvernement qui le régit l'a rendu trop heureux? Jusqu'à présent vous aviez cru et nous pensions nous-même que la misère et l'oppression étaient les seuls motifs qui faisaient prendre à un peuple la résolution de s'insurger; nous étions tous dans l'erreur; la nation française ne s'est affranchie de la domination de ses rois que parce que ses rois l'avaient comblée d'une trop grande

somme de félicité, parce qu'en l'accablant de biens et de jouissances, ils *avaient allumé dans son âme une soif brûlante de
nouveaux biens et de nouvelles jouissances.* Avis aux potentats
qui, contre leur usage ordinaire, seraient tentés de répandre
des bienfaits sur leurs peuples et d'améliorer leur sort.

Pour compléter cette inconcevable appréciation des causes
qui déterminèrent la révolution française, M. de Conny ajoute:
« Un malaise vague, *des plaintes sans sujet* et sans fin contre le
pouvoir, *des désirs insatiables*, une inquiétude sans bornes devinrent la disposition dominante. » Nous ferons observer à M.
le vicomte que lorsque l'universalité d'une nation, moins une
poignée de privilégiés, est exclue de toute participation aux
affaires publiques et vit dans un complet ilotisme, il ne faut pas
s'étonner que la *disposition dominante* des esprits soit non pas
comme il le dit des *plaintes sans sujet* et des *désirs insatiables*,
mais une tendance au changement et à l'innovation. Quand une
nation est opprimée, pourquoi balancerait-elle à se révolter contre ses tyrans? Elle n'a rien à perdre dans une révolution, elle
a tout à gagner. Je voudrais bien que M. de Conny nous expli-
quât ce qu'il entend par des *désirs insatiables*; quoi! le désir de
reconquérir une souveraineté usurpée, le désir de briser des
chaînes avilissantes, le désir de substituer à un gouvernement
despotique un gouvernement basé sur la justice et le droit commun, sont des *désirs insatiables*? Mais pour qu'il fût permis de
dire que les désirs de la nation étaient *insatiables*, il aurait fallu
que l'ancienne monarchie eût comblé ses désirs; or, bien loin
de combler les désirs les plus légitimes de la nation, le gouvernement de l'ancien régime ne s'appliquait qu'à la froisser, l'humilier et la torturer.

Et puis lorsque la nation se plaignait d'être ravalée au niveau
de la brute et de n'être qu'une matière taillable et corvéable à
merci, lorsqu'elle se plaignait d'engraisser du produit de ses
sueurs une nuée de fainéans dont tout le mérite était d'avoir

pris la peine de naître, comme le dit si bien Beaumarchais, lorsqu'elle se plaignait des lois fiscales qui entravaient son commerce et son industrie, et de cette multitude d'impôts iniques, vexatoires, révoltans, qui la réduisirent à l'indigence, on vient insolemment dire que ses *plaintes étaient sans sujet !*

Elles étaient donc sans sujet les plaintes de ces malheureux serfs qui réclamaient l'abolition d'une foule de droits féodaux, tous plus abominables les uns que les autres et au nombre desquels il faut compter celui que s'arrogeaient les nobles de coucher avec les nouvelles mariées ? Elles étaient sans sujet les plaintes de ces populations que les seigneurs forçaient à battre les étangs pendant la nuit pour empêcher les grenouilles de troubler leur sommeil ? Elles étaient sans sujet les plaintes de ces pauvres paysans que l'on attelait à des charrettes comme des chevaux et que l'on faisait marcher à coups de fouet ? Enfin, elles étaient sans sujet les plaintes qui s'élevaient de toutes parts contre les droits monstrueux que les comtes de Mont-Joie et les seigneurs de Mèches possédaient de temps immémorial, de faire éventrer, quand ils allaient à la chasse en hiver, deux de leurs vassaux pour se réchauffer les pieds dans leurs entrailles palpitantes ?

Puisque M. de Conny appelle cela des *plaintes sans sujet*, je le prie de me dire dans quel cas, selon lui, il est permis de se plaindre. Il va me répondre qu'il était permis aux nobles de se plaindre quand on les privait de leurs priviléges ; aux prêtres, quand on déclarait propriétés nationales les biens immenses qu'ils avaient volés à la nation ; au roi, quand on limitait son pouvoir et qu'on lui rognait une partie de ses prérogatives. Il me dira encore qu'il était permis aux aristocrates de se plaindre lorsque le gouvernement révolutionnaire de 93 sévissait contre eux avec une impitoyable rigueur, pour déjouer leurs continuels complots contre la liberté du peuple. Voilà comment M. de Conny entend la justice distributive.

Au nombre des causes que M. de Conny assigne à la révolution française, il en est une encore que nous ne passerons pas
sous silence. « Dès long-temps, dit il, on avait observé ce culte
que les écoles vouaient aux républiques antiques, et ce culte ne
disposait que trop les générations qui entraient dans le monde
à un enthousiasme irréfléchi pour le gouvernement républicain,
trop souvent même à un sentiment de dédain pour les traditions nationales. Les grands souvenirs de la monarchie française restaient ensevelis dans l'oubli. Loin de faire de l'histoire
du pays une école de patriotisme, loin de retracer à de jeunes
imaginations ce grand siècle de Charlemagne, et ces époques
si poétiques, si belles de Charles V, de Philippe-Auguste, de
Louis IX et de François Ier, on allait demander aux républiques
grecques des exemples de vaillance, on allait chercher des enseignemens dans le farouche patriotisme de Brutus; Sparte fut
proposé comme le gouvernement modèle, et l'on rêva une organisation sociale en opposition avec les mœurs et la marche
de la civilisation. »

D'abord, il n'est pas vrai de dire que la république de
Sparte fut proposée comme modèle; on exaltait le courage indomptable, l'admirable patriotisme des Spartiates, mais les
grands publicistes qui préparèrent par leurs écrits la révolution
de 89, tels que J.-J. Rousseau, Montesquieu, Mably, Raynal,
ne proposèrent jamais de faire revivre en France les lois et les
institutions de Lacédémone; ils ont pu dire que la législation
de Lycurgue était fort belle pour le temps où elle fut mise en
pratique, mais je porte à M. de Conny le défi de me citer une
seule ligne de leurs ouvrages où ils auraient émis le vœu que
cette législation fût adoptée chez nous. L'organisation sociale
que rêvaient ces immortels écrivains pouvait être en opposition
avec les mœurs d'une certaine classe de la société, de la classe
qui exploite toutes les autres, mais elle était parfaitement
adaptée au génie, aux habitudes, aux mœurs de l'immense
majorité de la nation.

Et pourquoi s'étonner que les jeunes générations d'alors allassent chercher leurs exemples dans les républiques antiques, lorsqu'elles n'éprouvaient que répugnance et dégoût pour ces temps d'ignorance et de barbarie où l'humanité avilie se débattait sous la main de fer de la féodalité? Quels enseignemens pouvaient-elles puiser dans nos annales, lorsque nos annales ne leur retraçaient que des turpitudes et des crimes? M. de Conny nous cite comme des époques remarquables les règnes de Charlemagne, de Louis IX et de François 1er; sans doute ces époques sont moins hideuses que celles qui les précédèrent et qui les suivirent, mais sont-elles à comparer aux grandes époques de la Grèce et de Rome? Le règne de Charlemagne ne fut-il pas souillé par une foule d'horreurs atroces, entr'autres par le massacre de quarante mille Saxons? Celui de Louis IX ne fut-il pas désastreux pour la France, qui vit deux fois, à vingt ans d'intervalle, l'élite de sa population aller périr sur les plages brûlantes de l'Afrique? Celui de François 1er n'occupa-t-il pas dans l'histoire une place sanglante par les guerres incessantes dont il fut rempli, et surtout par les persécutions effroyables qui furent dirigées contre les malheureux réformés? Et puis, venez nous parler encore des grands souvenirs de la monarchie; votre monarchie, entendez-vous bien M. de Conny, c'est une école de forfaits et de corruption, et Grégoire avait bien raison de dire que l'histoire de la royauté, de cette royauté que vous voudriez faire revivre, est le martyrologe des peuples.

DE LA PRÉTENDUE IGNORANCE DU PEUPLE.

La tourbe aristocratique et ses écrivains stipendiés ne cessent de répéter que le peuple est trop ignorant pour exercer ses droits politiques. Sans vouloir discuter ici jusqu'à quelque point on est fondé à refuser au peuple, sous quelque prétexte que ce soit, l'exercice des imprescriptibles droits qu'il a reçus de la nature et que le pacte social n'a pu que confirmer, nous voulons examiner si le peuple mérite véritablement le reproche d'ignorance qu'on lui prodigue trop gratuitement, selon nous.

Si, pour exercer des droits politiques, il était besoin de posséder le latin et le grec et d'avoir étudié les mathématiques transcendantes, je dirais : le peuple n'est pas assez instruit pour avoir accès dans les comices électoraux; c'est aux savans qu'appartient le droit de choisir ceux qui doivent siéger dans la chambre législative. Mais il faut bien croire que la science n'est nullement nécessaire pour exercer les droits politiques, puisque les neuf dixièmes des électeurs actuels seraient bien embarrassés de produire un brevet de bachelier ès-lettres; puisque la plupart d'entr'eux, sortis des rangs du peuple, sont peuple par les mœurs, par les habitudes et par leur ignorance même, ignorance qui n'empêche pas que le plus grand nombre ne soient des hommes fort respectables.

A ce mot d'ignorance, ils vont se récrier, et à juste raison; ils vont dire : nous ne sommes pas des docteurs, il est vrai; nous n'avons pas séché pendant vingt ans sur des livres, mais nous sommes des citoyens laborieux qui enrichissons l'état du produit de nos sueurs; nous ne siégerons jamais sur les bancs d'aucune assemblée littéraire ou scientifique, pas même sur ceux de l'académie française, mais nous faisons faire chaque jour à l'industrie des progrès nouveaux ; nos fabriques rivalisent avec les fabriques anglaises et les écrasent même ; l'agriculture fleurit par nos soins ; et si on peut nous adresser le reproche d'ignorance, parce que nous ne cultivons ni les sciences ni les arts, ce qui n'est pas absolument nécessaire pour connaître ses droits et pour les exercer, on ne peut du moins nous refuser du bon sens, et le bon sens tient souvent lieu de savoir et d'esprit et vaut quelquefois mieux.

Voilà ce que pourraient répondre les électeurs non gradués à la faculté des lettres, et le nombre en est grand, comme on sait, à qui on reprocherait d'être ignorans.

Mais le peuple, à qui on fait le même reproche, ne pourrait-il pas répondre la même chose? lui aussi n'est-il pas laborieux? n'enrichit-il pas l'état en travaillant seize et dix-huit heures sur vingt-quatre? Si les fabriques françaises sont en état de rivaliser avec les fabriques anglaises et de les écraser, si l'agriculture est florissante, le peuple n'est-il pas en droit, lui aussi, d'en revendiquer la gloire? Si on peut adresser à ce même peuple le reproche de n'être versé ni dans la littérature ni dans les sciences, n'est-on pas forcé du moins de lui accorder, à lui aussi, du bon sens et surtout un tact admirable pour discerner ses véritables amis de ceux qui, sous le masque de l'amitié, sont ses plus irréconciliables ennemis? Que faut-il de plus pour être apte à nommer des députés et pour exercer tous les autres droits politiques.

DU JOURNALISME,

de son influence

ET DU RÔLE IMPORTANT QU'IL EST APPELÉ A JOUER

DANS LA RÉGÉNÉRATION DES PEUPLES.

On a dit sous la restauration que la presse était un quatrième pouvoir dans l'état. Mais depuis que la presse a renversé en trois jours, par la seule influence morale qu'elle exerce sur les masses, un trône qui comptait huit siècles de durée et qui semblait avoir reçu un brevet d'éternité par les deux millions de baïonnettes étrangères qui le relevèrent en 1814 et qui le cimentèrent du sang de cinq cent mille Français, depuis qu'elle glace d'épouvante au fond de leur palais tous les monarques absolus de l'Europe et qu'elle ne leur laisse ni trêve ni repos par ses attaques incessantes, la presse n'est plus un quatrième pouvoir, c'est une puissance formidable qui domine, qui terrifie, qui écrase tous les pouvoirs.

La presse se résume dans le journalisme; car, à une époque comme la nôtre, où les gros livres font peur, où l'on vit pour ainsi dire au jour le jour, où les événemens se succèdent avec une si effrayante rapidité, les journaux doivent être nécessairement la pâture quotidienne des masses. Et ceci est tellement vrai, que les éditeurs de livres ont pris le parti, pour trouver des acheteurs, de fractionner par livraisons les ouvrages qu'ils livrent à la publicité, et de faire paraître ces livraisons périodiquement comme les numéros d'un journal (1).

L'influence des journaux est infiniment plus grande que celle des livres, même des livres publiés par livraisons, et cela se conçoit facilement; un livre se tire à mille, ou, tout au plus, à quinze cents exemplaires; un journal se tire à dix, à quinze et même à vingt mille; un livre, après avoir été lu par celui qui en a fait l'acquisition, et, quelquefois, par un ou deux amis intimes à qui il le prête, en leur recommandant d'en avoir le plus grand soin, c'est-à-dire de ne le lire que du bout des doigts, est enterré tout vivant dans une bibliothèque poudreuse, et ne reparaît plus au grand jour que dans des occasions extrêmement rares, telles, par exemple, qu'au décès de son propriétaire; alors, l'héritier à qui il est échu en partage le tire pendant un instant de l'oubli où il était plongé pour en examiner la reliure, pour en lire le titre, et quelquefois même pour en parcourir les trois ou quatre premières lignes, puis il le remet religieusement à sa place et ne s'en occupe plus. Un journal, au contraire, circule de main en main, pénètre dans les plus petits hameaux, dans les plus chétifs réduits, est dévoré par tout le monde enfin. Un livre reste, me dira-t-on, et un journal, ou du moins chaque numéro d'un journal, n'a qu'une existence éphémère. Oui, j'en conviens; mais si l'on ne fait plus attention aujourd'hui au numéro d'hier, c'est qu'il a paru aujourd'hui même un nouveau numéro, qui, lui-même, sera remplacé par celui de demain, auquel en succédera un autre après demain et ainsi de suite. Voilà ce qui fait la puissance du journalisme; voilà quel est son incontestable avantage sur

(1) Ce moyen fut d'abord employé par les auteurs et éditeurs de publications patriotiques pour donner au peuple la facilité de les acheter. Je crois être le premier par qui ce moyen ait été mis en usage, en publiant mon *Cours d'histoire de France* par leçons détachées.

les livres. Un livre paraît, il fait sensation pendant quinze jours, pendant un mois, et ensuite on l'oublie; mais un journal se reproduit tous les jours, chacun de ses numéros est à lui seul un livre qui vient corroborer ce qui a été dit dans le numéro précédent; un journal, c'est donc un livre immense et sans terme, composé d'une multitude innombrable d'autres livres, qui viennent successivement et à jour fixe frapper l'opinion publique; c'est un feu roulant d'articles qui se succèdent comme les éclats réitérés de la foudre dans un violent orage; c'est un pêle-mêle de diatribes, de sentences, de dissertations, de nouvelles, de discussions et même de harangues qui, sans former un corps d'ouvrage, sont dans leur ensemble et dans chacune de leurs parties, une œuvre complète.

L'influence extraordinaire que le journalisme exerce sur l'opinion serait beaucoup plus grande encore si la plupart des hommes qui rédigent les journaux écrivaient consciencieusement et ne faisaient pas de la haute mission de journaliste un métier, et si, au lieu de se faire les organes de mille petites coteries qui s'agitent dans l'ombre, ils n'avaient uniquement en vue que de dire la vérité et de la dire *quand même*. Malheureusement, il n'en est point ainsi; on fait des journaux comme on fait des habits, comme on fait des bottes, pour gagner de l'argent, et rien de plus; un journal n'est pas autre chose qu'une exploitation industrielle. Voici assez ordinairement comment on s'y prend pour fonder un journal : un certain nombre d'individus ont entre les mains des capitaux dont ils ne savent que faire; ces individus se disent entr'eux : associons-nous, mettons nos capitaux en commun pour exploiter une branche d'industrie quelconque. Alors, ils se demandent laquelle leur sera la plus avantageuse, laquelle leur rapportera le plus d'argent; après avoir passé successivement en revue toutes celles qui ont la réputation de donner de gros bénéfices, ils se disent : faisons un journal. Mais dans quel esprit sera-t-il rédigé ? demande l'on d'eux ; dans l'esprit qui nous procurera le plus d'abonnés, répond un autre ; oui, oui, répètent-ils tous avec enthousiasme, dans l'esprit qui nous procurera le plus d'abonnés ; et les voilà qui se mettent à chercher la nuance d'opinions qu'ils pourront exploiter le plus lucrativement possible. L'un propose de faire du doctrinarisme, un autre de l'opposition dynastique, un troisième veut que l'on prenne la république pour drapeau ; mais aussitôt l'assemblée entière se récrie contre une pareille proposition, en disant que ce serait exposer le journal à être confisqué dès le premier numéro par MM. les gens du roi, et que les capitaux, par conséquent, seraient fort aventurés ; celui qui a fait la proposition convient du danger qu'il y aurait à prêcher la république, et propose d'adopter la bannière du tiers-parti. Chacun enfin donne son avis. Quand notre société de capitalistes est tombée d'accord sur la couleur du journal, elle se met en mesure de trouver des rédacteurs ; mais tous les écrivains indistinctement ne lui conviennent pas ; les uns sont trop cassans dans leur manière d'écrire et pourraient compromettre l'existence du journal en parlant irrévérencieusement des hommes qui dirigent les affaires ; les autres ont des principes trop absolus et ne veulent point se courber aux exigences des fondateurs du journal, qui leur demandent des articles écrits dans un sens opposé à leurs convictions. Enfin, il se rencontre une douzaine de misérables dont la plume vénale est au service de toutes les opinions, et qui consentent de grand cœur à rédiger le journal en question d'après le programme qui leur sera tracé, pourvu qu'ils soient grassement salariés.

Il est à croire que tous les journaux n'ont pas été fondés de cette manière, et qu'il en est quelques-uns, mais en bien petit nombre, qui ont été créés sous l'inspiration d'une idée généreuse et désintéressée, quelle que soit d'ailleurs l'opinion à laquelle ils appartiennent ; mais nous pouvons affirmer que le plus grand nombre n'ont pas été fondés dans un autre but que celui de faire valoir avantageusement des capitaux.

Dès qu'un journal est établi, il devient le centre vers lequel gravite un tourbillon d'intrigans politiques qui cherchent à en faire le piédestal de leur réputation, le marche-pied de leur grandeur future; les bureaux d'un journal sont un théâtre d'intrigues et de cabales de toute espèce ; une foule de désœuvrés s'y rencontrent sans cesse, qui tous y viennent pour le même objet, pour tuer le temps. Le rédacteur en chef, flanqué de ses deux ou trois collaborateurs principaux, forme une espèce de sanhédrin, qui étend son autorité despotique sur tout ce qui l'entoure, à commencer par les pauvres diables de rédacteurs qui attendent le paiement d'un article pour aller dîner, jusqu'au garçon de bureau, qui rend en impertinences au public les hauteurs insultantes qu'il essuie de ses superbes maîtres. Un rédacteur en chef, c'est, passez-moi le terme, un véritable Tétrarque politique et littéraire qui a ses courtisans et ses créatures, ses flatteurs et sa police. Les auteurs viennent humblement le solliciter pour une pièce en répétition ou pour un livre sous presse; il promet à celui-ci un compte-rendu favorable, à celui-là un feuilleton indulgent. Il n'est pas jusqu'aux députés qui n'ambitionnent l'honneur de lui faire la cour, et qui ne viennent mendier de ses augustes lèvres la faveur d'un sourire.

Généralement parlant, un journal est l'axe autour duquel se meut une coterie qui vise au pouvoir ; ses rédacteurs, sans sortir du cercle dans lequel les actionnaires leur ont impérieusement enjoint de se renfermer, usent et même abusent de leur plume pour se frayer une route aux préfectures, au conseil d'état, et même au ministère. Ils font marcher de front les affaires de leurs patrons et leurs propres affaires. Mais de s'occuper des souffrances du peuple, de mettre à nu les plaies sociales, de fronder les abus et de proposer d'utiles réformes, ils n'y songent nullement. Si vous les engagez à dévoiler dans leur journal de honteux tripotages, de dégoûtantes manœuvres, ils vous riront au nez; si vous leur représentez qu'ils pourraient rendre de très grands services à l'humanité en se faisant les champions de la morale et des bonnes mœurs, il hausseront les épaules de pitié; si vous les pressez enfin de tonner contre la tyrannie et d'exhorter les peuples à briser leurs fers, ils vous tourneront le dos.

Mais la tâche d'appeler les nations aux armes contre leurs oppresseurs n'est pas la seule que les journaux puissent remplir avec fruit ; il en est une autre qui doit la précéder et qui est la plus importante de toutes, c'est celle d'éclairer les nations et les hommes sur leurs droits, de les moraliser, de les préparer à une régénération politique et sociale. Voilà la grande, l'immense tâche que des journaux consciencieusement rédigés devraient remplir.

Mais, bien loin de là, les journalistes n'insèrent dans leurs feuilles que des amplifications insignifiantes ; leurs articles, pour la plupart, sont vides de pensée et de raison ; ils ont bien moins en vue, en écrivant, d'émettre des vérités utiles, que de remplir matériellement les douze colonnes de leur journal. Heureux encore lorsqu'elles ne sont pas envahies par un déluge d'annonces qui font bâiller le public d'ennui, ou bien qui lui soulèvent le cœur de dégoût; moyen fort ingénieux d'annoncer au monde entier la découverte d'une *nouvelle recette pour guérir les maladies secrètes*, ou d'un *nouveau procédé pour détruire les punaises*. Ce n'est que depuis une dixaine d'années environ que les journaux ont pris la mauvaise habitude d'ouvrir leurs colonnes aux annonces de toutes les industries. Avant cette époque, ils envoyaient de temps à autre à leurs abonnés une feuille d'annonce distincte du journal et en sus du prix d'abonnement; les annonces, alors comme aujourd'hui, leur étaient très chèrement payées; il était donc juste qu'ils fissent les frais

d'une feuille à part, sous forme de supplément, pour les livrer
à la publicité, et que l'abonné, qui payait pour lire un journal
politique ou littéraire et non pour lire des annonces ne support-
tât point des frais d'impression en dehors du journal proprement dit. Présentement il n'en est plus ainsi, et vous êtes quoti-
diennement forcé d'avaler quatre, cinq et jusqu'à six colonnes
d'annonces destinées à faire part au public que le dictionnaire
de Napoléon Landais est parvenu à sa deuxième édition (1), ou
qu'une société en commandite vient de se former pour l'exploitation de telle maison de commerce. Il faut bien l'avouer, les
journaux ne sont plus que des affiches.

Si, du moins, ils ne renfermaient que des annonces raison-
nées, si le journaliste accompagnait chaque annonce d'une note
dans laquelle il émettrait un avis consciencieux sur la chose annoncée et dirait au public ce qu'il pense de ses avantages et de
ses inconvéniens, alors il n'y aurait que demi-mal. Mais ce qu'il
y a de souverainement immoral, c'est que pour de l'argent, le
premier charlatan venu peut proposer au public ses drogues
empoisonnées et en faire un éloge pompeux ; c'est que le silence
du journal qui les annonce peut faire croire à nombre de personnes qu'il les prend sous son égide, et que, par conséquent,
elles méritent toute confiance. Telle panacée est annoncée dans
le *Constitutionnel* ou dans le *Courrier français*, elle doit être
excellente, se disent ceux qui ont une foi entière en tout ce que
publient ces journaux, car le *vertueux Constitutionnel*, le *consciencieux Courrier français* auraient-ils pu consentir à se rendre complices de la fraude et de l'imposture ? Et malheureusement, combien de gens fort honorables à tous égards, mais dont

(1) Sans dire, bien entendu, que la première était tellement incomplète
et fourmillait d'un si grand nombre d'omissions, que les éditeurs ont été
forcés de la retirer de la circulation.

les yeux ne sont pas encore dessillés, n'entendent que par les oreilles du *Constitutionnel* et du *Courrier français*, et ne voient que par leurs yeux !

Le véritable rôle d'un journal qui veut se faire l'apôtre de la justice et de la vérité, c'est de soutenir, de consoler, d'encourager les opprimés et de faire une guerre d'extermination aux oppresseurs ; c'est d'attaquer avec non moins d'acharnement le vice et la corruption, sans épargner ceux qui soutiennent et qui propagent l'un et l'autre; c'est d'avoir toujours l'œil ouvert sur les actes de l'autorité publique pour leur décerner le blâme, pour les critiquer, s'ils sont contraires à l'équité; c'est de ne se laisser échapper aucune occasion pour démasquer les traîtres et les fourbes qui vantent sans cesse leur désintéressement, leurs hautes vertus, pour mieux séduire, pour mieux tromper les niais qui se laissent prendre à leurs mielleuses paroles; c'est de ne laisser influencer par aucune considération de camaraderie, ou par aucune prévention défavorable dans le compte-rendu des ouvrages qui paraissent et des pièces de théâtre que l'on représente; c'est d'apporter au contraire dans l'examen de ces diverses productions une haute impartialité; c'est d'ouvrir ses colonnes à toutes les réclamations justes et légitimes qui ont pour but de demander la réparation d'une injure, d'un abus d'autorité, ou d'un dommage quelconque; car il est reconnu que la plupart des journaux n'accueillent que les réclamations de leurs amis ou des amis de leurs amis, et que tout réclamant, lorsqu'il n'est ni le favori du rédacteur en chef, ni le protégé de sa femme, ni le cousin de son portier, se morfond à la porte sans pouvoir même pénétrer jusqu'au commis chargé des *Faits Paris*; le rôle enfin d'un journal vraiment démocratique, ce serait d'aplanir les voies aux réformes qui doivent se réaliser dans un avenir plus ou moins éloigné, ce serait de prendre en main les intérêts de l'humanité non seulement contre les despotes qui la foulent, qui l'exploitent en masse, mais contre les mille petits

tyrans subalternes qui la dévorent en détail; ce serait d'élaborer
avec calme et modération les principes régénérateurs qui doivent servir de bases à l'émancipation complète des peuples; ce
serait, pour tout dire en un mot, de poser les premières assises
de l'édifice nouveau qui doit remplacer l'édifice croulant du
passé, et qui apparaîtra dans la succession des siècles comme le
point de départ d'une ère nouvelle, l'ère de l'égalité.

UN MOT SUR LA PEINE DE MORT.

Le *National*, dans son numéro du 8 juin 1836, a publié un article, d'ailleurs très bien conçu et très bien écrit, dans lequel se trouvent les mots suivans : « Le dogme de l'inviolabilité de la vie humaine nous semble une chimère démentie par les faits les plus vulgaires. *Nous ne pouvons faire un pas dans l'histoire, sans y rencontrer des holocaustes avoués par la conscience publique.* Nous serions peu embarrassés de démontrer que notre civilisation absorbe plus d'existences innocentes que le valet des hautes œuvres. Mais là n'est pas la question. Quand on reconnaît à la société le droit de m'enchaîner, et, ce qui est mille fois pis, de me flétrir, de me tuer moralement, je ne comprends plus qu'on lui marchande celui de prendre ma tête. Si elle ne peut se conserver qu'à ce prix, je perds mon droit à la vie, tout aussi bien que le conscrit qu'on envoie à la frontière. »

L'auteur de cet article regarde comme une chimère le dogme de l'inviolabilité de la vie humaine, et la raison qu'il en donne c'est que l'on ne peut faire un pas dans l'histoire *sans y rencontrer des holocaustes avoués par la conscience publique.* Il est impossible, selon nous, de raisonner plus faussement. La conscience publique s'est-elle donc montrée toujours infaillible? A-t-elle été à toutes les époques et est-elle encore exempte de préjugés? N'est-elle pas au contraire très souvent sujette à l'erreur? Dans l'antiquité, l'esclavage n'a-t-il pas été avoué par la conscience publique? Au moyen-âge, n'en a-t-il pas été de même à l'égard du servage? Faut-il en conclure que l'exploitation de l'homme sous le nom d'esclavage et de servage, est une

chose sainte et légitime, et que le dogme de la liberté et celui
de l'égalité sont des chimères? Dans tous les temps, dans tous
les lieux le despotisme et l'aristocratie n'ont-ils pas été tolérés,
c'est-à-dire avoués par la conscience publique? Dira-t-on qu'une
organisation politique et sociale basée sur l'inviolabilité des
droits de chacun, est une chimère?

Nous n'ajouterons rien à ce que nous avons dit touchant l'inviolabilité de la vie de l'homme (1); nous ne voulons que montrer que l'auteur de l'article inséré dans le *National* n'est d'accord ni avec la plus rigoureuse logique, ni avec la plus saine
raison. Il dit que *notre civilisation absorbe plus d'existences innocentes que le valet des hautes œuvres*; quelle induction veut-il
en tirer? que l'on peut bien tolérer la peine de mort puisqu'on
laisse subsister tant d'autres abus. Mais il me semble que les
abus ne se légitiment point les uns par les autres, et que ce
n'est pas une raison parce qu'un abus existe pour qu'on ne
doive pas faire disparaître l'abus qui est à côté. Ce qu'il y aurait de mieux ce serait de les faire disparaître tous.

Et puis quel monstrueux sophisme : *Quand on reconnaît à
la société le droit de m'enchaîner, et, ce qui est mille fois pis, de
me flétrir, de me tuer moralement, je ne comprends pas qu'on
lui marchande celui de prendre ma tête.* La société a le droit de
retrancher de son sein l'ennemi qui lui fait la guerre, elle a le
droit de le priver d'une liberté dont il ne fait usage que pour
attenter à sa sûreté, à ses droits; mais son pouvoir ne doit point
aller au delà, il doit s'arrêter sur le seuil de la vie humaine. A
vous entendre, il n'y a donc aucune différence entre la prison
et l'échafaud, entre une peine que l'on peut faire cesser tôt ou
tard, soit dans le cas où la condamnation aurait été prononcée
injustement, soit dans le cas où le condamné redeviendrait

---

(1) Voir notre article intitulé : *Des réformes à introduire dans la législation pénale*, tome 1, page 145.

homme de bien, et une peine qui ne laisse aucun moyen de réparer l'erreur d'un tribunal composé d'hommes faillibles? Pour moi, je comprends parfaitement qu'il soit permis à la société de priver de sa liberté un malfaiteur, un criminel, quel qu'il soit, car il y a nécessité pour elle à en agir ainsi, elle use de son droit de légitime défense; mais je ne comprends pas qu'elle le prive de la vie, puisque c'est la liberté seule, et non la vie de ce malfaiteur, qui lui est préjudiciable?

Pourquoi est-il permis à deux peuples qui sont en guerre et qui se sont fait réciproquement des prisonniers, de garder ces mêmes prisonniers jusqu'à la paix? et pourquoi ne leur est-il pas permis de les massacrer sous peine d'encourir l'exécration générale? C'est que l'action de faire et de garder des prisonniers, tant que la guerre dure, n'est qu'une mesure de haute prudence et de salut public; je retiens en captivité l'ennemi qui est tombé entre mes mains, dans la crainte, si je lui rendais la liberté, qu'il ne tourne une seconde fois ses armes contre moi. Il y a donc nécessité à le garder prisonnier; mais quelle nécessité y aurait-il à le faire périr? Dès qu'il n'est plus libre, dès qu'il ne me combat plus, sa mort n'est d'aucune utilité pour moi. J'avais le droit de le tuer quand il était devant moi les armes à la main et qu'il menaçait ma poitrine; mais dès qu'il est vaincu et désarmé, à quoi sert de l'immoler? C'est un meurtre en pure perte. Ce raisonnement s'applique exactement à la société, car elle se trouve vis-à-vis du malfaiteur dans le même cas précisément où deux peuples belligérans sont l'un vis-à-vis de l'autre.

Il est également absurde de dire que la société a le droit d'ordonner la mort d'un criminel comme elle a celui d'envoyer un conscrit à la frontière. Elle envoie un conscrit à la frontière pour combattre des ennemis extérieurs; il y a nécessité pour elle de se défendre contre une injuste agression; elle en a le droit même en sacrifiant la vie de ses enfans, si ses enfans peuvent, au prix de leur vie, repousser les ennemis du dehors; pour elle, c'est un cas de vie ou de mort : si l'ennemi triomphe elle n'est plus. Mais peut-on dire que le supplice d'un criminel soit pour elle une question d'existence? En sera-t-elle mieux affermie sur ses bases quand une tête aura roulé sur l'échafaud? Vous avez raison de dire que si la société ne peut se conserver qu'en faisant périr celui qui a porté atteinte à sa sûreté, elle a le droit de prendre sa tête; car, encore une fois, il lui est permis de tout faire pour sa conservation; mais vous ne pouvez raisonnablement soutenir qu'elle puisse, en vertu du même principe, immoler celui qui a commis un crime, quelle que soit l'énormité de ce crime, à moins que vous ne prouviez qu'il y a péril pour la société à condamner ce criminel à une prison perpétuelle. Le péril serait de le laisser jouir d'une liberté qu'il pourrait employer à commettre de nouveaux crimes; mais dès que vous le séquestrez de la société, dès que vous le mettez dans l'impossibilité d'attenter aux droits de ses semblables, il n'y a plus péril pour la société, et la société peut se montrer sans crainte avare de sang humain.

DES ARTS ET DES LETTRES

CONSIDÉRÉS

COMME MOYEN DE PROPAGANDE DÉMOCRATIQUE.

Si nous avions assez de temps et assez d'espace nous recher-
cherions quelle a été l'influence des arts et de la littérature sur
chacune des grandes crises sociales et politiques qui ont boule-
versé les sociétés depuis leur origine jusqu'à nos jours; mais
ce travail nous entraînerait trop loin ; nous nous contenterons
d'examiner quel rôle ils sont appelés à jouer désormais dans
l'émancipation des peuples, c'est-à-dire, quelle sera leur action
dans l'avenir, comme leviers révolutionnaires.

Nous parlerons en général, bien entendu; et nous nous gar-
derons de faire aucune application particulière pour laisser à
nos lecteurs le soin de méditer nos réflexions et d'en tirer telles
conclusions qu'ils jugeront convenables.

L'homme, dans l'état de nature, n'a que des besoins physiques, et encore sont-ils fort bornés; mais l'homme social,
l'homme civilisé, n'a pas seulement que des besoins physiques,
il a encore une foule de besoins moraux dont la satisfaction
est presque aussi indispensable à son existence que celle des
besoins matériels et constitue la base de son bonheur. Les arts
et la littérature sont au nombre des besoins moraux ; ce sont
ceux, j'ose le dire, qui, après l'amitié et l'amour, agissent le plus

directement et le plus énergiquement sur les sensations et sur les facultés de l'homme.

J.-J. Rousseau a écrit d'éloquentes pages pour prouver que la corruption sociale était une conséquence nécessaire du perfectionnement des arts et des lettres, et que les misères humaines augmentaient à proportion que l'homme s'éloignait de l'état de nature et qu'il acquérait une plus grande somme de besoins moraux. Malgré tout le respect que je professe pour ce grand génie, qu'il me soit permis d'envisager la question sous un autre point de vue que lui et de réfuter quelques-unes de ses assertions.

Ce n'est pas le perfectionnement des arts et des lettres qui a produit la corruption sociale, c'est la mauvaise direction qui leur a été donnée. Par eux-mêmes les arts et les lettres n'ont rien de corrupteur, rien de pernicieux; il n'y a de pernicieux et de corrupteur que l'emploi qu'on en a fait et qu'on en fait encore. Sauf de très rares exceptions, les artistes, les écrivains et les savans n'ont été à toutes les époques de l'histoire que des courtisans qui rampaient bassement aux pieds des idoles du jour, ou bien, ce qui est pis encore, des apôtres d'immoralité et de dépravation. Dans le premier cas, leurs œuvres se ressentaient de la servilité de leur ame et de l'abjection profonde à laquelle ils étaient volontairement réduits; dans le second, elles infiltraient dans toutes les classes de la société les poison du vice.

On compte dans l'histoire de l'humanité quatre siècles où la littérature et les arts ont brillé du plus grand éclat, savoir: les siècles de Périclès, d'Auguste, des Médicis et de Louis XIV. Mais les productions tant célébrées de ces quatre mémorables époques sont loin de justifier l'immense réputation qui les entoure; elles ne sont à peu près exemptes de reproche que sous un seul rapport, sous celui de l'art; sous tous les autres, elles laissent beaucoup à désirer, ou plutôt elles méritent le blâme le plus sévère.

Car enfin, les magnifiques tragédies de Racine, pour ne citer que le siècle de Louis XIV, les admirables oraisons de Bossuet, ont-elles fait faire un pas de plus à l'humanité dans la carrière de l'affranchissement et du progrès social? les peuples à venir leur devront-ils leur émancipation et leur bonheur? Il faudrait bien des tragédies comme Phèdre, ou bien des oraisons comme celle du prince de Condé, pour révolutionner une nation; ou pour mieux dire, si jamais l'esprit humain n'avait enfanté que des productions de ce genre, toutes sublimes qu'elles sont, l'humanité serait encore la proie des plus ridicules préjugés et de l'oppression la plus intolérable.

Et l'on s'étonne de la corruption qui gangrène la société jusqu'au cœur! on s'étonne de l'apathique ignorance où dorment les nations, quand la littérature et les arts ne font pas de plus grands efforts pour éclairer, pour moraliser les masses, pour les pousser dans la voie du progrès et des réformes! on s'étonne que la tyrannie soit encore debout et que l'hydre de l'aristocratie lève partout encore ses horribles, ses innombrables têtes, quand les auteurs n'écrivent, quand les artistes ne manient le pinceau ou la lyre que dans l'unique but de gagner de l'argent, sans songer le moins du monde à donner à leurs œuvres une tendance progressive et démocratique!

Et cependant, quel immense parti on pourrait tirer des arts et des lettres, si l'on voulait en faire des instrumens de régénération, si l'on voulait s'en servir pour améliorer, pour émanciper l'espèce humaine! Le peintre n'offrirait sur ses toiles que des sujets capables d'exalter, d'enthousiasmer les masses pour le juste et pour l'honnête; le musicien s'efforcerait de les passionner, par ses accords, pour tout ce qui est noble et généreux; l'écrivain, et c'est lui qui aurait la tâche la plus importante à remplir, ferait servir les différentes branches de la littérature, l'histoire, le roman, la poésie, le théâtre, à faire tomber le bandeau de l'erreur des yeux de tant d'hommes qui se croient avancés et qui croupissent encore dans les vieilles ornières.

Dans l'histoire, il s'attacherait à rétablir les faits sous leur véritable jour et à les débarrasser de cette foule d'erreurs et d'impostures dont les ont entremêlés des historiens indignes de ce beau titre et qui n'écrivaient que pour flatter les passions et l'orgueil des rois et des castes dominantes; il flagellerait avec un fouet sanglant les exploiteurs de l'humanité souffrante; et, par ses sublimes enseignemens, il rappellerait les peuples à leur dignité et leur ferait comprendre que ce n'est que dans l'exercice de leurs droits qu'ils peuvent trouver le bien-être.

Dans le roman, il poursuivrait de ses coups vengeurs tous les vices, tous les abus et tous les ridicules, sous quelque forme qu'ils soient; il prendrait la défense du faible contre le fort et ferait une guerre implacable à tout ce qui est corruption, exploitation et tyrannie.

Dans la poésie, il exalterait par de sublimes accens l'imagination des peuples; il exciterait leur indignation et leur fureur contre les despotes qui les oppriment; il leur tracerait avec un langage inspiré la route qu'ils doivent suivre pour arriver à la liberté et à l'égalité, et sa muse puissante serait le tocsin révolutionnaire qui ferait retentir à leurs oreilles l'heure de l'affranchissement.

Mais c'est surtout au moyen du théâtre, cette branche de la littérature qui résume toutes les autres, que l'écrivain pourrait le mieux accomplir son apostolat d'amélioration et de rénovation; il pourrait mettre en scène toutes les turpitudes sociales pour les immoler sur l'autel de la morale et de la raison; il pourrait flétrir et stigmatiser toutes les passions basses et vénales, tous les sentimens abjects et honteux; il ferait un cours complet de bonnes mœurs et de probité, et le théâtre ne serait plus une école de scandale et de dépravation, où les âmes hon-

nêtes n'éprouveraient que dégoût, et où les cœurs corrompus
viendraient goûter de sales et crapuleuses voluptés; les pères y
mèneraient leurs enfans, les maris y conduiraient leurs femmes
avec la certitude qu'ils n'y puiseraient que de bons exemples,
que d'utiles enseignemens. Les spectacles enfin deviendraient
de véritables temples où brûlerait le feu sacré de toutes les
vertus.

Il est à croire que si les arts et les lettres avaient toujours été
cultivés de cette manière, Rousseau ne les aurait pas rendus
responsables de la corruption des mœurs; et il est à croire
aussi que les peuples ne seraient pas aussi arriérés, aussi dépravés qu'ils le sont, et que loin d'être des espèces d'automates,
servilement courbés sous la main des dynasties et des aristo-
craties, ils jouiraient de la plénitude de leurs droits.

Si jusqu'à présent les productions de l'esprit humain ont eu
pour but de corrompre les nations au lieu de les éclairer et de
les moraliser, il faut qu'à l'avenir du moins elles aient un tout
autre but et qu'elles concourent efficacement à régénérer l'humanité. Les arts et les lettres sont des leviers puissans à l'aide
desquels il est facile de faire mouvoir le monde et d'ébranler
sur ses antiques fondemens le trône de l'erreur, du préjugé et
de l'égoïsme. Il ne faut que vouloir marcher dans des routes
nouvelles, dans des sentiers non battus, où l'on est sûr du
moins de ne pas se rencontrer avec les coryphés actuels de la
littérature et des arts. La tâche n'est pas aussi difficile qu'on
pourrait le croire; il ne faut qu'être animé d'un sincère et
ardent amour pour l'humanité et professer au suprême degré
le culte du dévouement social; il ne faut que ressentir une haine
profonde pour l'égoïsme, la corruption et l'iniquité; il ne faut
qu'être prêt non-seulement à braver les traits du ridicule, car
c'est souvent au moyen du ridicule que les hommes corrompus
combattent ce qui est noble et pur, mais encore à affronter
toutes sortes de persécutions et la mort même. Socrate n'a-t-il

pas bu la ciguë? Jésus n'a-t-il pas été crucifié? et tant d'autres qu'il serait trop long de citer n'ont-ils pas à différentes époques péri victimes des monstres qui exploitaient l'humanité? Apôtres de la démocratie, voilà peut-être le sort qui vous attend; mais que votre zèle n'en soit point ralenti, la reconnaissance des peuples sera votre récompense.

CAPTIVITÉ ET MORT DE NAPOLÉON.

(Fragment inédit (1).

Nous n'avons eu que des paroles de blâme pour flétrir le despotisme de Napoléon, nous n'aurons que des paroles de commisération et de sympathie pour raconter son infortune ; nous l'avons attaqué avec la plus violente et la plus légitime indignation quand il était puissant, quand il écrasait notre patrie sous un joug de fer ; maintenant qu'il est malheureux, il devient un objet sacré pour nous, et nous nous faisons un devoir de prendre en main sa défense contre les bourreaux qui lui firent endurer pendant six années une si cruelle agonie.

Nous avons déjà dit que Napoléon fut déporté à Sainte-Hélène par ordre de l'infâme gouvernement anglais, qui lui donna pour geôlier une espèce de bête farouche appelé Hudson Lowe. Reprenons les choses à partir du moment où l'ex-empereur s'embarqua sur le *Bellérophon*. Voici la lettre qu'il écrivit au prince régent d'Angleterre avant de se livrer à l'hospitalité britannique : « En butte aux factions qui divisent mon pays et à l'inimitié des plus grandes puissances de l'Europe, j'ai terminé ma carrière politique, et je viens, comme Thémistocle, m'asseoir au foyer du peuple britannique. Je me mets sous la protection de ses lois, que je réclame de V. A. R. comme du plus

(1) Ce fragment est encore extrait du quatrième volume de mon *Cours d'Histoire de France*. C'est le dernier que nous insérerons dans ce recueil de *Mélanges*, qui d'ailleurs touche à sa fin. Le quatrième volume de mon *Cours*, dont la publication a été retardée par suite de circonstances tout-à-fait indépendantes de ma volonté, paraîtra prochainement.

puissant, du plus constant et du plus généreux de mes ennemis. Rochefort, 15 juillet 1815; *signé* NAPOLÉON. »

Le 24, le *Bellérophon* jeta l'ancre dans la rade de Torbay, où Napoléon apprit que le général Gourgaud, qu'il avait chargé de remettre sa lettre au prince régent, n'avait pu s'acquitter de sa mission et qu'on lui avait fait défense de débarquer. De Torbay, Napoléon fut conduit à Plymouth. C'est là que lord Keith vint le trouver pour lui faire part de la décision que le cabinet de Londres avait prise à son égard; quand Napoléon apprit que l'île de Sainte-Hélène avait été choisie pour sa future résidence, il s'abandonna à un affreux désespoir, et réclama avec la plus vive énergie contre la violence dont il était victime. La lettre qu'il adressa à lord Keith pour protester contre la décision du ministère anglais mérite d'être rapportée en son entier :

« Je proteste solennellement ici, dit-il, à la face du ciel et des hommes, contre la violence qui m'est faite, contre la violation de mes droits les plus sacrés, en disposant par la force de ma personne et de ma liberté. Je suis venu librement à bord du *Bellérophon.* Je ne suis pas prisonnier, je suis l'hôte de l'Angleterre. J'y suis venu à l'instigation même du capitaine, qui a dit avoir des ordres du gouvernement de me recevoir et de me conduire en Angleterre avec ma suite, si cela m'était agréable. Je me suis présenté de bonne foi, pour venir me mettre sous la protection des lois de l'Angleterre. Aussitôt assis à bord du *Bellérophon*, je fus sur le foyer du peuple britannique. Si le gouvernement en donnant des ordres au capitaine du *Bellérophon* de me recevoir ainsi que ma suite, n'a voulu que me tendre une embûche, il a forfait à l'honneur et flétri son pavillon. Si cet acte se consommait, ce serait en vain que les Anglais voudraient parler désormais de leur loyauté, de leurs lois et de leur liberté. La foi britannique se trouvera perdue dans l'hospitalité du *Bellérophon.* J'en appelle à l'histoire; elle dira qu'un ennemi, qui fit vingt ans la guerre au peuple anglais, vint librement, dans son infortune, chercher un asile sous ses lois. Quelle plus éclatante preuve pouvait-il lui donner de son estime et de sa confiance? Mais comment répondit-on en Angleterre à une telle magnanimité? On feignit de tendre une main hospitalière à cet ennemi; et quand il se fut livré de bonne foi, on l'immola! Signé Napoléon. »

Nonobstant cette protestation, admirable de logique et de raison, l'ex-empereur fut écroué à bord du *Northumberland*, vaisseau que commandait le contre-amiral Cockburn, et qui devait le transporter à Sainte-Hélène. On dit que Napoléon, en se voyant ainsi captif de l'atroce aristocratie d'Angleterre, laissa échapper ces paroles : « J'aurais mieux fait de ne pas quitter l'Égypte; j'aurais pu m'y maintenir. L'Arabie attend un homme; avec les Français en réserve, les Arabes et les Égyptiens comme auxiliaires, je me serais rendu maître de l'Inde, et j'aurais dominé l'Orient. »

Le *Northumberland* toucha le 24 août à Madère et arriva à Sainte-Hélène le 15 octobre suivant. Ce n'est que le 17 que Napoléon et les compagnons de son exil prirent terre. Les généraux Bertrand, Montholon et Gourgaud, ainsi que l'ex-chambellan Las-Cases avaient seuls obtenu du gouvernement anglais la permission de partager la captivité de celui qui avait été leur maître. Après deux mois de séjour dans une maison de campagne appelée les Briars, Napoléon vint s'établir à Longwood, maison qui est construite sur un plateau élevé de deux mille pieds au-dessus du niveau de la mer. Le climat de Sainte-Hélène est dévorant, et c'est précisément pour cela que cette île fut donnée pour prison à celui que les rois de l'Europe redoutaient à l'égal de la foudre. Dès les premiers mois de son séjour sur ce rocher sauvage, la santé de Napoléon, qui avait été constamment robuste, s'altéra. Cependant, la force de sa constitution devait résister six ans durant à toute l'horreur de sa position jointe à l'action d'une atmosphère mortelle.

Pour donner le change à ses ennuis présens autant que pour se reposer de ses fatigues passées, Napoléon se mit à dicter ses mémoires. Souvent, en causant avec ses compagnons, il lui échappait d'éloquentes improvisations sur sa grandeur éclipsée, sur sa chute, sur ses malheurs ; il s'indignait de l'abominable traitement qu'on lui faisait subir ; quelquefois, examinant avec son œil d'aigle la situation politique de l'Europe, il proférait de remarquables paroles sur les destinées futures des peuples. « La contre-révolution, disait-il un jour, même en la laissant aller, doit inévitablement se noyer d'elle-même dans la révolution. Il suffit à présent de l'atmosphère des jeunes idées pour étouffer les vieux féodalistes ; car rien ne saurait désormais détruire ou effacer les grands principes de notre révolution. Ces grandes et belles vérités doivent demeurer à jamais, tant nous les avons entrelacés de lustre, de monumens, de prodiges : *nous en avons lavé les premières souillures dans des flots de gloire* ; elles seront désormais immortelles. Sorties de la tribune française, cimentées du sang des batailles, décorées des lauriers de la victoire, saluées des acclamations des peuples, sanctionnées par les traités, les alliances des souverains, devenues familières aux oreilles comme à la bouche des rois, elles ne sauraient plus rétrograder. Elles vivent dans la Grande-Bretagne ; elles éclairent l'Amérique ; elles sont nationalisées en France. Voilà le trépied d'où jaillira la lumière du monde. Elles le régiront, elles seront la foi, la morale, la religion de tous les peuples ; *et cette ère mémorable se rattachera, quoi qu'on en ait voulu dire, à ma personne*, parce que, après tout, j'ai fait briller le flambeau, j'ai consacré les principes, et qu'aujourd'hui la persécution achève de m'en rendre le messie. Ainsi, amis et ennemis, tous m'en diront le premier soldat, le grand représentant. »

La plupart des choses que vient de dire Napoléon sont d'une admirable justesse ; mais nous ne pouvons nous empêcher de relever cette étrange prétention de vouloir être le représentant de la révolution, de vouloir que l'ère de l'affranchissement des peuples se rattache à sa personne et date de son règne ; lui, qui étouffa la révolution de ses mains parricides ; lui, qui ressuscita, qui restaura autant qu'il le put le régime monarchique ; lui, qui appliqua toutes ses facultés à comprimer les peuples , à river leurs chaînes. *J'ai fait briller le flambeau*, dit-il ; il oublie donc qu'il l'a éteint, au contraire, dans le sang de plusieurs millions de braves morts pour satisfaire son insatiable ambition ? *J'ai consacré les principes*, ajoute-t-il ; il ne se rappelle donc plus qu'il leur a fait une guerre implacable , qu'il a persécuté sans relâche ceux qui les professaient, en les désignant avec mépris sous le nom d'*idéologues* ? Enfin, lorsqu'il dit que *la persécution achève de le rendre le messie de la cause révolutionnaire*, sa mémoire probablement ne le sert pas fidèlement , car il devrait se ressouvenir que si les rois l'ont détrôné, c'est bien moins parce qu'il était le représentant, le messie de la révolution , que parce qu'il ne leur laissait ni trève, ni repos, et voulait tous les dépouiller de leur couronne. Les despotes de l'Europe le regardaient si peu comme la personnification des principes révolutionnaires, qu'ils firent alliance avec lui, et que l'un d'eux même lui donna sa fille en mariage, bien moins parce qu'il était le champion de la révolution , que parce qu'il l'avait immolée.

Napoléon dit encore en parlant de la révolution : *nous en avons lavé les premières souillures dans des flots de gloire.* Il entend sans doute par *souillures* les exécutions de la terreur ; mais n'est-il pas démontré clair comme le jour que ces exécutions, toutes déplorables qu'elles étaient, furent commandées par le salut de la patrie, et que dans l'état de crise et de danger où se trouvait la France, elles étaient indispensables ? Tout le monde n'est-il pas d'accord pour reconnaître que sans la salutaire rigueur dont s'arma la Convention nationale , la révolution était perdue? Mais à quel prix Napoléon obtint-il les *flots de gloire* dont il parle? Au prix du plus pur sang de la France. Ainsi, donc, les *flots de gloire* avec lesquels Napoléon lava les prétendues *souillures* de la révolution, coûtèrent à notre malheureuse patrie ce qu'elle avait de plus cher; tandis que les rigueurs du régime révolutionnaire la sauvèrent de l'invasion étrangère et des complots toujours renaissans de la contre-révolution.

Mais, je m'arrête; car je sens que ma plume redevient sévère. En présence de l'affreux supplice infligé par la vengeance des rois à Napoléon, ce n'est pas, je le répète, en juge inflexible que je veux me poser, c'est en ami compatissant.

Le gouvernement anglais avait violé, à l'égard de l'ex-empereur, les lois les plus sacrées de l'humanité, celles de l'hospitalité et du malheur: il l'avait attaché comme un nouveau Prométhée sur un roc lointain tour-à-tour battu par les tempêtes et calciné par les feux verticaux du soleil; il ne lui restait plus pour combler la mesure de tous ses crimes, qu'à nommer Hudson Lowe gardien du vaincu de Waterloo. Depuis le jour où Napoléon avait été débarqué dans cette île, jusqu'au mois d'avril 1816, le contre-amiral Cockburn avait exercé par *intérim* les fonctions de gouverneur. A cette époque, un chat-tigre à face humaine, si toutefois même il avait une face humaine, arriva à Sainte-Hélène avec le titre de gouverneur. C'était Hudson Lowe. Sa personne fit horreur à Napoléon : « Il est hideux, dit-il, c'est une face patibulaire : mais le moral, après tout, peut raccommoder ce que cette figure a de sinistre. » Le moral était pire encore que le physique. Cet homme était le plus vil des scélérats; il s'acharna sur son malheureux prisonnier avec une rage impitoyable, et imagina, pour le faire souffrir, des tortures inconnues jusqu'alors. A force de resserrer l'espace étroit dans lequel il était permis à Napoléon de marcher et d'agir, il ne lui fut plus possible de sortir de sa triste habitation de Longwood. Toute communication fut interdite entre cette maison et les habitans de Sainte-Hélène, en sorte que l'ex-empereur et ses compagnons furent véritablement tenus à un secret rigoureux. Ils ne pouvaient recevoir ni faire partir aucune lettre sans qu'elle n'eût été préalablement décachetée et lue par quelque geolier subalterne; Hudson poussa même l'infamie jusqu'à faire pénétrer à toute heure du jour et de la nuit ses agens dans la chambre de Napoléon, sans respect pour son sommeil et pour l'état de maladie où il était presque continuellement. On ne laissait arriver jusqu'à lui ni journaux, ni livres, ni nouvelles d'aucune espèce; on voulait qu'il ignorât ce qui se passait en Europe et que le monde pour lui se réduisît aux quatre murailles de sa geole; on voulait qu'enterré tout vivant dans la bicoque incommode et malsaine de Longwood, où il manquait même du nécessaire, où il ne respirait qu'un air pestilentiel, où la vigueur de son tempérament réagissait continuellement contre lui-même et lui faisait éprouver les plus cruelles, les plus terribles angoisses, on voulait qu'il ressentît l'horreur anticipée du tombeau.

Puisse l'exécrable aristocratie qui livra Napoléon à cette torture épouvantable, lire ce triste récit! et puisse chacune de mes lignes être pour elle un serpent vengeur qui lui déchire le cœur, qui lui ronge les entrailles!

Napoléon avait résolu de tout endurer sans se plaindre; il regardait comme au-dessous de lui de réclamer contre les atroces traitemens dont il était victime. Cependant quelquefois les rigueurs inouïes que l'on déployait contre lui arrachaient à son ame indignée des récriminations sanglantes. Un jour que l'abominable Hudson Lowe était venu se justifier auprès de lui en s'excusant sur ce qu'il était obligé de suivre de point en point les instructions du ministère anglais, Napoléon lui adressa ces foudroyantes paroles : « Le bourreau en fait autant, il exécute aussi les ordres qu'il a reçus. Je ne crois pas qu'un gou-

vernement soit assez vil pour donner des ordres semblables à ceux que vous faites exécuter.... Vous avez plein pouvoir sur mon corps, mais aucun sur mon ame. Cette ame est aussi fière, aussi courageuse que lorsqu'elle commandait à l'Europe. Vous êtes un sbire sicilien et non pas un Anglais. Je vous prie de ne plus revenir, jusqu'à ce que vous apportiez l'ordre de me *dépêcher*; alors vous trouverez toutes les portes ouvertes. » Hudson Lowe, malgré cette terrible apostrophe, n'en continua pas moins de faire obséder l'ex-empereur par ses agens; ce ne fut qu'après que Napoléon leur eut signifié avec son énergie accoutumée qu'ils ne violeraient plus son intérieur sans passer sur son cadavre, que ceux-ci ne revinrent plus l'espionner.

La résolution prise par les bourreaux de Napoléon de l'isoler le plus possible du reste des vivans, s'exécuta avec une rigueur inexorable. Las Cases et son jeune fils furent les premiers que l'on sépara de lui; ce fut ensuite le tour du docteur O'Méara, qui avait été chargé de lui donner des soins, et qui s'était rendu coupable d'un crime irrémissible aux yeux d'Hudson Lowe en s'attachant à l'infortuné captif et en méritant sa confiance et son amitié. O'Méara reçut l'ordre de retourner en Europe. Le général Gourgaud y retourna également, mais il y fut forcé par le délabrement de sa santé; en sorte qu'il ne resta plus auprès de Napoléon que les généraux Bertrand et Montholon.

Pendant près d'une année l'ex-empereur resta sans médecin, et la maladie cruelle dont il était atteint fit d'effrayans progrès. Ce ne fut qu'à la fin de 1819 que le docteur Antomarchi obtint la grace insigne de venir lui donner les secours de son art; mais déjà le mal était sans remède, et toutes les ressources de la science ne pouvaient que reculer mais non prévenir une catastrophe : Napoléon était atteint d'une gastro-hépatite chronique occasionnée par son séjour dans les miasmes délétères de Sainte-Hélène.

En proie à d'atroces souffrances, Napoléon n'en continuait

pas moins de travailler à ses mémoires avec l'ardeur et l'activité qu'il mettait à tout. Jusqu'à l'instant de sa mort, il eut des alternatives de rétablissement et de rechute ; plusieurs fois même on put croire que sa constitution robuste surmonterait le mal. Dans les courts momens où sa santé semblait rétablie et où les forces lui revenaient un peu, il se livrait avec beaucoup de plaisir aux soins du jardinage ; cette occupation faisait diversion à ses grands travaux de cabinet, mais ne pouvait, pas plus que la dictée de ses mémoires, lui faire oublier qu'il avait un fils, et que ce fils était loin et bien loin de lui. Sans cesse il y pensait, sans cesse il en parlait ; mais, hélas ! il n'avait que cette triste consolation, car l'espoir même de le revoir un jour l'avait abandonné.

Le mal empira pendant l'année 1820, et ses progrès furent tels que le moral même du malade en fut attaqué. Il disait au docteur Antomarchi : « Je n'ai plus ni forces, ni activité, ni énergie ; je ne suis plus Napoléon. Vous cherchez en vain à me rendre l'espérance, à rappeler la vie prête à s'éteindre. Vos soins ne peuvent rien contre la destinée, elle est immuable. La première personne de notre famille qui doit suivre Elisa dans la tombe, est ce grand Napoléon qui végète, qui plie sous le faix, et qui, pourtant, tient encore l'Europe en alarmes. »

L'année 1821 s'annonça sous les plus sinistres auspices : Napoléon s'affaiblissait de plus en plus. Le 15 avril, il fit son testament. Le 19, il allait mieux ; mais bientôt il fut plus mal que jamais et se trouva face à face avec la mort. Le 5 mai fut le jour suprême pour lui. Accablé, anéanti, il ne proféra pas une seule parole de toute la journée. A cinq heures et demie du soir il se soulève sur son lit et s'écrie : TÊTE D'ARMÉE. Un instant après il n'était plus.

ÉTAT ACTUEL DE LA PERSE.

Ce qui a tout lieu de faire trembler l'Angleterre pour ses possessions de l'Inde, c'est que l'empire de Russie, dont il n'est plus possible de nier les projets de conquête sur les contrées méridionales et orientales de l'Asie, n'est séparé de l'Indoustan que par des pays dont les uns lui sont déjà soumis et dont les autres n'offriraient aucune résistance à une armée d'invasion, vu l'état d'affaiblissement et d'atonie où ils sont réduits. La Perse est de ce nombre. La Perse, autrefois puissante et redoutée et qui s'étendait depuis l'Indus jusqu'au Pont-Euxin, égale à peine aujourd'hui en étendue et en population une des anciennes provinces qui la composaient. Appauvrie et dépeuplée par de longues dissentions intestines, démembrée dans le siècle dernier par les Afghans, morcelée par les Russes, par les Turcs et par plusieurs autres nations voisines, la Perse ne doit le peu d'importance politique qui lui reste encore qu'à son admirable situation entre la mer Caspienne et le golfe Persique, qui la rend l'entrepôt du commerce de l'orient avec l'occident par terre, et qui lui fait jouer un rôle très important dans la fameuse question d'orient, bien que ce rôle ne soit que passif.

Les habitans primitifs de la Perse, selon Hérodote, étaient appelés *Cephènes* et *Artéens*. Ils vécurent quelque temps sous la domination des Mèdes, dont ils adoptèrent la religion et les mœurs, et qu'ils soumirent à leur tour, ainsi qu'un grand nombre d'autres peuples, sous la conduite de Cyrus. La Perse antique se composait de cinq provinces, dont chacune à elle seule aurait pu former un vaste royaume. Ces provinces étaient : la Médie, la Perse proprement dite, la Carmanie, la Susiane ou

Cissie et l'Hyrcanie. Après la destruction de la monarchie persane par Alexandre, cette immense contrée passa successivement sous le joug d'une infinité de maîtres jusqu'au troisième siècle de l'ère chrétienne, où la dynastie des Sassanides parvint au trône. Les Arabes s'emparèrent de la Perse, en 651, et y introduisirent la religion mahométane ; les Persans furent soumis aux kalifes jusqu'au commencement du neuvième siècle, où Thaher rétablit le royaume de Perse sur ses anciennes bases et fonda la dynastie des Thahérides, à laquelle succédèrent celle des Soffarides, puis celles des Samanides, des Gasnevides, des Ganrides, des Khorasmiens. Cette dernière fut renversée par les Mongols, qui régnèrent cent huit ans sur la Perse. Le treizième roi de la dynastie des Mongols, Arbakhan, fut détrôné par Tamerlan ; Aboused, arrière-petit-fils de ce conquérant, fut chassé du pouvoir à son tour par Kassan, de la dynastie du Mouton-Blanc, en l'année 1468 de notre ère. Les descendans de Kassan furent remplacés sur le trône de Perse, en 1501, ou, selon certains auteurs, en 1514, par la dynastie des Sophis, sous laquelle la Perse parvint à son plus haut degré de puissance et de splendeur. Elle ne fit que décroître ensuite jusqu'à l'invasion des Afghans ; la chute des Sophis et le démembrement du royaume suivirent de près cette invasion, qui porta à la monarchie persane un coup dont elle ne se relèvera jamais. Dans ces derniers temps cependant, sous le règne de Feth Ali Chah, elle a fait de nobles efforts pour reconquérir son ancienne prépondérance, mais sans pouvoir y parvenir. Feth Ali Chah et son fils surtout, le fameux Abbas Mirza, qu'il s'était pour ainsi dire associé, ont manié les rênes du gouvernement avec une grande vigueur et une justice qui leur concilia l'amour de tous les Perses. Abbas Mirza, prince très belliqueux et doué d'une intelligence supérieure, entreprit de réorganiser l'armée persane ; il s'entoura à cet effet d'un grand nombre d'officiers anglais qui vinrent de la part du gouvernement britannique lui offrir leurs services et qui l'aidèrent à discipliner une partie de ses troupes à l'européenne. Le but du gouvernement anglais était évidemment de créer entre la Russie et l'empire anglo-indien une puissance militaire qui pût tenir tête à l'ambition du colosse moscovite et protéger l'Indoustan contre ses entreprises. Après de longs et persévérans travaux dignes d'entrer en parallèle avec ceux du roi de Lahor, Abbas Mirza se trouva à la tête d'une armée de cent vingt mille hommes et d'un parc d'artillerie proportionné. La cour de Pétersbourg ne vit pas sans inquiétude cette force redoutable, surtout à cause de sa proximité des provinces caucasiennes, continuellement insurgées contre sa domination et à qui les Persans pouvaient prêter de grands secours.

La Russie déclara donc la guerre à la Perse, il y a une douzaine d'années environ. On sait quelle fut l'issue de cette guerre: l'armée persane fut en partie détruite et les Russes envahirent plusieurs provinces de la Perse, qui n'échappa à une ruine entière qu'en faisant sa soumission au vainqueur et en s'abandonnant à sa discrétion. Les Russes usèrent cruellement de la victoire; ils affaiblirent autant qu'ils le purent la monarchie persane en lui imposant des contributions énormes pour payer les frais de la guerre, en lui enlevant deux de ses plus belles provinces, le Gurgustan et l'Arménie, en démantelant ses places frontières du côté du nord, etc. Depuis lors, la Perse se trouve vis-à-vis de la Russie dans un état complet d'assujétissement et presque de vasselage; Abbas Mirza a vainement essayé de réorganiser ses troupes sur le pied où elles étaient avant la guerre; c'est à peine s'il comptait à sa mort, en 1835, quarante à cinquante mille hommes sous ses drapeaux. Alexandre Burnes rapporte que ses soldats étaient mal habillés et encore plus mal payés. Ce voyageur eut plusieurs entrevues avec Abbas Mirza sous les murs de Koutchan, forteresse dont il venait de se rendre maître sur les Kurdes, malgré l'opiniâtre défense d'une garnison de huit mille hommes. « Rien de plus triste, dit-il, que l'aspect des remparts de la ville. Le parapet avait été presque détruit, plusieurs tours avaient sauté en l'air, toutes étaient battues en ruine; les soldats, délivrés des dangers de la campagne, remplissaient nonchalamment et avec insouciance le fossé, qui était une barrière d'un genre très formidable, ayant trente-cinq pieds de profondeur et vingt de largeur; mais il se rétrécissait dans le fond. L'armée du prince avait effectué un logement en travers de ce fossé; quelques heures de plus auraient décidé du sort de cette forteresse, quand son commandant se rendit à discrétion. » Abbas Mirza montra avec orgueil à M. Burnes son artillerie qui se composait de trente-cinq canons de 4 à 52, et tous en très bon état. « Je fus déçu à son aspect, dit M. Burnes en parlant de ce prince. Il a été un fort joli homme, mais maintenant il est enlaidi et il a l'air d'un vieillard; il ne peut plus se tenir droit, ses yeux pleurent et ses joues sont ridées. Il était simplement vêtu et marchait avec une canne à la main. Son fils aîné, Mohammed Mirza, était présent; ce prince n'a ni les manières distinguées, ni la dignité de son père; c'est cependant un homme agréable. »

Dans les entretiens que le voyageur Burnes eut avec l'héritier présomptif du royaume de Perse, ce dernier chercha à lui prouver par tous les arguments possibles que l'Angleterre avait le plus grand intérêt à soutenir la Perse, et probablement M. Burnes en était aussi persuadé que lui. Abbas Mirza lui parla de la détresse de ses finances et l'engagea, quand il serait de retour en Angleterre, à expliquer combien sa position était embarrassante, puisque depuis long-temps ses coffres étaient à sec, et qu'il n'avait nul moyen de les remplir. A ce sujet nous laisserons encore parler M. Burnes, qui s'exprime ainsi : « Je dis au prince que j'apprenais avec regret ces détails sur les difficultés qui le tourmentaient, et que je ne pouvais qu'espérer qu'il les surmonterait toutes. Je ne lui avouai pas ma pensée,

car je regardais le paiement d'une somme d'argent à un tel
gouvernement comme dérogeant au nom et à l'honneur de la
Grande-Bretagne, puisqu'il tendait plus à rabaisser notre réputation en Asie que nos exploits militaires dans l'Inde n'avaient
contribué à l'élever. » Nous demanderons la permission à
M. Burnes de ne pas prendre au pied de la lettre la candeur
affectée de ces dernières lignes ; lorsque l'Angleterre subven-
tionnait presque tous les gouvernemens de l'Europe, les plus
puissans comme les plus infimes, pour les ameuter contre la
France révolutionnaire, elle ne craignait pas de déroger à *son
nom et à son honneur,* si honneur il y a. Certainement elle est
tout aussi fondée aujourd'hui à soutenir de son or la puissance
chancelante de la Perse, ce boulevart de l'Inde qui croule de
toutes parts, et elle doit le faire infailliblement, quoi qu'en dise
M. Burnes.

Ce voyageur s'étant rendu à Téhéran, où réside la cour de
Perse, fut présenté au roi par sir John Campbell, l'ambassadeur
anglais auprès de ce monarque. Voici comment il raconte son
entrevue avec Feth Ali Chah : « La *kiblah alem* ou *l'attraction
du monde,* c'est ainsi que le roi est qualifié, était assise dans une
salle revêtue de miroirs ; nous étions encore au-delà de l'éclat de
son visage, que nous nous avançâmes et fîmes un salut. Nous
étant avancés de nouveau, nous fîmes un autre salut : « *Khock
umedid* (soyez les bien-venus) !» S'écria le roi à voix haute. Ayant
alors monté quelques marches, nous nous trouvâmes en présence du prince. « *Dama ghi   rhouma tchak est* (vos cerveaux
sont-ils nets) ? dit le monarque d'une voix sonore. Et nous nous
rangeâmes dans un coin opposé à celui où se trouvait le chah,
puis nous répondîmes à ce compliment par un salut. Sir John
Campbell, le capitaine Macdonald et moi composions un groupe
de chaque côté duquel se tenaient les ministres. Le chah était à
une quarantaine de pieds de nous, et une quantité d'objets en
cristal, arrangés avec aussi peu de goût que dans une boutique,

nous séparait du roi des rois. Les lustres pendaient du plafond en si grand nombre qu'ils complétaient la ressemblance, et avant qu'aucune conversation eût lieu, on nous avertit de tenir nos sabres, de crainte qu'ils ne brisassent les miroirs encastrés dans le mur derrière nous. « Entend-il le persan? dit le roi à un de ses ministres. — *Belé*, *belé* (oui, oui), fut la réponse; il parle turc, afghan, hindoustani, persan et plusieurs autres langues. » Cependant je n'aurais pas tardé à éprouver de l'embarras si le chah avait choisi son idiôme maternel. « Tu as fait un voyage long et difficile, » Me dit-il d'un ton si affable et d'un air si bienveillant, que je n'éprouvai point la moindre gêne, et que je commençai une conversation intime avec *l'asile du monde*. » C'est ainsi que, dans leur langage figuré, les Persans appellent le chah de Perse. « Feth Ali Chah, ajoute plus loin M. Burnes, n'a nullement l'air d'un vieillard, quoiqu'il soit âgé de près de soixante-dix ans. Sa voix est pleine et sonore, il se tient très droit et avec beaucoup de dignité. Il était vêtu avec une grande simplicité; ses habits étaient de drap noir, ce qui ne lui allait pas bien, et ne faisait pas ressortir sa barbe, cette merveille de l'orient. »

La mort de Feth Ali Chah, qui a suivi de près celle d'Abbas Mirza, a fait monter sur le trône le fils aîné de ce dernier, Mohammed Mirza, qui règne actuellement en Perse. Le gouvernement est absolu dans ce pays comme dans tous ceux de l'orient. Chardin, qui de tous les voyageurs qui ont visité la Perse est celui qui en a donné la description la plus complète, nous dit que le peuple, à l'époque où il y séjourna, était fort misérable parcequ'il était en butte aux extorsions et aux volontés arbitraires des khans ou chefs héréditaires de petits districts. Cet état de choses n'a pas changé; les voyageurs les plus récens parlent dans le même sens que Chardin. C'est que là où règne le despotisme, l'humanité est stationnaire, la loi du progrès est inconnue; les hommes, frappés d'immobilité, n'avancent ni ne reculent ; pour eux, la vie n'est pas la vie, c'est le tombeau, c'est le néant.

Les diverses relations que nous possédons sur la Perse ne sont pas d'accord sur la population de cette contrée. Les unes l'évaluent à dix ou douze millions d'ames; les autres, et ce sont celles qui nous paraissent approcher le plus de la vérité, ne la font monter qu'à cinq ou six millions au plus. La religion des Persans est l'islamisme; ils appartiennent à la secte d'Ali, et sont regardés pour cette raison, par les autres musulmans, comme des hérétiques. La Perse, depuis les dernières conquêtes des Russes, ne compte plus que onze provinces dont quelques unes même ne sont que des déserts arides et brûlans. Nous allons en faire l'énumération en commençant par le nord: 1° L'Adzerbaïdjan, dont la capitale est Tébriz ou Tauris; dans cette province est enclavé le Mogan ou *Atropatena* des anciens. 2° Le Ghilan, ou *Gela* des anciens, qui est baigné au nord-est par la mer Caspienne et dont la capitale est Recht. Les Russes ont déjà beaucoup empiété sur cette province ainsi que sur la précédente. 3° Le Mazendéran ou Tabristan, qui formait anciennement avec le Corcan et le Dahistan la célèbre province d'Hyrcanie; le Mazendéran est borné au nord par la mer Caspienne et au sud par une branche du Caucase, appelée monts Elbours; c'est un pays extrêmement humide et presque dépeuplé par la peste, qui chaque année y fait les plus grands ravages. 4° Le Khoraçan, vaste province qui n'appartient pas entièrement au chah de Perse; car le territoire de Hérat et celui de Merve, qui en dépendent, sont soumis, le premier à un souverain particulier qui relève de la Perse, et le second aux Usbeck. 5° Au sud, la province de Fars, la plus célèbre de toutes; c'est la Perse proprement dite; sa capitale est Schiraz, située dans une vallée délicieuse où se trouvent les ruines de Persépolis. 6° Le Laristan ou Germ, au sud du Fars et baigné comme lui par le golfe Persique. 7° Le Kerban à l'est du Fars, dont il est séparé par un désert; cette province est l'ancienne Carmanie. 8° Le Mékran, à l'est du Kerman, grande province stérile et couverte de déserts qui répond à l'ancienne Gédrosie. 9° Le Ségistan, au nord du Mékran, vaste province qui confine à l'est avec l'Afghanistan et au nord-ouest avec le Khoraçan ; c'est l'ancienne *Arachosie*. 10° À l'ouest, l'Irac-Ajemi, qui formait, avec le Kourdhistan, l'ancienne Médie ; la capitale du Kourdhistan est Hamadan, bâtie sur les ruines de la fameuse Ecbatane, et celle de l'Irac-Ajemi est Ispahan, qui fut long-temps la capitale de toute la Perse. 11° Enfin, le Khouzistan, dont la capitale est Bassora; cette importante province est arrosée par le Tigre; elle répond à l'ancienne Susiane.

Nous dirons peu de chose des revenus de la Perse, par la raison que nous manquons de documens précis à cet égard. Selon Chardin, une grande partie des impôts se percevait autrefois en nature et en pierres précieuses ; ainsi, la Géorgie fournissait de belles esclaves, le Kourdhistan du beurre, le Khoraçan, des chevaux, etc. Aujourd'hui, les impôts se prélèvent tous en argent, ce qui n'empêche pas le chah de Perse de lever sur les petits khans des tributs en esclaves, en chevaux, en denrées de toute espèce, tandis que les Khans, à leur tour, lèvent des tributs sur le pauvre peuple. S'il faut en croire plusieurs auteurs modernes, les revenus de la Perse s'élèvent à sept cent mille tomans environ ; or, le toman vaut à peu près quatre-vingt-quatre francs, ce qui fait cinquante-huit millions huit cent mille francs. On connaît assez généralement les mœurs des Persans; on sait que l'urbanité de leurs manières, les graces de leur esprit, leur gaîté naturelle et jusqu'à leurs vices mêmes, leur ont fait donner le nom de Français de l'Asie. Toutefois, les voyageurs les plus modernes s'accordent tous à dire qu'ils sont bien dégénérés de ce qu'ils étaient autrefois, et que les discordes civiles ont donné à leur caractère une teinte de fourberie et de cruauté. On sait que la langue persane est la plus riche, la plus harmonieuse et la plus nerveuse de tout l'orient ; elle n'est pas parlée indistinctement par tous les habitans de la Perse ; les Persans proprement dits, c'est-à-dire ceux qui habitent plus particulièrement les villes et les bourgs, sont les seuls qui en fassent usage. Trois autres langues sont parlées en Perse : la langue lore, la langue turque et la langue kurde.

Les Persans ont de l'éloignement pour la navigation ; ils ne possèdent pas une chaloupe sur la mer Caspienne, toute couverte de navires russes, ni sur le golfe persique, sillonné à toutes les époques de l'année par un grand nombre de bâtimens anglais. Les Russes et les Anglais sont les seules nations européennes qui fassent avec la Perse un commerce très actif ; cette contrée est peut-être de toutes celles de l'Asie, celle qui offre aux produits des manufactures anglaises le marché le plus avantageux, malgré la redoutable concurrence des marchandises russes, dont la Perse est inondée depuis quelque temps et qui menacent de porter, dans un avenir peu éloigné, le plus grave préjudice aux intérêts britanniques. Ce n'est pas seulement par la mer Caspienne que les négocians russes introduisent leurs marchandises en Perse ; les provinces orientales de ce royaume reçoivent les objets de Russie par la voie de Boukhara, et les provinces occidentales par la voie du Caucase. Jusqu'à présent, la Perse a été partagée à peu près en deux zônes ; l'une au nord, qui est approvisionnée par les produits de la Russie, l'autre au sud, par ceux de l'Angleterre. Mais les négocians de cette dernière nation, voulant s'emparer exclusivement de tout le commerce de la Perse, au détriment de la Russie, ont tout récemment fait une tentative pour ouvrir une nouvelle route à leurs marchandises, par Trébizonde, dans la mer Noire. Cette tentative ne pourra réussir qu'autant que les Russes ne mettront point obstacle à l'entrée des navires anglais dans cette mer, sur laquelle leurs flottes exercent un souverain empire ; les Anglais l'ont si bien senti, qu'ils font explorer en ce moment le cours de l'Euphrate avec l'intention de répandre, par cette voie, leurs produits en Asie. La route de l'Euphrate aurait cet avantage sur celle de Trébizonde, qu'elle n'exposerait pas les marchandises anglaises aux avanies probables de la Russie, et sur celle du golfe Persique, qu'elle serait infiniment moins longue et par conséquent moins dispendieuse. Elle aurait encore sur cette dernière un autre avantage, c'est que les objets de manufacture anglaise n'auraient plus à soutenir la concurrence des produits de l'Amérique du nord, qui arrivent en Perse par le golfe Persique. Ce n'est que depuis peu que les Nord-Américains ont commencé à apporter des cargaisons à Bouchir, seul port de la Perse dans le golfe Persique, et déjà ils y font un commerce considérable qui consiste principalement en toiles blanches, supérieures, de l'aveu des Anglais eux-mêmes, aux toiles fabriquées en Angleterre. Les Hollandais apportent aussi des marchandises en Perse par la voie du golfe Persique, mais leurs opérations n'ont jamais été fort actives. Il est une autre voie par laquelle les Anglais introduisent leurs marchandises dans l'Asie centrale et notamment dans la Perse, sans avoir à redouter aucune concurrence, c'est celle du Mékran et de Candahar. La côte du Mékran n'est qu'à huit ou dix jours de navigation de Bombay, et de cette côte à Candahar il n'y a que dix-huit marches. Il est vrai que le chef de Candahar prélève des droits exorbitans sur les marchandises, mais cet inconvénient est compensé par la modicité des frais de transport. Il paraît que l'on réalise communément dans le commerce avec la Perse un bénéfice de trente à quarante pour cent; mais il faut dire que les négocians persans ne se distinguent ni par leur bonne foi, ni par leur exactitude dans les engagemens qu'ils contractent; assez ordinairement ils entreprennent des affaires au-delà de leurs moyens, ce qui rend en Perse les banqueroutes très fréquentes.

Quant aux exportations, elles sont aujourd'hui presque

nulles ; les manufactures de Yezd, de Kerman, du Ségistan, autrefois célèbres, sont dans une complète décadence. Néanmoins, les Persans ont conservé sur les autres peuples de l'Asie leur supériorité industrielle ; ils excellent surtout dans la teinture des châles et des toiles. Les principaux objets d'exportation sont la soie et la laine ; la Perse exporte aussi du cuivre, qu'elle tire de Herat, du Khorasan et du Ségistan, ainsi que de l'essence de rose, extrêmement précieuse, vu la petite quantité que l'on en recueille. Le commerce de la Perse avec la Turquie est presque entièrement tombé ; le tabac est un des produits de la Perse que l'on exporte encore dans cette dernière contrée. Les fameux tapis d'Ispahan ne s'exportent plus aujourd'hui qu'en très petit nombre.

Dans l'état actuel des choses, la Perse n'est plus qu'une proie offerte à l'ambition de l'autocrate moscovite ; comment pourrait-il en être autrement, lorsque les Persans ne savent pas même faire respecter leur territoire par les Kurdes et les Turcomans, dont les hordes pillardes et indisciplinées viennent à tout moment exercer leurs rapines jusqu'au cœur de leurs provinces frontières ? L'Angleterre, malgré tous ses efforts, sera impuissante à reculer le moment où la Perse deviendra une province russe ; elle ne pourra que substituer à force d'audace et d'astuce, dans toute l'étendue de ce royaume, ses marchandises aux marchandises de la Russie, mais ce succès commercial sera peut-être même ce qui accélérera un dénouement inévitable.

QUELQUES MOTS SUR LA QUESTION D'ORIENT.

Cette grande question se présente aujourd'hui sous un point de vue complexe; il ne s'agit plus seulement de savoir si l'empire ottoman restera debout, ou si la Russie recueillera ses dépouilles et viendra s'installer à Constantinople; il s'agit de savoir encore si l'Angleterre continuera à faire peser sur les populations de l'Inde son exécrable domination, ou bien si le Briarée moscovite étendra ses gigantesques bras jusqu'au bord du Gange pour renverser l'empire anglo-indien.

L'Angleterre et la Russie, qui semblent au premier abord être les deux seules puissances de l'Europe qui soient directement intéressées dans cette question, n'y figurent réellement pas seules, toutes les nations de l'Europe et toutes celles de l'Asie sont plus ou moins intéressées à la solution d'une question de laquelle dépend l'équilibre politique du monde.

Réduisons la question à ses termes les plus simples : Est-il de l'intérêt des nations que l'empire russe, déjà si formidable et qui comprend à lui tout seul un huitième de la terre habitable, s'empare de la Turquie d'Europe et de toutes les contrées de l'Asie qui s'étendent au sud et à l'orient de la mer Caspienne jusqu'au Gange ? Non, évidemment non.

Mais, d'un autre côté, est-il de l'intérêt des nations qu'une guerre maritime éclate dans laquelle figureront d'une part la marine anglaise et la marine française, cette dernière marchant à la remorque de la première, et d'une autre part la marine russe toute seule, qui sera inévitablement écrasée ? Non, évidemment non, car une fois la marine russe anéantie, la marine anglaise, qui n'est puissante que contre une seule des marines secondaires de l'Europe, mais qui aurait infailliblement le dessous contre toutes les marines de l'Europe réunies, la marine anglaise, disons-nous, ressaisirait la dictature des mers, et c'est ce que la France doit empêcher à quelque prix que ce soit, quand ce serait même au prix d'un agrandissement de territoire de la Russie.

C'est précisément là le point délicat de la question quant à la France. En effet, il est inévitable que le double résultat d'une guerre de la France et de l'Angleterre contre la Russie, serait, pour l'Angleterre, un accroissement de puissance navale, et pour la Russie, un accroissement de territoire, sans que la France puisse s'opposer le moins du monde à l'un ni à l'autre de ces deux résultats.

Nous posons donc en principe qu'une guerre dans laquelle la Russie et l'Angleterre se disputeraient le sceptre de l'orient et le sceptre des mers, et dans laquelle la France figurerait comme alliée de l'Angleterre, tournerait au préjudice de la France, puisqu'elle rejetterait au second rang, et comme puissance navale et comme puissance continentale, cette France qui est appelée par le génie et l'intrépidité de ses habitans à marcher en tête de toutes les nations.

Si vous ne voulez pas que la France soit l'alliée de l'Angleterre dans une guerre contre la Russie, me dira-t-on peut-être, vous voudriez donc que la France fît alliance avec la Russie contre l'Angleterre? Pas davantage; mais nous voudrions que la France, dans le grand conflit qui se prépare entre la puissance qui vise à la souveraineté des mers et la puissance qui vise à la souveraineté du vieux continent, restât sur le pied d'une neutralité armée; nous voudrions qu'au lieu de prêter secours à l'Angleterre contre la Russie ou à la Russie contre l'Angleterre, la France parlât ainsi à la Russie : « Je vous défends d'empiéter sur le territoire turc, sous peine de réunir mes flottes à celles de l'Angleterre pour aller détruire vos établissemens maritimes de la Baltique et de la mer Noire, sous peine d'envoyer une armée de cinquante mille Français au secours de la Porte Ottomane, et sous peine, avant tout, de reconquérir nos frontières du Rhin. » Nous voudrions qu'elle tint à l'Angleterre le langage suivant : « Réunissez-vous à moi pour châtier la Russie dans le cas où la Russie voudrait s'emparer de la Turquie et de Constantinople; mais comme il me faut une garantie contre votre ambition, quand la marine russe sera détruite, vous m'aiderez d'abord à m'emparer des ports de la Belgique, ou pour mieux dire, car je n'ai pas besoin de votre concours pour faire cette conquête, vous n'y mettrez point obstacle. »

Mais, va-t-on m'objecter, si la Russie et l'Angleterre ne tiennent pas compte de votre menace; si la Russie marche sur Constantinople, nonobstant l'avertissement que vous lui aurez donné que vous brûlerez ses ports et ses flottes, et si l'Angleterre s'oppose à la conquête de la Belgique? Eh bien, la guerre deviendra générale; la question d'orient sera l'étincelle qui allumera sur toute la surface du globe un immense embrâsement. Nous n'avons pas encore nommé la Prusse et l'Autriche; or, pense-t-on que ces deux puissances verraient d'un œil impassible soit l'invasion de la Turquie par les Russes, soit l'invasion de la Belgique par les Français? Si la guerre devenait générale, il n'en faut pas douter, la question d'orient ne jouerait plus qu'un rôle infiniment secondaire dans les hostilités, bien qu'elle en aurait été le premier motif; la guerre serait une guerre de principes, une guerre de propagande. Les peuples se rueraient les uns sur les autres, non plus pour empêcher les Russes d'établir leurs bivouacs sur les rives du Bosphore, mais pour en finir une bonne fois avec les despotes qui écrasent l'humanité.

ESSAI

SUR LA

RELATION D'UN VOYAGE DANS L'AMÉRIQUE DU SUD.

Parmi cette multitude de républiques qui, depuis l'émancipation des colonies espagnoles, ont surgi dans le Nouveau-Monde, celle de Buénos-Ayres, appelée aussi république Argentine, n'est pas une des moins importantes et des moins dignes de fixer l'attention de la vieille Europe. C'est de Buénos-Ayres que partit, en 1810, le premier cri de liberté, signal de l'indépendance américaine; dans la lutte mémorable que soutinrent les colonies espagnoles contre la métropole, Buénos-Ayres figura au premier rang et combattit avec intrépidité pour la conquête de ses droits. Mais, dans les anciennes provinces de la Plata, comme au Mexique, à la Colombie et au Pérou, la guerre civile marcha de front avec la guerre étrangère; et, pendant que d'une main les Américains brisaient leurs chaînes, de l'autre, ils s'entre-déchiraient. Lorsqu'ils eurent entièrement exterminé les armées de Ferdinand VII, et que leur indépendance nationale fut assurée sans retour, leurs discordes intestines prirent un nouveau degré d'intensité, ce qui vint malheureusement trop bien à l'appui de l'opinion de M. de Humboldt, que les colonies espagnoles n'étaient pas dans des circonstances aussi favorables à leur émancipation que les colonies anglaises. Ce n'est pas le lieu ici de discuter jusqu'à quel point cette opi-

nion est vraie, d'autant plus que les documens nous manquent
pour approfondir une pareille matière; cependant, nous avoue-
rons que, vu l'état d'ignorance et d'abrutissement où se trouvaient encore plongés les créoles espagnols à l'époque où M. de
Humboldt visita l'Amérique, l'opinion émise par ce savant voyageur n'était nullement hasardée.

Buénos-Ayres, comme toutes les autres possessions de l'Espagne dans le Nouveau-Monde, était presque inaccessible aux
voyageurs avant l'émancipation. La politique ombrageuse du
cabinet de Madrid ne permettait pas aux étrangers d'aller examiner de près l'infâme régime qui, depuis la conquête, pesait
sur les malheureuses populations américaines. Depuis que ce
régime est aboli et que l'Amérique est affranchie, la république
Argentine, constamment en proie à des déchiremens intérieurs,
n'a été explorée dans un but scientifique que par un très petit
nombre d'Européens; et cependant quelle autre contrée sur le
globe a plus droit d'exciter la curiosité du voyageur? Les anciennes provinces de la Plata, et généralement tous les pays
compris entre le versant oriental des Cordillières des Andes et
l'Océan atlantique, sont peut-être les contrées les plus remarquables de l'Amérique du sud : des fleuves magnifiques, tels
que le Paraguay, le Parana et leurs mille affluens les arrosent,
les fertilisent dans tous les sens, et sont autant de canaux ouverts à la navigation et qui offrent au commerce et à l'industrie
des débouchés sans nombre. Tous ces canaux viennent aboutir
au Rio-de-la-Plata, formé des eaux réunies du Parana et de
l'Uruguay, et qui va lui même se jeter dans la mer par une embouchure dont l'immense largeur fait douter si c'est un fleuve
ou un golfe. Un champ sans bornes est ouvert dans cette partie
du Nouveau-Monde aux travaux et aux observations des savans;
partout la nature leur étale ses plus rares productions, ses plus
riches trésors, et puis, quoi de plus intéressant pour le voyageur philosophe que d'étudier dans leur berceau ces naissantes

républiques appelées à de si belles destinées ; que d'assister aux
dernières convulsions de leur enfantement ; que de voir ces
peuples, naguère esclaves, travailler avec une si infatigable ardeur à élever l'édifice de leur liberté ?

C'est dans le double but d'observer les changemens politiques survenus dans l'Amérique du sud, et d'explorer, comme
naturaliste, quelques-unes des contrées de cette partie du
monde, que M. Arsène Isabelle a entrepris le voyage dont il
publie en ce moment la relation. Parti du Hâvre en décembre
1829, il arriva, après deux mois d'une heureuse traversée,
dans les eaux du Rio-de-la-Plata. Ce fleuve gigantesque est très
improprement appelé rivière d'argent, puisque pas une par-
celle de ce métal ne se trouve dans ses sables. Il fut découvert
en 1508, par Jean Dias de Solis, qui le prit pour une vaste baie.
Malgré l'énorme quantité d'eau que le Rio-de-la-Plata apporte
à l'Océan, sa largeur est si grande qu'il a très peu de profondeur, en sorte que les navires tirant plus de huit pieds d'eau ne
peuvent le remonter que par deux canaux assez étroits, dont
l'un suit la côte du nord, et l'autre celle du sud. Les rives de ce
fleuve offrent le plus triste aspect ; elles sont basses, sablon-
neuses et dépouillées d'arbres et de verdure. La plupart des
navires venant d'Europe et faisant route pour Buénos-Ayres
relâchent à Monté-Vidéo, bien que la rade n'en soit ni sûre ni
commode. Cette ville est la capitale de la Banda-Oriental, autrement appelée république de l'Uruguay ; l'étendue de cet
état égale presque la moitié de la France, et cependant il ne
compte environ que soixante-dix mille habitans. Cette population est répartie en trois villes, savoir : Monté-Vidéo, la Colonia
et Maldonado ; en quinze villas ou bourgades, et en huit villages, sans compter les estancias ou grandes fermes.

La Banda-Oriental, par sa position à l'embouchure du Rio-
de-la-Plata, est très avantageusement située pour le commerce.
Si cette république eût moins souffert de la guerre désastreuse

qu'elle eut à soutenir dans ces derniers temps contre le Brésil et de ses troubles civils, elle aurait atteint déjà un haut degré de prospérité. La Banda-Oriental ne resta pas en arrière dans le grand mouvement qui arracha l'Amérique au joug de l'Espagne. En 1811, elle leva l'étendard de la rébellion. Dans la suite, les Portugais l'envahirent à plusieurs reprises, et, en 1821, la déclarèrent réunie au Brésil; mais, quatre ans après, les Orientaliens se soulevèrent contre leur domination et les chassèrent. C'est alors que s'établit chez eux un gouvernement régulier. Lorsqu'en 1828, la république Argentine et le Brésil, qui étaient en guerre depuis plusieurs années, signèrent la paix, il fut convenu entre les deux états que la Banda-Oriental formerait un état indépendant sous le nom de république de l'Uruguay. M. Isabelle ne fit qu'un court séjour à Monté-Vidéo. Cette ville fut fondée il y a un peu plus d'un siècle par une colonie envoyée de Buénos-Ayres. Le pays était occupé alors par d'indomptables sauvages, appelés *Charruas*, que les Espagnols ne purent réduire, et auxquels ils firent une guerre d'extermination. Monté-Vidéo s'accrut rapidement et bientôt sa population monta à vingt-six mille ames; aujourd'hui, elle n'est plus que de quinze mille. Cette ville est régulièrement bâtie; toutes ses rues sont coupées à angle droit et garnies de trottoirs. De Monté-Vidéo, M. Isabelle se rendit à Buénos-Ayres. D'autres voyageurs ont parlé de cette ville avant lui, mais il est le premier qui en ait donné une description détaillée depuis la dernière révolution qui s'y est opérée.

La fondation de Buénos-Ayres remonte à 1535; vingt-quatre ans après, cette ville fut détruite par les sauvages Pampas. En 1580, elle fut fondée de nouveau, et, en 1620, elle devint le siége d'un gouvernement et d'un évéché indépendans du Paraguay. Malgré les entraves révoltantes que la cour d'Espagne imposait au commerce de Buénos-Ayres, puisqu'il ne lui était permis d'expédier annuellement pour l'Europe que deux navires dont le port ne devait pas excéder cent tonneaux, cette colonie acquit dans la suite une telle importance, que le cabinet de Madrid y établit, en 1776, un vice-roi, une audience royale et un tribunal d'inquisition. Le Paraguay, dont elle n'était d'abord qu'une dépendance, et les provinces du Haut-Pérou, aujourd'hui Bolivia, y furent annexés à la même époque. Sa prospérité alla toujours en augmentant, et elle fut long-temps un objet de convoitise pour les Anglais, qui n'attendaient qu'une occasion favorable pour s'en rendre maîtres. En 1806, une escadre anglaise parut dans les eaux de la Plata, et dix-huit cents Anglais, commandés par le général Béresford, s'emparèrent de Buénos-Ayres par surprise. Le général français Hiniers, au service d'Espagne, insurgea la population contre eux et les força à mettre bas les armes. Ils vinrent en plus grand nombre l'année suivante, et firent une nouvelle tentative qui n'eut pas plus de succès que la première, et dont l'issue fut encore plus funeste pour eux, car, avant de se rendre, ils furent décimés par les combats et les maladies.

Ce fut à la nouvelle de l'occupation entière de l'Espagne par les armées de Napoléon, que les habitans de Buénos-Ayres se déclarèrent en état d'indépendance. Le 25 mai 1810, une assemblée générale des citoyens, convoquée par le cabildo ou conseil municipal, déposa le vice-roi et le remplaça par une junte de neuf personnes toutes créoles. Ce n'est qu'en 1821, après de longues vicissitudes, que furent jetées les bases d'un système représentatif républicain et d'une union de toutes les provinces de la Plata, à l'instar de l'Union de l'Amérique du nord. Buénos-Ayres fut choisi pour être le siége du congrès général. La république Argentine fut reconnue par les Etats-Unis en 1823, et par l'Angleterre en 1825. C'est dans cette dernière année que Bolivar remporta sur les troupes espagnoles la célèbre victoire de Junin, qui consolida à tout jamais l'indépendance des Américains. Ces derniers n'avaient plus à songer qu'à leur bien-être; mais au lieu de travailler fraternellement à se rendre heureux, ils se divisèrent sur des questions de gouvernement. A Buénos-Ayres, les uns penchaient pour le système unitaire; les deux partis en vinrent aux mains. Celui qui voulait l'unité, et qui avait pour chefs Juan Lavallée, Lamadrid, Paz, fut écrasé après de nombreuses alternatives de revers et de succès; le parti contraire, qui obéissait à Rosas, Lopez, Quiroga, s'empara du gouvernement. Le premier de ces personnages fut placé à la tête de l'administration et gouverne encore la république Argentine.

Le triomphe des fédéraux sur les unitaires, à Buénos-Ayres, a été en même temps le triomphe de l'aristocratie et du jésuitisme sur la démocratie, de l'obscurantisme sur la civilisation et les lumières. Le règne des unitaires, depuis 1821 jusqu'à 1827, fut une époque de prospérité et de bonheur public. Le célèbre Rivadavia, d'abord en qualité de ministre de l'intérieur, ensuite comme président du congrès, dota sa patrie d'une foule d'institutions utiles, qui révélèrent en lui une très grande portée de vues et un ardent amour pour la chose publique. Les basses machinations de ses ennemis, qui le mettaient dans l'impossibilité de réaliser ses patriotiques projets, forcèrent le vertueux Rivadavia à résigner les hautes fonctions dont il était revêtu. Une fois que les fédéraux furent parvenus au pouvoir, les choses changèrent complétement de face; tout alla de mal en pis. C'est avec l'appui des *gauchos* ou habitans de la campagne, espèce de pâtres, que l'on ne peut mieux comparer, pour le caractère et les mœurs, qu'aux Bédouins, que le parti fédéral triompha; aussi, les *gauchos* devinrent-ils la terreur des habitans de la ville, et exercèrent-ils une insupportable tyrannie dans une cité où règnent l'industrie, l'urbanité et les arts, quoiqu'à un degré moindre que dans nos brillantes capitales d'Europe. Le chef du gouvernement, le général Rosas, se fait gloire d'appartenir à la classe des *gauchos*; il affecte de prendre toutes leurs manières ; habile comme eux à manier le *lazo*, *las bolas* et le *cuchillo*, et à monter à poil nu un cheval indompté, il exerce sur ces hommes grossiers un souverain empire. Les *gauchos* n'imaginent pas qu'on soit propre à gouverner quand on ne peut se livrer, comme Rosas, aux exercices les plus violens, et quand on n'est pas doué, comme lui, d'une adresse et d'une force physique extraordinaires. Ils obéissent aveuglément à ce chef, qui en a fait ses gardes prétoriens, et dont la main puissante les déchaîne ou les retient à son gré.

Le gouvernement actuel de Buénos-Ayres, tel qu'il a été organisé en 1821, se compose de trois pouvoirs : le législatif, l'exécutif et le judiciaire ; mais le pouvoir exécutif est le seul qui fonctionne en ce moment, puisque Rosas est investi de la dictature et exerce une autorité sans bornes. Le plus ferme appui du gouvernement fédéral, après les redoutables *gauchos*, est la police, qui là, comme partout où le gouvernement confisque les libertés publiques à son profit, est tracassière, vexatoire, oppressive. Tous les citoyens peuvent se considérer comme dans un état perpétuel de suspicion : l'œil scrutateur de la police suit tous leurs mouvemens ; mais ce sont surtout les étrangers nouvellement arrivés à Buénos-Ayres qui sont l'objet d'une surveillance toute spéciale et vraiment intolérable. Dès qu'ils ont mis pied à terre, ils ont à remplir une foule de formalités dont on se fera une idée par ce qui suit : « Il faut aller, dit M. Isabelle, 1° à la *Commandancia de marina* faire viser votre passeport ; 2° à la *Casa central de policia* échanger ce même passeport pour une *papeleta* ; 3° chez le consul de votre nation, pour qu'il vous enregistre et vous *vende* une autre *papeleta* ou sauf-conduit ; 4° chez l'alcade ou maire du quartier que vous aurez choisi, pour donner votre adresse ou celle de vos hôtes ; 5° chez le commissaire de la section, uniquement pour le saluer. » M. Isabelle ajoute que, faute de remplir une seule de ces formalités, l'étranger et son hôte sont exposés à être mis en prison ou à payer cinquante piastres d'amende.

Notre voyageur passe en revue les nombreux édifices de Buénos-Ayres. Cette ville renferme quatorze églises, deux hôpitaux, une université, un tribunal de commerce, et plusieurs autres monumens moins remarquables, tels que la caserne, le Colisée, le théâtre provisoire, le Vauxhall, etc. Ajoutez à cela *el Fuerte*, la forteresse, qui domine le centre de la ville et la petite rade, et où sont réunies toutes les administrations. Presque toutes les maisons sont bâties en briques rouges, ce qui, joint à leur forme carrée et à la désespérante régularité des rues, toutes tracées sur le même modèle, et d'une largeur égale, ne laisse pas que d'être fort monotone et fort ennuyeux. Les environs de Buénos-Ayres sont embellis par une foule de maisons de plaisance, appelées *quintas*, et d'habitations champêtres, par des plantations de saules et pêchers sauvages. Mais quelques lieues au-delà, toute trace de civilisation et de culture disparaît; les immenses *pampas* se déroulent devant vous; pas un arbre, pas un buisson ne s'offre à vos regards fatigués; çà et là vous apercevez quelques cabanes chétives et misérables, et de loin en loin vous entendez le galop d'un *gaucho* ou le beuglement du bœuf sauvage, seuls être vivans dans ces mornes solitudes.

Après un séjour de plus de trois années à Buénos-Ayres, M. Isabelle en partit pour aller visiter Porto-Alègre, capitale de la province de Rio-Grande-do-Sul. Il s'embarqua sur une balandra avec le dessein de se rendre à sa destination en remontant l'Uruguay. Ce fleuve n'a pas moins d'une lieue de large à son confluent avec le Parana; son cours est rapide et obstrué de rochers; ses plus grandes crues ont lieu depuis la fin de juillet jusqu'au commencement de novembre. Un de ses affluens les plus considérables est le Rio-Négro, qui lui-même reçoit un grand nombre de rivières, et sur lequel il se fait un commerce très actif, tant avec Buénos-Ayres qu'avec Monté-Vidéo. C'est à peu de distance de l'endroit où le Rio-Négro se réunit à l'Uruguay que fut fondée, en 1569, la colonie de Santo-Domingo-Soriano, qui forme aujourd'hui une bourgade assez importante. Ce qui frappa au plus haut degré l'attention de M. Isabelle pendant sa navigation sur l'Uruguay, ce fut la riche végétation des deux rives et des îles du fleuve. « Notre vue, dit-il, était sans cesse récréée par le mélange des arbres, le contraste des verdures et des fleurs; le palmier aux longues feuilles d'un vert bleuâtre arquées en panache, s'élevait élégamment au-dessus des saules, des lauriers, des *talas*, des *higuerones* et des *timbos*; ceux-ci dominaient à leur tour l'*espinillo*, couvert de ses petites fleurs jaunes et odorantes; les *ceibos*, aux belles fleurs monopétales d'un rouge brillant; le charmant *plumérito* (petit plumet), dont les fleurs, sans pétales, sont uniquement composées de longues étamines d'un rouge vif, semblables à des soies raides et verticales comme une aigrette, et une foule d'autres arbustes fleuris; etc. » Notre voyageur s'arrêta près d'un mois à Paysandu, ville qui n'était encore, il y a quelques années, qu'un hameau, qui compte aujourd'hui cinq mille habitans; c'est le chef-lieu d'un des trois départemens de la Banda-Oriental. L'accroissement rapide de cette ville est un de ces miracles très communs en Amérique, où les villes s'élèvent comme par enchantement, semblables à ces villes de théâtre que le coup de sifflet du machiniste fait apparaître en un clin-d'œil aux yeux du spectateur étonné. Parvenu au Salto, M. Isabelle échangea sa commode balandra contre un méchant bateau qui n'était même pas couvert et dans lequel il fut exposé à toutes les intempéries d'une saison pluvieuse et orageuse. Le Salto est une espèce de cataracte formée de rochers à fleur d'eau, que ni les navires ni même les bateaux ne peuvent franchir. Passé le Salto, l'Uruguay, malgré son extrême rapidité en certains endroits, est navigable pour les bateaux d'un faible tirant d'eau jusqu'au Paraguay, c'est-à-dire pendant l'espace de deux cent cinquante lieues, à partir de sa jonction avec la Parana. M. Isa-

Delle fait observer fort judicieusement qu'une nation industrieuse, telle que la Nord-américaine, par exemple, aurait depuis long-temps fait disparaître les difficultés qui entravent la navigation de l'Uruguay, et que ce beau fleuve serait maintenant sillonné de nombreux bâtimens à vapeur. Loin de là, les apathiques habitans des provinces de la Plata ne comprennent même pas le parti qu'ils pourraient tirer de l'étonnante fertilité de leur pays, qui ne leur semble bon tout au plus qu'à nourrir des chevaux et des vaches.

Après mille privations et mille tribulations, M. Isabelle termina son exploration de l'Uruguay à San-Borja, où se trouvait autrefois une mission de Jésuites, dont il ne reste plus que les ruines. Tel est le sort de la plupart de ces fameuses missions, qui se composaient de trente bourgades ou *pueblos*. Huit de ces bourgades, situées sur la rive droite de la Parana, existent encore; elles sont gouvernées, comme on sait, par le docteur Francia. De celles qui n'existent plus, quinze étaient situées dans la province de Corriente, entre la Parana et l'Uruguay, et les sept autres, sur la rive gauche de ce dernier fleuve. Les Indiens réunis sous les lois des Jésuites vivaient en communauté; entre les mains des révérens pères, ces pauvres indigènes étaient devenus de véritables automates, sans idées, sans volonté et ne sachant qu'obéir. Tous les travaux s'exécutaient au son de la flûte et du tambourin; les jésuites ne touchaient jamais à une bêche ou à une charrue; ils se contentaient de vivre grassement et présidaient aux travaux des Indiens, lesquels n'étaient vêtus que d'une chemise et d'un caleçon et allaient nu-pieds, tandis que les bons pères étaient habillés commodément. Le gouvernement des jésuites était le despotisme; despotisme paternel tant qu'on voudra, mais qui n'en était pas moins le plus intolérable de tous, puisqu'il était fondé sur la religion.

La province de Rio-Grande-do-Sul, que M. Isabelle parcourut dans toute son étendue pour arriver à Porto-Alègre, est une des plus fertiles et des plus riches du Brésil. Elle est appelée Rio-Grande-*do-Sul* à cause de sa position méridionale, et pour la distinguer d'une autre province du Brésil, située au nord de cet empire, et que pour cette raison on appelle Rio-Grande-*do-Norte*. Porto-Alègre est bâti à l'endroit où le Rio-Grande-do-Sul est formé de la jonction de cinq rivières, dont la plus considérable est le Jacuy. Cette ville charmante s'élève en amphithéâtre sur une colline qui sépare deux baies, dont l'une, celle du nord, forme la rade et le port. M. Isabelle parle avec enthousiasme de Porto-Alègre, de sa situation admirable, de la vue magnifique dont on y jouit et de ses environs enchanteurs. Porto-Alègre ne compte que soixante ans d'existence; on y rencontre plusieurs beaux édifices, et la plupart de ses maisons sont belles, bien qu'elles n'aient qu'un ou deux étages au plus. Dans la capitale de Rio-Grande-do-Sul, comme dans le reste du Brésil, il existe deux partis, les *caramurus*, ou partisans du gouvernement monarchique, et les *farrupilhas*, qui veulent la république. Ces derniers sont en majorité; infailliblement, ils seraient bientôt les maîtres, s'il ne régnait entre eux une déplorable dissidence qui fait toute la force de leurs ennemis. Les républicains brésiliens, comme ceux de Buénos-Ayres, se partagent en deux nuances hostiles, les fédéraux et les unitaires. Il est à remarquer que la province de Rio-Grande-do-Sul, qui peut se suffire à elle-même et se passer des autres provinces brésiliennes, penche pour la forme fédérative, tandis que les autres provinces, qui ont besoin les unes des autres, désirent la forme unitaire. Le commerce de Porto-Alègre est très étendu.

M. Isabelle dit qu'il a constamment vu dans la rade une cinquantaine de navires, sans compter d'innombrables pirogues de toutes grandeurs qui servent au transport des marchandises sur les cinq rivières qui forment le Rio-Grande-do-Sul et sur leurs affluens. Malheureusement pour Porto-Alègre, il ne peut y venir que des navires au-dessous de deux cents tonneaux, ceux d'une plus grande dimension s'arrêtent au port de *Saô-Pedro*, à l'embouchure du Rio-Grande et à 60 lieues de *Porto-Alègre*. La population de la province de Rio-Grande-do-Sul est évaluée à 160 mille ames seulement ; dans ce nombre, les Allemands, qui viennent en foule se fixer au Brésil et fertiliser de leurs bras laborieux une terre qui ne demande qu'à produire , figurent, dit-on, pour un dixième, ce qui est considérable. Ces industrieux étrangers finiront par opérer une révolution complète dans la nouvelle patrie qu'ils sont venus chercher de si loin; les améliorations que déjà ils ont introduites dans les arts et la culture de cette partie du Brésil sont telles, qu'elle en a presque entièrement changé de face, et que quiconque ne l'aurait vue de dix ans ne la reconnaîtrait plus. Il est à croire que les Brésiliens, stimulés par leur exemple, sortiront un jour de la honteuse léthargie où ils vivent encore, et rivaliseront d'énergie et d'activité avec les colons allemands.

FIN DU DEUXIÈME ET DERNIER VOLUME.

TABLE DES MATIÈRES.

CONTENUES DANS LE DEUXIÈME ET DERNIER VOLUME.

FIN.

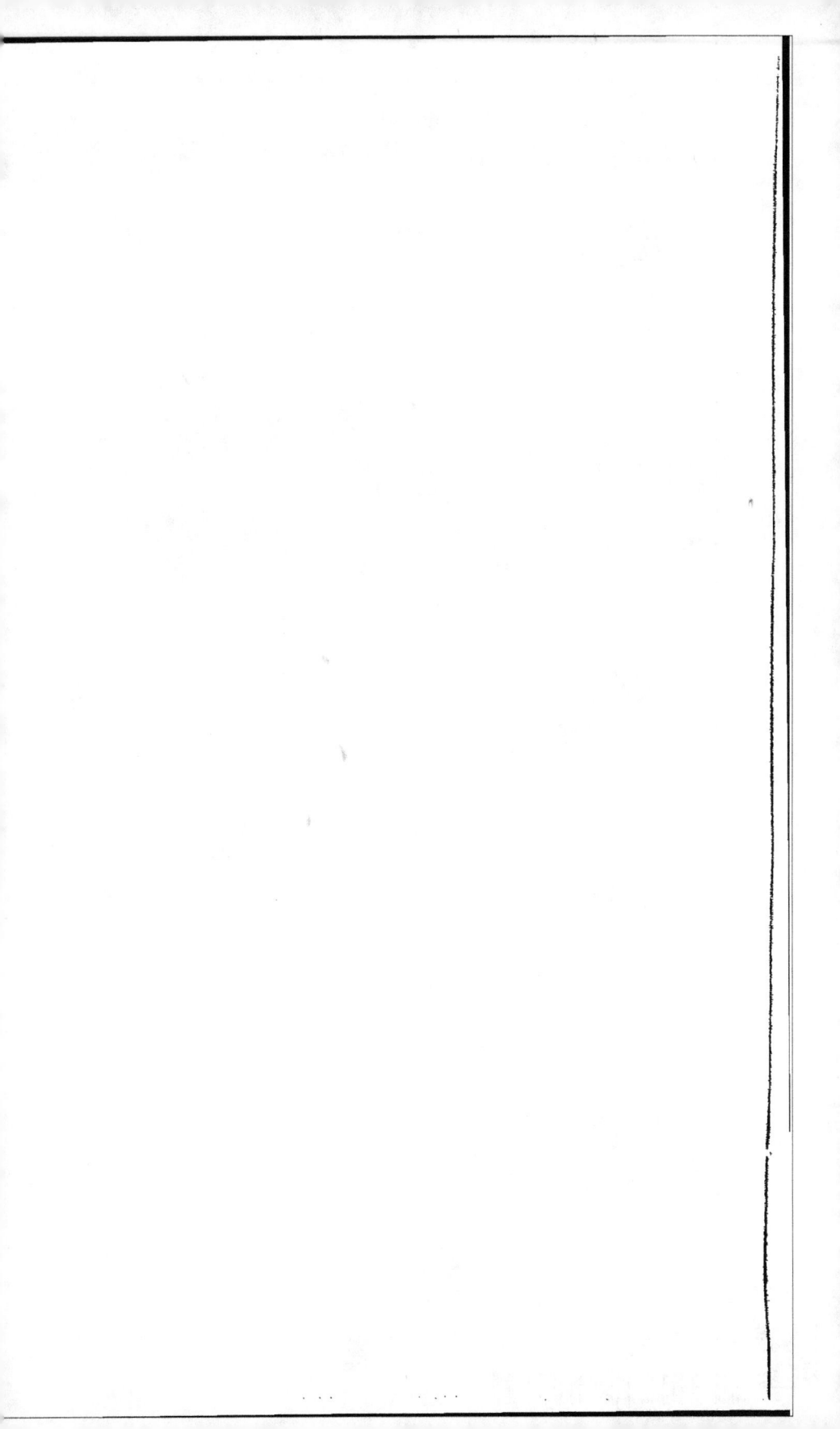

www.ingramcontent.com/pod-product-compliance
Lightning Source LLC
Chambersburg PA
CBHW061113220326
41599CB00024B/4018